福建省社会科学规划博士文库项目

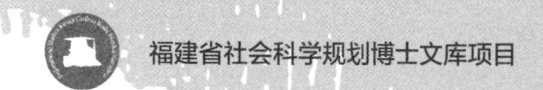

Open & Indigenous Innovation and the Enhancement of International Competitiveness of China's Manufacturing Industries

中国制造业开放式自主创新与国际竞争力提升

何郁冰　著

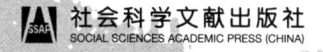

社会科学文献出版社
SOCIAL SCIENCES ACADEMIC PRESS (CHINA)

国家社会科学基金项目（10CGL021）
"中国制造业开放式自主创新与提升国际竞争力研究"成果

出版说明

为了鼓励福建省青年博士在学术和科研领域勇于进取，积极创新，促进学术水平进一步提高，更好地发挥青年社科人才的作用，进而提升福建省社会科学研究总体实力和发展后劲，经福建省哲学社会科学规划领导小组同意，在 2010 年实施福建省社会科学规划博士文库项目计划（博士文库第一辑）的基础上，2014 年继续实施福建省社会科学规划博士文库项目计划，资助出版福建省社会科学类 45 岁以下青年学者的博士论文，推出一批高质量、高水平的社科研究成果。该项目面向全省自由申报，在收到近百部博士论文的基础上，经同行专家学者通讯匿名评审和评审委员会全体会议审议，择优资助出版其中的 25 部博士论文，作为博士文库第二辑。

福建省社会科学界联合会拟与社会科学文献出版社继续联手出版博士文库，力争把这一项目打造成为福建省哲学社会科学的特色品牌。

2014年度福建省社科规划博士文库项目
编辑委员会

主　任：张　帆
副主任：林　辉　冯潮华　王日根
委　员：（按姓氏笔画排列）
　　　　刘小新　陈　飞　唐振鹏
　　　　黄茂兴　黄新宪

内容简介

本书在系统回顾国内外开放式创新、自主创新、产业国际竞争力等理论成果的基础上，结合中国着力建设创新型国家和实施创新驱动发展战略、制造业致力于构建国际竞争优势的现实背景，通过理论分析、实地调研和问卷调查、案例研究等途径深入分析了开放式创新与自主创新的协同对中国制造业国际竞争力提升的影响和作用机制，提出了"基于自主的开放"和"开放条件下的自主"协同发展的创新途径，丰富和完善了国外学者提出的开放式创新理论以及国内学者的自主创新理论，对产业国际竞争力的研究也具有一定的启示，可为我国企业加强技术创新能力建设、获取和整合利用外部创新资源，进而实现国际竞争力的提升提供新的、切实可行的视角与思路。

本书可供高校师生、科研机构、政府相关部门的研究者、管理者和决策者参考，也适合寻求技术创新的企业管理人士阅读。

序

在浩瀚的创新理论与方法体系中，美国学者亨利·切萨布鲁夫（Henry Chesbrough）教授提出的"开放式创新"（Open Innovation）为管理创新提供了一种全新的思维模式。开放式创新模式是指企业在技术创新的过程中，同时利用内部和外部相互补充的各类创新资源实现创新。开放式创新模式意味着，有价值的创意可以从公司的外部和内部同时获得，其商业化路径可以从公司的内部进行，也可以从公司的外部进行。开放式创新强调多主体的参与以及外部的技术和知识资源对于企业创新过程的重要性，提倡企业与用户、供应商、竞争对手、高校、研究院所、科技中介、风险投资机构等进行合作创新，借助开放的外部力量来加快创新速度并提高创新效率，最终形成自身的竞争优势和核心竞争力，IBM、英特尔、飞利浦、宝洁、海尔、美的等都是中外实施开放式创新的典型企业。

中国制造业如何在全球化环境下提升国际竞争力，是我国实施创新驱动发展战略中的一个关键性问题。对于中国企业而言，全球化提供了难得的向全球领先企业进行网络学习的机遇，任何一个企业都不能也不必要完全具备自主地开发一个新产品相关的所有技术和知识。在强调提高自主创新能力的前提下，开放式创新应该得到中国企业更多的重视。在技术创新过程中，中国企业应在保证控制权的前提下积极利用外部技术和资源，以实现更高的投资效率。实践和经验表明，过于对外封闭的产业结构，并不利于中国企业在国际竞争中的锻炼与成长。因此，中国企业要善于综合运用各种开放式创新工具（并购、与国际企业合作、用户和供应商参与创新、产学研协同创新、战略联盟、海外研发、众包、技术许可等）从外部获取知识，尽快嵌入全球研发与创新网络，获得进入更广泛知识库的机会和权利，加速提高在全球市场上的竞争力。

在承担国家社会科学基金项目的研究报告的基础上，何郁冰博士完成了这本高质量的著作，书中提出了"开放式自主创新"的概念，构建了开放式自主创新促进企业国际竞争力提升的理论体系，对我国制造业提高创新能力的现状、问题和原因进行归纳，提出了"开放式自主创新是中国产业提升国际竞争力的重要源泉"的核心观点，并提出了"企业应加强面向开放式创新的战略及管理"、"选择恰当的开放式自主创新战略"、"加强政府引导，完善促进企业开放式创新的外部环境"、"着力加强产学研协同创新"和"完善政策，鼓励企业通过各种方式'走出去'，整合全球创新资源"等对策与建议。该书的研究重点体现为两个方面：一是中国企业如何推进开放创新与自主创新的协同发展，尤其是如何利用和整合外部创新资源来推进自主创新；二是开放式自主创新如何服务于中国产业提升国际竞争力。作者在这两个方向上都做了规范、严谨和创新性的研究，得出的结论较准确地反映了我国产业当前创新与发展的成绩和存在的问题，所提出的对策与建议具有科学性、针对性和可操作性，为更进一步研究中国制造业提升国际竞争力提供了可资借鉴的方向和思路，对我国未来制定科技创新政策、企业实施开放式创新战略等都具有很高的参考价值。

教育部"长江学者"特聘教授

教育部人文社会科学重点研究基地——清华大学技术创新研究中心主任

清华大学经济管理学院创新创业与战略系教授

陈　劲

2015 年 9 月于北京清华园

目录

第一篇 研究基础与理论分析

第一章 问题提出与研究思路 …… 003

第一节 中国制造业创新与发展的现实背景 …… 003

第二节 面向国际竞争的中国制造业自主创新现状与问题 …… 013

第三节 开放式创新的发展趋势 …… 026

第四节 中国制造业开放式自主创新的必要性与意义 …… 030

第五节 分析思路、研究问题及数据资料来源 …… 032

第二章 相关理论基础及研究进展 …… 037

第一节 自主创新的研究进展 …… 037

第二节 开放式创新的研究进展 …… 045

第三节 产业国际竞争力的研究进展 …… 062

第四节 简要评价 …… 072

第三章 开放式自主创新的机理及其对产业国际竞争力的影响 …… 075

第一节 企业技术创新中的"开放－自主"均衡思想与协同发展 …… 076

第二节 开放式自主创新的机理 …… 081

第三节 开放式自主创新中的知识产权战略及知识链管理 …… 112

第四节 开放式自主创新促进中国企业国际竞争力的理论框架 …… 119

第二篇 调查统计分析

第四章 中国企业开放式自主创新的发展现状和影响因素 …… 127

- 第一节 问卷设计及样本情况 …… 127
- 第二节 中国企业开放式自主创新的发展现状 …… 131
- 第三节 中国企业开放式自主创新的特点 …… 138
- 第四节 中国企业开放式自主创新的影响因素 …… 139

第三篇 产业案例研究

第五章 中国汽车产业的开放式自主创新与国际竞争力提升 …… 150

- 第一节 引言及问题的提出 …… 150
- 第二节 中国汽车产业的创新与国际竞争 …… 151
- 第三节 中国汽车产业利用外部资源的能力 …… 160
- 第四节 中国汽车产业在合资中为什么要坚持自主创新的同步发展 …… 172
- 第五节 结论与讨论 …… 175

第六章 中国生物制药产业的开放式自主创新与国际竞争力提升 …… 177

- 第一节 引言及问题的提出 …… 177
- 第二节 中国生物制药产业的发展过程及创新与竞争情况 …… 179
- 第三节 中国生物制药产业利用外部创新资源的能力 …… 189
- 第四节 中国生物制药产业的国际竞争力为什么没有实现有效提升 …… 199
- 第五节 结论与讨论 …… 203

第七章 中国电信设备产业的开放式自主创新与国际竞争力提升 …… 206

- 第一节 引言及问题的提出 …… 206
- 第二节 中国电信设备产业的发展历程及国际竞争力 …… 207

第三节　中国电信设备制造业的开放式自主创新 ·················· 215

　　第四节　结论与讨论 ·· 223

第八章　中国彩电产业的开放式自主创新与国际竞争力提升 ············ 226

　　第一节　引言及问题的提出 ·· 226

　　第二节　中国彩电行业的发展与国际竞争力 ······················ 227

　　第三节　中国彩电产业利用外部创新资源的途径 ················ 236

　　第四节　中国彩电产业为什么没有构建强劲的国际竞争力 ····· 243

　　第五节　结论与讨论 ·· 245

产业案例研究的结果与讨论 ··· 248

第四篇　企业案例研究

第九章　中兴通讯：开放式自主创新成就技术核心能力的跃升 ········ 255

　　第一节　中兴通讯的发展历程与技术创新能力演变 ············· 255

　　第二节　中兴通讯对外部创新资源的利用 ························· 264

　　第三节　中兴通讯开放式自主创新对提升国际竞争力的影响 ··· 274

　　第四节　结论与讨论 ·· 278

第十章　吉利集团：跨国兼并与国际竞争力的提升 ······················ 281

　　第一节　跨国兼并与企业发展 ······································· 281

　　第二节　吉利的发展历程及创新与竞争能力 ······················ 283

　　第三节　吉利的开放式自主创新 ···································· 293

　　第四节　结论与讨论 ·· 302

第十一章　中集集团：整合全球资源实现从模仿跟随者到行业
　　　　　领袖的跨越 ·· 304

　　第一节　前言及问题的提出 ·· 304

　　第二节　中集的发展历程及战略演进 ······························ 306

第三节　中集的开放式自主创新路径及创新绩效 ………… 313
　　第四节　中集的并购及国际化战略 ……………………… 320
　　第五节　结论与讨论 …………………………………… 328

第十二章　格力电器：专业化、自主研发与开放式创新 ………… 330
　　第一节　空调产业在中国 ………………………………… 331
　　第二节　格力电器的发展历程和技术能力演化 …………… 333
　　第三节　专业化战略、自主研发与开放式创新 …………… 336
　　第四节　开放式自主创新对格力国际竞争力的影响 ……… 342
　　第五节　结论与讨论 …………………………………… 346

企业案例研究的结果与讨论 …………………………………… 348

第五篇　研究结论及展望

第十三章　研究结论与政策建议 ………………………………… 353
　　第一节　主要研究结论 …………………………………… 353
　　第二节　政策建议 ………………………………………… 359
　　第三节　未来研究展望 …………………………………… 364

参考文献 …………………………………………………………… 367

附录Ⅰ　实地访谈提纲 …………………………………………… 388

附录Ⅱ　中国企业开放式自主创新的发展现状和影响因素
　　　　调查表 ……………………………………………… 390

后　记 ……………………………………………………………… 397

第一篇

研究基础与理论分析

第一章
问题提出与研究思路

第一节 中国制造业①创新与发展的现实背景

中国正走在通过自主创新提升国际竞争力的道路上，致力于在"2020年成为创新型国家、2050年成为世界科技强国"。但要实现这一目标，中国面临着复杂而艰巨的困难和挑战。能源资源和生态环境已经成为经济与社会发展的瓶颈制约，我国的自主创新能力尚不强大，若干关键核心技术受制于人，产业结构调整、核心竞争力提升的任务十分艰巨（陈劲，2012）。从我国国情和发展水平看，增强制造业②的国际竞争力是提升国家整体竞争力的关键所在。

在过去30多年的时间里，受益于经济体制改革的动力和经济全球化的发展，以及发达国家的产业转移，中国依靠低成本优势，加上对市场需求的快速响应，成功地扮演了全球经济追随者的角色。制造业的全面发展和优化升级使中国确立了"制造大国"和"世界工厂"的地位，造就了海尔、华为、联想、格力、中集等一批具有世界级竞争力的企业，并涌现出众多"隐

---

① 考虑到制造业在中国经济发展中的重要地位，以及对提升创新能力和国际竞争力的迫切需求，本书中所研究的"中国产业"实为"中国制造业"。为行文方便，若无特别说明，本书所涉及的"产业"类型限于"制造业"范围，不包括服务性行业、房地产行业等。

② 本研究中的制造业按照中国2002年的分类标准《国民经济分类代码》（GB/T4754-2002）进行分类，选择的制造业是工业部门中扣除了采掘业和电力、煤气、自来水部门之后的所有二位数的轻重工业部门，合计29个行业。

形冠军"企业①（如胜武实业、新宝电器等）。2010 年，中国的国内生产总值（GDP）达 58786 亿美元，首次超过日本（54742 亿美元），排在美国（146600 亿美元）之后跃居全球第二。2013 年，中国 GDP 超过 93973 亿美元，人均 GDP 达到 6905 美元。其中，制造业做出了最大贡献，其工业增加值对 GDP 的贡献长期保持在 40%~45%（见图 1-1）。

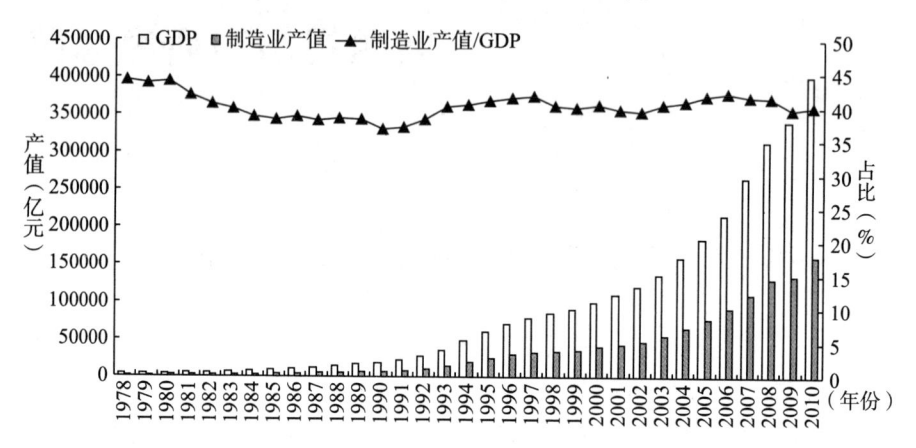

图 1-1 制造业对中国经济发展的贡献

资料来源：根据 1991~2011 年《中国工业经济统计年鉴》和《中国科技统计年鉴》整理而成。

中国制造业在全球具有日益重要的地位。1980 年，中国制造业产值仅占全球的 1.5%，这一数字在"十一五"期间就已超过 14%，年均上升 0.26 个百分点。2010 年，世界制造业总产出达到 10 万亿美元，中国占 19.8%，略高于美国的 19.4%，成为世界制造业最大国，② 制造业增加值也几乎占发展中国家制造业的一半（见图 1-2）。在 2013 年的中国企业 500 强中，主业属于制造部门的企业有 318 家（占 63.6%），营业收入达 15.16 万亿元（占 57.9%），利润为 6218.99 亿元（占 28.6%）。而由中国企业联合会发布的 2013 年中国制造业 500 强企业，其营业收入总和高达

---

① "隐形冠军"是指一些企业尽管几乎不被外界所熟知，但专注于一个狭窄的产品领域，几乎完全主宰着各自所在的市场领域，有较高的市场份额和独特的竞争策略。
② 美国 Global Insight 公司在 2011 年公布的一份研究报告透露，2010 年中国在世界制造业产出的占比达到 19.8%，略高于美国的 19.4%。按产出计算，中国已经打破美国连续 110 年占据世界头号商品生产国的历史，真正成为世界头号生产国（从"世界工厂"走向"世界品牌"．人民日报，2012-08-28）。

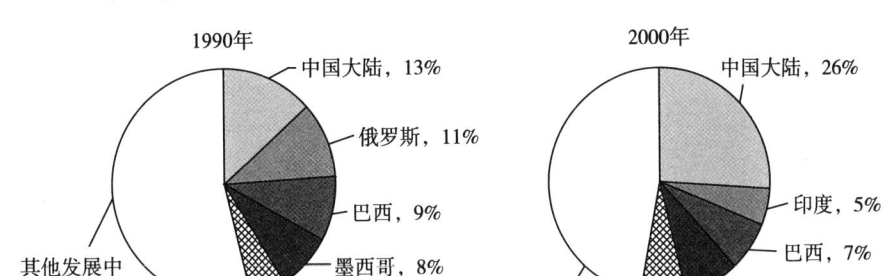

23.38 万亿元，占全国 GDP 的 41.8%。

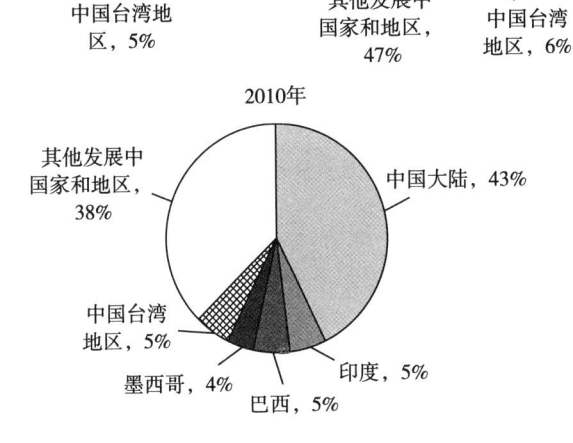

图 1-2　1990 年、2000 年和 2010 年主要发展中国家和地区制造业增加值占全球比重
资料来源：联合国工业发展组织（UNIDO）、Industrial Development Report 2011。

1978~2012 年，中国工业品产量持续保持全球领先地位（见表 1-1），钢铁、汽车、彩电、冰箱、微波炉、手机、水泥、玩具、纺织服装等 200 多种工业产品的产量稳居世界第一。①

表 1-1　中国工业主要产品产量及在世界的位次

产品类别	年份	1978	1990	2000	2008	2010	2011	2012
粗钢	产量（万吨）	3178	6635	12850	50305.8	63723	68528.3	72388.2
	世界排名	5	4	1	1	1	1	1
煤	产量（亿吨）	6.18	10.8	12.99	28.02	32.35	35.20	36.50
	世界排名	3	1	1	1	1	1	1

---

① 外需市场疲软　只有创新才能延续制造业优势. 经济日报，2012-09-12.

续表

产品类别	年份	1978	1990	2000	2008	2010	2011	2012
原油	产量（万吨）	10405	13831	16300	19043.1	20301.4	20287.6	20747.8
	世界排名	8	5	5	5	4	4	4
发电量	产量（亿千瓦小时）	2566	6212	13556	34957.6	42071.6	47130.2	49875.5
	世界排名	7	4	2	2	1	1	1
水泥	产量（万吨）	6524	20971	59700	142355.7	188191.2	209925.9	220984.1
	世界排名	4	1	1	1	1	1	1
化肥	产量（万吨）	869.3	1879.7	3186	6028.1	6337.9	6419.4	6832.1
	世界排名	3	3	1	1	1	1	1
棉布	产量（亿米）	110.3	188.8	277	723.1	800	814.1	848.9
	世界排名	1	1	2	1	1	1	1

资料来源：根据中国国家统计局相关数据整理而成（部分数据四舍五入到小数点后一位）。

中国制造业的国际竞争力正在逐步提升。[①] 金碚等（2006）的研究表明，中国制成品的相对出口优势指数[②]在1995~2004年一直处于增长状态，根据日本贸易振兴协会（JETRO）的标准可以认为，从出口环节来看中国制造业的国际竞争力在整体上已经居于中等比较优势地位，正处于向次强阶段过渡的临界状态（见表1-2）。

表1-2 1995~2004年中国制成品出口优势指数

年份	1995	1996	1997	1998	1999	2000	2001	2002	2003	2004
中国比例（%）	83.90	84.30	85.30	87.20	88.30	88.20	88.60	89.90	90.60	91.40
世界比例（%）	75.20	73.70	75.30	76.70	76.50	75.80	74.80	75.80	75.30	73.80
相对出口优势指数	1.12	1.14	1.13	1.14	1.15	1.16	1.18	1.19	1.20	1.24

资料来源：金碚等（2006）。

---

① 2011年，德勤全球制造业小组与美国竞争力委员会联合发布《2010年全球制造业竞争力指数》研究报告，该报告结合了2009年末至2010年初对全球超过400名首席执行官及制造业高管进行的问卷调查结果，以及部分主要经营决策者的访谈编写而成。报告研究显示，由于成本较低和拥有充裕的高技术人才，中国大陆的制造业在目前和未来5年内都是世界上竞争力最强的。

② 相对出口优势指数，也称为"显性比较利益指数"（RCA），该值越高，表示该国在该产品的出口上相对于世界平均值而言，具有较大的出口比较优势。若RCA>1，表示该国在该产业具有高于世界平均水平的竞争力。

从表 1-3 可见，1995~2012 年中国制成品的出口额增长迅速，产业的比较优势较为明显。OECD 的研究显示，1995 年中国的商品出口额为 1480 亿美元，这一数字在 2009 年飙升了 10 余倍（达 15290 亿美元）。在 1995 年出口的中国商品结构中，60% 属于最终消费品（Final Consumption Goods），而现在有越来越多的高端中间品走向国际市场，尤其是在 ICT 设备制造方面，中国已经进入全球前三强。[①]

表 1-3 1995~2012 年中国制成品出口额及出口增长率优势指数的变化

年份	制成品出额（10 亿美元）	制成品出口比重（%）	出口增长率优势指数
1995	124.84	83.91	0.29
1996	127.26	84.25	0.41
1997	155.91	85.34	1.56
1998	160.34	87.23	2.24
1999	172.06	88.27	1.26
2000	219.86	88.23	-0.06
2001	235.8	88.61	0.48
2002	292.56	89.85	1.7
2003	396.99	90.6	1.11
2004	542.37	91.42	1.23
2009	1138.48	94.75	—
2010	1496.069	94.82	0.11
2011	1797.836	94.70	-0.15
2012	1948.156	95.09	0.44

注：制成品出口比重 = 制成品出口额占商品出口额的比重；出口增长率优势指数 = 制成品出口额增长率 - 商品出口总额增长率（2005~2008 年的数据缺失）。

从国际市场占有率[②]来看，改革开放以来中国工业制成品的这一指标一直呈上升趋势，加入 WTO 以后的增幅更为明显（见表 1-4）。

[①] OECD. Science, Technology & Industry Scoreboard. 2011.
[②] 根据 Porter（1990）的观点，竞争力通常直接体现为"某国某产业出口值和直接投资额"。在经济学领域也有将产品市场占有率作为竞争力强弱的判断依据，所以我们在此处将国际市场占有率作为中国制造业竞争优势的一个评价指标。

表1-4　2000~2010年中国主要制成品的国际市场占有率变化

单位:%

年份	2000	2001	2002	2003	2004	2005	2006	2007	2008	2009	2010
工业制成品	4.75	5.27	6.21	7.3	8.25	10.54	10.84	11.95	12.73	13.46	14.82
（一）钢铁	3.06	2.42	2.34	2.66	5.22	6.06	8.7	10.87	12.09	7.26	9.4
（二）化学成品及有关产品	2.11	2.24	2.32	2.47	2.7	3.24	3.57	4.07	4.65	4.29	5.13
（三）机械和运输设备	3.22	3.87	5	6.49	7.72	9.15	9.908	11.07	12.23	13.39	14.57
（四）纺织品	10.25	11.45	13.53	15.88	17.17	20.22	22.23	23.52	26.1	28.35	30.63
（五）服装	18.13	18.79	20.55	23.04	23.97	26.9	30.67	33.4	33.14	33.94	36.99
（六）其他半制成品	4.15	4.75	5.49	6.02	0.96	8.14	7.96	8.595	9.23	9.865	10.5
（七）其他制成品	9.22	9.61	10.82	11.49	12.3	14.15	13.90	14.71	15.51	16.32	17.12

资料来源：WTO International Trade Statistics 数据库及相关文献。

近年来，中国制造业在美国、欧盟和日本这三大经济体的出口强度也明显增强（见表1-5），其中，个人和家庭用品、服装、办公及电信设备等是市场上渗透率最高的产品。

表1-5　2000~2009年中国主要工业制成品在三大经济体的市场渗透率

单位:%

	占美国进口的比例			占欧盟进口的比例			占日本进口的比例		
	2000	2004	2009	2000	2004	2009	2000	2004	2009
商品进口总量	8.5	13.8	19.3	2.7	4.2	6.3	14.5	20.7	22.2
工业制成品	10.7	17.9	26.6	3.3	5.3	8.6	20.9	31.2	38.8
（一）化学成品及有关产品（SITC5）	2.6	3.5	5.9	1.0	1.1	1.7	6.1	8.7	11.5
（二）机械和运输设备（SITC7）	6.5	14.8	24.8	2.5	5.1	9.1	12.2	27.3	38.1
（三）纺织品（SITC65）	12.2	22.3	35.4	3.5	5.8	10.6	41.2	49.6	62.9
（四）服装（SITC84）	13.3	19.0	39.1	10.3	13.2	23.8	74.7	80.9	82.9
（五）其他制成品	31.4	39.7	46.2	8.7	10.6	14.2	26.1	35.1	43.7
其中：个人和家庭用品	42.4	54.0	64.3	10.2	13.2	20.4	44.1	53.2	63.8

资料来源：WTO International Trade Statistics 数据库及相关文献。

然而，从整体上看中国企业在国际竞争中仍然是追随而不是引领，其发展更多的不是依靠核心技术的创新，而是不可持续的低劳动力成本优势和自然资源。技术能力的不足和品牌的缺乏，是中国企业发展的瓶颈（薛澜等，2011），企业较高的生产能力与较低的创新能力形成了鲜明对比，[①]从而使中国企业屡屡在国际竞争中遭受挫折，难以构建全球领导力。[②] 数据显示，中国本土高技术产业的研发强度远低于OECD中发达国家的同类产业，内资企业高技术产品出口额占全国高技术产品出口总额的比例常年徘徊在10%左右（见图1-3）。

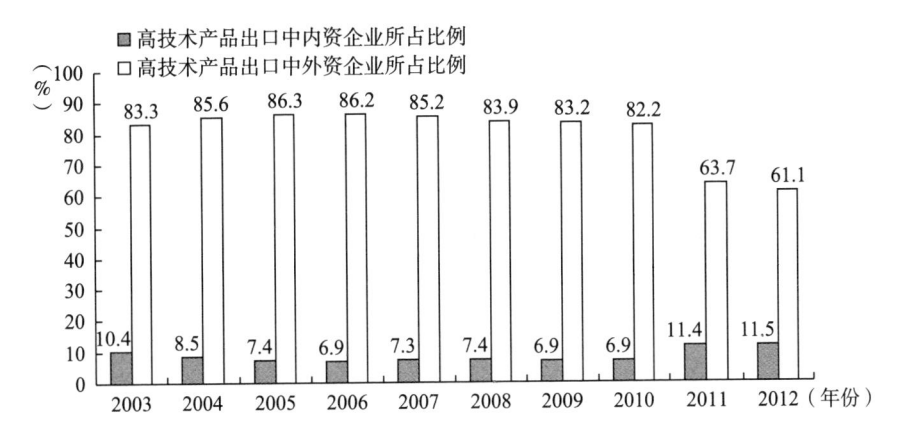

年份	高技术产品出口中内资企业所占比例	高技术产品出口中外资企业所占比例
2003	10.4	83.3
2004	8.5	85.6
2005	7.4	86.3
2006	6.9	86.2
2007	7.3	85.2
2008	7.4	83.9
2009	6.9	83.2
2010	6.9	82.2
2011	11.4	63.7
2012	11.5	61.1

图1-3 中国高新技术产品出口额中内外资企业所占比例的历史变化

资料来源：《中国科技统计年鉴》（2004~2013）、《中国海关网站》、《中国高技术产业统计年鉴》（2004~2013）（2011、2012年的数据为出口交货值，内资企业只计算大陆企业，外资企业中不包含港澳台企业）。

当前，中国制造业正面临着三个巨大的挑战。

（1）随着能源、资源、运输、环境和劳动力成本的上涨，加上人民币升值和反倾销等国际因素，中国制造业已进入"高成本时代"。近年来，东部沿海地区出现大面积"用工荒"，工资薪酬快速上涨，[③] 中国在过去

---

① 中国创新能力与全球相比差距较大. 中国经济网，2011-12-12.
② 中国的新长征：成为创新强国. 福布斯中文网：http://www.forbeschina.com/review/201107/0011015.shtml.
③ 数据显示，以制造业人员平均工资为例，目前越南大约是每月1000元人民币，印度大概是600元，而中国东部沿海已经达到2500元至3000元（低成本时代正远去，制造业期待转型升级. 证券时报，2012-09-05）。

30多年中的低成本优势正快速消失。① 专业咨询公司 Alix Partners 指出，到2015年印度、越南、墨西哥和俄罗斯等国的生产成本将比中国更具竞争力，② 不少跨国公司已考虑撤出在中国的制造工厂③（见表1-6）。2012年7月18日，德国的阿迪达斯公司宣称在年底关闭其在华的最后一家直属工厂（位于苏州工业园的全资子公司）。④ 而早在2009年3月，美国的耐克公司就关闭了在中国唯一的一家鞋类生产工厂（太仓工厂），转而迁往越南生产。⑤ 从2010年开始，我国一些传统的劳动密集型的出口产品在欧洲、日本、美国的市场份额，正在被越南、印度尼西亚等国所挤占。⑥ 近几年人们所热议的欧美"制造业回流"、"再工业化"和"先进制造业"等，反映了欧美各国政府既着力加强发展制造业，也在一定程度上为跨国企业在中国进行加工生产的成本攀高而担忧。

表1-6 近几年从中国撤资或关闭的跨国制造企业

跨国企业	国别	撤出时间	涉及制造业务	撤离原因	移向地
阿迪达斯	德国	2012-10	鞋类	生产成本上升	不明确
耐克	美国	2009-03-31	鞋类	人力成本上升	不明确
La Perla	意大利	2012-03	内衣	人力成本上升	土耳其、突尼斯
星巴克	美国	2012年底	陶瓷杯	人力成本上升	美国本土
Wham-O	美国	不详	飞盘、呼啦圈	利润下降	美国本土
卡特彼勒	美国	2012-03	汽车零部件	制造成本高	美国本土
福特汽车	美国	2012-03	汽车零部件	制造成本高	美国本土
佳顿	美国	2012-03	碳纤维棒球棒、安全器材	人力成本上升	美国本土
Sleek Audio	美国	不详	高端可调谐耳机	产品质量问题	美国佛罗里达州

---

① 这是罗兰贝格战略咨询公司在2012年1月发布的《中国低成本制造业周期的终结》报告中的观点。
② 中国制造业：谨防"三明治陷阱". 中国经济时报, 2012-04-18.
③ 传统优势渐失，中国制造以何为继？. 国际商报, 2012-07-24.
④ 阿迪达斯关闭中国工厂. 国际金融报, 2012-07-19.
⑤ 据耐克公司近年来对外公布的数据，2001年，中国生产了40%的耐克鞋，排名世界第一，越南只占13%；但到了2010年，越南的份额升至37%，超过了中国的34%。
⑥ "中国制造"直面成本考验. 人民日报, 2012-07-20.

续表

跨国企业	国别	撤出时间	涉及制造业务	撤离原因	移向地
Carlisle	美国	不详	轮胎和绝缘材料	人力成本上升	美国本土
大宇国际	韩国	2012-06-21	水泥	业务状况不佳	出售给中国建材集团

资料来源：根据相关资料整理而得。

（2）中国制造业总体上仍然"大而不强"，多数行业被锁定在全球价值链的低端环节。[①] 在国际市场上，中国制造业在整体上仍停留在低质低价、依靠粗放式经营的层次上，在高端产品市场上的竞争力偏弱，[②] 对全球价值链的控制能力很薄弱，真正能确立全球行业领袖地位的企业屈指可数。许多产业的对外技术依存度较高，仍处于依靠资本扩张和资源过度消耗实现增长的状态，创新还尚未成为发展的主要推动力，被"锁定"于高新技术产业低端化、传统产业低技术化的"双低"发展路径：前有发达国家抢占高端制造业，后有新兴国家承接中低端制造业的转移。据统计，2006年以来，中国装备工业的增加值增幅超过25%，发电设备、工程装备居全球第一，但低水平重复建设、自主创新能力薄弱、国际性优势品牌缺失等问题仍然突出。[③] 在造船业，尽管中国造船产能常年保持世界领先，但是高端制造能力严重不足，大量船企面临淘汰。[④] 2011年6月24日，美国正式启动"先进制造伙伴"计划，旨在加快抢占21世纪先进制造业制高点，奥巴马政府宣称要在高端制造业继续保持领先，为新的产业革命做好技术储备。[⑤] 一些美国学者甚至认为美国通过大力发展人工智能、机器人以及电子制造业等高端技术，必将在未来20年内在制造业"打败中国"。[⑥] 显然，中国企业需要考虑如何通过研发和生产更高价值的产品抢占

---

① 从追赶到同行——中国科技10年跃升之路（二）. 科技日报，2012-09-18.
② 自主创新让"中国制造"甩掉"贴牌"的"帽子". 新华网，2011-04-25.
③ 中国已成全球第一装备制造业大国仍"大而不强". 中国新闻网，2011-02-17.
④ 中国造船业面临破产潮. 搜狐财经：http://business.sohu.com/20120207/n333939291.shtml.
⑤ 美国制造回归声势大，中国制造何去何从. 参考消息网：http://china.cankaoxiaoxi.com/2012/0824/83066.shtml.
⑥ 为什么说现在是轮到中国担心制造业了？. 中国新闻周刊网，2012-02-07.

全球产业链分工的高端环节。①

（3）中国制造业的自主创新能力薄弱，难以在全球市场竞争中获得持续优势。世界知识产权组织（WIPO）和欧洲工商管理学院（INSEAD）联合发布的《全球创新指数》（Global Innovation Index）（2012）显示，2011年中国的创新指数居全球第 34 位，其中创新投入和产出指数分别列第 55 位和第 19 位。② 从专利看，2010 年我国申请的国际 PCT 专利 12337 件，仅相当于美国的 1/4、日本的 1/3。③ 一项报道称，中国 PC 机生产成本中的 50% ~70% 都是向微软和英特尔缴纳的注册费（薛澜等，2011）。我国每年要花费 6000 多亿元进口重大制造设备，光纤制造装备的 100%、集成电路芯片制造设备的 85%、石油化工装备的 80% 都要依赖进口。④ 另据统计，我国每年生产 380 亿支圆珠笔，但近 90% 的笔尖珠芯都需要进口。在美国市场上卖 1.99 美元一支的圆珠笔，中国的制笔厂只有 0.1 美元的利润。⑤

如何通过创新驱动实现制造业的转型进而提升国际竞争力，已成为中国经济面临的重大问题。近年来，中国企业自主创新的宏观环境正在逐步改善。2006 年 1 月 9 日的全国科学技术大会将"提高自主创新能力、建设创新型国家"正式确立为国家重大战略目标。同年 1 月 26 日，国务院在《关于实施科技规划纲要增强自主创新能力的决定》中提出"走中国特色自主创新道路，建设创新型国家"。《国家中长期科学和技术发展规划纲要（2006—2020 年）》则将"自主创新，重点跨越，支撑发展，引领未来"作为科技发展的指导方针，核心是自主创新。2009 年 3 月，国务院出台《关于发挥科技支撑作用促进经济平稳较快发展的意见》，推出加快实施重大专项、为重点产业振兴提供科技支撑、支持企业提高自主创新能力等六项措施。2012 年 7 月 6 ~7 日的全国科技创新大会提出要"进一步推动发展更多依靠创新驱动"，将国家发展的指导方针从"科技推动经济发展方

---

① 外需市场疲软，只有创新才能延续制造业优势. 经济日报，2012 - 9 - 12.
② 2012 年全球创新指数发布. 世界知识产权组织官方网站：http://www.wipo.int/pressroom/zh/articles/2012/article_0014.html.
③ 强化企业技术创新主体地位. 21 世纪经济报道，2012 - 09 - 25.
④ 自主创新让"中国制造"走向"中国创造". 经济日报，2011 - 06 - 02.
⑤ 为 380 亿支中国笔打造"中国珠芯". 新华网，2011 - 03 - 16.

式转变"转向"创新驱动发展"。党的十八大也提出实施创新驱动发展战略,"以全球视野谋划和推动创新,提高原始创新、集成创新和引进消化吸收再创新能力"。创新驱动,就是要强化自主创新,提高核心竞争力。

第二节 面向国际竞争的中国制造业自主创新现状与问题

解决中国制造业"大而不强"困境,关键在于推进自主创新,即通过加强自身的学习与研发活动,探索技术前沿,突破技术难关,产生具有自主知识产权的技术并快速使之商品化,其技术突破的内在性、市场的领先性和知识资本的集成性,使各层次系统(国家、产业或企业)掌握不易被他人模仿的核心技术和产品,从而摆脱技术的依赖性并提高国际竞争力。

在全球化条件下,中国企业比以往更迫切地需要提高自主创新能力。长久以来,中国的企业是国家创新系统中的薄弱环节,技术大多源于对国外先进技术的跟踪效仿,始终缺乏自有技术,科技对制造业发展贡献率仅为30%。[①] 改革开放以前,中国的经济条件落后,计划经济体系下的中国企业无论是R&D投入还是创新产出都很低,加上公共研究机构所开展的项目与企业的R&D需求之间也存在巨大差距(Liu & White,2001),许多企业不得不依赖从国外引进所需的技术。技术引进在一定程度上是后发国家追赶创新的重要手段,但问题是中国企业过多地强调技术引进,较为忽视技术学习和能力建设,多年来的技术引进并未使企业掌握关键领域的核心技术,反而形成了技术依赖的惯性,[②] 企业发展更多地依赖规模与外延的扩张,难以摆脱"出口2亿件衬衫才能换来1架波音客机"的外贸窘境。1978年后,中国开始实施市场化改革和经济开放,企业进行了重组并开始获得诸如研发和营销之类的职能,创新能力开始显著提升(薛澜等,2011),竞争全球化也使越来越多的中国企业除了探求成本优势或产品多样化优势之外,还有动机去投资产品开发和创新活动,一些领先企业通过长期的知识和技术积累,在国际竞争上逐渐提高了能力。比如,华为和中

---

① 自主创新是制造业可持续发展的根基. 新华网,2012-05-02.
② 中国自主创新是开放的创新. 科技日报,2010-11-23.

兴通讯连续数年跻身全球企业 PCT 专利申请排行榜的前列。2012 年 1 月，由我国提交、大唐电信拥有核心基础专利的 TD – LTE – Advanced 技术标准提案，被国际电信联盟接纳为 4G 国际标准。[①] 此外，以三一重工为代表的中国工程机械行业在国际市场上的强劲优势，中国高速铁路技术从"追赶"到"领先"的自主跨越，以及民营企业新奥集团向美国的能源技术输出，[②] 都体现出中国制造业已经开始重视通过自主创新提升国际竞争力。

然而总体上看，中国企业在自主创新的投入（经费、人员、研究机构）与产出（新产品、专利、品牌、标准）上仍然较为薄弱。[③] 许多中国企业仍然埋头于在国外企业已经开拓的产业技术轨道上开展渐进性创新，但是一旦国外企业通过突破性创新进入一个新的技术轨道，中国企业将再次沦为追赶者（柳卸林和何郁冰，2011）。实践表明，缺乏自主创新能力的企业将无法最大限度地整合全球创新资源，只能沦为服务于跨国企业全球布局的加工厂。随着我国劳动力、土地等成本的上升以及传统产业和低端市场的逐渐饱和，产业的发展空间逐渐缩小，经济发展很可能就此止步，陷入徘徊和低增长的"拉美陷阱"（许庆瑞等，2010）。尽管中国企业已经是后发优势的成功追赶者，但跟随型创新和低成本竞争的优势难以为继，[④] 中国企业需要及时进入自主创新阶段。

一 企业成为国家 R&D 投入的主体，但技术创新的基础条件仍然薄弱

近年来，企业已成为中国创新体系中 R&D 支出的主要部门（见图 1 – 4）。

但是，在企业 R&D 投入占全国的比重不断提高的同时，企业对引进技术的消化吸收再创新的支出严重不足，几乎是只引进而不消化吸收（如

[①] 从追赶到同行——中国科技 10 年跃升之路（二）. 科技日报，2012 – 09 – 18.
[②] 重塑海外形象，"中国制造"正向产业链高端迈进. 证券日报，2011 – 04 – 20.
[③] 汤森路透公司（Thomson Reuters）评选出 2012 年全球创新企业（机构）百强，虽然中国的专利申请数量领先全球，但专利质量不高及影响力不足导致中国公司连续三年无一上榜，美国、日本和韩国则分别有 45 家、28 家和 3 家企业入榜。
[④] 中国企业要获竞争力，自主创新是唯一选择：财经网产经频道：http://industry.caijing.com.cn/2011 – 11 – 03/111375898.html.

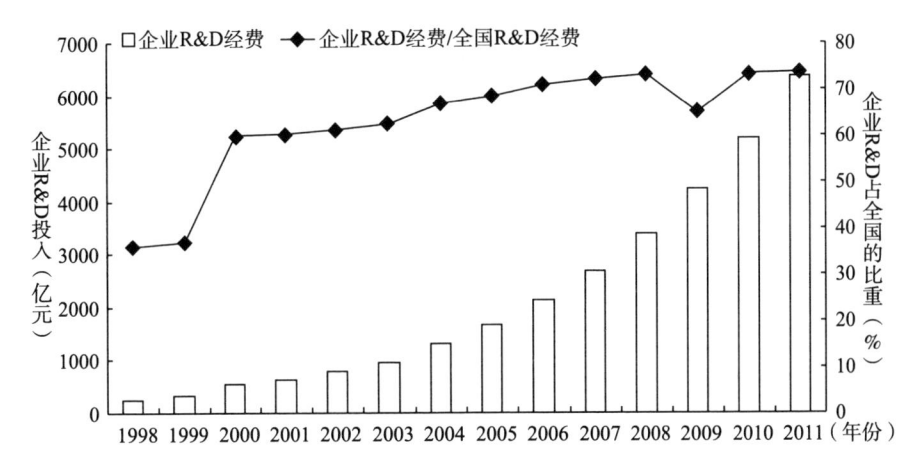

图 1-4　中国企业的 R&D 经费投入及其占全国比重的历史变化

资料来源:《中国科技统计年鉴》(1999~2012)、中国科技部网站。

表 1-7)。近年来,我国大中型企业消化吸收经费与技术引进经费的比例仅为 0.4∶1,而日韩两国企业的这一比例高达 5∶1~8∶1。消化吸收费用的不足导致我国企业无法有效开展二次创新,成为许多企业失去创新动力的直接原因(陈钰芬、陈劲,2008)。

表 1-7　中国制造业内部研发和技术引进与消化吸收支出

单位:亿元

年份	研发支出(A)	技术引进支出(B)	技术消化吸收支出(C)	比例 C/A	比例 C/B
1991	125.00	116.70	4.57	0.04	0.039
1992	152.83	139.41	5.98	0.04	0.043
1993	222.96	153.99	6.15	0.03	0.040
1994	228.46	204.83	9.85	0.04	0.048
1995	279.33	255.68	11.58	0.04	0.045
1996	340.81	296.11	12.13	0.04	0.041
1997	387.44	215.24	11.02	0.03	0.051
1998	424.62	204.06	13.67	0.03	0.067
1999	507.36	195.81	17.03	0.03	0.087
2000	736.41	231.18	17.68	0.02	0.076
2001	880.39	272.57	19.13	0.02	0.070
2002	1069.84	361.79	25.42	0.02	0.070

续表

年份	研发支出（A）	技术引进支出（B）	技术消化吸收支出（C）	比例 C/A	比例 C/B
2003	1378.27	394.73	26.22	0.02	0.066
2004	2232.43	383.74	57.30	0.03	0.149
2005	2374.83	288.49	65.35	0.03	0.227
2006	2973.17	302.46	77.74	0.03	0.257
2007	3859.16	434.64	100.28	0.03	0.231
2008	5556.46	437.25	118.51	0.02	0.271
2009	4707.81	383.69	148.26	0.03	0.386
2010	5132.14	377.22	153.16	0.03	0.406
2011	5912.31	423.98	160.53	0.03	0.379
2012	7067.18	384.76	146.92	0.02	0.382

资料来源：《中国科技统计年鉴》（1992~2013）（表内数据为制造类大中型企业统计数据）。

此外，中国企业的技术创新基础较为薄弱，建立了研发机构的企业偏少，多数企业缺乏应有的研发活动。[①] 在全部制造业中，建立了科技机构的企业所占比重在 1996~2012 年呈现微弱下降趋势（见表1-8），尤其是从 2000 年起，有超过 70% 的企业几乎没有开展研发活动。内部研发活动的缺失使企业难以有效吸纳全球创新资源特别是国内科研成果。

表1-8 中国制造类大中型企业中有科技机构的企业的比重

年份	有科技机构的企业数（个）	有科技机构的企业占制造业企业数的比重（%）	比重最大的行业	比重最小的行业
1996	10694	48	仪器仪表（74.87%）	食品加工（17.62%）
1997	6810	31.02	医药制造（57.63%）	印刷媒介（7.22%）
1998	6685	30.45	医药制造（55.92%）	印刷媒介（7.41%）
1999	6572	31.58	医药制造（58.79%）	印刷媒介（8.53%）

---

① 中国自 2006 年开始启动创新型企业建设，科技部、国资委、全国总工会已经认定了四批 550 家国家级创新型试点企业，并在试点基础上评价命名了 356 家国家级创新型企业。《中国创新型企业发展报告 2011》显示，这些创新型（试点）企业的研发经费支出总额在 2010 年达到 3107 亿元，占全国大中型工业企业研发经费支出总额的 77.4%。2010 年全国大中型工业企业共有 45536 家，但创新型（试点）企业的数量仅约为全国大中型工业企业的 1%（创新型企业：1% 能创造多少价值．科技日报，2012-06-27）。

续表

年份	有科技机构的企业数（个）	有科技机构的企业占制造业企业数的比重（%）	比重最大的行业	比重最小的行业
2000	5729	28.11	医药制造（56.46%）	印刷媒介（6.55%）
2001	5587	25.88	医药制造（50%）	印刷媒介（5.56%）
2002	5419	25.13	烟草加工（50%）	印刷媒介（7.27%）
2003	5265	24.86	医药制造（54.55%）	家具制造（5.45%）
2004	5863	24.56	烟草加工（30.33%）	纺织服装（8.86%）
2005	6462	24.26	医药制造（56.12%）	家具制造（8.96%）
2006	7270	24.91	医药制造（56.47%）	纺织服装（9.4%）
2007	8481	24.56	医药制造（59.04%）	纺织服装（9.29%）
2008	9901	25.10	医药制造（56.1%）	纺织服装（8.58%）
2009	11321	29.16	医药制造（62.51%）	纺织服装（10.18%）
2010	12166	29.72	医药制造（59.86%）	纺织服装（10.33%）
2011	25004	28.62	医药制造（54.83%）	纺织服装（6.17%）
2012	38216	25.52	仪器仪表（59.88%）	皮革制鞋（5.24%）

资料来源：《中国科技统计年鉴》（1997～2013）。

二 企业逐渐重视创新性研发，但研发强度偏低，资源配置不合理

在衡量企业的技术进步和创新能力方面，R&D投入是最基本和最重要的指标。近20年来，中国企业的R&D投入稳定增长，但投入强度（研发支出占销售收入的比重）相比发达国家仍处于相对较低水平（见表1-9和图1-5）。发达国家企业的研发强度一般是3%～5%，高科技企业可达到20%。国务院发展研究中心在早期开展的一项统计研究显示，我国制造业经济总量占全球的6%，但研发投入只占全球的0.3%，[1] 而且真正用于R&D的经费有限。[2]

R&D投入偏低导致中国企业"大而不强"。2012年的"中国制造业企业500强"营业收入达21.7万亿元，同比增长21.86%，再度缩小了与美

---

[1] 周盛平．中国离"创新型国家"有多远？．21世纪经济报道，2006-02-08．
[2] 穆荣平．创新型国家的五个特征．21世纪经济报道，2012-07-10．

国 500 强的规模差距。但是，中国制造业 500 强的 R&D 平均强度仅为 1.87%，与美国企业的差距明显。[①]

表 1-9　中国制造类大中型企业研发投入占销售收入的比重

年份	研发强度（%）	行业最大值	行业最小值
1999	1.37	仪器仪表（2.77%）	烟草加工（0.36%）
2000	1.53	普通机械制造（3.22%）	皮革制品（0.33%）
2001	1.6	电气机械（3.4%）	烟草加工（0.3%）
2002	1.6	电气机械（3.3%）	烟草加工、石油加工（0.4%）
2003	1.4	电气机械（3.0%）	家具制造（0.2%）
2004	1.1	医药制造业（3.0%）	食品加工、皮革制品、家具制造（0.3%）
2005	1.5	制药、交通运输设备（2.9%）	皮革制品、石油加工（0.4%）
2006	1.45	制药（3.2%）	石油加工（0.3%）
2007	1.6	专用设备制造（3.6%）	石油加工（0.3%）
2008	1.11	医药制造（2.48%）	石油加工（0.27%）
2009	1.01	化学工业（3.61%）	文体用品（0.14%）
2010	0.91	专用设备制造（2.04%）	石油加工（0.16%）
2011	0.78	仪器仪表（2.62%）	木材加工（0.12%）
2012	0.85	仪器仪表（2.86%）	木材加工（0.18%）

资料来源：《中国科技统计年鉴》（2000~2013）。

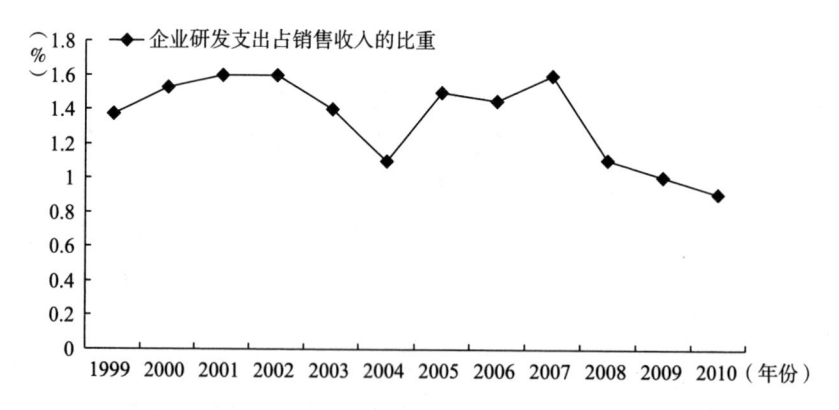

图 1-5　中国制造类大中型企业研发支出占销售收入的比重

资料来源：中国统计局和科技部（2000~2011）。

---

①　改变行业旧面貌　中国企业的挑战：创新取胜. 第一财经日报，2012-09-14.

此外，中国企业的 R&D 经费更多地流向了试验发展领域，少数投向应用研究，分配给基础研究的经费非常之少，不到研发投入的 1%（见图 1-6），而且近几年以更快的速度下降，2009 年和 2010 年都仅为 0.1%（见图 1-7）。

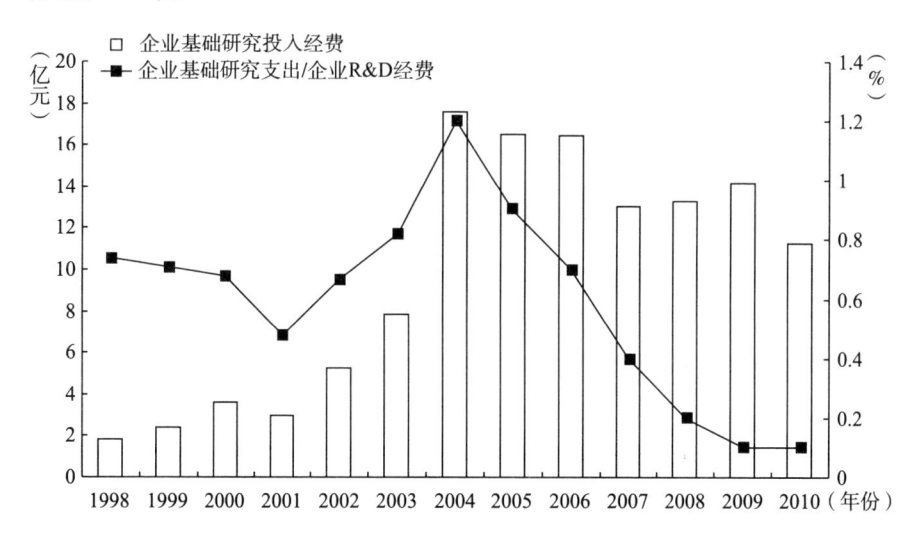

图 1-6　中国企业的基础研究投入经费及其占企业 R&D 经费的比重
资料来源：《中国科技统计年鉴》（1999～2011）。

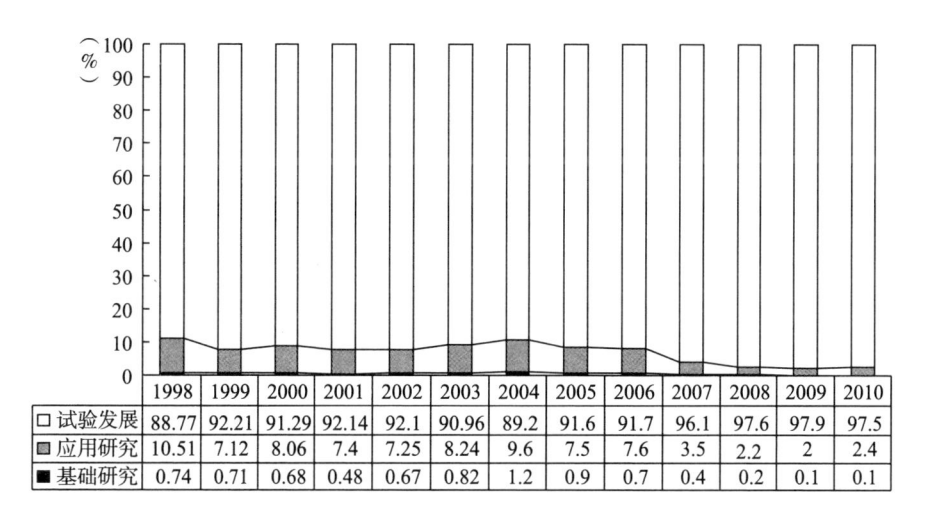

	1998	1999	2000	2001	2002	2003	2004	2005	2006	2007	2008	2009	2010
试验发展	88.77	92.21	91.29	92.14	92.1	90.96	89.2	91.6	91.7	96.1	97.6	97.9	97.5
应用研究	10.51	7.12	8.06	7.4	7.25	8.24	9.6	7.5	7.6	3.5	2.2	2	2.4
基础研究	0.74	0.71	0.68	0.48	0.67	0.82	1.2	0.9	0.7	0.4	0.2	0.1	0.1

图 1-7　中国企业 R&D 支出中基础研究、应用研究及试验发展的结构关系变化
资料来源：《中国科技统计年鉴》（1999～2011）。

总体上看，中国产业 R&D 的突出特点是"开发"（Development）比"研究"（Research）多，绝大部分 R&D 经费主要针对快速增长的中国市场进行产品改进，而非基础性的科研工作。在中国，尤其缺乏面向产业核心技术创新的基础研究，研发对技术创新的支撑作用微弱。[①] OECD 的研究也表明，中国企业的创新瓶颈主要体现在研发投入低、基础研究缺乏、政府支持不足和扭曲三大方面（薛澜等，2011）。

三 企业参与国际竞争的能力不断提高，但关键技术的自主知识产权少

近年来，随着国家着力自主创新能力建设，我国制造类企业在研发与技术创新的产出上有了明显的进步。从专利活动上看，发明专利年度授权量大幅增加，从 2001 年的 3471 件增长到 2011 年的 65969 件，增加了 18 倍，占全国发明专利授权的比重也由 2001 年的 11.56% 升至 2011 年的 20% 左右（2009 年达到最高的 26.74%）（见表 1-10）。同时，随着对外贸易的快速增长，中国的 PCT 专利申请量也大幅提升，在 2010 年全球 PCT 专利申请量的排名中已超过韩国上升至第 4 位，[②] 一些领先企业逐步构建了强大的自主知识产权能力。例如，华为在 2008 年以 1737 件 PCT 国际专利申请首次跃居全球企业第一名，中兴通讯则在 2011 年以 2826 件的申请量成为"新科状元"。2010 年，中兴通讯、华为、大唐电信、中国移动、西电捷通等 12 家企业 PCT 申请公布量排名进入世界前 500 名，合计申请专利 4142 件，占我国申请总量的 33.6%。[③]

表 1-10 中国制造业的专利申请和授权情况

单位：件,%

年份	A 全国专利申请量	B 全国发明专利申请量	C 制造业专利申请量	D 制造业发明专利申请量	C/A	D/B
2001	165773	30038	14605	3471	8.81	11.56
2002	205544	39806	20397	5535	9.92	13.90
2003	251238	56769	29810	9166	11.87	16.15

---

① 我国已经超过日本成为第二大研发投入国. 中国改革报，2006-12-06.
② 我国专利申请总量 10 年增长 8 倍. 人民日报，2012-09-26.
③ 创新型企业：1% 能创造多少价值. 科技日报，2012-06-27.

续表

年份	A 全国专利申请量	B 全国发明专利申请量	C 制造业专利申请量	D 制造业发明专利申请量	C/A	D/B
2004	278943	65786	40925	13547	14.67	20.59
2005	383157	93485	53843	17983	14.05	19.24
2006	470342	122318	67227	25298	14.29	20.68
2007	586498	153060	93576	35479	15.96	23.18
2008	717144	194579	118048	42706	16.46	21.95
2009	877611	229096	161048	61251	18.35	26.74
2010	1109428	293066	192661	70688	17.37	24.12
2011	1504670	415829	176854	65969	11.75	15.86

数据来源：历年《中国科技统计年鉴》、中国国家知识产权局。

然而，尽管中国的专利飞速发展，但专利质量并未同时得到相应维持，尤其是企业的专利基本是国内专利，获得欧美国家认定的国际专利尤其是发明专利很少。[1] 目前，我国 PCT 申请的技术领域高度集中（主要在电信和数字通信领域），申请企业也高度集中（如华为和中兴通讯两家占全国申请量的 30%）。[2] 在药品领域，2009 年全球 PCT 公布量为 12200 件，中国的公布量为 317 件，仅占全球的 2.6%。同年，我国申请人在国内申请的药品发明专利超过 1 万件，但只有 3% 的药品专利能走出国门。有数据表明，我国在 2010 年的出口总额达 15779 亿美元，位居世界第一，但平均每 1.3 亿美元出口才有 1 件 PCT 申请。[3]

总体上看，中国制造业的核心技术知识仍然依赖于引进，缺乏具有自主知识产权的成果，[4] 大多数企业参与国际竞争的优势在于产品的专业特性和价格而非自主创新。[5] 比如，中国作为全球最大的计算机生产国，85% 的集成电路芯片制造装备依赖进口，各地"光谷"建设如火如荼，但光纤制造装备 100% 依赖进口。[6] 中国大陆在 2013 年世界经济论坛发布的

---

[1] 中国制造业要敢于和"模仿"说再见. 中国高新技术产业导报, 2011-08-29.
[2] 国家知识产权局规划发展司. 专利统计简报, 2010 (16): 13.
[3] 创新型企业: 1% 能创造多少价值. 科技日报, 2012-06-27.
[4] 陈佳洱. 基础研究: 自主创新的源头. 光明日报, 2005-11-08.
[5] 我国关键技术对外依存度过高制约创造和创新. 新华网, 2011-03-17.
[6] 中国电子信息产业发展研究院. 我国工业企业自主创新研究报告. 2009.

全球竞争力排名中仅列第 29 位（见表 1-11），其中，金融市场发展列第 54 位，技术采用率列第 88 位，劳动力市场效率列第 59 位。

表 1-11　中国大陆在世界经济论坛全球竞争力排名中的位次变化

排名	2004年	2005年	2006年	2007年	2008年	2009年	2010年	2011年	2012年	2013年
1	芬兰	芬兰	美国	美国	美国	瑞士	瑞士	瑞士	瑞士	美国
2	美国	美国	英国	瑞士	瑞士	美国	瑞典	新加坡	新加坡	瑞士
3	瑞典	瑞典	丹麦	丹麦	丹麦	新加坡	新加坡	瑞典	芬兰	中国香港
4	中国台湾	丹麦	瑞士	瑞典	瑞典	瑞典	美国	芬兰	瑞典	瑞典
5	丹麦	中国台湾	日本	德国	新加坡	丹麦	德国	美国	荷兰	新加坡
6	挪威	新加坡	芬兰	芬兰	芬兰	芬兰	日本	德国	德国	加拿大
7	新加坡	冰岛	德国	新加坡	德国	德国	芬兰	荷兰	美国	阿联酋
8	瑞士	瑞士	新加坡	日本	荷兰	日本	荷兰	丹麦	英国	德国
9	日本	挪威	瑞典	英国	日本	加拿大	丹麦	日本	中国香港	卡塔尔
10	冰岛	澳大利亚	中国香港	荷兰	加拿大	荷兰	加拿大	英国	日本	中国台湾
中国大陆排名	46	49	35	34	30	29	27	26	29	29
参评国家	104	117	125	127	134	133	139	142	144	148

数据来源：世界经济论坛（WEF）历年的《全球竞争力报告》。

四　企业对外部创新资源的整合及利用还很不够，不善于开放式创新

中国企业的自主创新能力不强，除了创新资源投入不足、研发基础设施落后等制约因素外，一个重要原因是技术创新模式过于封闭，对外部资源的利用率有限（陈钰芬、陈劲，2008）。在我国，许多企业受到集中化管理思维和保守的文化传统的影响，技术创新大多在内部独立完成，尚未建立起有效的企业间合作开发机制，资源难以得到优化配置，这在钢铁、汽车行业都比较突出。[①] 2007 年，国家统计局首次对全国规模以上工业企

---

① 中国电子信息产业发展研究院. 我国工业企业自主创新研究报告. 2009.

业 2004~2006 年的创新活动进行专项调查。结果发现，在产品创新和工艺创新中各有 76.3% 和 69.9% 的企业是独立完成的，企业与用户、供应商之间合作甚少，竞争企业之间的合作更为罕见，即使在产学研合作中，企业也往往处于附属地位。

中国企业在科技投入方面对外部资金的获取和利用比例过低。从企业的科技活动经费的筹集渠道（见表 1-12）来看，政府资金投入的比重始终在 6% 以内，来自金融机构的贷款也在 10% 左右，企业吸收国外资金（包括风险投资）的比例不到 1%。

表 1-12 中国制造类企业的科技活动经费来源

单位：亿元，%

年份	科技活动经费筹集总额	政府资金 绝对值	政府资金 所占比例	企业资金 绝对值	企业资金 所占比例	金融机构贷款 绝对值	金融机构贷款 所占比例	国外资金 绝对值	国外资金 所占比例
1998	493.59	29.48	6.00	359.57	72.80	86.34	17.50	6.6075	0.74
1999	596.48	33.02	5.50	463.32	77.70	80.76	13.50	6.615	0.77
2000	829.21	37.5	4.50	667.75	80.50	91.41	11.00	6.6	0.80
2001	948.43	36.77	3.90	797.35	84.10	90.41	9.50	6.63	0.70
2002	1108.41	48.44	4.40	931.41	84.00	96.19	8.70	7.8	0.70
2003	1481.61	49.59	3.30	1243.15	83.90	151.52	10.20	5.71	0.40
2004	2331.27	84.42	3.60	1998.83	85.70	202.78	8.70	8.15	0.30
2005	2479.53	77.65	3.10	2188.17	88.20	164.2	6.60	9.08	0.40
2006	3068.78	137.4	3.40	3545.64	88.40	260.49	8.00	12.71	0.40
2007	4013.01	144.25	3.30	3826.1	88.70	260.49	6.50	23.53	0.60
2008	5715.37	224.91	3.90	5053.68	88.40	353.2	6.20	18.54	0.30
2009	4864.19	181.16	3.70	429.97	87.80	306.85	6.30	21.04	0.50
2010	5289.78	203.03	3.80	467.67	88.10	330.02	6.30	19.79	0.40

资料来源：《中国科技统计年鉴》（1999~2011）（2011 年、2012 年缺失相关数据）。

而从企业的外部研发经费支出比例（见图 1-8）来看，2012 年仅为 6%，说明企业尚未重视利用外部创新资源。

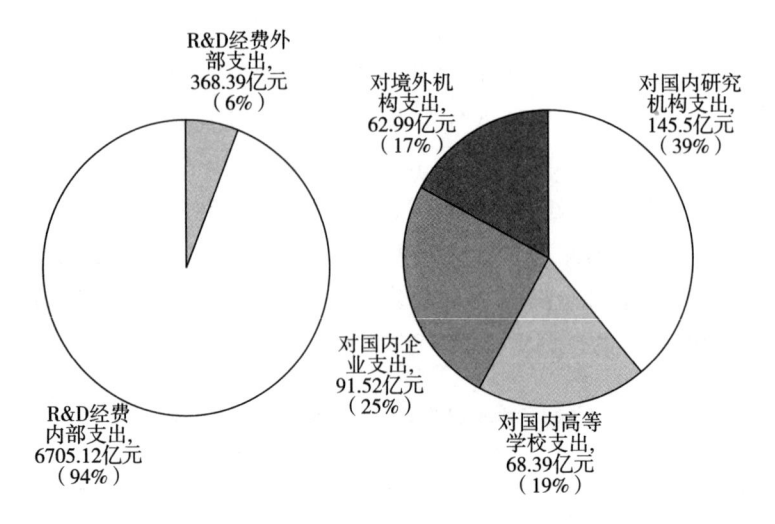

图 1-8　2012 年中国制造类大中型企业研发经费内外部支出的比较
资料来源：国家统计局。

在中国，得益于政府大力鼓励公共研究机构和大学与产业建立更有效的联系的思路，企业通常把基于创新目的的研发项目外包给公共研究机构和大学（薛澜等，2011），产业与大学/科研院所的联系在持续增加。但根据科技部对国内大中型企业在开展研发项目中的外部合作情况的统计（见表 1-13），发现仅有 7% 的项目的 R&D 支出投向了公共科研部门，与海外机构及国内外资企业合作研发的比例也很低。中国企业与大学和研究机构合作创新的另一个指标是合作出版的刊物和科学论文。在以往，企业出于知识产权或其他因素的考虑往往限制出版它的研究成果（薛澜等，2011），近年来随着知识产权制度的不断完善以及适应国际化的需要，中国的产业也开始与大学研究者联名发表著作和科学论文，但规模仍然较小。

表 1-13　中国大中型企业的研究开发项目外部合作情况

	2000 年	2003 年
研究开发项目数量（项）	23576	24665
由企业选择的项目的百分比（%）	69.8	75.5
与海外机构合作所占的比例（%）	2.0	2.8
与高等学校合作所占的比例（%）	8.0	8.5
与政府研究机构合作所占的比例（%）	7.6	7.3
与外资企业合作所占的比例（%）	0.8	0.7

续表

	2000 年	2003 年
与其他企业合作所占的比例（%）	8.8	5.6
独立研发所占的比例（%）	70.8	73.5
其他所占的比例（%）	2.0	1.7

资料来源：中国科技部．中国科学技术统计指标．北京：科学技术文献出版社，2006。

中国企业大多忽视管理外部创新的能力建设，常常由于在知识产权管理、利益机制分配等方面经验不足而导致创新合作失败。根据 IBM 公司发布的 2012 年"全球 CEO 调研"结果，中国企业对于协作创新的关注不足，较少愿意与外部合作伙伴共同创新。在 102 位受访者中，有 58% 的中国 CEO 愿意与外部伙伴紧密协作进行创新，但也有 57% 的 CEO 希望尽可能在组织内部完成创新工作，而为了创新而建立新的外部合作关系的企业不到 45%，后两个数据分别低于全球水平 13 个和 10 个百分点。[①] 当然，与早期热衷于从国外引进技术不同，中国企业正重视在国内寻求技术来源（见图 1-9），这不仅是因为中国的科技研究能力不断增强，同时也是科技全球化的结果，企业购买的一些国内技术与跨国公司也有着紧密的联系。

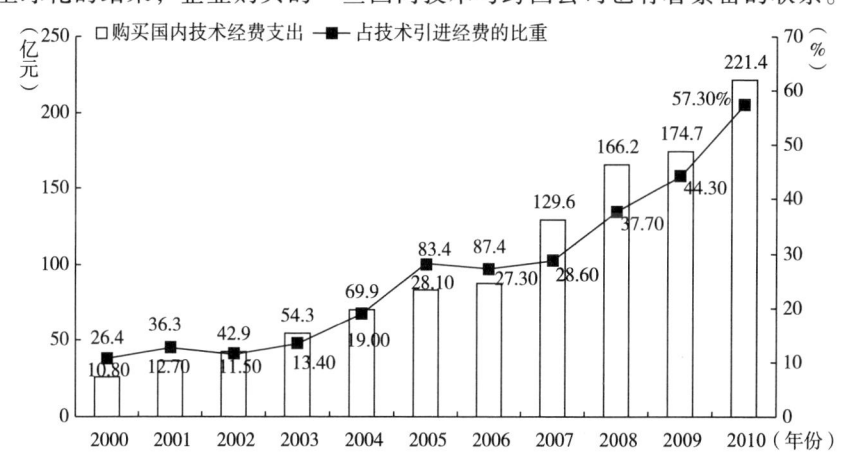

图 1-9 中国大中型制造类企业购买国内技术经费情况

资料来源：《中国科技统计年鉴》（2001~2011）。

---

① 钱大群．制胜互联经济——2012 年 IBM 全球 CEO 调研．哈佛商业评论（中文版），2012 (7-8)：262-268．

第三节　开放式创新的发展趋势

在 20 世纪 80 年代以前，世界产业创新的主流模式是封闭式创新（Closed Innovation），许多领先企业在相对独立的环境下通过内部持续、高强度的研发，获得了基于技术垄断的竞争优势，典型代表如施乐、朗讯、杜邦和索尼，这些企业有很强的自我依赖性，通过持续的内部投入形成"良性循环"。

然而，随着研发成本的剧增和市场对推出新产品速度的高要求，封闭式创新的劣势凸显，企业完全依靠自身资源进行创新日益困难。2003 年，美国学者 Chesbrough（2003）通过剖析施乐、朗讯这些内部研发能力超群的大企业在与思科、英特尔等的创新竞争中落于下风的原因，开创性地提出了开放式创新（Open Innovation）的思想。他发现许多企业由于坚守"非此地发明"（Not Invented Here）而忽视了大量的创新机会，企业若能有意识地利用知识的流入和流出来加速内部创新，并且通过内部和外部的市场化渠道实现创新的价值，在创新绩效上就会有更好的表现。这一思想整合了外部技术获取、技术许可、知识转移等观点，目前已被许多企业所采用，[①] 这也是创新范式从内向（Introvert）/专有（Proprietary）转向外向（Extrovert）和开放的反映（Christensen et al., 2005）。2010 年 8 月，麦肯锡公司预测了在高新技术支持下全球企业商业模式创新的十大趋势，开放式创新、组织网络化发展、更大范围地利用协作技术位列前三。

当前，日益加剧的全球竞争使得企业的产品和服务的生命周期缩短，从而对技术开发速度提出了更高的要求，内部研发不再是唯一的技术源，企业在内部研发能力的基础上有效吸收和利用外部技术源，可以实现低成本与高收益的创新（李新男，2007），所有的企业都需要获取外界的技术，并重新定位和设计其技术创新的组织和过程（陈劲，2012）。而且全球化在更大的广度和深度上塑造了创新要素的空间联系和相互作用，有利于企业在全球范围内有效获取所需资源（见表 1-14）。

---

① 更多企业开始尝试开放式创新．21 世纪经济报道，2012-09-17．

表1-14 全球对外直接投资的发展

单位：亿美元，当年价格

年份	外国直接投资流入量	外国直接投资流出量	国内生产总值	跨国并购
2001	7350	6210	319000	6100
2002	6510	6470	322270	3700
2003	5600	6120	361630	2970
2004	6480	7300	409600	3810
2005	9160	7790	446740	7160
2006	13070	12160	482930	8800
2007	18330	19970	545680	16370
2008	16970	18580	607800	6730
2009	11140	11010	550050	2500
2010	14090	15050	634680	3390
2011	16520	16780	702210	3551
2012	13510	13910	717070	2256

资料来源：联合国贸发会历年的《世界投资报告》(World Investment Report)。

开放式创新模式的基本思路是：企业在进行创新过程中，同时利用内部和外部相互补充的创新资源实现创新，其内部技术的商业化路径可以从内部进行，也可以通过外部途径实现（外部资源的内部化和内部资源的外部化）（见图1-10）。任何企业都无法拒绝从外部学习技术或将闲置的技术在外部商业化（Huizingh, 2011），相比封闭式的"自己"创新，企业从开放式创新中获取的利益更多（Chesbrough & Crowther, 2006; Cheng & Huizingh, 2010; Chiaroni et al., 2010），具有更大的战略柔性（Dodgson et al., 2006; Gassmann, 2006）。新一代的创新管理模型强调创新过程的互动性，认为企业与外部组织之间通过合作创新，能共享双方互补的创新资源，提高创新效率，产生协同效应并获得技术突破（Lausren & Salter, 2006; West et al., 2014）。依靠内部研发所构建竞争力的优势正在减弱，越来越多的企业重视通过多范围获取外部知识和专长，而不是一味地增加内部研发投入（Chesbrough, 2006）。企业需要与领先用户、供应商、学术研究机构等外部组织建立信任，快速嵌入互动性密集的网络，通过合作创新、联盟、外包等形式充分利用外部互补资源，开展跨界知识搜寻和联合知识创造进而提升创新效率。

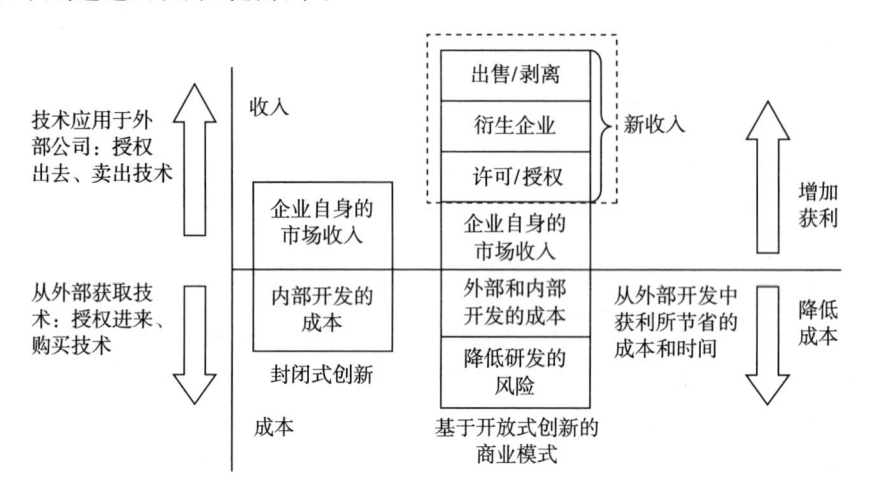

图 1-10 开放式创新与封闭式创新的效应对比

资料来源：根据 Chesbrough 的研究整理而成。

随着风险投资公司和中介机构的不断发展，企业在以往封闭式创新中被"束之高阁"的专利、技术等可以通过技术许可、授权的方式获得额外的商业利润。比如，朗讯、IBM 和陶氏化学（Dow Chemical）每年都能获得超过 1 亿美元的技术许可利润（陈秋英，2009）。而通过构建"创新生态系统"，苹果（Apple）在 2012 年 8 月 20 日成为世界上市值（6235 亿美元）最高的企业，其市值甚至超过了中国工农中建四大国有银行的市值之和（约 6125.98 亿美元）。[①] 杜邦公司在纳米技术的突破性创新中，也得益于与美国 53 个大学的实验室建立的研究联系。[②] 欧盟在 2008 年的创新调查统计中发现，OECD 成员国的许可权贸易的增长速度几乎是 GDP 增长速度的两倍，知识网络和市场正逐步形成。在我国，春兰集团通过构建春兰研究院、产业技术研究所、各生产企业技术部门的三级创新体系，建立了一个国际化的开放式自主开发平台，以"项目开放、人才开放、资金开放、成果开放"四位一体的运行机制广泛整合、利用外部创新资源，增强了自主创新能力。[③] 实际上，几乎在每个行业，许多最终变成了产品的创

[①] 美国苹果公司成为史上市值最高企业，超过四大行之和．证券导报，2012-08-24．
[②] 陈劲．研究型大学如何开展突破性创新．中国教育报，2005-02-18．
[③] 春兰：打造开放式创新平台．经济日报，2006-04-12．

意和技术，都来自价值链上的若干参与者。比如，波音公司主要进行飞机的设计，许多组件都是由供应商制造的，并且这些供应商拥有知识产权。惠普公司的电脑和苹果公司的 iPod 所包含的数百个零部件，也是由几十个国家的企业发明和制造的。[1]

宝洁（P&G）和英特尔的经验值得中国企业借鉴。在 2000 年前，宝洁是典型的封闭式创新执行者，但由于大量的内部研发成果无法商业化，公司的财务绩效每况愈下。之后，宝洁对创新战略进行了重大调整，将研发（R&D）改为联发（C&D：Connect + Develop），即"联系与发展"，推行与外部创新者甚至部分竞争者之间的信息共享和项目联合开发（见图 1-11）。为此，宝洁设置了 53 个技术侦测小组（Technology Scouts），专门负责搜索外部的可能创新源与新产品技术。C&D 策略使宝洁的研发生产力提高了近 60%，成本下降 20%。[2]

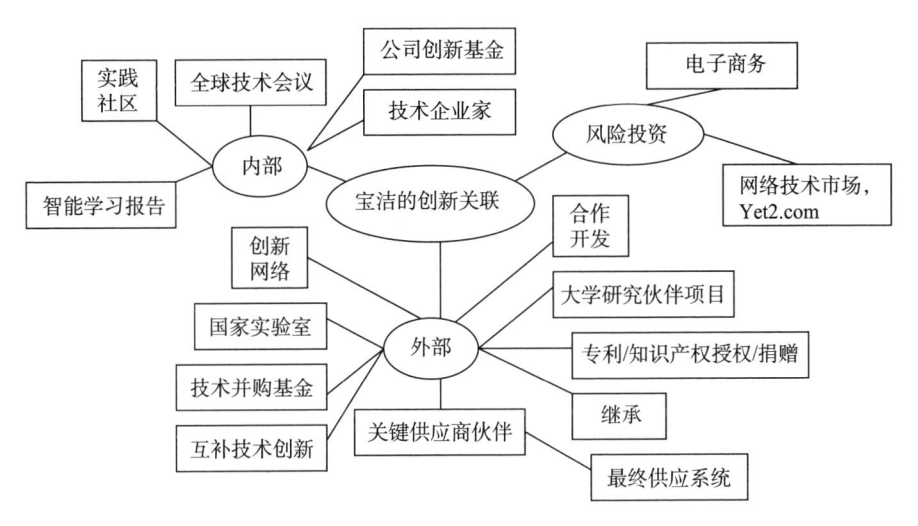

图 1-11 宝洁的全球创新网络

资料来源：Sari Viskari et al. 开放式创新实践者：老牌企业创新的八个案例. 北大商业评论，2008。

英特尔也堪称企业开放式创新实践的标杆。尽管英特尔很少进行基础研究，但它通过关注企业外部的学术研究活动和对其他新建企业进行风险

---

[1] 开放式创新的下一步. 国际商报，2009-01-19.
[2] 陈劲. 进一步提升中国企业的自主创新能力. 经济日报，2010-02-11.

投资，在全球微处理器市场中长期保持着领先地位。英特尔在许多大学成立"Lablet"研究所来获取原创技术，每年花费1亿多美元用于资助大学的基础研究，寻求"可能有用"的创意，并在2006年11月成立"英特尔平台应用创新同盟"，与众多软硬件企业进行合作。①

第四节 中国制造业开放式自主创新的必要性与意义

对于像中国这样的后发国家，如何根据本国国情和经济发展阶段特征来选择自主创新的路径，长久以来都是一个备受关注的话题（路风，2006；柳卸林，2008；许庆瑞等，2010）。作为技术后来者，中国几乎所有的产业在起步阶段都面临着发达国家企业的技术垄断，在追赶中也几乎都需要经过技术学习到自主创新的发展路径。我们看到，有些产业在引进后并未有效地提升自主创新能力，而是陷入了"引进—落后—再引进—再落后"的困境（如彩电行业，在CRT技术范式下成功追赶，但在液晶技术范式下再次落后），而有些产业则实现了"引进和二次创新—自主创新能力培育—竞争力提升"的成功追赶（如电信设备产业的国际竞争力的整体提升，高铁产业的成功发展）。追赶结果的差异，其实在很大程度上反映了产业自主创新道路选择的差异。

在经济全球化的背景下，中国企业需要走开放与自主相结合的技术创新发展道路，即实施"开放式自主创新战略"。自主创新并不排斥开放，开放式创新也不等于放弃自主研发。中国的自主创新必定要在开放中学习国际先进技术，但开放并不是单纯的引进技术，在引进技术过程中建立自主研发能力是关键（柳卸林，2008）。中国过去30多年来的技术引进历程表明，关键领域的核心技术是无法轻易获取的。②开放式自主创新是指企业在创新过程中不单纯依赖技术引进和模仿，也不一味地封闭式独立研发，而是在以创造市场价值为导向的整合内外部资源过程中掌握自主权，并将能掌握全部或部分核心技术和知识产权、打造自主品牌、赢得持续竞

---

① 王圆圆. 企业创新：从封闭到开放. 管理学家, 2008 (2): 48-52.
② 刘巍, 王军. "中国制造"亟待创新突围. 瞭望新闻周刊, 2008 (11): 18-20.

争优势作为目标。这种创新模式将有助于中国企业实现优势互补，提高创新效率和在国际高端市场中竞争的能力。① 随着技术创新的复杂度、成本和风险大大增加，企业很难再仅仅凭自身的力量从事创新，最有竞争力的企业是那些将开放式创新与自主创新进行结合的企业，即实现"基于自主的开放"和"开放条件下的自主"的互补和协同。

（1）自主创新是开放式创新发挥作用的前提和基础。如果没有强大的自主创新能力，开放式创新不可能为企业带来预期的效益和发展机会，也就无法帮助我国制造业在国际竞争中占据更高端的位置。缺乏自主研发的"开放"，企业难以真正提高国际竞争绩效。有研究就指出，在中国的汽车行业，合资企业实际上没有为中国带来所期望的成功，技术引进不到位，车辆研发工作停滞不前。② 另据统计，目前中国制造业的关键技术的对外依赖度高达50%（美日等国仅为2%～5%），从表面上看显示了一定的创新开放度，但是中国企业用于消化吸收引进技术和再创新的费用只占日本、韩国的0.7%，③ 是一种低层次的开放。因此，中国企业要在经济全球化中获得利益，尤其需要坚持自主创新的战略，这不仅是中国吸引外部研发资源的必要条件，也是获益于跨国公司在中国的研发活动技术外溢的必要条件。

（2）开放式创新是提高自主创新效率与效益的手段与方式。从目前来看，凡是在开放的国际市场环境下，中国产业的技术竞争力都相当强。例如，中国的程控交换、通信设备产业等，在全球性的开放市场中都拥有强劲的竞争力。④ 一些企业还通过兼并和其他手段走向海外，取得了除低成本之外的竞争能力。如三一重工收购了全球混凝土巨头——德国普茨迈斯特公司，同时与奥地利帕尔菲格公司成立合资公司，通过国际并购式的资源整合迅速成为"全球机械巨人"。⑤ 随着科技和经济资源的全球流动，后发国家在追赶创新中将会获得更多的机会，中国企业应该进一步扩大与外

---

① 柳卸林.自主创新关键是开放、竞争和人.科技日报，2006-04-11.
② 中国汽车业打造自主品牌.参考消息，2012-09-18.
③ 中国企业联合会.重点工业企业技术创新能力问题研究报告.2011.
④ 中国科技出海机遇挑战并存.新浪财经.http://finance.sina.com.cn/roll/20120714/035612566626.shtml.
⑤ "中国制造"遭三重压力.东方早报，2012-04-03.

部组织和机构（包括供应商、用户、大学、科研机构、上下游企业、竞争对手、合作伙伴等）的全面合作，不断提高技术创新上的开放度，在充分利用全球创新资源的基础上切实提升自主创新能力。

实际上，中国在改革开放后部分产业的主导创新模式，都在一定程度上体现了创新的开放性和自主性的协同（见表1-15）。

表1-15 中国改革开放后部分产业的主导创新模式

内容 产业	引进主 要来源	引进方式	消化吸收 再创新力度	代表性案例	当前自主 创新水平
家电	日本 德国	先进技术、设备 与生产线	较强	海尔引进德国利勃海尔冰箱技术与生产线	较强
汽车	德国、美国、日本	通过合资，"以市场换技术"	较弱	上海汽车与大众、通用汽车等合资	较弱
信息通信	美国 法国	模仿、引进、"农村包围城市"	较强	华为、中兴通讯	较强
装备制造业	美国、德国、日本	引进先进技术与设备、生产线	中等	中集集团、中国重汽、振华港机等	中等
钢铁	日本	全套引进生产线和设备	较强	宝钢全套引进新日铁生产线与设备，经过消化吸收再创新，变跟跑为领跑	较强
化工	德国 波兰	全套引进生产线和设备	较强	仪征化纤引进聚酯技术并国产化、中国化工集团大部分技术创新属于引进消化吸收再创新等	较强
机械	美国、德国、日本	引进先进技术	较强	徐工集团、中联重科、三一重工、柳工集团等引进国外技术设备消化吸收再创新	较强

资料来源：许庆瑞等（2010）。

第五节 分析思路、研究问题及数据资料来源

制造业是中国经济发展的主体力量。党的十八大报告提出，要"牢牢把握发展实体经济这一坚实基础，实行更加有利于实体经济发展的政策措施"。随着国际产业竞争焦点日益向前端转移，中国企业迫切需要加强自

主创新。但是在科技全球化的大背景下,"自主创新"必然是开放的,[①] 开放式创新模式为中国产业解决自主创新"困境"带来了新的思路。因此,企业如何在全球化环境下加强开放式创新,发挥后发优势,进而形成强劲的国际竞争力,是中国在实施自主创新的道路中必须思考的重大问题。从理论研究上看,学者们对中国产业在开放条件下的自主创新问题已进行了多层次的探讨(柳卸林,2006;路风,2006;许庆瑞等,2010;吴贵生,2011),但目前尚未形成一个完整的分析框架。在明确了中国企业"为什么要自主创新"的战略思路后,有关企业如何自主创新以及采取何种创新模式来提高国际竞争力的问题,仍然需要更深入的研究。此外,尽管Chesbrough 等国外学者在开放式创新方面开展了卓有成效的研究,然而中国特殊的国情决定了中国企业对外部创新资源的搜索和利用、内部技术的外部商业化等,在具体实施中都将与国外企业有显著差异。

因此,本研究基于中国制造业不断发展但技术创新能力相对薄弱的现实,探讨"中国制造业如何在全球化环境下,通过开放式创新与自主创新的协同发展,在加强内部研发能力的同时,获取、整合和利用外部创新资源,开展多层次的创新学习,建立、维持和巩固在国际市场上的竞争力"这一重大现实问题,致力于寻求中国情景下的开放式自主创新规律,通过文献回顾、理论分析、调查统计、案例研究等过程,研究结果将为中国企业提升国际竞争力提供有益的学术指导,并为政府制定有针对性的科技创新政策提供有价值的理论参考。

本研究的出发点是分析中国企业在开放条件下提高自主创新能力的迫切需求,研究开放式创新体系下各要素对促进企业竞争绩效的作用机制,并分析内部研发与外部资源的整合与协同机制。报告将从价值链和创新链的角度探索企业开放式自主创新的战略和路径问题,重点关注中国产业"为什么"和"如何"开放式自主创新,以及开放式自主创新作用于企业竞争优势的过程与途径等问题。具体来说涉及三方面相互关联的内容。

(1) 中国制造业开放式自主创新的动因、表现及影响因素是什么?即解决"为什么"和"是什么"的问题。本研究关心的是:中国制造业在发展过程中为什么要重视基于自主创新的开放式创新?创新的开放性与自

---

① 中国自主创新是开放的创新. 科技日报,2010 - 11 - 23.

性对中国制造业构建国际竞争力有什么价值？中国产业开放式自主创新的总体表现如何？存在哪些问题？影响中国制造业开放式自主创新的内外部因素是什么？存在哪些问题？

（2）中国制造业开放式自主创新的机理与实现路径是什么？即解决"如何做"的问题。本研究关心的是：在开放式创新环境下，企业如何处理好与外部创新源（利益相关者，如产业链上下游企业、大学和科研院所，以及支持机构，如政府、科技中介组织等）的关系？企业如何权衡内部资源和外部资源之间的平衡和协同关系？

（3）中国制造业开放式自主创新对其国际竞争力的影响效应和作用机制是什么？即解决"有什么用"的问题。本研究关心的是：不同类型的产业或企业在开展开放式自主创新的方式和路径上的管理策略有哪些差异？影响制造业开放式自主创新的绩效及其促进产业竞争力的主要因素是什么？

本研究在"中国制造业如何通过开放式自主创新提高国际竞争力"的研究思路指引下，将遵循如图1-12所示的技术路线展开。在研究方法上，将综合采取理论分析、统计分析、案例研究、历史事件分析、对比分析等方法，重点从中观与微观层面分析中国制造业开放式自主创新及提升国际竞争力的机制与路径，并结合宏观层面的数据分析提出相关政策建议。

分析过程中的数据和资料来源主要包括三个方面。

（1）参考文献的来源。主要参考了各类期刊发表的中外文献和著作（包括统计所用的部分原始数据也来自相关文献）。本研究对国内外多个学术论文数据库（依托汤森路透公司开发的ISI Knowledge数据库）进行了长期跟踪检索。国外数据库主要包括ELSVIER、EBSCO、JSTOR、PQDD、Wiley Interscience、Emerald等学术期刊数据库，以及SSRN、SPRU等创新管理方面的重要working papers网站；国内数据库集中在中国期刊网、万方数据库和维普全文期刊网。同时，还对与本研究领域相关性较强的几个权威期刊进行了重点跟踪，包括 *Research Policy*、*Technovation*、*Strategic Management Journal*、*R&D Management*、*Academy of Management Journal*、*Management Science*、*Science and Public Policy*、《管理世界》、《科研管理》、《科学学研究》、《中国软科学》、《中国工业经济》等。

（2）统计分析所用数据的来源。本研究针对中国企业开放式自主创新的发展现状的开展企业访谈（见本书附录Ⅰ）并辅以问卷调查（见本书附录Ⅱ）。

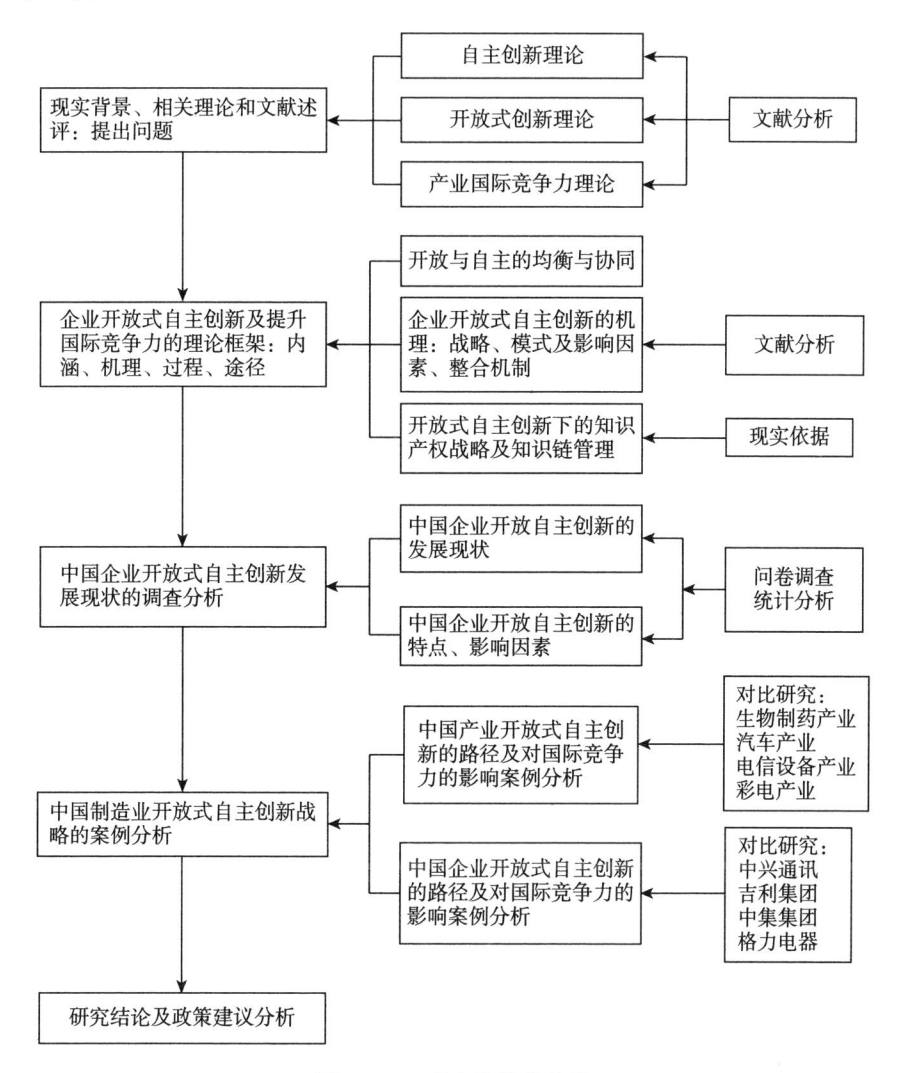

图1-12 研究的技术路线

（3）产业和企业案例分析资料的来源。本研究通过多种方式广泛搜集了有关中国生物制药、电信设备、汽车、彩电等产业的国内外文献、产业研究报告、产业研究机构的公开资料、公司网站信息等，对一些企业开展了实地访谈和调研，并就有关的专业知识咨询了国内有关专家，确保了论述的科学性。在企业案例资料方面，将采用公开信息搜集（如公司网站、证券公司分析报告、相关报刊和学术文献）和现场访谈相结合的方法，从而掌握了公开数据无法体现的部分重要信息。一些公开数据库也被用于案例分析中。国外数据主要来源于一些重要的国际性研究组织，如 OECD 历年或历次的 Main Science and Technology Indicators，Analytical Business Enterprise Research and Development 等，世界知识产权组织（WIPO）的 Global Innovation Index，ISI Knowledge 数据库中的德温特专利数据等；国内数据主要采用历年或历次的《中国科技统计年鉴》、《国家统计年鉴》、《中国工业经济统计年鉴》、《全国科技经费投入统计公报》、《中国科技指标》，两次全国 R&D 资源清查数据，以及科技部中国科技统计网、国家统计局和国家知识产权局等相关统计数据。

第二章
相关理论基础及研究进展

第一节 自主创新的研究进展

一 自主创新的理论溯源

自主创新（Indigenous Innovation）[①] 与产业发展及经济绩效的关系并不是一个新话题，美籍奥地利学者熊彼特（J. A. Schumpeter）在20世纪前叶的卓越研究奠定了这一领域的理论基础，他在1912年的《经济发展理论》一书中最早从经济学角度提出了创新（Innovation）的概念，将创新视为生产要素的重新组合从而导致新的生产函数的建立。在《商业周期》（1939）一书中，熊彼特系统地提出了基于创新的经济发展理论，认为正是"创造性破坏"（Creative Destruction）使资本主义社会的经济得以往前发展。尽管以"凯恩斯革命"为代表的主流经济学并不欢迎这一思想，但熊彼特的卓见并没有被埋没多久，来自经济学、管理学、社会学和政策科学的各国学者循着熊彼特的思路，对创新研究进行了多方位的扩展。

20世纪70年代开始，联合国教科文组织（UNESCO）、经济合作与发展组织（OECD）、世界经济论坛（WEF）等在对技术创新进行国际比较后发现，创新能力强的国家在国际经济竞争中优势明显。80年代后，以新加

[①] 在国内，对于自主创新有多种英文译法，如 indigenous innovation、endogenous innovation、self innovation、self-driving innovation、home-grown innovation 等。此外，还有将自主创新等同于自主开发、自我研究开发或独立创新（Independent Innovation）、依靠自己的创新（Innovation Self – reliance）等。我们倾向于从创新动力和结果的内生性，以及中国本土企业的创新努力来界定自主创新，因此选择 indigenous innovation。

坡、韩国等为代表的新兴工业化国家崛起，促发了世界范围的创新研究热潮，涌现了产业技术创新过程的A/U（Abernathy & Utterback）模式、技术范式（Technological Paradigm）与技术轨道（Technological Trajectory）、外部创新源及外包（Outsourcing）、核心能力（Core Competence）、突破性创新（Radical Innovation）、颠覆性创新（Disruptive Innovation）、国家创新系统（National Innovation System）、创新网络（Innovation Network）等理论，不断深化了人们对自主创新规律的认识。

国外学术界并没有专门的自主创新理论，相关研究主要源于发展中国家或新兴工业化国家在20世纪80年代的技术创新道路选择问题（许庆瑞等，2010）。美国学者G. M. Grossman等人在1994年建立了一个基于内生技术的长期经济增长模型，[①] 而对日本（如Freeman的研究）和韩国（如Linsu Kim的研究）从后发国家跃升为优势国家的相关研究也显示，一国实力在很大程度上取决于自主技术开发能力。尤其是，一些学者对发展中国家的追赶和创新道路进行了系统的理论与实证研究，得出了许多重要结论。如Linsu Kim（1997）在探讨韩国企业技术学习与创新机制时，指出吸收能力、技术需求、技术供给和技术学习的动力等是韩国企业技术追赶与自主创新的几个关键要素。Forbes和Wield（2000）指出技术追赶者和技术领先者的自主创新方式有很大差别。Lee和Kim（2001）对韩国的产业发展经验进行了进一步研究，提出了"逆向U－A模型"，认为发展中国家的技术追赶路径是通过对引进技术创新的不断积累最后形成自主创新能力。

自主创新作为一个中国特色的概念，其提出有特定的历史、经济文化和政治背景。由于在改革开放后的相当长时期内，中国产业过多地模仿引进而缺少自主知识产权和核心技术，制约了国际竞争力的提升，因此在90年代末，为了打破跨国公司对产业技术轨道和创新收益的垄断，中国政府开始强调自主创新思想。[②] 在2006年10月的中国共产党十六届六中全会上，自主创新第一次被提到了国家战略层面，并形成了一系列鼓励自主创

---

① 更早地，阿罗（K. J. Arrow, 1962）将技术进步纳入经济增长模型内在因素进行分析，并将技术进步的一部分作用内生化。
② 中国电子信息产业发展研究院．我国工业企业自主创新研究报告．2009．

新的宏观政策与实施细则。党的十八大进一步指出中国要通过创新驱动（Innovation-driven）引领经济发展。

国内学术界对中国产业自主创新问题的关注已有20多年的历史。如浙江大学创新与发展研究中心在20世纪80年代就受加拿大国际发展研究中心（IRDC）的委托，开展了"发展中国家提高自主技术创新能力研究及政策"研究，这是较早有关自主创新的理论探索；陈劲（1994）在研究发展中国家从技术学习到跨越发展的转变中率先提出了"自主创新"概念，认为"发展中国家技术引进的终极目标是实现较多的自主技术创新，提高发展的竞争性和持久性"；吴晓波（1995）将"二次创新"（Secondary Innovation）作为企业提高自主创新能力与国际竞争力的组织学习途径；柳卸林（1997）指出，应该根据技术轨道的发展规律进行自主技术创新；彭纪生和刘春林（2003）探讨了技术引进、模仿创新与自主创新之间的博弈关系；路风（2006）反对中国照搬韩国的"模仿创新"思维，认为自主创新必须成为我国发展战略的基本出发点和核心内容；王方瑞（2009）识别了中国企业自主创新的路径选择，分析了企业技术创新中自主度和创新度的决策条件；许庆瑞等（2010）认为，中国特色的自主创新应该遵循"二次创新—组合创新—全面创新"的路径，强调创新能力的积累是一个演进过程。这些研究都极大地丰富了人们对中国企业自主创新道路的认识。

二　自主创新的内涵及层次

自主创新作为中国政府的一种战略指导方针，在《国家中长期科学和技术发展规划纲要（2006—2020年）》中规定了其特定内涵：自主创新主要指原始性创新、集成创新和引进消化吸收再创新。目前，这三类自主创新形式得到了中国学者及政府官员的共识。在国外，与"自主创新"相似的概念有内生创新（Endogenous Innovation），这是相对于模仿、外部引进和衍生（Spin-off）的一类创新模式（刘国新和李兴文，2007）。

有关自主创新的内涵，中国学者作出了重要的贡献。早期的观点强调创新过程的自主性（创新过程是否内生于企业），后来则更关注创新结果的自主性（创新结果是否被企业掌握）。[1]从科技发展战略角度，认为自主创新是以获取自主知识产权、掌握核心技术为宗旨，以我为主发展与整合创新资源，进行创新活动，提高创新能力的科技战略方针。[1] ②从创新过程的独立性角度，认为自主创新应该是企业独立地完成原创性和革新性的科技活动，是企业在自己的力量和基础上进行的变革型创新，是形成自己知识产权的技术创新。许庆瑞等（2010）认为，创新的自主性不仅体现在企业对核心技术与知识产权的控制力上，也体现在企业对技术商业化的价值活动的控制力上，自主创新要同时考虑研发的自主性与价值获取的自主性。③从技术能力的角度，认为自主创新是通过本国自身的学习与R&D活动，探索技术前沿，突破技术难关，研发具有自主知识产权的技术，形成自主开发能力。傅家骥（1998）指出自主创新是企业通过自身的努力或联合攻关探索技术的突破，并在此基础上推动创新的后续环节，完成技术的商品化，获得商业利润，以达到预期目标的一种创新活动。④从创新的战略角度，认为自主创新就是自己主导的创新，实质是掌握发展的主导权、主动权，增强未来发展的选择空间。柳卸林（2008）强调自主创新就是创造了自有知识产权的创新。宋河发和穆荣平（2009）则从技术投入、知识产权和创新收益三方面提出了自主创新的"自主性"程度的测量指标体系。一般地，企业从不创新到自主创新，有如图2-1所示的五种情况。

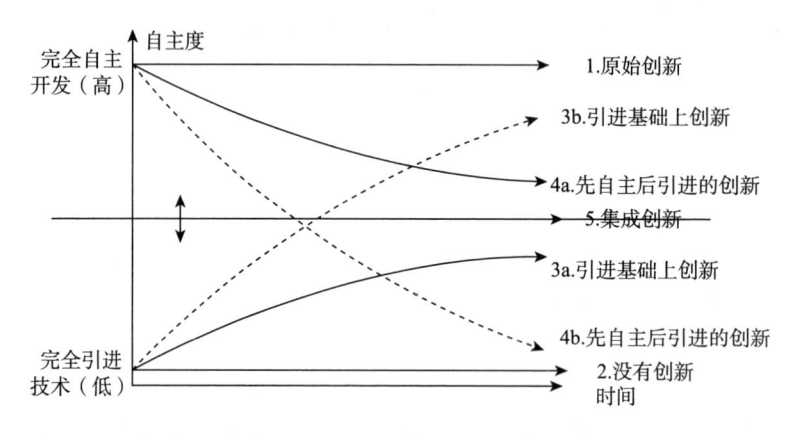

图 2-1　自主创新中的"自主度"

资料来源：中国电子信息产业发展研究院．我国工业企业自主创新研究报告．2009。

针对自主创新在实践中的一些认识误区，李国杰（2005）[2]指出，

---

[1] 郭昌欣．新形势下提升自主创新能力的若干思考．科技日报，2005-06-08．
[2] 李国杰．自主创新必须走出误区．人民日报，2005-07-14．

中国自主创新受困于强调所谓"完全自主的知识产权",忽视了创新全球化的发展趋势;柳卸林(2006)认为,"打破跨国公司的垄断就是自主创新"的观点是片面的,中国可以在国外垄断的技术基础上开展自主创新(如 TD-SCDMA 标准);郑刚(2012)总结了当前人们对自主创新的几个认识误区:一是认为自主创新就是追求技术领先和高精尖;二是认为自主创新就是完全依靠自己力量创新或原始性创新;三是将自主创新归为研发部门的工作;四是认为通过购买获得了知识产权就是自主创新;五是与技术模仿相混,将本国独立开展创新等同于自主创新;六是自主创新要花很多钱、花很长时间,经费和时间投入成本远大于经济收益;等等。

三 自主创新的特征与障碍

三类自主创新模式(引进消化吸收再创新、集成创新、原始创新)具有一定程度的差别。

(1) 基于技术引进的消化吸收和再创新的创新层次最低,其意义在于指导发展中国家形成技术后发优势,目的是在经过技术引进后加快培育本国的技术能力,通过引进消化吸收后的"二次创新",使引进技术在本国的条件下快速商业化,形成具有本国特色的自主创新能力(许庆瑞等,2010)。"二次创新"的核心在于赢得"后发优势",包括模仿创新、创造性模仿、改进性创新、后二次创新或准一次创新等四个阶段(吴晓波等,2003),如中国在 CRT 时代的彩电产业、北汽福田的轻卡。这类创新的关键是反求工程(Reverse Engineering)和技术学习(Technological Learning),但瓶颈在于,核心技术通常是无法引进的。[①]

(2) 在经过一定的技术积累之后,原有的技术引进国必须适当提高创新层次,集成创新是最便捷的方式。如上海振华港机集团在 2000 年将美国 GPS 应用到集装箱起重机上,在起重机抓箱和堆场箱位管理上实现了重大创新。在集成创新中,各种要素的集成是保证创新效果的重要条件,不仅包括技术集成、知识集成和组织集成等不同层面(陈劲,2002),也包括战略、资源、知识、时间、能力等多个要素的集成(张华胜和薛澜,

---

① 中国电子信息产业发展研究院. 我国工业企业自主创新研究报告. 2009。

2002)。

(3) 原始创新是最高层次的创新,是建立在自主研发基础上的一种创新形式。相关的概念包括突破性创新和颠覆性创新。原始创新意味着在基础研究和高技术研究领域做出前人所没有的发现或发明,推出创新成果,其出现可以引发一个新产业,改变一个产业的发展模式(如北大方正的汉字激光照排技术)。与其他创新模式相比,原始创新的来源更广泛、过程更长且需要持续的激励,创新的风险和难度很大(陈劲和谢靓红,2004)。鉴于原始创新的高度复杂性和矛盾冲突,企业应建立"泛二元制"的组织管理模式,在创造性和有序管理两个维度上全面推动原始创新(张洪石,2005)。

总体上,企业自主创新具有演化性质,表现为一个"创新频谱"(见图 2-2)。

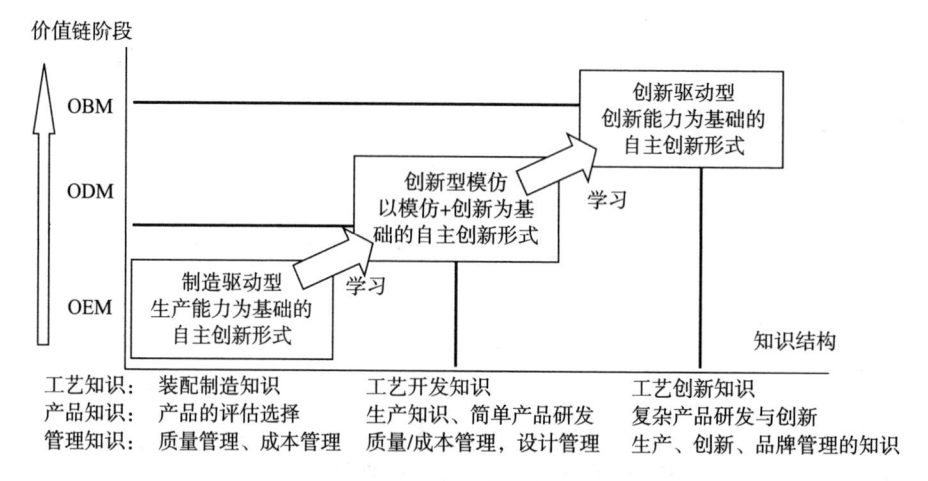

图 2-2 企业自主创新的进化及创新频谱

资料来源:中国电子信息产业发展研究院.我国工业企业自主创新研究报告.2009。

此外,不同产业的自主创新体系在要素特征上也有显著差别。Lundvall 和 Johnson(1994)提出了两个层次的自主创新模式,一是 DUI 型(Learning by Doing, Using and Interacting),典型产业如信息技术产业、先进制造业等,这类产业主要依赖诀窍知识(Know-how)的创造、扩散和使用;二是 STI 型(Science-Technology-Innovation),典型产业如生物技术产业、新材料产业,这类产业主要依赖基于研发的结构化知识,学习模式主要是正式的 R&D，依靠生产和使用可编码知识特别是显性的诀窍知识而进行。

关于自主创新的障碍，陈少兵等（1995）认为主要表现在企业未能及时和准确把握用户及市场需求、缺乏足够的创新资源、内外合作关系与协调性不够、产品的新颖程度不高、创新不能得到主管部门和政策环境的支持等方面；许小东（2002）将创新投入不足、缺乏创新的经验、创新过程中缺乏协调与沟通、市场环境不理想等归结为技术创新的主要障碍因素；杨万东（2006）认为，缺少研发的激励、人力资本积累不足、企业存在机会主义导向、创新的基础薄弱、缺乏创新的环境、科技投入的体制存在问题以及科技与经济脱节等限制了企业对自主创新的投入；许庆瑞等（2010）指出，与创新型国家相比，中国在对创新的认知、创新的机制体制、经济结构与产业结构、创新投入的数量和质量、科技创新人才等方面还存在一定的差距，这导致中国的自主创新面临着缺乏核心技术的困境；赵晓庆（2013）认为中国企业的自主创新主要面临两个瓶颈和障碍，一是技术能力障碍，二是市场能力障碍。

四 自主创新的模式与途径

企业自主创新的模式选择在很大程度取决于各国所处的经济和科技发展阶段，以及市场规模、知识积累、政策环境、产业基础和政治及经济制度体系等。陈劲（1994）分析了后发企业从技术引进到自主创新的三类学习模式，包括干中学（Learning by Doing）、用中学（Learning by Using）与研究开发中学（Learning by R&D）；吕鸣伦（1999）提炼了企业提高自主创新能力的八个途径，包括加大研发投入、产学研合作、获取政府的科技资源、建立健全知识产权保护体系等；Lee 和 Lim（2001）归纳了韩国开展自主创新的三种模式，即跟随追赶、跳跃式追赶、创造新的技术道路；谢伟（2001）基于案例研究总结出系统创新、核心创新、外围创新三种自主创新类型，并从技术学习角度提出了形成自主创新能力的模式，即"技术引进—生产能力—创新能力"；王一鸣和王君（2005）认为企业应从强化创新激励机制、培育创新文化、整合利用外部技术资源等方面来提高自主创新能力；江小涓（2004）和柳卸林（2008）识别了中国企业在自主创新的道路上所探索的一些典型模式，包括类似于韩国的赶超式自主创新（如北大方正的汉字激光照排、3G 的 TD-CDMA 技术、EVD 等技术）、类似于中国台湾的代工生产（OEM）厂商（如部分手机与部分家电产品厂商，广东与浙江的传统产品制造）、类似于日本的本土市场拉动创新（如 VCD 和小灵通）。

一些学者从我国改革开放实际出发，认为当前中国企业的自主创新应以引进消化吸收再创新和集成创新为主。如江小涓（2002）主张，中国企业应充分把握科技全球化的机遇进行资源重组来实现自主创新，应积极参与跨国公司主导的全球化研发体系，从跨国公司对外直接投资中获得更多的知识溢出，并通过增加研发投入逐步增强自主创新能力。但是，高旭东（2007）认为，由于当前中国企业已无法像当年日本、韩国企业那样有足够的时间和机会对引进的技术进行消化吸收再创新，因此只有通过自主开发核心技术才能实现真正的自主创新。路风和封凯栋（2005）通过对中国、日本、韩国汽车工业发展的分析，说明合资模式并不能促进中国企业自主创新的发展，而自主开发或自主创新是在开放条件下学习外国技术的最佳途径。路风（2006）还提出了四种主要的自主创新模式，包括终端产品的建构技术创新、转型技术创新、通过国家大型项目设置而起步的创新、系统标准的创新，这些创新都是基于开辟新的技术路径，显著异于"模仿创新"。宋河发等（2006）认为，中国独特的基本国情决定了企业需要从技术投入、知识产权、创新收益三个方面提高自主创新能力，自主创新途径应是"确立自主创新目标→自主创新设计→存量技术扫描→创新→获得自主知识产权→必要的知识产权引进→自主实施"（见图 2-3）。毛蕴诗和汪建成（2006）提出基于产品升级的自主创新思路，探讨了替代跨国公司产品的产品升级、加快模仿创新过程的产品升级等五种自主创新路径。许庆瑞等（2010）则认为，中国巨大的市场规模和特有需求，以及知识积累、政策环境、产业基础和政治及经济制度体系，决定了中国产业的自主创新应该有其特殊的规律，即在技术引进的基础上，通过对引进知识的消化吸收，根据中国特有的市场需求、资源基础和地理因素差异等进行二次创新，逐步积累对技术创新的知识产权的掌控能力，最终实现自主创新及提升国际竞争力。

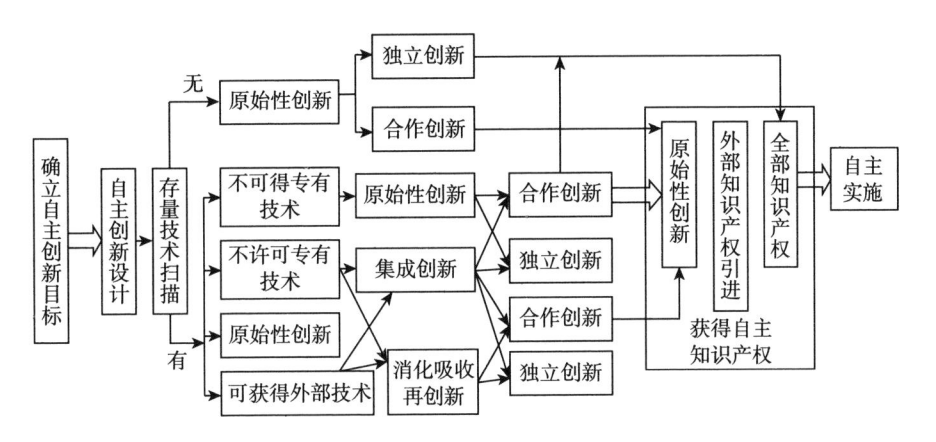

图 2 - 3 我国企业自主创新的途径

资料来源：宋河发等（2006）。

第二节 开放式创新的研究进展

一 开放式创新的研究概况

Chesbrough（2003）在《开放式创新：进行技术创新并从中赢利的新规则》一书中最早系统地提出开放式创新思想。随后，这一思想引起了中外学者的广泛关注，并成为十多年来中外创新研究领域的前沿主题之一（Christensen et al.，2005；Gassmann & Enkel，2004；陈钰芬和陈劲，2008；Almirall & Casadesus-Masanell，2010；王鹏飞，2010；Huizingh，2011；Bellantuono et al.，2013；Gambardella & Panico，2014），研究范围从高技术产业拓展到传统产业和低技术产业（Lecocq & Demil，2006；van de Meer，2007；Spithoven et al.，2011），从大企业扩展到中小企业（Parida et al.，2012；Theyel，2013；Colombo et al.，2014），从技术和研发的开放到价值链的开放（Chesbrough，2007）。我们以"open + innovation"和"openness"为题名在 Web of Knowledge 数据库中进行搜索，① 去掉纯自然科学和工程类的文献，发现国外学者共发表

---

① 在对中国学者论文发表的统计中，Web of Knowledge 与 CNKI 在数据统计结果上有一定的重叠，因为有一小部分的 CNKI 文献被 Web of Knowledge 索引，但对分析结果的影响较小。

1586 篇论文，其中 2003 年仅 28 篇，但此后快速上升并在 2012 年达到高峰（共 243 篇）（见表 2-1）。同时，我们以"开放式创新"、"开放创新"或"开放度"为题名在中国知网（CNKI）查询，发现国内学者共发表 785 篇论文，其中 2003 年仅 3 篇，2006 年后开始上升并在 2012 年达到高峰（151 篇），研究主题集中在开放式创新的影响因素（齐艳，2007；王海花等，2012）、作用机制（陈钰芬和陈劲，2008；石芝玲，2010；闫春和蔡宁，2014）、过程管理（杨武，2006；后锐和张毕西，2006）等方面，其中以中国本土企业为案例的分析居多（陈劲，2003；赵晓庆，2004；许庆瑞等，2005；郑刚等，2008；黄速建等，2010；陈劲和王鹏飞，2011；汪涛等，2013；马文甲，2014）。

表 2-1 国内外开放式创新研究概况

	国外	国内
主要议题	开放式创新的概念、动因、知识管理、商业模式变革；创新的价值链重构；外部网络嵌入；开放源；开放式创新的模式；开放式创新绩效	开放式创新的影响因素、作用机制、过程管理、本土案例分析
文献类型	期刊论文（995）、会议论文（570）、学位论文（20）、书籍（3）	期刊论文（557）、会议论文（22）、学位论文（138）
部分主要学者	H. Chesbrough（18）、V. Krough（16）、W. Vanhaverbeke（13）、A. Shithoven（11）、O. Gassmann（8）	陈劲（26）、彭正龙（11）、陈钰芬（7）、曹勇（7）、王圆圆（7）、陈衍泰（6）
主要研究机构	美国加州大学系统（51）、哈佛大学（29）、麻省理工学院（24）、瑞士联邦理工学院（24）、哥本哈根商学院（22）、伦敦帝国大学（18）、英国曼彻斯特大学（18）	浙江大学（79）、华中科技大学（33）、东北财经大学（22）、浙江工商大学（20）、同济大学（17）、复旦大学（14）、清华大学（10）
文献的主要来源	Research Policy（77）、International Journal of Technology Management（61）、R&D Management（60）、Research Technology Management（39）、Technovation（39）、Journal of Product Innovation Management（33）、Technology Analysis Strategic Management（25）、California Management Review（20）	《科技管理研究》（30）、《科学学与科学技术管理》（29）、《科技进步与对策》（29）、《科学学研究》（23）、《科研管理》（17）、《情报杂志》（16）、《中国科技论坛》（15）、《研究与发展管理》（9）、《中国工业经济》（5）、《自然辩证法研究》（4）

续表

	国外	国内
出版年份	2003（28）、2004（36）、2005（61）、2006（94）、2007（119）、2008（174）、2009（174）、2010（235）、2011（228）、2012（243）、2013（142）、2014（52）	2003（3）、2004（3）、2005（8）、2006（32）、2007（51）、2008（63）、2009（68）、2010（102）、2011（141）、2012（151）、2013（113）、2014（50）

注：括号内为文献篇数（国外文献中，包括中国学者在国外学术期刊和被权威机构检索的国际会议上发表的论文共262篇），文献统计结果不含报纸类报道和纯自然科学、哲学及人文学科和工程设计类文献。

二 开放式创新的基本理论

作为技术创新研究的最新进展，开放式创新的概念吸收和整合了有关合作创新、战略联盟、创新网络、虚拟网络等思想，是管理研究中许多学科相互联结的范式，其研究的范围已远远超出了Chesbrough（2003）当时关注的内容，目前已形成一定的理论体系（见图2-4）。

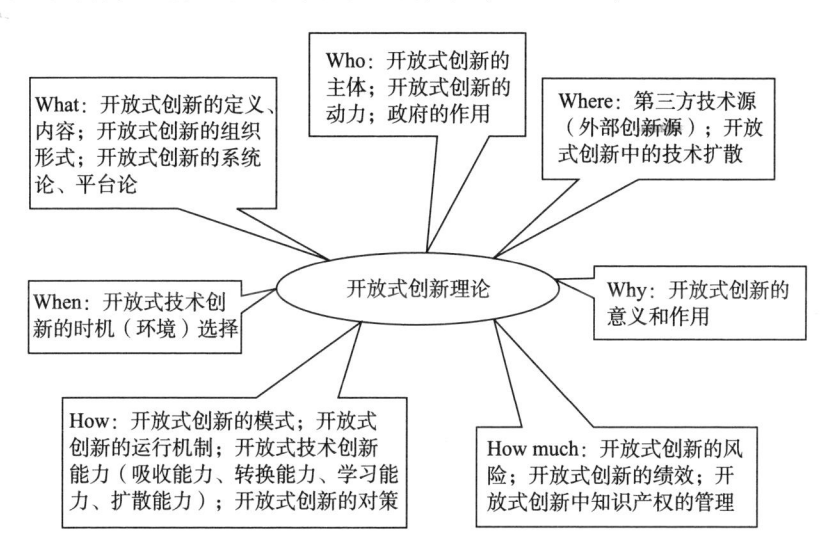

图2-4 开放式创新理论的研究分类

资料来源：张继林（2009）。

图2-5显示了目前开放式创新研究的主要关注点。

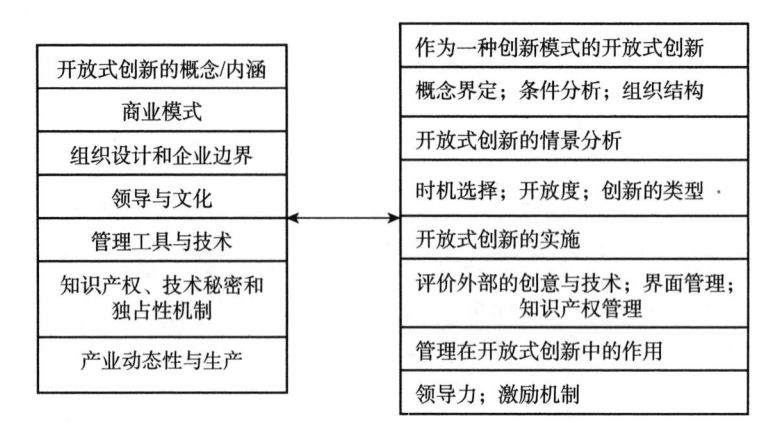

开放式创新的概念/内涵	作为一种创新模式的开放式创新
商业模式	概念界定；条件分析；组织结构
组织设计和企业边界	开放式创新的情景分析
领导与文化	时机选择；开放度；创新的类型
管理工具与技术	开放式创新的实施
知识产权、技术秘密和独占性机制	评价外部的创意与技术；界面管理；知识产权管理
产业动态性与生产	管理在开放式创新中的作用
	领导力；激励机制

图 2-5 开放式创新研究的主要关注点

资料来源：Elmquist et al. (2009)。

（一）开放式创新的溯源及概念

开放（Open）的思想在创新管理的实践中要早于理论总结，如开放源软件（OSS）（Linux、Apache server、Freemail 等）在当时是一种全新的产品开发模式（West & Scott，2006；Colombo et al.，2014）。[①] Mowery（2009）甚至认为，从历史上看开放在产业界中是一种普遍现象，封闭式创新只是一种例外情况。[②] 开放式创新的思想来源较为丰富，如 von Hippel 的用户创新思想、Teece 的互补资产理论、Freeman 等的国家/区域创新系统观、Cohen 和 Levinthal 提出的吸收能力观，以及合作创新、创新网络、产学研合作、创新国际化、研发外包、技术联盟等，这些理论广泛地探讨了企业与外部合作伙伴的协作（Collaboration）问题。从研究脉络来看，早期大多是针对发达国家大型技术类企业的案例研究，如朗讯、英特尔、3COM、Millenium 制药等（Chesbrough，2003），且集中在 R&D 阶段，后来开始采用涵盖多个产业的大样本数据（Laursen & Salter，2006；Licht-

---

[①] 有些学者曾质疑开放式创新的概念是否有必要，认为这不过是"新瓶装旧酒"，应让位于含义更广的供应链管理（SCM）思想，因为 SCM 理论就是关注企业如何超越组织边界（包括供应商、用户和其他利益相关者）进行价值创造的问题。但是，Badawy（2010）认为二者是有区别的，开放式创新本质上是一种商业模式和资源获取范式，供应链管理则只是一个工具或提升供应链效率的一个子系统。

[②] Mowery（2009）的理由是，根据 Allen 在 1983 年对 19 世纪英国钢铁产业进行实证研究所得出的结论，开放式创新已成为该行业的一种普遍现象。

enthaler & Ernst, 2009; van de Vrande et al., 2009), 并衍生出多个研究视角 (见表 2-2)。

表 2-2 开放式创新的研究视角

视角	主要议题
空间视角 (Spatial Perspective)	企业的创新全球化 (Globalization of Innovation) 和研发国际化 (R&D Internationalization)
结构视角 (Structure Perspective)	创新的部门化和专业化趋势,如研发外包 (R&D Outsourcing) 和联盟
用户视角 (User Perspective)	包括新产品开发的早期过程中用户 (尤其是领先用户) 的介入、大规模协作 (Mass Customization),甚至创新的民主化 (Democratizing Innovation)
供应商视角 (Supplier Perspective)	企业如何将供应商整合进创新过程中以提高创新绩效
杠杆视角 (Leveraging Perspective)	企业的现有研究能力和知识产权如何商业化,其中的关键问题是选择恰当的商业模式
过程视角 (Process Perspective)	创新开放的方向,即企业如何在由内到外、由外到内、混合型开放式创新中进行选择
工具视角 (Tool Perspective)	推进开放式创新的管理和信息工具
机构视角 (Institutional Perspective)	企业与企业、企业与大学/研究机构之间的知识溢出和交易
文化视角 (Cultural Perspective)	企业文化如何更具创新性和开放性

资料来源：根据 Gassmann et al. (2010) 整理而成。

尽管学术界对"开放度"(Openness) 构念的兴趣与日俱增,但现有文献对开放式创新的界定尚未统一。如 Laursen 和 Salter (2006) 将开放度等同于企业外部创新源的数量的程度, Henkel (2006) 将开放度等同于企业披露 (Revealing) 先前藏于组织内部的知识的程度; West 和 Scott (2006) 从知识产权角度将开放式创新定义为企业系统地鼓励和探索范围广泛的内部和外部创新机会的来源的战略行为,不仅包括如何利用外部创新源泉 (如用户、竞争对手、大学),还包括使用、管理、运用知识产权方面的变革; 陈钰芬和陈劲 (2008) 从利益相关者角度认为开放式创新是一种注重吸纳更多的创新要素、以创新利益相关者为基准的多主体创新模式; von Hippel (2010) 的界定主要针对信息上的共有性和组织上的可渗透性,开放式创新的基本前提是创新过程的开放性; Lichtenthaler (2011) 从企业层面出发将开放式创新定义为"企业在创新过程中,在组织内部和外部同时系统地开展知识探索、知识保持和知识挖掘",该定义指出了开放式创新过程中内部活动和外部活动的互补性。这些定义大多只是对开放式创新行为进行了现象性描述,尚未明确它与封闭式创新的判断标准(即开放程度达到多少属于开放式创新)。

实际上,无法在开放式创新和封闭式创新中画出一条清晰的分界线,创新的开放度是一个连续体(Continuum),封闭式创新的本质是开放程度较低,而非完全不开放,并不存在绝对开放或绝对封闭的创新过程。Dahlander 和 Gann(2010)也指出,开放式创新与封闭式创新不是截然对立的,它们处于创新开放度连续体的两端,完全封闭或完全开放的创新过程都是不现实的。表 2-3 总结了开放式创新界定的部分代表性观点。

表 2-3 学者们对开放式创新的不同定义

主要研究者	时间(年)	界定依据	定义内容
Chesbrough	2003	组织边界和资源流向	在开放式创新范式下企业边界是可渗透的,有价值的创意可以从企业外部和内部同时获得,同时内部技术的商业化路径也可以从企业内部或外部进行
Piller & Schaller	2003	信息源	开放式创新是系统地从消费者和使用者那里收集和整合信息来产生创新、修正或规范服务的过程
杨武	2006	技术解决方案	开放式创新意味着好的技术解决方案可以从企业外部和企业内部获取,开放式创新策略对来自内部和外部的创新理念同等对待,以期以最小的成本、最短的时间,将创新呈现在消费者面前
West & Scott	2006	资源角度	开放式创新是系统地在企业内部和外部的广泛资源中寻找创新资源,有意识地把企业的能力和资源与外部获得的资源整合起来,并通过多种渠道开发市场机会的创新模式
陈劲	2006	利益相关者	开放式技术创新将吸纳更多的创新要素,形成以创新利益相关者为基准的多主体创新模式
Pénin	2008	知识角度	基于知识的三个重要构成特点,开放式创新是开放的科学,是以用户为中心的创新,如免费自由开放源代码软件、集合发明等
Lichtenthaler	2008	过程角度	开放式创新涉及广泛的内部和外部的技术资源,以及一个广泛的内部和外部的技术商业化渠道和过程

资料来源:根据张继林(2009)整理而成。

（二）开放式创新的动因及类型

企业为什么要对其创新的过程和结果开放呢？研究表明，这与企业技术创新的时机选择有关联（Keupp & Gassmann，2009），也可能来自进攻者心态（如促进企业发展）（van de Vrande et al.，2009）或防卫者心态（如降低成本与风险）（Huizingh，2011）。另外，技术的和市场的不确定性（Chesbrough，2006）、产品生命周期的迅速缩短（Gassmann & Enkel，2006）、知识的增长和快速流动（Vanhaverbeke et al.，2008）、获取更多的创新利益（Chesbrough & Crowther，2006）、获取创新知识的商业化所需的互补资产（Teece，1986），都驱动着企业采用开放式创新模式。研发和创新越来越复杂和多学科性（Multi-disciplinarity），无论规模多么大的企业都无法仅仅通过内部研发跟上科技发展步伐，在那些知识复杂度和发展程度都很高的行业中，创新的地点（Locus）变为一个更广阔的"学习"网络，而非限于组织内部（Powell et al.，1996）。与多种多样的合作者发生联系（如企业间研发联盟——Inter-firm R&D Alliances），不仅是为了获取现有资源，也是为了发展或嵌入外部知识网络以获取新的技术和能力（Kranenburg & Hagedoorn，2008；Garriga et al.，2013）。

对开放式创新类型的划分，目前主要有单维度和多维度两类方法。单维度方法主要从资源/知识的流向划分为内向型（Inbound）、外向型（Outbound）（Chesbrough & Crowther，2006；Sisodiya et al.，2013）。多维度划分有多种标准，包括创新过程和结果（Gassmann & Enkel，2006）、合作者的多样性与创新过程（Lazzarotti & Manzini，2009）、创新过程和商业化（West & Bogers，2010）、知识流动方向及是否涉及经济交易（Dahlander & Gann，2010）、技术探索和技术利用（van de Vrande et al.，2009）等。

Lichtenthaler（2008）、van de Vrande（2009）根据资源和知识在企业内外的流入/流出，提出技术探索型（Technology Exploration）和技术利用型（Technology Exploitation）两类开放式创新。前者指企业从外部搜寻新的技术或信息，包括用户和供应商参与创新、借助外部网络（如研发联盟）、利用外部知识（如投资新创企业以跟踪潜在的技术机会、技术外包）、知识产权的授权和购买。后者指企业内部技术的外部商业化，包括投资建立衍生企业、技术的授权和释放、企业内部获取知识（如鼓励员工提出建议、允许跨部门创新、引进建议方案，如创新工具、内部竞争等）。

Enkel 和 Gassmann（2008）提出了三类开放式创新：向内型（Outside - in）、向外型（Inside - out）、均衡型（Coupled）（如联盟），并发现在一些发展速度非常快的行业（如电子电气、信息技术等）中，均衡型开放最受青睐，而发展速度较慢的行业（如皮革、木材和印刷业）更重视向内型开放。Leiponen & Helfat（2010）则指出，坚持平行路径（Parallel - path）战略的企业，即在获取外部的信息（外部创新的内部化）的同时开放内部创新的商业化路径（内部创新的外部化），将具有更高的创新成功率。

Elmquist et al.（2009）的研究颇具新意，他们从创新过程的地点和协作程度（创新合作者数量）两个方面，划分出四类创新模式（见图2-6）：企业内部研发、企业内部各职能部门的协作、大规模协作、研发联盟。Dahlander 和 Gann（2010）则从知识流动的方向归纳了购买/整合（Acquiring）、获取（Sourcing）、授权/出售（Selling）和释放/披露（Revealing）四类开放式创新模式。Huizingh（2011）根据创新的过程和结果也识别了四类创新模式：封闭式创新（Closed Innovation）（过程封闭，结果独占）、公共性创新（Public Innovation）（过程封闭，结果公开）、私营型开放式创新（Private Open Innovation）（过程开放，结果独占）和开放源创新（Open Source Innovation）（过程开放，结果公开）。这些划分方法较符合实践，但不足是没有从本质上区分出内部创新和外部创新的不同规律。

图 2-6　基于"创新地点-协作程度"的开放式创新类型

资料来源：Elmquist et al.（2009）。

纵观已有研究，模式划分尚缺乏明晰的判别标准，原因是开放式创新融合了合作研发、技术联盟、产学研合作等多种模式，很难只用简单的知识/资源的内外流动来划分。而多维度方法划分的类型过多，缺乏系统性和实践指导价值。另外，企业获取外部创新资源的方向和程度要与内部支撑机制与外部环境相匹配，如企业内部资源基础（Katila & Ahuja，2002）、行业特征（Enkel & Gassmann，2008）、组织文化（陈衍泰等，2007）等，但现有文献尚缺乏从企业内外环境动态地揭示模式选择规律的研究。

（三）开放式创新的组织及管理

与封闭式创新相比，开放式创新在基本逻辑、创新动因、创新主体及管理技能要求等方面有较大差异（江积海，2009），其组织模式的选择会受到企业技术特性、外部创新源的分布、企业与外部利益相关者的合作紧密度、资源投入程度和投资风险等因素的影响（罗炜和唐元虎，2001）。Narula（2004）认为，当某一类技术属于企业的核心能力范畴时，最好采用内部研发方式，而背景技术（Background Technology）可以采用外包方式。Belderbos et al.（2006）也指出，对于那些研发难度越大成本越高的项目，企业常常倾向于与特定的企业形成联盟来进行合作研发。一些实证研究发现，在一项新技术发展的初期，内部研发实力不强的企业倾向于通过与供应商、用户和大学合作来获取相关的知识。比如，在生物制药产业，大学是主要的技术来源（Zucker et al.，1998），而在科学仪器行业，领先用户是主要的来源，接近50%的创新知识来源于它们（Riggs & von Hippel，1996）。成立合资公司共同开发创新项目也常被采用，因为这有利于合作双方对新项目拥有共同产权（杨武，2006），这对于内部研发能力不足而无法单独承担那些涉及关键性、主导性技术的研发项目的企业来说，通常是一个不错的选择（韩霞和白雪，2009）。

学者们一直在思考：为什么有些企业采用开放式创新能够成功，其他企业却不行？（Chesbrough，2003；Helfat，2006；Laursen & Salter，2006；Gambardella & Panico，2014）。研究表明，企业开展开放式创新是一个试错的渐进过程（Gassmann et al.，2010），企业对开放式创新的管理与其在创新系统中的地位以及技术发展阶段有关（Christensen et al.，2005）。谢祖墀（2010）从战略、文化、组织和管理等层面，提出了使开放式创新更具效率的七项原则，包括从领导做起、与顾客合作、互信和开放式沟通的文化、持续改进催生创新、融入公司业务的各个方面、培养沟通技能、及时评价与奖赏。Gassmann et al.（2010）指出，企业在开展开放式创新时往往从与外部组织签订外包协议开始，而后才开始尝试更具战略性的开放模式。Dahlander 和 Gann（2010）认为企业应努力提高外部创新伙伴的多样性,如中介组织（Itermediary）对于企业开展外向开放式创新、联合研究中心（Collective Research Center）对于企业开展内向开放式创新都具有正向影响,但这也提高了企业管理的复杂性与不确定性。Wallin 和 von Krogh（2010）基于知识整合提出了开放式创新的五个阶段,即定义创新过程、识别创新有关的知识、选择合适的整合机制、创建有效的治理机制、平衡激励与控制,其中创建有效的治理机制是关键,相关问题包括伙伴选择、外部技术的评价、知识产权所有权、利润与损失的平衡、群体决策、冲突管理等。Bianchi et al.（2011）探讨了生物制药企业在药物发现和药物开发的不同阶段如何选择开放式创新的组织形式和合作伙伴。

Chiaroni et al.（2011）的研究较有代表性,他们从开放的方向（由内及外、由外及内）、组织实施过程（解冻、移动、制度化）、管理层次（网络、组织结构、评价过程、知识管理系统）三个维度构建了开放式创新管理的理论框架（见图 2-7）。

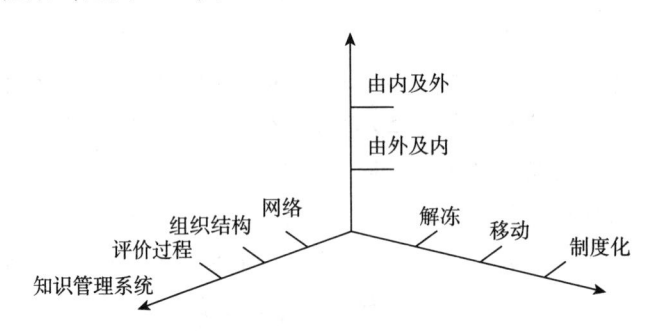

图 2-7 开放式创新管理的理论框架
资料来源：Chiaroni et al.（2011）。

三 开放式创新对企业竞争优势的影响

（一）开放式创新影响企业竞争优势的理论研究

对开放式创新与企业竞争优势的关系的理论研究主要遵循三方面的线索。

一是资源基础的视角,认为开放式创新将使企业获得更多的资源,降低成本和不确定性,提高了技术创新绩效。大量的研究表明,由于创新的复杂化和系统性,单一企业往往难以完全拥有创新所需的全部技术知识和资源,企业需要跨界搜寻以获取创新的成功商业化所需的互补资产,而通过由外向内的开放式创新,企业能获取来自外部的信息、资本等关键资源甚至稀缺资源,丰富了创新的资源基础(Rigby & Zook,2002),加速创新并降低技术和市场的不确定性(Enkel et al.,2009)、扩大创新产出和打开新的市场(Chesbrough & Schwartz,2007)。而由内向外的开放式创新(Outward Open Innovation)有利于增进企业与外部组织的相互信任(Lichtenthaler & Ernst,2007)、主导或参与产业标准的制定(王鹏飞,2010)(见图2-8),从而有机会获取更多的资源开展创新。

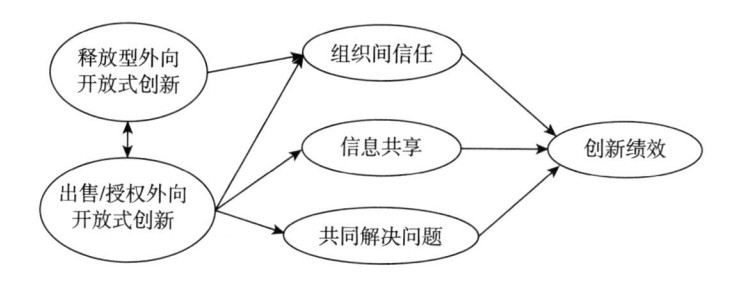

图2-8 外向开放式创新影响企业创新绩效的机理
资料来源:王鹏飞(2010)。

二是外部网络的视角,认为企业通过开放式创新构建或嵌入外部创新网络,从而能够利用互补性外部创新资源提高技术创新绩效。研究表明,当前的企业间关系已由单向的竞争或合作转为竞合关系(Co-petition),这驱动着企业关注外部网络结构,与外部创新源组成网络和联盟(Dahlander & Gann,2010),从而增加了企业的社会资本(Rass et al.,2013),给企业带来了新的发展机会。网络化创新还使企业更能获得内外部技术融合产生的协同效应,有利于企业的突破性创新(O'Connor & DeMartino,2006)。

三是组织学习的视角,认为企业通过开放式创新可以学习合作伙伴的知识尤其是隐性知识,这对企业提高创新能力十分重要。通过跨边界学习,企业不断扩展知识储备,通过内外部资源的整合提高了企业的组织柔性(Dyer & Chu,2003)。开放式创新还十分有利于企业的探索性技术学习(朱朝晖,2007),而这被认为对企业提高竞争绩效很重要。

此外,学者们还从交易成本、能力积累、外部创新源等角度探索了开放式创新对企业竞争优势的影响机制(见图2-9)。

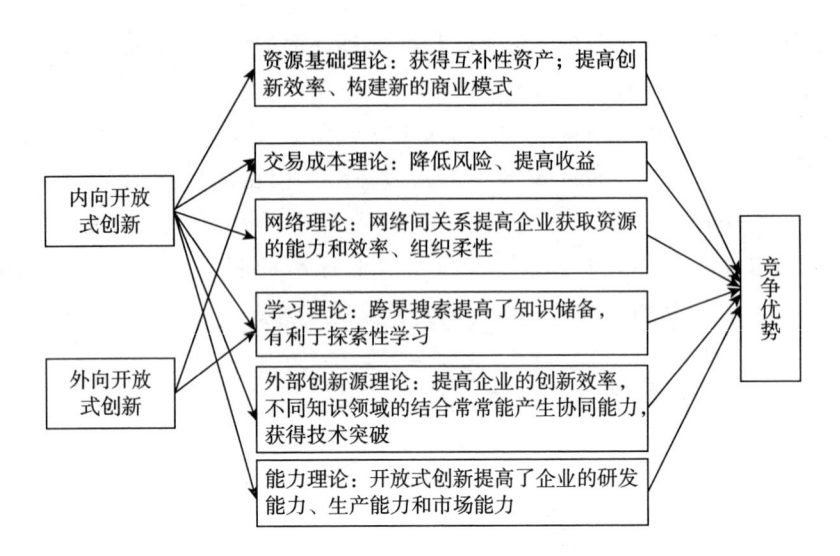

图 2-9 开放式创新对企业竞争优势的影响机制

资料来源：根据相关研究资料整理

（二）开放式创新影响企业竞争优势的实证研究

基于上述理论产生了大量的实证研究，主要集中在开放度的测量、开放式创新的影响因素、开放式创新对企业绩效的作用三方面。早期文献的研究样本大多针对发达国家、大型企业、科技型企业等，近年来的实证研究开始关注发展中国家、中小企业、服务业以及中低技术企业的开放式创新规律，研究方法也从案例研究拓展到基于数理统计的实证检验。

1. 研究方法和常用数据库

（1）研究方法。在案例研究方面，代表性成果包括：Chesbrough（2003）对 IBM、Intel 等开放式创新模式的研究；Piller（2004）对壳牌化学、惠普和飞利浦开展合作创新的研究；Huston 和 Sakkab（2006）、Chesbrough（2006）对宝洁公司"联发"创新的研究；赵晓庆（2004）研究了华为、海尔、长虹等在技术创新不同阶段获取外部知识的策略及带来的影响；Christensen et al.（2005）分析了消费电子产业开放式创新模式选择的影响因素；Sarkar 和 Costa（2008）探讨了食品工业（研发投资水平很低、创新相对保守）的开放式创新现象。Minin et al.（2010）研究了菲亚特（Fiat）在意大利 1993~2003 年的经济萧条中如何通过开放式创新（与克莱斯勒建立合作伙伴关系）获得发展。其他的案例对象还包括：DSM（Kirschbaum，2005）、IBM（Enkel 和 Gassmann，2008；Chesbrough，2007）、罗氏制药（Fetterhoff 和 Voekel，2006）、德国 Degussa 公司（Bröring 和 Herzog，2008）、德国电信股份公司（Deutsche Telekom）（Rohrbeck et al.，2009）、意大利 Italcementi 水泥公司（Chiaroni et al.，2011），等等。

在基于计量模型的实证检验方面，代表性成果包括：Fey 和 Birkinshaw（2005）分析了 107 家英国和瑞典大型企业的研发管理模式、开放度和知识编码对创新绩效的影响；Laursen 和 Salter（2006）研究了英国 2707 家制造业企业开放度与创新绩效的关系，发现企业外部的搜索策略（广度和深度）与创新绩效呈倒"U"型曲线；陈劲和陈钰芬（2007）分析了 OECD 24 个国家的开放式创新行为；陈衍泰等（2007）基于 241 家江浙沪闽中小型企业样本，对开放式创新文化与企业创新绩效的关系进行了实证研究；Lichtenthaler（2008）研究了 154 家德国、奥地利和瑞士的工业企业的开放度；Asakawa et al.（2010）对 203 个日本企业的研发实验室进行了实证研究，发现公司层面的开放式创新策略促进了实验室与本地的大学或商业机构的技术合作，进而对公司研发绩效产生显著的正向影响；Spithoven et al.（2011）基于比利时联合研究中心的调查样本，分析了吸收能力对"开放度－创新绩效"的中介作用；Schroll 和 Mild（2011）研究了 24 个欧洲国家 18 个行业的开放式创新实践。

（2）变量测量及常用数据库。开放度的测量是实证研究中的重点和难点，早期文献对开放度的描述大多停留在定性层面（主要是通过案例表达），后期研究开发出包括李克特量表（Laursen 和 Salter，2006；陈钰芬和陈劲，2008；Lichtenthaler，2008）在内的许多测量指标，但在如何提炼与选择测度指标上仍存在较大差异。一些学者基于外部创新者合作程度，通过测量合作对象的数量和沟通频率来测量开放度。Katila 和 Ahuja（2002）从"深度"（企业使用已有知识的频率）和"广度"（企业搜索新知识的范围）两个维度来分析企业外部技术搜索战略。Faems et al.（2010）的测量题项中选取了 6 个外部合作者（主要涉及用户、供应商、技术合作者等），Laursen 和 Salter（2006）的题项中则包括 16 个外部合作者（不仅包括价值链的利益相关者，还包括学校和研究机构、中介、风险投资机构等)。

实际上,由于开放式创新整合了技术联盟、合作研发、产学研合作等多种实践,因此上述测量指标无法全面反映企业与外部环境的互动关系,而且信息和技术交流的数量和质量也难以具体观察,项目的规模、重要程度和技术含量在实际合作中的重要性要高于对外部伙伴数量的简单统计。而在数据来源上,现有文献基本采用了大规模问卷调查或官方组织的创新调查统计,如 Laursen 和 Salter (2006) 的研究基于英国"共同体创新调查"数据;陈钰芬和陈劲 (2008) 的研究样本是中国的 209 个大中型企业;Faems et al. (2009) 的检验数据来自 2002~2004 年比利时制造业的社会调查统计;Batterink (2009) 采用了 1994~2004 年荷兰的社会创新调查作为数据来源;Roper et al. (2013) 利用爱尔兰创新调查的面板数据 (Irish Innovation Panel, IIP) 分析了 3000 多家被调查企业在 1994~2008 年与外部创新源的联系。

2. 研究样本的产业选择和国别差异

高新技术产业是开放式创新实证研究的主要对象。如在 Chesbrough (2003) 的研究中,样本都是著名的高技术企业 (如 IBM、英特尔、朗讯等)。受 Chesbrough 的影响,加上高新技术产业中产品生命周期加速缩短,企业急需快速识别、获取和利用外部的技术和知识资源以及研发资金,大多数研究者将注意力放在技术密集型产业上,如生物技术 (Fetterhoff & Voekel, 2006; Chiaroni et al., 2009; Bianchi et al., 2011)、信息与通信技术 (包括软件业) (Christensen et al., 2005; Dahlander & Wallin, 2006; West & Scott, 2006)、制药 (Gassmann & Reepmeyer, 2005; Bianchi et al., 20011) 等。近年来,开放式创新的价值在传统制造业日益体现出巨大价值,一些研究者开始关注传统行业或中低技术行业,如食品制造 (Sarkar & Costa, 2008)、体育用品 (Hienerth, 2006)、化妆品 (Ferro & Bonacelli, 2010)、钢铁 (Aylen, 2010)。研究焦点也从以前针对大型企业 (Chesbrough, 2003) 到关注中小型企业 (Chesbrough & Crowther, 2006; Lecocq & Demil, 2006; van de Vrande et al., 2009)。表 2-4 列出了一些国外学者实证研究中的行业选择。

表2-4 国外开放式创新实证研究的行业或企业选择（部分）

学者	年份	行业/企业
Chesbrough	2003	高技术企业（IBM、英特尔、朗讯、施乐等）
Piller	2004	技术密集型企业（壳牌化学、惠普和飞利浦等）
Christensen et al.	2005	消费电子行业
Bianchi et al.	2011	生物技术
Rishad. et al.	2008	石油加工行业
Sarkar & Costa	2008	食品行业
Rohrbeck et al.	2009	电信行业
Weigelt	2009	手机行业
Ili et al.	2010	德国汽车行业
Henkel	2006	软件行业

在研究对象方面，针对发达国家的研究较多，如美国（Chesbrough，2003；Lichtenthaler & Emst，2007；Enkel & Gassmann，2008）、荷兰（Kirschbaum，2005；van de Vrande et al.，2009；Batterink，2009）、英国（Laursen & Salter，2006）、德国（Rohrbeck et al.，2009；Ili et al.，2010）、比利时（Faems et al.，2009）、意大利（Chiaroni et al.，2011）、奥地利（Lichtenthaler，2008）、丹麦（van de Meer，2007）、爱尔兰（Roper et al.，2013）等。近年来，一些后发国家企业的开放式创新实践得到了广泛关注，如韩国（Lee et al.，2010）、中国（陈钰芬和陈劲，2008；于开乐和王铁民，2008；江积海，2009；王鹏飞，2010；吴波，2011）、巴西（Ferro & Bonacelli，2010）、哥伦比亚（Aylen，2010）等。

3. 实证研究结论

（1）开放式创新对企业创新绩效有显著的正向影响，这一结论不受国别、产业、组织规模等因素影响（Rosenkopf & Nerkar，2001；王鹏飞，2010；闫春和蔡宁，2014）。通过开放传统的开发过程和获取外部的创意和知识资源，许多内部研发实力薄弱的企业成功地提高了创新能力（陈钰芬和陈劲，2008；Rohrbeck et al.，2009）。

（2）企业从开放式创新中获利的程度受到其内部能力的影响。企业在技术创新过程中要有效地整合企业外部知识，但并非每个企业都能从中获得同样的价值（Christensen et al.，2005），这往往取决于企业内部的机制和特定的战略组合（Belderbos et al., 2006）。企业应该在内部建立良好的开放支撑机制，培养吸收能力，并具备和外部合作伙伴共同开发创新技术的能力，确保通过开放式创新模式实现利益最大化（Rass et al., 2013）。

（3）从长期来看，开放式创新与企业创新绩效及竞争优势的关系呈现非线性关系，受到各种组织因素和环境条件的调控影响。Laursen 和 Salter（2006）通过对英国企业的大样本研究，发现企业创新绩效与寻求创新的外部资源的深度和广度呈倒"U"型关系。陈钰芬和陈劲（2008）发现，对于科技驱动型产业的企业，开放度对创新绩效的影响呈倒"U"型关系，而经验驱动型产业的企业的开放度与创新绩效呈正线性相关关系。许多学者也发现，过度的开放，将会加大企业的搜寻成本和组织间合作的交易成本，引起从文化建设到组织结构的变革，增加了创新管理的复杂性（Chesbrough, 2003）和技术泄露的风险（Gans & Stern, 2003），易形成对外部技术源的过度依赖（Sapienza et al., 2004）。表 2-5 归纳总结了开放式创新与企业竞争优势关系的一些代表性实证研究。

表 2-5 开放式创新战略与企业竞争优势关系的主要实证研究及结论（部分）

主要学者	年份	调查样本	数据来源	开放式创新与创新绩效的关系
Katila	2002	美国、日本以及欧洲的130多家机器人企业	专利数据	企业外部搜索对创新绩效有显著的正向影响
Katila & Ahuja	2002	化学行业	专利引用数据	倒"U"型关系。有些企业过度开放，造成绩效下降
Landry et al.	2002	加拿大蒙特利尔440家制造业企业	调查数据	嵌入外部网络的规模越大，越能提升企业研发效果
Fey & Birkinshaw	2005	英国和瑞士107家有研发活动的大型公司	问卷调查	对外部研发、外部创新源的不同知识管理模式将产生不同的研发绩效
Laursen & Salter	2006	英国2707家制造类公司	英国CIS调查	倒"U"型
Gassmann & Enkel	2006	124家企业欧美日企业	案例分析	同时考虑内外知识互动的企业具有更好的创新绩效
陈衍泰等	2006	中国江浙沪闽地105家创新型企业	问卷调查	开放式创新文化有利于企业的市场导向

续表

主要学者	年份	调查样本	数据来源	开放式创新与创新绩效的关系
Chesbrough & Crowther	2006	12家来自低技术产业或成熟产业的公司	案例、小规模数据采集	利用外部研究作为内部研究的一个补充,能提高企业的研发效率
van de Meer	2007	荷兰814家企业	荷兰国家创新调查数据	开放式创新促进创新绩效
陈钰芬、陈劲	2008	中国480家国家级和省级技术中心企业	问卷调查	科技驱动型企业的"开放度-创新绩效"呈倒"U"型关系,在经验驱动型企业是正线性相关
Drechsler & Natter	2008	德国279家各个行业的企业(也包括服务业)	问卷调查	开放式创新促进经营绩效
Campbell-Smith	2008	全球327家电信企业	问卷调查	开放式创新促进创新绩效
van de Vrande et al.	2008	荷兰605家中小型创新企业	电脑辅助电话调查	开放式创新促进创新绩效
Faems et al.	2009	比利时323家制造类公司	CIS-4	开放式创新促进企业的金融绩效
Lichtenthaler & Emst	2009	德国、澳大利亚、瑞士的154家中大型企业	问卷调查	企业的专利规模越大,越不愿意采取内向开放式创新;但专利的质量越高,企业越愿意外向开放式创新
Gassmann & Enkel	2009	欧洲107家企业	问卷调查	开放式创新促进创新绩效
Batterink	2009	不详	荷兰CIS	开放式创新促进创新绩效
李青	2009	浙江省和深圳200家中小型企业	问卷调查	企业与不同外部创新源的合作能提高创新绩效
Lee et al.	2010	韩国中小企业	韩国STEPI《技术创新调查》	开放式创新促进创新绩效
王鹏飞	2010	中国51家企业	问卷调查	外向开放式创新促进创新绩效
任爱莲	2010	中国109家中小型电子科技企业	问卷调查	开放式创新促进创新绩效,吸收能力在二者的关系中起调节作用

续表

主要学者	年份	调查样本	数据来源	开放式创新与创新绩效的关系
Mention	2011	欧洲1052家服务企业	CIS-4	开放式创新促进市场创新
Bianchi et al.	2011	全球20家制药公司	问卷调查	开放式创新促进创新绩效
陈劲等	2011	浙江515家有国家或省级研发中心的企业	问卷调查	开放式创新与创新绩效呈非线性关系
闫春、蔡宁	2014	197个中国企业	问卷调查	开放式创新促进创新绩效，创新导向与商业模式在其中起中介作用

资料来源：根据相关研究整理。

第三节 产业国际竞争力的研究进展

产业的国际竞争力是指一国特定产业通过在国际市场上销售其产品而反映出的生产力，最终是通过产品的市场占有份额来衡量和检验的。从现有文献看，产业国际竞争力主要指制造业国际竞争力，而竞争力在概念上也常与竞争优势互用。

一 产业国际竞争力的概念及内涵

国际竞争力的研究大约在20世纪90年代成为全球关注的热点，其中，世界经济论坛（WEF）、瑞士洛桑国际管理发展学院（IMD）、美国哈佛大学商学院教授迈克尔·波特（M. E. Porter）的研究被认为是其中最具权威性的代表。

（1）WEF在1985年的《关于竞争力的报告》中首次提出"国际竞争力"（Global Competitiveness）的概念，指"企业在目前和未来在各自的环境中以比它们国内和国外的竞争者更具有吸引力的价格和质量来进行设计生产并销售产品以及提供服务的能力和机会"，1995年WEF又将国际竞争力概括为"一国或一公司在世界市场上均衡地生产出比其竞争对手更多财富的能力"。WEF每年定期发布的《全球竞争力报告》（The

Global Competitiveness Report）独树一帜，被誉为当今评价各国整体实力的晴雨表。

（2）IMD是开展国际竞争力评价的先驱之一，该组织从20世纪80年代初开始对全球各国的国际竞争力进行评价，每年发布《世界竞争力年鉴》（The World Competitiveness Yearbook）。IMD在1991年将国际竞争力定义为"在世界范围内一国企业设计、市场和销售产品与服务的能力，其价格和非价格性价特性比国外竞争对手更具有市场吸引力"。

（3）波特最早从产业层次研究国际竞争力，将之定义为在国际自由贸易条件下（在排除了贸易壁垒因素的假设条件下），一国特定产业以其相对于其他国更高的生产力，向国际市场提供符合消费者或购买者需要的更多的产品并持续获得盈利的能力。波特在20世纪80～90年代提出的企业竞争优势理论、国家竞争优势的"钻石模型"（Diamond Model）及四阶段成长理论，对后来的研究产生了巨大影响。

中国学者也提出了自己的产业国际竞争力定义。如金碚（1996）认为国际竞争力指一国特定产业通过在国际市场上销售其产品而反映出来的生产力，其实质是一国的特定产业相对于国外竞争对手的比较生产力，反映了该产业产品的国际市场占有率和盈利率的大小；严伟良（2002）将产业国际竞争力视为市场竞争力，指在国际自由贸易条件下，一国某特定产业的产品所具有的开拓市场、占据市场并以此获得利润的能力；陈卫平和朱述斌（2002）认为产业国际竞争力的本质是产业的比较生产率，是在自由和公平的市场条件下，一国产业以其相对于他国更高的产业生产率，生产出更多的具有竞争优势的产品，并持续获得盈利的能力；郭京福（2004）认为产业国际竞争力就是某一产业或整体产业通过对生产要素和资源的高效配置及转换，持续稳定地生产出比竞争对手更多财富的能力。这些定义实质上都将生产率、商业化能力、市场绩效等纳入了产业国际竞争力的内涵中。

二 产业国际竞争力的相关理论及发展

产业国际竞争力研究最早可追溯到18世纪人们对国际贸易问题的探索，代表性观点包括绝对优势理论（The Theory of Absolute Advantage）、比较优势理论（The Theory of Comparative Advantage）、要素禀赋理论（The

Factor Endowment Theory）。在20世纪80年代以前，比较优势理论是国际贸易理论的基石，也是国际竞争力研究的主导逻辑，但其局限也很明显，如忽视生产成本以外的成本因素、将技术进步视为外生变量、规模收益的假定过于绝对。后来，学者们从各个不同方面对比较优势理论进行了补充和完善，如人力资本论、技术差距论、产品周期论等。但真正从竞争优势（Competitive Advantage）的角度来研究产业国际竞争力的是波特，他提出了竞争优势理论，90年代左右发展出的许多竞争力理论，如Barney、Foss等的资源基础观、Prahalad和Hamel的核心能力理论、Teece等的动态能力理论等，大多也来源于波特的研究。

在1985年出版的 *Competitive Advantage: Creating and Sustaining Superior Performance* 一书中，波特指出了决定产业发展竞争优势的六个相互关联的因素（生产要素、需求条件、相关与辅助产业的状况、企业策略、结构与竞争对手、政府和机遇），研究了国家特定产业发展和参与国际竞争的历史，认为一国产业参与国际竞争的过程大致可分为四个阶段：要素驱动、投资驱动、创新驱动和财富驱动。与比较优势理论相比，波特的理论具有一些明显的优势，如突破了比较优势理论的生产要素局限，强调要素创造而非只是要素禀赋对产业国际竞争力的影响。波特还把市场需求状况作为影响产业国际竞争的一个重要因素，突破了以往"供给创造需求"的逻辑。另外，波特指出了产业之间存在关联效应，并把机遇和政府等外界环境及宏观调控因素引入产业国际竞争力的分析框架中，也更符合经济发展的现实。

对波特理论的改进和完善推动了产业国际竞争力研究的发展。邓宁（J. H. Dunning）在1993年首次将FDI（外商直接投资——Foreign Direct Investment）引入产业国际竞争力的分析框架，形成了"Porter - Dunning模型"，认为除了"钻石模型"中的机遇和政府行为两个外生变量以外，FDI对东道国的竞争优势同样会产生巨大影响，东道国政府如果想提高本国的竞争优势，除了关注波特提出的六大要素外，还需要通过制定相关的引资政策，才能达到提升产业国际竞争力的目的。Porter - Dunning模型在学术界具有重要地位，目前的研究工作大多是证明这一理论模型所涉及的七大因素和支撑指标的决定作用。如Kim和Marion（1997）在所建立的计量经济学模型①中，用美国食品制造业1967～1987年的数据验证了波特关于国内市场结构与竞争强度对产业国际竞争力起决定作用的观点。Moreno et al.（2002）采用西班牙14个制造业分支产业1978～1989年的数据，建立面板数据对数线性回归模型②对产业出口竞争力的决定因素进行了实证检验。

但是，要将Porter–Dunning模型应用于具体产业的定量实证分析，还面临着决定因素的复杂性和难以量化、数据的获取及统计、分析对象的国别差异使分析层次难以确定等诸多难题（王仁曾，2002）。此外，韩国学者乔东逊（Cho D. Sung）在1994年构建了适合发展中国家产业国际竞争力研究的"九因素模型"，涉及物质要素（资源、商业环境、相关产业、国内需求），人力要素（工人、政治家和官僚、企业家、职业经理人和工程师）和外部机遇，并特别强调人的因素和物的因素对产业国际竞争力的影响。

中国学者在20世纪90年代初开始介入国际竞争力研究，得出了许多有价值的成果。有代表性的研究包括：中国人民大学竞争力与评价研究中心从1997年以来陆续出版了多部《中国国际竞争力发展报告》，将IMD指标进行了推广与深化；中国社会科学院"中国工业品国际竞争力的比较研究"课题组将测量工业品国际竞争力的指标体系划分为显示性指标、直接因素指标和间接因素指标，逐步建立起适合我国产业发展具体情况并易于进行更深入的国际比较研究的经济分析范式；金碚（1997）比较了比较优势和竞争优势，认为各国产业在世界经济体系中的地位是由多种因素所决定的，从国际分工的角度看比较优势具有决定作用，而从产业竞争的角度看是竞争优势起决定作用；王仁曾（2002）以中国制造业30个大类产业

---

① 计量模型为：$IC = \alpha_0 + \alpha_1(K/L) + \alpha_2 RAW + \alpha_3 MDS + \alpha_4 YD + \alpha_5 FDI + \alpha_6 CR + \alpha_7 AS + \alpha_8 RD + \alpha_9 MES + \varepsilon$。其中：$IC$表示制造业或者其分支行业的国际竞争力，可用RCA指数或者NXS等指标来代替；CR用排名前4位的企业销售收入占本产业全部销售收入的比重来表示，反映产业的集中度，也反映市场的竞争强度，K/L是指净资产总额除以员工人数后所得到的商，表示产业的资本密集度。

② 计量模型为：$\ln RX = \alpha_0 + \alpha_1 \ln Y + \alpha_2 \ln REER + \alpha_3 \ln DD + \alpha_4 \ln AE + \alpha_5 \ln TC + \varepsilon$。其中：$RX$表示制造业或分支产业的出口额，$Y$表示出口对象国的收入水平，$REER$表示本国货币的实际有效汇率，$DD$表示制造业或分支产业的国内需求压力，$AE$表示产业的广告密度，$TC$表示技术资本投入水平。

1996年的截面数据为分析对象进行实证研究，发现产业的集中度、规模经济、技术创新有利于提升中国制造业竞争力；芮明杰等（2010）则将比较优势、竞争优势、产业生命周期、产业集群研究作为产业国际竞争力研究的理论基础。

三 产业国际竞争力[①]的评价与测量体系

制造业是一国技术实力、经济基础和国际竞争水平的重要体现，因此有关制造业国际竞争力的评价成为中外学者长期关注的话题，但设计出一套准确的、可操作的、适于国际比较的评价指标体系，多年来都是一个国际性难题。

通常有两类指标用来测度国际竞争力：以全要素生产率为核心的生产率指标和基于贸易流量的测度指标，后者包括显性比较优势指数（RCA）、产业内贸易指数（ITT）和净出口份额（NSX）（王仁曾，2002）。波特在1990年的《国家竞争优势》一书中提出关于国际竞争力的两种评价方法，一是以解释性的主观指标为核心，属于分析竞争环境的多因素法（钻石模型）；二是以显示性的客观指标为对象，属于应用进出口数据的市场份额法。IMD和WEF等机构常用的评价指标如图2-10所示。而在实践中，联合国国际贸易中心的贸易绩效指数（Trade Performance Index，TPI）、联合国工业发展组织的工业绩效指数（The Competitive Industrial Performance Index，CIP）[②] 在评价一国的产业竞争力上影响较大，被广为采用。

---

① 目前一些应用较广的国际竞争力评价指标体系，往往不局限于针对产业尤其是制造业的研究，体现的是对国家整体竞争力的评价。如IMD发布的年度《世界国际竞争力年鉴》的评价指标包括国内经济、国际化、政府、金融、基础设施、企业管理、科学技术和国民素质8个构成要素，每个构成要素中分别包含25个至46个指标，共计290个指标。WEF发布的年度《世界全球竞争力报告》则包含开放度、政府、金融、基础设施、技术、管理、劳动力和制度等8个方面的指标。在中国，类似的报告有由国家体改委经济体制改革研究院、中国人民大学和综合开发研究院（深圳）中国国际竞争力联合课题组从1997年开始发布的《中国国际竞争力发展报告》。为行文简便，本书不涉及这类评价指标体系。

② 联合国工业发展组织运用四个绩效指标——人均制造业增加值，人均制成品出口，制造业增加值内中、高技术产品的比重和制成品中、高技术产品的比重，对CIP指数进行综合计算。

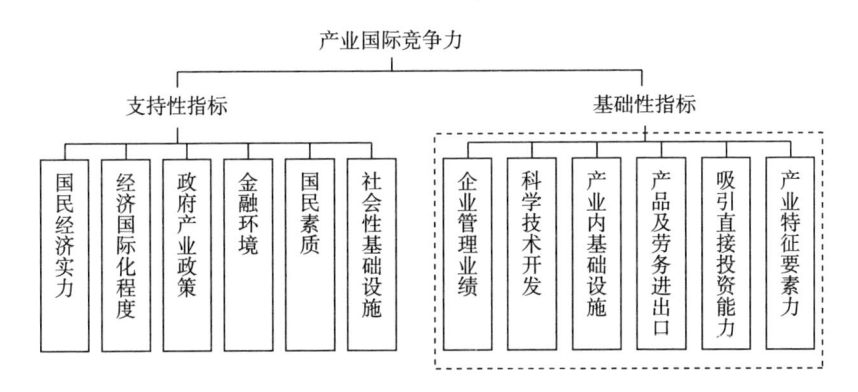

图 2-10　IMD 和 WEF 等的产业国际竞争力分析指标体系

资料来源：王玉和余静（2003）。

目前评价产业国际竞争力的指标大致有多因素综合评价、生产率指标评价、进出口数据评价、利润率指标评价等方法（陈立敏，2010）。如 Buckley et al.（1988）通过对英国的银行与保险业竞争力的研究，提出的 3P 架构包括投入面的发展潜力、管理面的组织、规划与控制过程；任若恩（1998）采用全要素生产率作为评价产业国际竞争力的优选指标。总的来看，我国学者之间由于在分析视角、理论基础、知识背景、研究目的等方面存在差异，因此在产业国际竞争力评价指标的选择上分歧较大（见表 2-6）。

表 2-6　对中国主要制造业部门进行国际竞争力评价的一些代表性文献

学者	年份	分类方法	评价指标
范纯增、姜虹	2002	《国际贸易标准分类》（SITC）一位数9类（不包括9类未分类商品）	贸易竞争指数（TC）、显性比较优势指数（RCA）、国际市场占有率（MS）、产业内贸易指数（IIT）
张其仔	2003	28个制造业	2级8类指标：静态市场份额、静态效率（生产率、利润、资金周转率）；动态市场份额、动态效率
任若恩	1998	6个主要制造业部门，15个制造业主要分支部门	相对价格水平、劳动生产率、单位劳动成本、人均增加值
汪斌、邓艳梅	2003	20类制造业部门	显性比较优势指数（RCA）、产业内贸易指数（IIT）
金碚等	2003	HS二分位11类，SITC 1~4分位组合6~16类	贸易竞争指数（TC）、相对出口优势指数（RCA）、国际市场占有率（MS）、进出口价格比、出口优势变差指数、工业集中度、研发投入、劳动生产率

续表

学者	年份	分类方法	评价指标
蓝庆新、王述英	2003	HS 二分位 11 类工业品，17 种制造业	贸易竞争指数（TC）、国际市场占有率（MS）、产业利润率、劳动生产率
张金昌	2002	WTO《2000 年国际贸易统计年鉴》中的 7 个行业	贸易竞争指数（TC）、显性比较优势指数（RCA）、显性竞争优势指数（CA）、利润
赵文丁	2003	28 个出口额占全国 1%以上的主要出口产品	显性比较优势指数（RCA）
卢秋艳等	2003	化工业	贸易专业化系数（TSC）
王丽华、杨志勋	2003	中药业	出口竞争力指数（TC）、竞争态势矩阵（由资源要素、需求要素、企业能力、政府行为评分加权合计）
杨嵘	2004	石油业	实力、潜力、环境、动态
罗云祥、何翔阿	2001	汽车业	贸易竞争指数（TC）、国际市场占有率（MS）、国内市场占有率、出口产品质量指数

资料来源：陈立敏和谭力文（2004）。

值得一提的是，赵彦云领衔的课题组的评价框架包含竞争力实力、成长竞争力、市场竞争力、成本竞争力、创新竞争力、投资竞争力和管理竞争力等七大要素。[①] 穆荣平（2000）从现实竞争力、潜在竞争力、竞争环境和竞争态势等方面构建了高技术产业国际竞争力评价指标体系。国家计委宏观经济研究院产业发展课题研究组（2001）的三级评价指标体系涉及竞争实力、竞争能力、竞争潜力、竞争活力、竞争动力和竞争压力等（见表 2-7）。裴长洪和王镭（2002）将国际竞争力的指标分为两大类：显示性指标，用于说明国际竞争力的结果，用市场占有率、利润率和价值增加值或增值率指标来衡量；分析性指标，用来解释为什么具有国际竞争力，又分为直接原因指标和间接原因指标。张金昌（2002）设计了一套用进出口数据评价产业国际竞争力的指标体系：①反映市场占有率的指标，包括市场渗透率指标、进口所占比例指标、出口贡献率指标和出口增长优势指数；②反映净出口（贸易盈余）的指标，包括贸易竞争力指数、相对竞争

[①] 中国人民大学课题组．中国国际竞争力发展报告（1999）．北京：中国人民大学出版社，1999．

力指数和贸易分工指数；③反映出口所占比例的指标，包括显示性比较优势指数、显示性竞争优势指数和净出口显示性比较优势指数。严伟良（2002）用一般竞争力系数、出口市场的市场占有率、进口比率、OECD的竞争力指标来表示产业的国际竞争力。陈芳和赵彦云（2007）对中国汽车产业国际竞争力的评价涉及7个方面，共48个指标。

表2-7 产业国际竞争力评价的三层次指标体系

一级指标	二级指标	三级指标
竞争实力	人力	大学文化劳动者比重
		工人素质
		企业家素质
	财力	产值
		总资产
	技术创新实力	研发人员强度
		研发经费强度
竞争潜力	比较优势	劳动力成本
		资金成本
		资源禀赋
	后发优势	
竞争能力	市场化能力	经济增长率
		市场占有率
		显示比较优势
	资源转化能力	劳动生产率
		资金利税率
		增加值率
	技术创新能力	创新度
		专利数比重
竞争环境	产业竞争动力环境	
	产业竞争压力环境	
	产业竞争活力环境	

资料来源：国家计委宏观经济研究院产业发展课题研究组（2001）。

陈立敏和谭力文（2004）探讨了适合中国的产业国际竞争力评价指标体系，提出了三方面的评价思路：一是从分析竞争力的结果出发，采用显示性指标进行评价；二是从分析影响竞争力的因素出发，采用影响因素剖析法、全要素生产率（TFP）法和标杆法进行评价；三是从寻求对竞争力的整体判断出发，采用指标综合评价法从竞争结果和影响竞争结果的因素两方面着手进行评价（见表2-8）。

表2-8 产业国际竞争力的四个层次及主要评价方法

层次	内容	实质	典型评价方法
第四层次	利润	竞争力的结果	产业利润法
第三层次	市场份额	竞争力的表现	进出口数据法
第二层次	生产率	竞争力的实质	ICOP法
第一层次	环境	竞争力的来源	多因素法

资料来源：陈立敏和谭力文（2004）。

周星和付英（2000）设计了一个基于资产与过程结合的产业国际竞争力指标体系（见表2-9），不过从实证角度看，由于该指标体系分类过细，许多指标属于主观性判断而难以量化，从而无法搜集到准确的数据，影响了可操作性。

表2-9 基于"资产-过程"的产业国际竞争力评价指标体系

指标	与制造业相关的"资产"项目指标	与制造业相关的"过程"项目指标
国内产业的素质	就业率、国内劳动力成本、国内投资总额、R&D总支出占GDP的比重、关键产业中的R&D的领先程序	总生产率变化率、单位GDP能源消耗量、企业中的R&D支出的实际增长率、R&D支出的实际增长率、基础研究对经济与技术长期发展的支持程度、获取专利变化率
产业结构现状及发展趋势	制造业的劳动生产率、制造业基础加强的程度、工业制成品占货物出口比重、深加工产品占工业制成品出口比重	实际GDP年均增长率、工业实际年均增长率、产业集中度、工业制成品贸易总量及结构变动指标
产业发展的环境制度因素	公司所得税占GDP比重、政府对私人及国有企业的补贴、公司所得税对企业的激励程度	《反托拉斯法》阻止不公平竞争的程度、关键性产业部门非垄断程度、财政政策鼓励企业家行为的程度、政府对雇佣和解雇的灵活程度、政府将其经济政策运用于现实经济中的有效程度、政府透明度、经济改革对长远竞争力提高的适应程度

续表

指标	与制造业相关的"资产"项目指标	与制造业相关的"过程"项目指标
产业国际化程度和能力	对外直接投资额、外国直接投资存量、外贸差额、外贸差额占GDP比重、经常项目差额、外贸依存度、产业国际市场占有率、固定市场份额模型指标、产业盈利率	贸易壁垒、资本市场开放度、外国技术进入难易度、外国投资者权利、出口集中度、出口产品质量升级指数、进出口商品价格比、出口优势变差指数、贸易竞争指数、相对出口优势指数、显示性比较优势指标

资料来源：周星和付英（2000）。

表2-10列举了目前各类评价制造业国际竞争力方法的优点与不足。

表2-10 制造业国际竞争力中各类评价方法的优势和劣势

方法	优势	劣势
多因素法	对竞争力产生的解释性和预见性都较强	指标过多和烦琐，且作用各不相同，难以准确确定每个指标的权重，计算结果分歧较大
生产率法	提高劳动生产率是产业获取利润和提高国际竞争力不可缺少的必要条件	在计算上较复杂，而且计算结果对于不同国家不具备强的可比性
利润法	利润是产业进行竞争的最终目的	产业的利润水平通常难以确定，而且利润是一个会计核算的概念，数据上存在失真的可能性
进出口数据法	对贸易绩效的直接观察能够很好地"显示"出产业国际竞争力的程度	未能有效区分比较优势和竞争优势

资料来源：根据陈立敏和谭力文（2004）及其他文献整理而成。

四 中国制造业国际竞争力评价相关研究

近年来，以中国制造业为研究对象的产业国际竞争力文献逐年增多，主要集中在竞争力评价、竞争力影响因素、竞争力的提升机制和路径等三个方面。较早的一个研究是任若恩与荷兰格林根大学国际产业与生产率比较项目组在1993年开展的合作项目，他们运用"生产法"，从相对价格水平、单位劳动成本、生产率等角度研究了中国制造业的比较优势和国际竞争力，结果发现我国的国际竞争力优势在于廉价的劳动成本。其后，张其仔（2003）研究了开放条件下我国制造业的国际竞争力，认为我国的竞争力处于中等偏下水平；金碚等（2007）用进出口、生产率、研发投入和工业集中度等多个指标来反映我国制造业的国际竞争力；单春红和于谨凯

（2007）从产业价值链的角度分析我国制造业在国际分工中的地位。另外，由李廉水领衔的中国制造业发展研究院课题组从 2004 年起发布年度的《中国制造业发展研究报告》，对中国制造业的发展进行了总体评价，但并未详细讨论国际竞争力的内容。最近的一个代表性研究是芮明杰等（2010）基于产业生态系统研究视角，分析了中国产业国际竞争力评价的构成要素、生态特征和演化机制。

在实证研究中，有些文献从整体层面评价了中国制造业的国际竞争力现状，提出了当前存在的问题及提升策略，如郑海涛和任若恩（2005）以 1997 年购买力平价为基础，利用多边比较方法从相对价格水平、劳动生产率、单位劳动成本和国际价格等方面分析了中国制造业 1980~2004 年的国际竞争力。徐涛（2009）运用网络型产业组织理论分析了 2001~2007 年中国 28 个制造业行业国际竞争力以及决定因素，发现网络型产业组织能够通过外资企业技术外溢效应和产业集聚提升产业国际竞争力。更多的研究则是具体产业的测度评价和国际比较，样本涉及中国几乎所有的高新技术产业（如太阳能光伏、生物制药、电子信息、IT 及通信设备、航空航天设备、半导体照明设备）和传统工业（如汽车、钢铁、石油化工、船舶设备、机电设备）。学者们的研究结论表明，中国产业的许多部门在国际贸易中具有很强的竞争力，但优势主要集中在生产成本、配套能力、产量规模等方面，在一些依靠基础性科技研发的行业（如生物制药、航空航天），创新能力和国际竞争力还较薄弱。

第四节 简要评价

1. 对自主创新相关研究的总结

自主创新作为一类针对发展中国家或者新兴工业化国家技术创新道路选择的研究领域，其理论发展来源于以发达国家产业"U－A"模式为代表的技术创新理论。但是，对中国自主创新规律的总结，不能完全建立在发达国家企业所提出的理论结果基础上。此外，自主创新毕竟是一个宏观层面的概念，其内涵与外延仍然较为模糊且缺乏分析规范，相关理论如何应用到企业的具体的商业化实践中，仍然存在许多管理学上的难题（张炜和杨选良，2006）。尽管有文献认为技术引进与自主创新之间是对立的，但更多的研究认为，引进技术是提高创新能力的学习手段，目的是在消化吸收的技术上提高自身创新能力（梅永红，2006），自主创新与利用外部技术资源之间是互动关系（江小涓，2002）。因此，自主创新并不排斥开放式创新，甚至需要与开放式创新协同发展。

2. 对开放式创新相关研究的总结

在现有的开放式创新研究中，学者们大多关注了由外及里的过程（从外部获取技术和知识等资源），缺乏分析由内向外的过程（将内部技术通过外部途径商业化）。另外，开放式创新的收益和成本的分析，是企业开放式创新决策的关键因素，但文献中大多强调开放式创新的好处，较为忽视开放带来的成本增加（包括知识搜寻成本、协调成本）及其给企业带来的管理挑战。而且，人们更多地关注了开放式创新对企业产品创新的影响，忽略了是否及如何对工艺创新产生影响（West & Scott，2006）。而对那些创业型的小企业来说，搜寻外部的创新合作者，在企业的初创期是非常重要的，因此也需要研究新创企业如何能吸引潜在的合作者，减少合作的风险，并提供给合作者足够的动机。

此外，从创新开放度对创新绩效的影响的实证结论来看，出现了正向、倒"U"型、反向等多种结论，一个原因是没有考虑到企业吸收能力与开放度的交互影响及匹配。吸收能力是企业从开放式创新中获益的关键因素，但目前对这一变量在其中的作用尚缺乏探讨，也缺乏区分不同的开放模式对绩效的不同影响效应。开放式创新管理的关键在于企业如何搜寻外部资源，如何将外部资源与内部能力进行整合。而现有研究尚未打开企业通过整合内外部创新资源以促进创新绩效的"黑箱"，也缺乏随着企业内外部环境动态变化的开放式创新管理框架。综合考虑产业环境、内部能力、发展阶段等因素，研究开放式创新的不同模式对创新绩效是否有不同影响，是未来研究的一个有价值的方向。

3. 对制造业国际竞争力相关研究的总结

制造业的国际竞争力是一个综合概念体系，是一个由"竞争力的来源——多因素产业环境"、"竞争力的本质——产业生产率"、"竞争力的表现——市场占有率"和"竞争力的结果——产业利润率"组成的多层次对象（陈立敏，2010），因此在现有的研究中常出现方法和结果上的分歧。另外，目前的研究方法虽然很多，但基本上限定在波特的分析框架内，创新性不够，而且在评价指标的选择上有较大的随意性。我国的经济水平、市场基础、社会环境、科技创新能力等产业环境因素与发达国家存在较大差异，如何建立具有中国特色的制造业国际竞争力相关理论，也是未来值得深入研究的方向。

第三章

开放式自主创新的机理及其对产业国际竞争力的影响

开放式创新的研究已有多个视角,如开放的强度(陈钰芬和陈劲,2008)、开放式创新与产业演化(Christensen et al., 2005)、特定产业的开放式创新过程(Henkel, 2006)、开放式创新的方式和路径(Lichtenthaler, 2008)、创新开放度对企业绩效影响的动态性(Hung & Chou, 2013)等。本章结合中国企业的创新与发展实际,从理论层面分析企业实施开放式自主创新的策略及其对竞争优势的影响机制,探索中国企业在其中的机会与道路选择。本章着重考虑以下三个问题。

(1) 企业何时、何地开展开放式创新?开放的决策受到组织内外部多种因素的影响。管理者要考虑企业所需的创新资源哪些应由内部研发,哪些可从外部获取,这涉及内外技术关联、交易成本等问题。一般地,如果外部技术与内部技术的互补性很强,或外部技术属于增强型技术,从外部获取比内部研发更好。如果企业所需的新技术与已有的技术基础类似(或同处一个技术轨道),往往选择自己开发或主导型合作开发。

(2) 企业如何平衡开放与自主之间的资源配置?一味地开放将会带来诸多的管理难题及攀高的协调成本,但过于封闭则导致创新的效率和收益更低。企业需要在"开放"与"自主"之间保持适当的张力,避免极端化的"拿来"或"封闭",通过合理的组织结构和管理设计以及激励体系,在利益共享和成本共担的原则下,妥善处理与外部创新伙伴在合作过程中的进入和退出问题,不断地获得依托外部创新路径所带来的收益。

（3）企业要选择开放什么内容？包括：对创新所需的资源（资金、人才、技术、项目）的开放、知识创造和创新商业化过程的开放、市场运营上的开放。在实践中，企业需要区分和选择对战略性创新资源（企业自行开发）、支持性创新资源（可从外部购买）、公共性创新资源（有时可免费获取）进行不同程度的开放，并思考如何在全球化范围内选择合作对象。

第一节 企业技术创新中的"开放-自主"均衡思想与协同发展

开放式自主创新意味着企业在技术创新的过程中坚持开放性与自主性的平衡/均衡（Balance/Equilibrium）与协同发展。平衡是指资源配置上的均衡，协同是指发展过程上的互补。尽管"开放"已经是全球产业技术创新的新范式，但在实践中，开放式创新给企业带来的潜在风险也是显而易见的。过于开放，有可能导致企业失去核心能力和对知识的控制权，进而对企业构建长期性创新的能力带来负面影响。研究表明，成功的创新既不完全建立在对外部资源的获取上，也不一味地诉诸内部研发，企业在创新的某些方面要保持开放，在其他方面仍然需要封闭（von Zedtwitz & Gassmann，2002；Laursen & Salter，2006）。在有些行业，封闭式创新仍然是有效的模式。比如，核反应器产业主要依赖内部知识，员工的流动性也较低，也缺乏风险资本的青睐，创新过程具有显著的自主性，开放度较低（Chesbrough，2006）。由于开放式创新与封闭式创新具有不同的适用特征，因此，企业在创新过程中是选择开放模式还是封闭模式，要根据不同的内外部因素来决策（见表3-1）。

表3-1 开放式创新与封闭式创新的适用特征

	开放式创新	封闭式创新
产品模块化程度	高	低
所处产业的动态性	高	低
所需知识的形态	隐性程度高	隐性程度低

续表

	开放式创新	封闭式创新
界面复杂度	高	低
网络外部性	积极	消极

资料来源：Gassmann & Enkel（2006）。

一 开放式创新的优势与成本

在创新全球化环境下，知识型员工快速流动，内部研发的独占优势快速下降，企业很难再完全控制研发的进程（Chesbrough，2003）。企业的技术创新在很大程度上依赖于技术、资源和个体在组织内外之间的流动，创新的三个过程——探索（Exploration）、保持（Retention）和利用（Exploitation）——都可以在企业内部或外部开展。事实上，利用外部资源可以为企业提高创新能力和创新绩效带来更多的机会，比如降低创新的风险和成本、提高产品开发能力、提高创新项目的数量、缩短技术开放及将产品推向市场的时间、提高市场占有率、获得更多的利润、提高运营的灵活性等（Cheng & Huizingh，2010），没有参与组织间知识合作或交换的企业将面临严重的劣势（Dahlander & Gann，2010）。而且，企业在内部开发出来的许多创意（Ideas）常常处于现有业务之外，其商业化需要借助外部渠道（Chesbrough，2006）。因此，即使是研发实力雄厚的大型企业（如 IBM、佳能、西门子、海尔等），也高度重视通过许可（Licensing）、研发外包（R&D Outsourcing）、公司创业（Corporate Venturing）、内部衍生（Spin-in）、收购（Acquisition）等方式利用外部组织或研发部门以外的技术知识。

然而，开放式创新常常是昂贵和艰苦的，企业为此要付出大量的时间、精力和资金，面临许多风险和障碍（Lee et al.，2010）。当企业与外部组织合作时，由于参与合作的组织多种多样，跨越组织边界的沟通变得困难，由此引致的协调管理成本在所难免。而且，企业为防止在开放式创新中被其他组织通过非市场化行为得到内部研发的技术和知识，而不得不开展知识产权管理，通过技术秘密的方式保护知识，从而也提高了知识管理成本。此外，过度开放还将引致三类创新困境：一是吸收能力困境，即企业不得不管理众多的外部创意和技术，从中选择企业所需的创新资源；

二是时间困境,即许多外部的创意出现的时机和地点并不符合企业创新所需;三是专注度困境,即由于存在过多的创意可供选择,企业难以对这些创意都深入和全面地吸收、利用并整合到内部创新过程中(Chesbrough et al.,2010)。

创新的开放性还将给企业带来战略上的风险。比如,在外向开放式创新中,向外进行技术许可尽管会给企业带来更多的资金收益,但这也增加了企业的内部关键技术知识外泄的风险,并可能会弱化企业对目标客户需求的关注度,丧失进入该技术所在市场的机会,影响了企业的长期性成长(Huizingh,2011)。Enkel 和 Gassmann(2008)开展的一项包括107个欧洲企业的实证研究表明,知识流失(48%)、极高的协调成本(48%)、失去控制权以及复杂性提高(41%)等,是企业开放式创新面临的普遍风险,而难以发现合适的合作者(43%)、难以在开放式创新活动和公司日常业务中保持均衡(36%),也影响着企业从开放式创新获利的程度。实际上,过宽的开放范围容易使企业的资源和精力分散,而与战略伙伴的联系过于紧密也常使企业陷入"合作锁定"。

二 内部研发与外部研发的关系

如何平衡内外部创新资源之间的关系,是企业在实施开放式创新过程中面临的最大难题。有学者认为,企业需要拥有与合作者相关的能力,以吸收、共同发展源自外部的创意,因此内部 R&D 和外部 R&D 之间是互补(Complementary)关系而非替代(Substitutional)关系(Brusoni et al.,2001;Dahlander & Gann,2010)。内部研发是企业形成对外部知识的吸收能力的基础,内外知识的互补能更好地提高创新绩效(Cassiman & Veugelers,2006)。但也有研究认为,外部 R&D 对内部 R&D 具有替代效应或挤出效应(Hess & Rothaermel,2011)。Chesbrough(2003)也认为,当企业决定与外部进行互动联结以弥补相对缺乏的内部研发时,他们会削减内部的研发投入。而根据 Lausren 和 Salter(2006)的实证结果,在达到某一临界点之后,知识的外部搜索对企业内部研发投入带来了替代效应。

引起争论的原因可能是不同的企业在吸收能力(Absorptive Capacity)上存在差异。研究表明,企业要有效利用外部知识,必须以相应的内部能力为基础,具有更高内部研发水平的企业,能从外部的溢出中获得更多的收益（Cohen & Levinthal，1990）。Rosenberg（1990）很早就指出，内部研发是与潜在合作者进行合作的"准入门票"，拥有丰富资源和知识专长的企业更具有合作的吸引力。因此，一些学者认为内部研发（Internal R&D）与外部获源（Technology Outsourcing）之间并没有固定的关系，二者是替代关系还是互补关系与企业的发展战略和阶段以及所在产业的技术环境有关（Chesbrough et al.，2010）。Hagedoorn 和 Wang（2012）针对制药业技术创新的实证研究也表明，内部 R&D 与外部 R&D 之间的关系并非简单的非"互补"即"替代"的关系，而呈现或然关系（Contingent Relationship），在那些内部研发投入程度更高的企业，内外部创新之间呈现更明显的互补关系。

三 自主创新与开放式创新的协同发展

对中国企业而言，在技术创新中坚持"开放"与"自主"的平衡具有重大意义。在产业界和学术界，长久以来在中国企业是否应该、如何引进国外技术上存在一定的争论，其实质是较少考虑到开放与自主之间的互动与互补关系。

一方面，开放式创新是企业提高自主创新能力的重要途径，"自主"需要"开放"。通过开放式创新，企业可以充分利用包括技术和市场信息在内的外部创新要素，从两个方面获得新价值：其一，企业将内部研发项目向外部组织开放，从外部获取创新所需的技术和市场支持，加快了创新知识的商业化；其二，企业将创新过程从内部机构延伸到外部网络（如领先用户、零部件供应商、互补企业、大学和科研机构），能巩固和加强自身的知识基础，提高创新速度，实现技术突破。而且，将创新过程向外"开放"，企业内部员工也日益感受到来自外部的创新竞争压力，促使他们赶在别人前面开发新技术。在过去，容易产生"非此地发明"（Not Invented Here）症状的大公司往往只关注内部技术能力建设，忽视对外部知识的获取。而现在，随着创新信息资源的广泛分布，有用的知识以及有价值的技术资产和技能越来越分散，企业必须在加强内部研发的同时，灵敏地利用外部资源。只要是企业发展需要的知识信息，无论来自内部的研发部门还是来自他人的实验室，都应该快速获得（Chesbrough，2003；Hagedoorn & Wang，2012）。随着创新的复杂度和系统性越来越强，任何企业都无法拥有创新所需的全部知识，传统的关注内部技术能力建设的创新模式正逐渐被更外向的方式替代，企业大量地依赖来自大学、创业公司、供应商和竞争者网络的技术，从而加速提高自身的创新能力并减少技术开发的不确定性（朱朝晖，2007）。

另一方面，自主创新是企业实施开放式创新的前提及基础，"开放"服务于"自主"。在全球化趋势下，技术创新所需的资源能够快速获得，导致许多企业聚焦在短期目标上，削减了面向突破性创新的长期研究开支（Huizingh，2011）。但历史说明，缺乏内部研发能力的企业最终无法在开放式创新中获得持久性利益，并最终可能在创新竞争中败北（West & Scott，2006）。近年来，美国的许多企业就过于重视开放式创新，忽视了基础研究，导致美国的原始性创新出现衰退迹象（Estrin，2009）。研究表明，评价和利用外部知识的能力很大程度上取决于先前的相关知识，自主研发提高了企业对外部知识的吸收能力，既能增强新知识的存储能力，又可以增强回忆和应用知识的能力（朱朝晖，2007）。因此，企业需要通过内部研发来确认、理解、选择以及联结外部的知识，填充外部没有开发的知识片段，整合内外部的知识以形成更复杂的知识组合，创造出新的知识系统，并从其他企业使用本企业的研究成果中产生额外的收入和利润（Chesbrough，2003）。

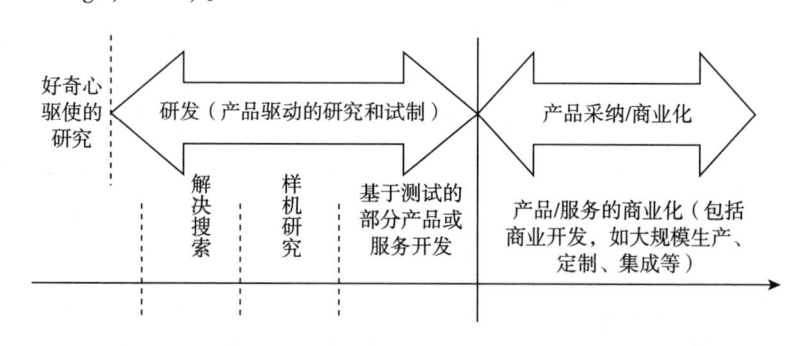

图 3-1 将新想法转变为商业产品的研究和创新周期

资料来源：欧盟委员会（European Commission）网站，2007。

中国企业实施开放式自主创新战略，还要考虑实现技术创新与商业模式（Business Model）创新的共同发展（见图 3-1）。在企业的开放式创新中，构建一个适合的商业模式是非常重要的（Chesbrough，2007），这就要求企业重新部署创新战略，延伸组织边界，创造好的机制从开放式创新中创造并获取更多的价值和利益。

第二节 开放式自主创新的机理

在技术创新中，企业不开放不行，但过于开放也不行。开放的时机（When）、方式（How）、合作对象（With Whom）、战略目标（With What Purpose）和途径（In What Ways）的选择是关键。本节侧重从战略决策及影响因素、类型划分及比较、内外创新资源整合机制、开放中的知识管理及知识产权战略等方面论述企业开放式自主创新的内部机理。

一 开放式自主创新战略的决策

首先，企业要根据不同的创新项目和企业的不同发展阶段，灵活地选择开放的内容（包括人员、资金、知识或市场等）、外部创新源（包括企业、研究机构、中介组织、服务机构等）以及创新的地域（集群、跨区域、国际化等）。

Enkel 和 Gassmann（2008）针对 144 家企业进行的实证研究表明，有 78% 的企业将用户作为外部知识源，这一比例在其他行业的企业上是 65%，供应商是 61%、竞争对手是 49%、公共研发机构和商业性研究组织是 21%，另外还有部分来自咨询机构。在实践中，除了通过合作、收购等方式来获取外部创新资源外，企业还可以通过出售专利、直接许可或依托中介市场，将内部开发但没有被利用的知识产权进行商业化（Chesbrough，2007；Schroll & Mild，2011）。

其次，企业需要根据内部能力与资源需求，决定创新开放性的整体程度，包括开放的范围、质量及周期。

开放强度指企业与外部创新源进行联系的程度，其本质就是创新资源在企业内外部配置的程度，可分为三个维度：一是开放广度（Breadth），即开放的范围，指企业在技术创新过程中与外部组织进行合作创新的组织数量；二是开放深度（Depth），即开放的质量，指企业在技术创新过程中与外部组织建立合作关系的紧密程度；三是开放久度（Durability），即开放的周期，指企业在技术创新过程中与外部组织进行合作的持续程度。比如，战略联盟相比技术外包有更高的开放久度。企业应综合考虑所在行业的竞争机制、获取创新所需的风险投资的难度及额度、所在行业技术发展与其他产业的关联程度、市场环境的动荡性等方面，选择合适的开放度（Rigby & Zook，2002）。

当然，加强与外部创新源的联系虽然有助于企业提高研发效率和创新的商业化水平，但过于开放不仅会给企业带来更多的成本和管理复杂性，那些技术能力基础较弱的企业更容易形成对外部技术的依赖而忽视内部的知识创新和学习能力建设（Chesbrough，2003；陈钰芬和陈劲，2008）。Laursen 和 Salter（2006）针对 16 种外部创新源的实证发现，开放广度和深度对创新绩效影响的"临界点"分别是 11（如果企业与 11 个以上的外部创新源同时产生合作关系，所带来的回报将下降）和 3（如果企业与 3 个以上的外部创新源都发生了紧密的合作关系，所带来的回报将下降）（见图 3-2）。

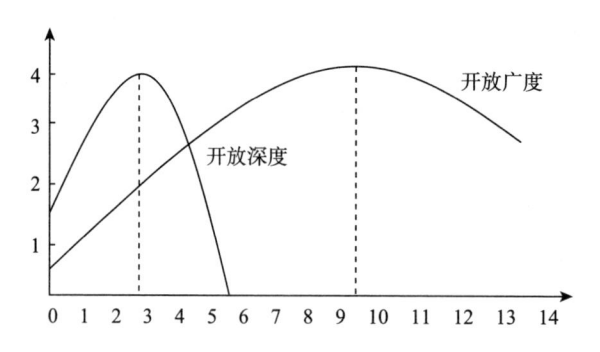

图 3-2 创新开放度与创新绩效关系的变化

资料来源：Laursen & Salter（2006）。

再次，企业应同时考虑"由外及内"（外部技术的获取）和"由内及外"（内部技术的外部商业化）的共同发展，与外部组织（尤其是拥有互补性资产的组织）之间通过联盟、合作、合资等形式协同创造和创新。

一方面，企业应积极通过获取和整合外部知识来丰富自己的知识基础。随着经济全球化以及信息通信技术（ICT）的快速发展，企业获取外部技术的渠道正变得日益多样化，除了传统的战略联盟（Strategic Alliance）、产学合作（Industry-university Collaboration）等途径外，创新网络（Innvation Network）、新的客户整合模式［如众包（Crowdsourcing）］、大规模客户定制以及客户共同体的整合（Customer Community Integration）、创新中介（Innovation Intermediaries）、创新咨询和服务平台等方式也得到了普遍重视（Fredberg & Piller，2011）。

另一方面，企业还应考虑如何利用外部营销渠道将内部技术快速商业化。在企业的发展过程中，常常存在许多"闲置"的内部知识，大多是因为研发的路径偏离了当初设想方向、原先关注的市场已发生变化进而导致开发出的知识失去了战略价值、由于创新过程的偶然性而衍生出的新知识等，如果企业受到资源和战略导向的限制无法将这些有价值的技术变成有竞争力的产品，就应该积极地寻求外部商业化渠道，否则这些技术就会被快速淘汰。企业可以通过知识产权的许可、合资、衍生企业等方式，"激活"这些技术从而获得更多的收益（Gassmann & Enkel，2006；Lichtenthaler & Ernst，2007）。

根据 Slowinski 和 Sagal（2010）对一些成功实施开放式创新的企业的案例总结，可以识别出一个包含"需求—搜寻—获取—管理"的开放式创新决策四因素模型（见图 3-3）。开放式创新的起点是企业对自身发展目标（短期、长期）所需求的资产情况有一个清楚的认知，以决定所缺的创新资源是自主研发为主还是需要从外部获得，并聚焦可能拥有此类资源的相关组织。创新资源的来源主要包括内部基础研究、产学研联合研究、购买同行技术、技术并购等。[1] 企业需要综合考虑成本与利益进行选择（正式的或非正式的），而将外部资源与内部能力进行整合则要依靠高质量的组织管理。

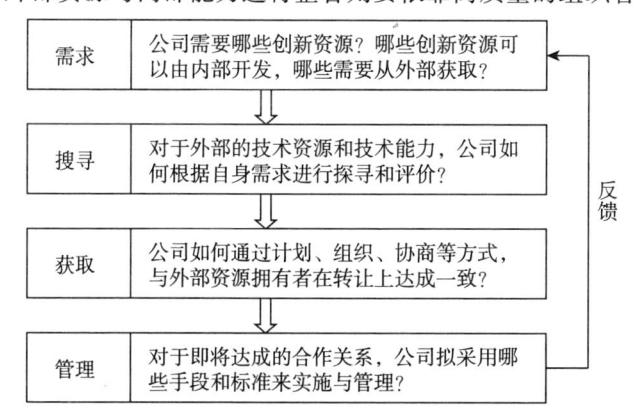

图 3-3 开放式创新决策的四阶段过程模型

资料来源：根据 Slowinski & Sagal（2010）整理而成。

---

[1] 中国企业联合会．重点工业企业技术创新能力问题研究报告．2011．

二 中国企业开放式自主创新的类型选择及典型模式

(一) 中国企业开放式自主创新的类型选择

根据相关学者的研究，可以从资源获取（Exploration——利用外部的技术和知识）与资源利用（Exploitation——将内部的闲置资源在外部实现商业化）两个维度出发进行分类，将各种具体的开放式创新行为置于这两种类型中。[①]

文献中常引用的是 Gassmann 和 Enkel（2006）提出的三类开放式创新过程：由外到内（Outside – in）、由内到外（Inside – out）和内外互动（Interactive）（见图 3 – 4），联盟（Alliances）就是内外互动模式的代表，因为企业要同时考虑获得（Take）和付出（Give）。但他们也指出，不同的企业（即便处于同一行业、具有相似规模）看待三类开放模式的态度及实施程度都是不同的，这取决于企业的总体战略、领导者的理念、组织的结构和文化。

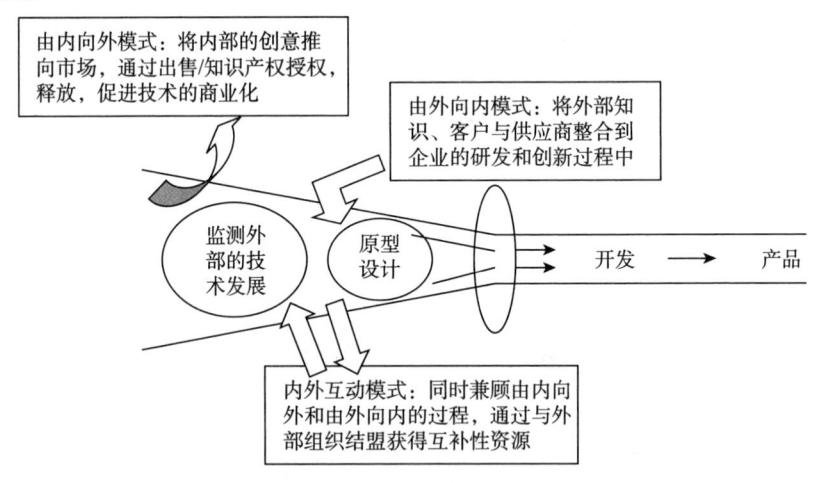

图 3 – 4 开放式创新的三类模式

资料来源：Gassmann & Enkel（2006）。

[①] Chesbrough 和 Crowther（2006）提出了相似的概念：内向型（Inbound）开放式创新（技术和知识从外部流入企业内部）和外向型（Outbound）开放式创新（企业内部闲置的技术和知识流向有适合商业模式的外部组织），并发现，在技术密集度更低的行业或成熟行业，更多地采用了内向开放式创新，而新兴的高技术小企业，因为缺乏技术商业化所需的互补资产而更关注外向模式。

Dahlander 和 Gann（2010）的分类也较有影响。他们根据知识流动的方向（从内到外和从外到内）以及是否与经济交易有关，提出四类开放式创新行为：①购买/整合（Acquiring）：企业通过市场方式来购买创新过程所需的外部知识，或者接受外部技术的授权；②授权/出售（Selling）：企业通过出售或许可，商业化其内部的发明与技术；③释放/披露（Revealing）：企业免费向外（大多是有选择性的）公开自己的研发知识或专利；④接近/获取（Sourcing）：企业通过非经济交易的方式接近或使用来自外部的创新源（见表3-2）。

表 3-2 开放式创新的不同类型

	内向	外向
经济交易	购买/整合	授权/出售
非经济交易	接近/获取	释放/披露

资料来源：Dahlander & Gann（2010）。

四类开放式创新模式的管理要点如表3-3所示。

表 3-3 四类开放式创新类型的比较

	外向开放式创新		内向开放式创新	
	披露	出售	获取	购买
交换逻辑	非经济交易 非直接利益	经济交易	非经济交易 非直接利益	经济交易
关注点	向外部环境披露企业内部的资源	向外许可专利，或者通过市场出售技术	从供应商、用户、竞争者、咨询机构、大学、公共研究机构等获取创意和知识	通过正式或非正式方式购得创新过程中所需知识
优势	获得外部组织的认同和支持，尤其是在产业技术标准制定方面；有利于渐进性和累积性创新活动	推进公司内部未被商业化的知识迅速实现价值	在解题过程中得到的外部知识源异常丰富；给突破性创新带来更多的机会	能获得急需性的有价值的知识资产；能利用外部的互补性资产
劣势	往往难以获得知识释放后应得的利益	对内部知识的资源投入过重，使知识的向外授权变得艰难	将外部资源整合进内部的创新过程需要极高的管理技巧和成本	难以与外部伙伴形成长期合作关系

资料来源：Dahlander & Gann（2010）。

中国企业的创新，基本上是基于他人技术基础的创新（柳卸林，2008），因此对获取外部技术的愿望是强烈的。许多企业参与联盟的目的主要是获取知识而非知识外化，只有一小部分有雄厚的内部研发能力的大型企业（主营业务外的新技术在开发或商业化时常常得不到内部资源的支持），以及技术创业型企业（开发了新的技术，但缺乏技术商业化的互补资产，如市场渠道和品牌），开展了较多的外向开放式创新。这些自主创新能力强的企业也需要通过外部途径更好地实现内部技术的商业价值。

基于以上讨论，借鉴West和Bogers（2010）研究成果并结合中国的国情，我们提出如下的四种开放式自主创新类型（见图3-5）。

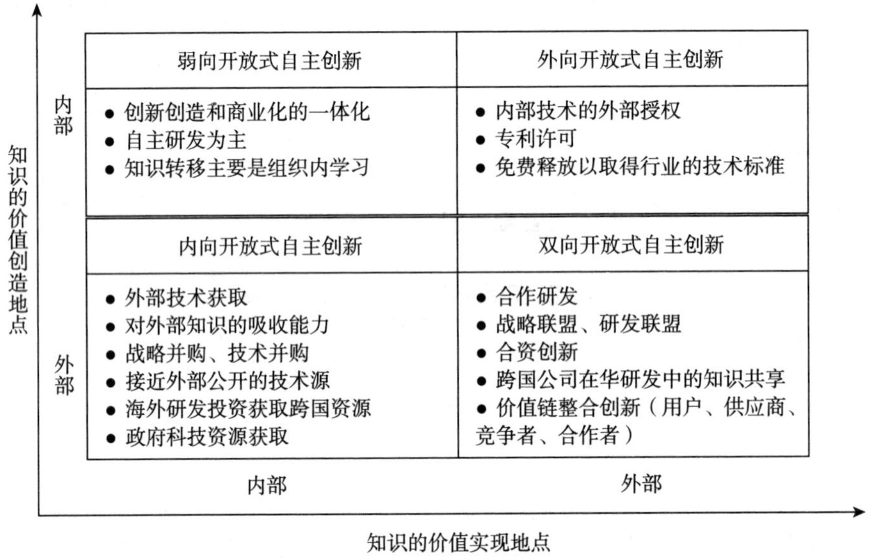

知识的价值创造地点	内部	弱向开放式自主创新 ● 创新创造和商业化的一体化 ● 自主研发为主 ● 知识转移主要是组织内学习	外向开放式自主创新 ● 内部技术的外部授权 ● 专利许可 ● 免费释放以取得行业的技术标准
	外部	内向开放式自主创新 ● 外部技术获取 ● 对外部知识的吸收能力 ● 战略并购、技术并购 ● 接近外部公开的技术源 ● 海外研发投资获取跨国资源 ● 政府科技资源获取	双向开放式自主创新 ● 合作研发 ● 战略联盟、研发联盟 ● 合资创新 ● 跨国公司在华研发中的知识共享 ● 价值链整合创新（用户、供应商、竞争者、合作者）
		内部	外部

知识的价值实现地点

图3-5 中国企业开放式自主创新类型的选择
资料来源：本研究整理。

（1）弱向开放式自主创新。这类创新模式对外部资源的依赖性较小，技术创新过程和技术商业化基本由企业独立完成。这是美国许多大企业（如杜邦、思科、施乐）在20世纪80年代左右常用的策略，导致大量的研发知识无法及时商业化，造成了创新的低效和竞争力下降。Chesbrough（2003）正是基于这一点提出开放式创新思想。当前，许多中国企业仍然奉行封闭式创新模式，比较忽视获取来自外部的科技知识。之所以如此，一个重要原因是企业对外部技术的监测、识别、评价、跟踪和消化能力不强,难以真正从所引进的外部技术中获得价值。实际上,许多中国企业过于关注短期的市场竞争,热衷于引进成熟的技术,关注的是所获取的技术如何服务于现有的产品开发或工艺改进,企业与外部技术源的联系较为松散,大多属于一次性"买卖"或短期合同型合作。

(2) 内向开放式自主创新。包括技术引进(如通过合资的方式)、购买国内技术、并购等。这是中国企业最常用的一类策略,原因是这类创新模式见效快,在实施流程上易于掌握。但内向开放式自主创新模式的一个挑战是,企业如何在组织、制度和管理上为内外部资源的协同提供支撑。Chiaroni et al.(2010)认为,从封闭式创新转向内向开放式创新,企业在组织上需要经历四个过程,这四个过程贯穿于"解冻—移动—制度化"中,解冻意味着打通内外部的组织界限,移动和制度化则需要企业将关注外部创新资源变成一种惯例化活动(见图3-6)。中国巨大以及仍然在膨胀的市场规模,是本土企业快速获取外部技术的动力。这种创新模式使中国企业可以快速创新和追赶,并能满足现有的市场需求,但弊端是企业容易形成对外部知识发展的依赖,在核心能力上仍然依赖于他人。

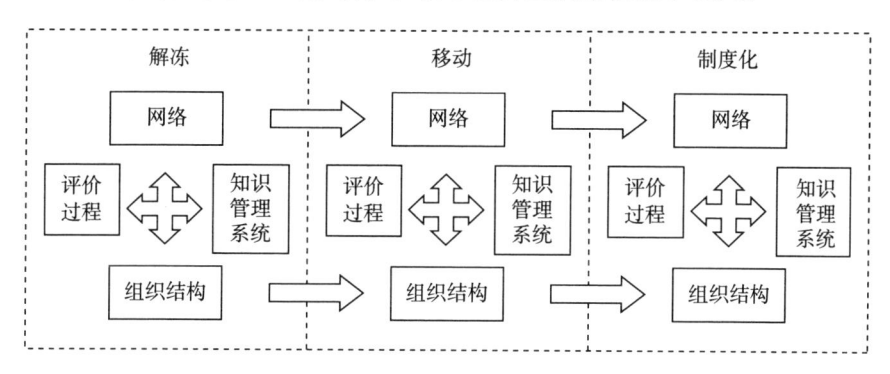

图3-6 内向开放式创新过程的演进

资料来源:Chiaroni et al.(2010)。

(3) 外向开放式自主创新。包括内部技术的外部授权(Licensing out)、专利的交叉许可,以及将内部知识向外部组织和个人免费释放(Free Revealing)。另外,内部技术资产的出售(Sale)或剥离(Divest)、资助从公司剥离的公司开展创新,也是重要的途径。von Hippel 和 von Krogh(2006)认为,免费释放是开放式创新的重要部分,将技术的"市场"外包给其他组织,是企业从创新中获利的一个新趋势。实际上,许多率先创新者并不排斥其他企业采用其创新结果，所考虑的是当这种新技术变成市场标准时可以从中获得收益。日本 JVC 公司在 1976 年推出的 VHS 磁带式录像机，以及在 IBM 公司 1981 年推出的个人电脑，都受益于这类创新模式。而 IBM 自 2005 年将 PC 事业部出售给中国的联想集团后，不到一年的时间从专利许可和知识转移中就获得超过 15 亿美元的收入（Becker & Gassmann, 2006）。在过去，中国企业由于内部研发相对不足，而且出于恶劣的竞争环境以及对竞争对手机会主义的担心，无法或不愿将内部知识资产通过外部途径实现增值，这一状况目前正在改善。

（4）双向开放式自主创新。包括战略联盟（Strategic Alliance）、合作研发（Cooperative R&D）、协同创新等，其中合资（Joint Ventures）、产学研协同（U – I – R Collaboration）是常见的形式，而与竞争者、行业外企业的合作也日益重要。双向开放式自主创新由于同时实现了外部知识的流入和内部知识的流出，因而潜力巨大。苹果公司的成功，除了设计上的革命性成就外，其独特的基于构建创新生态系统的商业模式，打造了一个日益庞大的开放式创新体系，并控制整个产业的利润。IBM 公司不仅注重在创新的早期阶段整合来自用户、供应商、合作者的知识和创意以提高创新效率，而且通过知识转移项目、专利许可将内部无法及时商业化的创新成果在外部找到了价值实现的途径，并从中获得大笔财富（Gassmann, 2006）。中国企业近年来频频嵌入全球创新网络（如海外研发投资、跨国兼并），对双向开放式自主创新模式逐渐重视，但相对来看内向型开放行为仍然占据很大的比重。

开放式创新的本质是企业的跨组织知识和资源搜索，即跨界搜寻（Boundary – spanning Search）（Kohler et al., 2012）。为此，企业需要具备相应的能力：①弱向开放式创新模式需要企业有较强的自主研发能力，以获得相关的知识基础；②内向开放式创新模式需要企业加强吸收能力以识别和获取外部信息的价值并加以消化利用；③外向开放式创新模式需要企业具备一定的增值能力（Multiplicative Capability），通过选择适宜的合作者将内部知识向外扩散；④双向开放式创新模式需要企业具备强大的关系能力（Relational Capability），构建和保持与合作者的伙伴关系，在战略性联盟中实现共同发展。当前，中国企业在开放式创新中的主要目的是获取外部知识、创意和资源（内向开放式创新），侧重从外部引进技术，以利用外部知识促进内部创新为主。由于内部研发能力的不足，因此"从内到外"创新的情况并不多。① 当然，在一些成功的开放式创新案例（如 TD - SCDMA）中，参与合作的企业（如大唐电信等）通过将内部研发知识向联盟伙伴公开，共同推动了该联盟的成长。四种创新类型的特征和管理要点如表 3-4 所示。

表 3-4　企业开放式自主创新的特征及管理策略

创新类型	资源流向	产业特征	管理特征
弱向	内部→内部	● 技术是率先获得市场优势的关键资源 ● 知识产权保护度低 ● 技术知识容易泄露	● 注重内部研发投入 ● 创新过程的一体化 ● 多元化企业
内向	外部→内部	● 低技术产业为主 ● 技术购买的情况少 ● 高度模块化的产品 ● 知识密集程度高	● 早期供应商集成 ● 用户联合开发 ● 知识外包和集成 ● 获得技术许可、购买专利
外向	内部→外部	● （基础性）研究驱动的行业 ● 降低研发的固定成本是主要目标 ● 品牌拓展和增强 ● 通过溢出建立行业标准	● 将创意推向外部市场 ● 技术向外许可、出售专利 ● 通过不同范围的应用提高技术的价值
双向	内部←→外部	● 主导设计被确定的标准设定 ● 更多的回报（尤其在通信技术领域） ● 与具备互补资产的伙伴联盟 ● 模块化中关键界面的互补性伙伴 ● 企业的关系观（Relational View）	● 整合内向与外向过程 ● 在合作中既重视从外部组织中获得知识，也将内部创新资源与伙伴共享

资料来源：根据相关资料整理而成。

---

① 当然，从总体上看，某一个企业开展的每一次内向开放式创新，都意味着另一个企业开展外向开放式创新。现有的实证文献大多只研究了前者而忽视了后者，一个可能的解释是，对外提供技术知识的企业在数量上要远远少于从外部获取技术的企业的数量，从而导致在实证研究中如果进行两类模式的比较分析，就会存在样本数量和性质上的差异，因为有关创新开放度的测度指标、应答者态度等都会产生较大偏差。Chesbrough 和 Crowther（2006）也指出，只有极少数的企业可以开展外向开放式创新，这一方面是由于有能力将内部"多余的"知识向外扩散的企业本来就不多，另外企业也担心在技术向外流出的过程中会因此而难以获得其中的价值，甚至丧失核心能力和市场地位。因此，出于对中国企业技术创新实际的考虑，本研究较少涉及外向开放式创新，但随着企业内部研发能力的增强，企业应更多地关注外向开放式创新，即思考如何通过将内部技术进行外部商业化获取更多的价值，或者综合考虑内外部创新资源的协同发展。

(二) 中国企业开放式自主创新的典型模式

在全球化的开放条件下，中国企业的创新方式要比在封闭条件下丰富得多（柳卸林，2008），企业应充分利用组织外部的资源（国内、国际；行内业、跨行业；价值链内、价值链外）来提高自主创新能力。从理论上讲，利用外部资源无外乎两种模式：直接从外部获取创新资源（如购买专利和知识、企业兼并）、在与外部组织合作过程中获得创新资源（如产学研合作、战略联盟），在实践中则主要表现为三种典型模式（见图3-7）：一是基于外部技术购买（技术引进、兼并重组）的开放式自主创新；二是基于内外部资源集成（合资、战略联盟、产学研合作）的开放式自主创新；三是基于创新国际化的开放式自主创新。企业可以视内外部环境的不同，以及发展阶段和战略的变化，选择单一模式还是三种模式的动态组合。

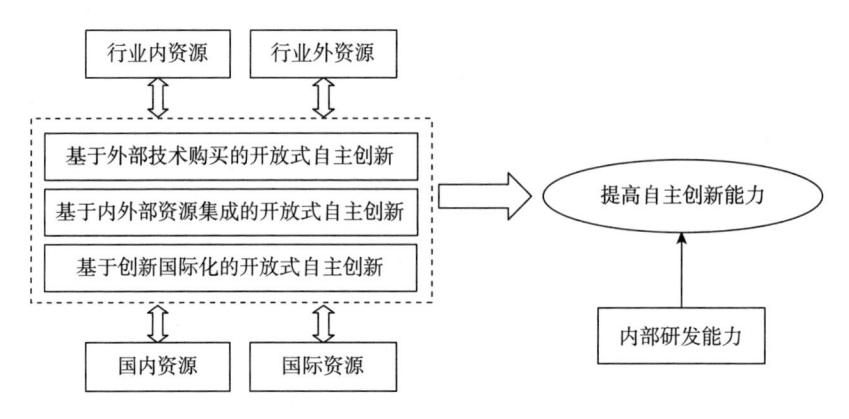

图3-7 中国产业开放式自主创新的典型模式
资料来源：本研究整理。

第一种是基于外部技术购买的开放式自主创新。这种创新模式包括技术购买、技术型并购、兼并重组等，所谓的技术引进吸收再创新（二次创新）实际上可归于此类。资源兼并（M&A）[①]是当今商业实践中非常流行的一种模式，其好处是能快速地弥补企业内部技术商业化所需的互补性资产的不足。中国的许多企业在改革开放后之所以高速发展，其中的一个重

[①] 对于并购方来说，并购后的资源整合是重点。此处将并购列入技术购买一类，主要是从并购双方在资源交易中的地位和资源流向的角度来考虑。

要手段就是对外部资源的并购，有些是行业内的（如华新水泥公司对四川大巴山水泥公司的收购），有些则是跨行业的（如河北冀中能源公司与华北制药公司的并购重组）。尽管并购被认为存在巨大的风险（尤其是兼并后的资源如何实现有效整合），但由于知识经济的快速发展，新兴的高技术中小企业不断涌现，客观上造成了大企业通过收购创新型中小企业提高自身创新能力的大趋势，甚至大企业之间的兼并如今也变得司空见惯。

第二种是基于内外部资源集成的开放式自主创新。在这种模式中，合作创新（包括合资、战略联盟、产学研合作）是重点，越来越多的企业开始重视将用户和供应商纳入其技术创新系统中。

中外企业的合资，作为一种重要的企业合作方式，在改革开放以后得到了中国政府的高度重视，在一些产业（如汽车），甚至合资企业垄断了绝大部分的国内市场。但是，研究也表明，合资可能会使本土企业通向创新，也可能对本土企业的创新能力没有提高（路风，2006；柳卸林，2008）。比如，印度的本土汽车企业在合资中得到锻炼并积累了强大的内生创新能力，而在中国汽车产业，合资车型仍然是市场的主导，并拿走了绝大部分的利润。

战略联盟作为国际上最流行的企业间合作创新方式，正处于高速发展时期。中国企业除了在当地开展企业间合作外，还可以通过国际战略联盟和全球外包开展学习和创新（柳卸林，2008）。随着国内市场已逐渐饱和，嵌入全球制造网络以及全球创新系统以获得更多的创新资源，是中国企业跨越通过单纯的低成本战略和本土市场细分进行国际竞争的必然选择。中国企业当前最缺乏的是创新能力和品牌影响力，通过联盟和外包，这些最薄弱的环节能够得到一定程度的加强，但前提是企业应具备强大的学习能力和强烈的创新意识。

产学研合作对于中国企业而言具有非凡的意义。在过去，中国的大学/公共研究机构和企业在创新链上并无紧密的衔接，原因是前者基本不注重市场需求，后者则不关心技术开发。在政府的推动下，加上国际经济竞争日益集中在科技创新，中国企业开始通过外包、项目合作、专利许可等方式，与当地的大学和公共研究机构进行各种层次的合作，从而改善了企业创新乏力的困境。据相关统计资料，在过去的十多年间，对大学和研究机构的创新投资占中国企业研发的外部支出的主要部分。实际上，几乎所有的成功地进行创新的中国领先企业，都与国内一些著名大学或拥有优势学科的院校有长期的合作关系，如海尔与清华大学共同研发 3D 彩电、宝钢与同济大学签署了产学研合作协议框架。

第三种是基于创新国际化的开放式自主创新。这种模式对中国企业的挑战最大，但也是当前最需要突破的领域。在过去，中国企业习惯于从国外引进技术，期望在 FDI（外商直接在华投资）中获得足够多的知识溢出。但现在，反向 FDI（到海外进行投资）成为提升中国企业国际竞争力的重要途径。一些领先企业已经通过在海外研发投资拓宽了研发空间。例如，华为和中兴通讯都在美国、瑞典等电子通信技术发达的国家进行了研发投资，设立了研发中心，获得了前沿的技术信息等。

在中国当前条件下，并不存在唯一合理的开放式自主创新模式。一些学者看到了合资对国内企业带来的负面影响，指责跨国公司并未真正向中国企业转让技术，跨国企业的大规模进入扼杀了中国企业，控制了中国产业命脉（路风，2006）。这些观点反映了一定的事实。但是，纵观改革开放 30 多年来的实践，开放的好处要远大于负面的影响（柳卸林，2008），与跨国公司的合资，也使中国企业及时和快速学习到了大量的管理技能和技术知识，这些在当时的条件下的确是中国经济快速发展的重要因素。当然，由于中国企业创新能力偏低，合资带来了极大的隐患也是事实，这使得中外企业合资与国外企业之间的合资相比，具有不同的特点，带来的效果也不同。这是今后政策和管理上需要反思的地方。

目前，基于外部技术购买和内外资源整合的模式是中国企业开放式自主创新的主要模式，但也有一些企业开始走上了研发国际化的开放式创新轨道。我们认为，无论中国企业选择哪一类模式，自主研发仍然是基础性条件。缺乏内部能力的支持，无论是并购、产学研，还是海外研发投资，都不可能取得应有的效果。获取外部资源被许多企业视为创新的"捷径"，但前提是企业需要具备吸收、整合和利用外部知识的能力（吸收能力），不能期待由外部资源主导企业自主创新能力的发展。

三 企业开放式自主创新战略模式的影响因素

企业对开放式创新模式的选择，既受到企业自身特征、产业技术和竞争环境、国家政策等的影响，也是不同的内部管理决策（如何开放、开放程度如何）所导致的结果，更不能忽视管理者对未来预期所带来的影响，这些构成了开放式创新模式选择的"合适条件"（战略和能力、组织因素、产品特征、技术和产业的变化等）（Dahlander & Gann，2010；马文甲和高良谋，2014）。Gassmann（2006）的研究表明，在全球化、技术密集度和技术融合程度高、新的商业模式出现、知识利用程度高的情况下，企业实施开放式创新更有效。

目前学者们大多从人口统计学（Demographics）和战略（Strategies）两个方面来提炼开放式创新模式选择的内部影响因素。前者包括企业的员工数、销售额、利润、企业年龄、所处位置、市场份额、所有权关系等，后者包括企业的战略导向、创新目标、在位企业或新进入企业、组织文化等（Huizingh，2011）。齐艳（2007）从五个维度（企业内部能力、企业外部创新源、企业与外部创新源关系、保障、环境）探索了开放式创新绩效的影响因素。Keupp 和 Gassmann（2009）把使用外部知识所需的交易成本以及知识产权问题视为企业选择开放式创新模式的关键因素。石芝玲（2010）识别了影响高新技术企业开放式创新绩效的外部支持因素（政府、创新服务机构和知识产权保护）、环境因素（市场、技术环境和区域环境）和企业主体因素（技术学习机制和激励机制）。

根据以往研究并结合中国企业发展的实际与需求，下面着重从八个方面论述。

（一）创新战略导向

创新战略导向（包括研发导向或市场导向、渐进创新导向或突破创新导向等）影响着企业关注外部知识、资源和能力的程度和方向。采用进攻型创新战略（Aggressive Innovation Strategy）的企业更关注如何快速将新技术推向市场，因此对外向开放式创新更感兴趣（Lichtenthaler & Ernst，2007）。随着技术多元化（Technological Diversification）趋势的日益明显，一些企业在积累了大量的技术知识后，开始重视向外部进行技术许可，不再只进行内向开放式创新（Chesbrough et al.，2010）。但是，当企业开展突破性创新时，由于需要投入大量的研发成本，存在很大的风险，因此也会在新产品开发过程中积极采用来自外部的新的、更先进的技术，以降低研发的固定成本和风险（内向型开放）。例如，英特尔公司等就通过持续从外部获取创新资源，极大地降低研发的固定成本和风险，构建了强劲的行业领导力。

企业获取外部资源的一个根本目的是寻求Teece（1986）提出的"互补资产"（Complementary Capital）。为了在技术竞争中占据先导地位，许多企业倾向于通过联盟共同参与到技术标准的制定和发展过程中。例如，在移动通信产业，技术提供商为了确保某项新技术成为下一代手机的标准，将会与其他企业结成战略联盟。而市场导向型企业为了降低研发成本、使研发出的技术成为市场标准，倾向于技术授权/许可等资源利用型模式（Gassmann & Enkel，2006）。

（二）吸收能力

由内部研发形成的吸收能力是决定企业是否整合和利用外部资源的关键变量，影响着企业对外部创新源的选择和创新的开放度。内部研发不仅能产生新知识，也是企业评价、吸收和利用来自外部知识的基础（Cohen & Levinthal，1990）。因此，内部研发和外部技术获取是互补的或是相互促进的（Dahlander & Gann，2010）。

研究发现，企业之前的技术投入对技术合作有正向影响，研发强度高（吸收能力强）的企业更加倾向于双向开放（Bayona et al.，2001；Miotti & Sachwald，2003）。它们可以比较轻松地发现其所需要的外部技术资源，相对来说更能从外部技术获取中得到更大的好处，也更容易与外部组织开展合作创新。没有一定的内部能力，企业不可能成为有魅力的合作伙伴，也无法从外部知识源充分获益。

（三）社会资本及网络能力

社会资本表示共同的价值观和规范，以及降低交易成本的信任，但有时也被错误地等同于关系网络（薛澜等，2011）。在全球化环境下，企业资源基础观的焦点从内部视角拓展到外部视角，企业在开放式创新中需要高度重视如何嵌入外部组织的关系网络获取网络资源。网络能力强的企业在跨界搜索尤其是探索性搜索行为（Explorative Search）中通常表现优秀，即更有效地从外部搜寻新技术领域的知识。另外，如果内部研发生产率较低，企业倾向从外部获取技术（内向型开放），尤其当企业嵌入到拥有共同专门性互补资产的外部网络时，企业从外部获取技术的倾向更高。但是，如果这类互补资产属于行业的关键资源或上游价值链，企业需要与联盟伙伴共建互补性资产，这时企业需要向外部授权部分技术知识（外向型开放)(Arora & Ceccagnoli，2006)。

在全球化趋势下，依靠单个企业的 R&D 活动的传统技术创新模式已不再有效，许多企业正在通过 R&D 的网络化、虚拟化及国际化等手段来获取新的国际市场资源和创新资源（骆品亮，2006；李贞和张体勤，2014）。宝洁公司为了将全球的优秀人才为己所用，设置了"外部创新主管"职位，创建了分布在世界各个角落的"创新侦察员"队伍，这个多达 70 人的队伍每天的工作就是借助复杂的搜索工具查看上亿的网页、全球专利数据库和科学文献，以"大海捞针"的方式找到对公司有利的有重大技术突破的专家学者，这种搜寻的成本相对于过去庞大的内部研发支出而言微不足道，但所带来的收益十分惊人。对中国企业而言，建立外部价值网络是非常必要的，企业并不需要拥有创新所需的全部资源（即使是那些垂直一体化的企业，也常常困扰于缺乏生产的规模经济），与其他组织建立网络化的协同创新平台，是一个有效的途径。

(四)组织文化的开放性

组织文化对企业开放式创新绩效有显著影响。在那些研发实力超群的大企业中，常常涌现出"非此地发明"（NIH）的观念，将精力放在外部创新源的观念常常受到企业内部员工尤其是技术部门员工的抵制。持这种文化的企业将内部研发和外部知识获取看作相互替代关系。与 NIH 类似，受到"非此地销售"（Not Sold Here，NSH）思维模式的影响，当企业尚不知如何使用研发出的新技术时，它们会担心一旦外部组织首先使用了这项技术可能会给企业带来竞争压力，因此常常将技术储存起来，而不是向外部出售（王鹏飞，2010）。相反，开放的组织文化将激励企业从更广的范围寻求新的创意和技术商业化的新途径。

企业文化的开放性，通常取决于企业高层管理者对于外部创新资源或商业化渠道的潜在价值的判断。当这种判断成为企业创新过程中的一种主导逻辑（Dominant Logic）时，搜索和利用外部知识就获得了管理上的"合法性"，企业将积极推进开放式创新。中国企业要实施开放式创新，首先就要转变内部研发部门的文化，从传统的"不在此处发明"的思维转变为"乐于在各处寻找"的观念，建立起奖励将外部技术引入的员工的企业文化（王继飞，2010）。

(五) 创新的阶段与内容

从产品生命周期来看，在创新的早期阶段，企业的外部知识搜索往往向深度方向发展，而越到后面阶段，企业的搜索范围就越广（Laursen & Salter, 2006）。因此，在创新阶段的早期，企业更多地开展内向开放式创新，侧重资源的外部获取，越早开展就越能节省创新的成本和时间。到了创新的后期阶段（尤其是在商业化阶段），企业则更关注外向开放式创新，尤其是技术的授权/出售（Huizingh, 2011），这种策略在中小科技型企业中也很普遍（Lee et al., 2010）。在产品的竞争前阶段，企业一般更密集地使用以技术合作组织形式，原因在于在主导设计产生之前，技术合作的主要目的是开拓新的技术机会，而在主导设计产生之后，企业间合作的主要目的是开发和利用现存的主导技术。当主导技术和产品处于成熟期时，如果企业缺乏生产和商业化能力，它们将倾向于向外授权技术。

创新内容的差别也影响企业的开放式创新模式。在产品创新阶段，企业一般需要与利益相关者开展合作创新；而在工艺创新阶段，随着主导设计的出现，企业通过与具有互补资产的企业合作，通过创新技术成功商业化获得所必需的管理经验、制造能力和营销渠道（陈钰芬和陈劲，2008）。

(六) 产业环境

产业环境是开放式创新与创新绩效之间关系的调节变量，产业的技术特征及竞争程度影响着企业获取外部资源的意愿和方式。不同行业利用新技术的机会具有一定的差异，低技术产业以及基于高度模块化产品的企业，大多采用内向开放式创新，基础研究驱动的产业则更重视技术的外部授权和公开，以主导产业的技术标准（Gassmann & Enkel, 2006）。而如果企业所处产业的技术密集度和全球化程度都很高（如电子通信行业），即使是大企业也普遍采用内向开放式创新（Gassmann, 2006）。而如果市场上没有技术竞争者，在位企业并不倾向于授权技术，因为它们能从产品市场获得垄断性利润。在市场增长率较高的情况下，企业往往加大对外部资源的利用以降低风险，抢在竞争对手之前提供新产品（Lichtenthaler, 2010）。此外，技术变革的程度越高，各类技术之间的竞争也就越激烈，如果企业担心内部技术知识的外溢而削弱竞争力，它们会对内部技术进行"封锁"，但与此同时这些技术也有可能被快速替代，这时企业就需要考虑向外部组织进行技术授权/许可等的资源利用型战略（Lichtenthaler &

Ernst，2007）。

由于发展中国家的企业在内部研发投入上普遍不足，一些环境因素对企业获取外部技术往往起到决定性作用。除了文化、教育、金融、市场等环境因素的影响外，政府督促跨国公司（包括独资与合资企业）的技术溢出，以及政府推动的产学研合作，对于先进技术的获取与吸收也是非常重要的（许庆瑞等，2010）。

（七）知识产权制度

Teece（1986）将知识产权以及技术知识的隐性程度定义为占有制度，占有制度越强，创新者越能从创新中获利。知识产权作为一类正式、严格的占有制度，保护了率先创新者从知识投入中获得回报，更强的知识产权制度使创新获利机制更为有效，有利于知识的交换与流动。知识产权保护越强，企业也越倾向于资源利用型开放式创新。在中国，弱的知识产权制度降低了跨国企业向外溢出知识的意愿，影响了中国企业的技术获取绩效。跨国公司和活跃在中国的创新企业经常抱怨或者批评中国的知识产权保护不充分，外国企业也因此不愿意将其最新的技术转移到中国（薛澜等，2011）。大多数外商独资的研发中心会首先在其母国申请专利，其他一些研发中心则根本不在中国申请专利（Walsh，2003）。Arora 和 Ceccagnoli（2006）认为，如果企业所在的区域具有良好的知识产权保护机制，则能更好地促进技术市场的交易、促进技术的转移，使企业从外向开放式创新获利。

当然，企业过多强调对知识的保护也会导致保护近视症，狭隘地寄希望于通过知识产权来保障其从创新中获利，而忽视了对外部资源的整合，有可能失去将技术发明进行商业化的机会。在技术和产品外部商业化的过程中，最大的阻碍就是企业不能正确地预估出技术的价值，很多企业担心免费释放和授权/许可的技术在被竞争者获得后，自己就会失去技术优势。

不同行业对知识产权保护的要求存在一定程度的差异。如果知识产权保护对产业（如制药业）很重要，该产业内企业就更有可能采用外向开放式创新，知识型中小企业则倾向于不开放以保护自身技术安全（Colombo et al.，2014）。Lichtenthaler（2009）分析了专利保护、技术市场的交易频率以及技术市场的竞争强度对企业外向开放式创新的影响，发现在技术的独占性越强的产业，企业越多地选择了外向开放式创新。

(八) 组织规模

尽管开放式创新概念最初是针对大型企业只重视内部研发而忽视与外部建立创新联系而提出的，但实际上中小企业（SMEs）从开放式创新中能获得更多的回报（Spithoven et al.，2013），因为它们可掌握的资源和市场很有限，缺乏构建外部合作网络所需的资源，非常需要来自外部的资源和能力支持（Lichtenthaler & Ernst，2007；van de Vrande et al.，2009）。大企业通常有更大规模的 R&D 投入，具有较高的创新产出，向外溢出知识所得的收益更大，会从事更多的外向开放式创新，而中小企业的开放战略一般局限于排他性的创造或购买（Gassmann，2006）。另外，有研究表明，大型企业倾向于合作型的开放式创新，而小型企业倾向于市场模式的开放式创新（Chesbrough et al.，2010）。

因此，中小企业的开放式创新模式应该更多地关注 Chesbrough 等学者提出的一般性开放式创新模式的后端，即中小企业如何在商业化阶段快速实现技术的市场价值（见图 3-8）。通过网络化（Networking）参与企业之间的合作，实现研发技术的外部商业化，是中小企业开放式创新的可行选择（Lee et al.，2010）。

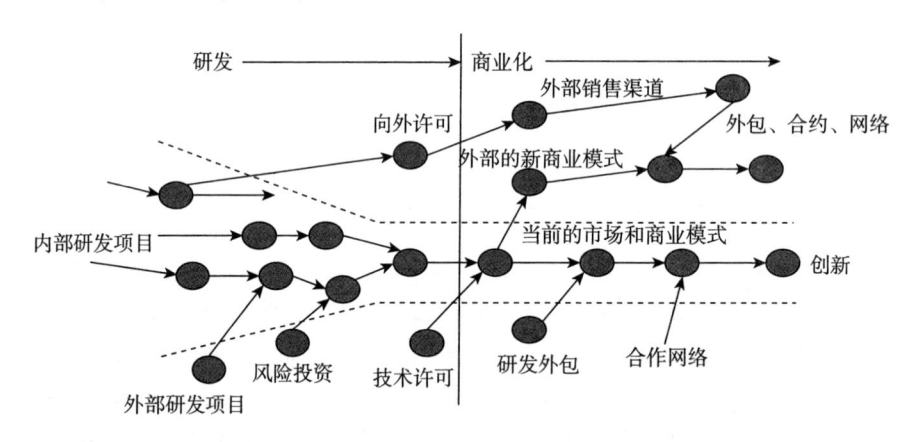

图 3-8 中小企业的开放式创新过程及途径

资料来源：Lee et al.（2010）。

表 3-5 归纳了不同内外部因素对企业开放式创新模式选择的不同影响。

表 3-5 开放式创新模式的内外影响因素及作用方向

影响因素	影响因素	结构因子	外部技术获取	内部技术外部商业化
外部因素	行业特征	高度模块化	+	-
		技术密集型行业	+	+
		基础性研究行业	-	+
	技术发展阶段	主导技术出现之前	+	-
		主导技术出现之后	-	+
	企业外部环境	行业竞争	+	+
		市场预期	NA	+
		区域支撑环境	+	+
内部因素	知识产权保护	知识产权保护强度	-	+
	互补性资产	共同专门性资产	+	+
	企业规模	企业规模	NA	+
	企业吸收能力	企业内部研发投入水平	+	NA
	企业开放的战略	技术导向	+	NA
		市场导向型	NA	+
	开放式创新文化	"非此地发明"思维	+	NA
		"非此地销售"思维	NA	+

资料来源：根据相关资料整理。"+"号表示正向影响，"-"号表示反向影响，NA 表示尚无法确定。

四 企业开放式自主创新中内外部资源整合的途径

企业要提升国际竞争力，就需要有效地整合内外部的创新资源，即通过识别、获取和吸收外部创新资源，并将之与内部创新能力进行耦合，提高企业自主创新能力。开放式自主创新的核心命题是企业内外各创新要素之间的动态互动，包括供应者与装配者、生产者与消费者之间的相互影响，竞争者之间的技术信息交流等（Lausren & Salter, 2006）。

为了推进自主创新，中国企业需要在全球范围内获取和配置资源，借助外部网络和资源来突破内部现有资源和能力的限制，并着重考虑两个问题。第一，企业需要整合的外部创新资源有哪些？比如，在封闭式创新模式中，用户经常被排除在制造商的创新活动之外，但事实证明，创新不仅受到技术推动（Technology Push），更受到需求拉动（Demand Pull），因此与领先用户（Lead User）合作成为新产品开发（NPD）的新趋势。第二，企业通过什么方式、途径和手段来整合内外部创新资源？比如，很多企业都非常重视垂直型的合作创新（价值链上下游企业的合作）或跨行业的战略联盟。但对中国企业来说，由于技术基础普遍薄弱，更应重视产学研协同创新的形式。此外，随着网络化技术（互联网、电子通信等）的快速发展，企业与外部组织的合作开始走向"虚拟化"（Virtualization），这使企业能与无数的外部创新源进行互动，并得到数倍的回报。

（一）用户和供应商参与创新：价值链的纵向资源整合

一般认为，内部研发部门是企业技术创新的主要源泉，客户只是在需求信息上对企业的创新目标会有影响。MIT的学者von Hippel在20世纪80年代对这一传统思想进行了大胆突破，提出了用户创新（User Innovation）的思想，突出了用户在企业创新中的地位和作用。

在开放式创新模式下，企业应该创造条件把客户置于产品开发的核心过程中。比如，通过在线的创意管理或共同体使它们参与到新产品的设计中（Chesbrough & Prencipe，2008）。企业还应该与领先用户一道创建面向技术创新的价值网络，并从中获利。与领先用户建立密切的联系，还会对企业成功开展突破性创新产生积极作用。当然，将用户纳入创新过程也会给企业带来一定的负面影响，比如：知识诀窍（Know-how）的泄露、过于依赖用户的意见、易受客户的个性判断的影响、大多是渐进性改进等（Enkel et al.，2005）。

对制造商来说，供应商在原材料等供应上的成本、质量、技术、速度和响应度对其创新过程有较大影响，这不仅体现在制造商的新产品开发过程中，也体现在制造商与外部组织开展的技术合作绩效中。供应商的早期参与（Early Supplier Involvement）或供应商参与新产品开发（Supplier Involvement in NPD）给制造商带来了四个方面的益处：①可增加有关新创意和新技术的信息和专长，有助于制造商识别潜在问题，因此这些问题能被提前解决，最终提高产品的质量，符合或超出最终用户的期望；②提高制造商外包和外部获取的能力，降低了项目的内部复杂度，并提供额外的人力以缩短新产品开发项目的关键路径；③有助于制造商更好地协调交流和信息交换，这可进一步减少延迟，并保证项目能及时完成；④扩展了制造商的任务和问题范围,并能减少返工、降低成本。此外,保持与供应商的良好关系被视为制造商应对商业失败风险的一个缓冲,同时能减少技术失败的风险(蒋键,2004)。

(二)产学研协同创新:创新链的横向资源整合

产学研协同创新(不仅包括项目合作、研发外包、技术转移,也包括学术创业、产学间的技术许可等)是推进科技成果转化、加速企业提高自主创新能力的关键举措。与大学进行合作创新,企业能吸收到大学知识体系中的重要信息,在专利产出上会有更好的表现,这在那些与大学在基础研究上有过合作的企业身上更明显(Suttmeier & Yao,2004)。产学研协同创新可以有多种形式,如公私营联合研究网络、科研合同、发放许可证、联合发表论文等。近年来,从科研单位脱胎、由科研人员自行创建的中国企业方兴未艾,为传统的产研关系增加了新的内涵(薛澜等,2011)。

对于中国企业获取创新性知识来说,推进企业与知识生产组织的高效联结,正变得日益重要。在中国,企业较弱的研发能力与大学/公共研发机构相对较强的研发能力,使企业通常把基于创新目的的研发项目外包出去。所谓的"产学研结合"自1992年以来得到政府的大力支持,一些重要的制度创新(如院所转制、联合攻关等)被政府用来鼓励大学和研究机构与企业进行各种形式的联系,这种联系随着强有力的供给和需求因素在近年来得到持续加强(薛澜等,2011)。当然,尽管在过去的十多年中,推进产学研合作一直是中国科技体制改革的首要目标,但是除了国家科技攻关计划外,其他的科技计划很少涉及产学研合作。而2012年召开的全国科技创新大会以及随后召开的党的十八大,开始强调以企业为核心构建产学研协同创新体系的重要性。

(三)研发外包

随着信息化和全球化的发展,加上供应链的提升和资源整合,从20世纪90年代末开始,研发外包(R&D Outsourcing),即一方提供资金、以契约方式委托另一方(如外部研究机构)提供"技术"成果,包括新产品、新工艺或新思路,正得到企业的普遍重视(Manzini et al.,2007)。企业将产品的部分或全部研发工作交给比自己更有效率完成该任务的外部技术源供给者,由它们提供"技术"成果,以获得技术改进和进行探索性研究活动(见表3-6)。

表 3-6 研发外包的类型

分类标准	类型	分类描述
外包的程度	完全研发外包	企业将研发的整个过程全部外包给其他企业和大学与研究所，企业直接享用其他单位的研究成果
	部分研发外包	企业自主承担新产品开发过程中部分的系统或模块设计的工作，将其余部分交由其他单位完成
外包对象和产业	基础研究外包	主要面向大学和公共性的研究机构，这些组织的科学能力强大且在基础研究上有优势
	早期阶段研究外包	在半导体、航空航天、计算机与食品等产业比较常见，对这些产业而言，任何一家公司的实力无法超越其他公司的创新总和
	高级开发外包	一般由影响大、创新能力强的少数企业完成，企业高级研发以最低费用、更快速度、更小的风险赢得成功
外包合同中管理控制权和产权排他性程度	内制模式	将供应商看成内部资源，对相应的研发项目过程有完全的控制权，对研发成果具有排他专有权
	市场模式	供应商对研发具体过程不控制，对研发成果除自用外，不反对供应商使之商业化出售给其他企业
	混合模式	企业对供应商的 R&D 过程进行一定程度的控制，并拥有对项目成果的相对所有权

资料来源：在林菡密（2004）、徐姝（2006）、楼高翔和范体军（2007）等基础上整理而成。

作为企业间接并购的一种方式，研发外包是一类备受重视的开放式创新模式，已成为企业提高创新能力和建立外部知识产权网络的重要手段之一。研发外包有利于企业缓解新产品开发的压力、降低传统的正规项目开发由于关键技术人员流失所带来的风险和成本、填补企业技术知识和技术机会的空白等，开发出仅靠内部资源不能实现的产品（Quadros et al., 2005）。对中国企业来说，在内部研发资源有限的情况下，研发外包不仅能使企业整合外部的优秀资源从而获得巨大协同效应，提高竞争能力（伍蓓和陈劲，2011），还可帮助企业实现从产业链的制造环节向其他环节的渗透，带动整个产业链的成长。此外，承接外部的研发外包，也能给中国企业带来发展的新机会，这在生物制药行业表现得很突出。

（四）企业间合作创新

企业间合作创新（Inter-Firm Cooperative Innovation）在实践中非常普遍，形式也多种多样，从最简单的单向信息流动，到高度的组织间互动和正式的合作协议，其好处包括减少不确定性、获得补充的能力和知识、分担研发成本和风险、促进相互学习、提高研究效率,管理的难点是如何处理知识产权、冲突、联盟结构、合同等问题,以及如何协调不同类型的主体(薛澜等,2011)。其中,战略联盟(Strategic Alliance)的应用最广泛,它是企业从价值网络中获取利益的重要途径(Lee et al.,2010;Bianchi et al,2011)。随着技术的综合性、复杂性日益提高,组织间建立的以知识为基础的联系网络成为知识经济的一个显著特征。OECD的研究表明,在奥地利,研制新产品的企业中61%都有一个或多个合作伙伴,该比例在西班牙达到83%,在丹麦达到97%。而对于内部技术资源有限的后发企业而言,提高建立或融入知识网络的能力就显得更为重要。

在全球化环境下,中国企业要高度重视嵌入或构建开放式创新网络,与各类组织建立深度联系(Deep Ties)和广度联系(Wide Ties)——不管是正式(如合同型的)的还是非正式的联系。从开放的广度层面上来看,除了传统的长期性项目合作外,合作形式可以更多地考虑探索性合作协议(Explorative Collaboration Agreements)。有研究表明,与外部组织建立深度联系有助于企业提高渐进性创新绩效,而广度联系有助于企业开展突破性创新(Chesbrough et al.,2010)。另外,产业的集群式创新(Cluster Innovation)也是合作创新的一个重要表现。

(五)收购与兼并

并购(包括收购与兼并)(Mergers & Acquisitions)是在市场经济条件下,企业通过产权交易获取其他企业的产权,并以控制其他企业为目的的一种企业重组行为(刘开勇,2004),通常是一家企业以一定的成本和代价(如现金、股权)来取得另外一家或几家独立企业的经营控制权和全部或部分资产所有权。通过企业并购,企业往往能够获得被并购企业的某些关键性资源,例如技术资源、市场资源和制造资源(黄庭宝,2010)。

并购作为一类重要的开放式创新模式,特点是将外部创意转化为创新的程度、将外部创意转化为持续创新能力的可能性都较高(于开乐和王铁民,2008),能顺应企业对发展速度和成本控制的考虑,成为许多跨国公司[①]进行技术创新的利器。通过并购,并购方不仅能够迅速地获得被并购

[①] 比如,通信行业的领先企业思科(Cisco),就通过技术并购不断丰富其知识基础(思科年均进行15次以上的收购)。

方的显性知识，还能够获得更具价值的隐性知识，从而使企业能够弥补技术缺口，增加自身的知识，提升技术能力，实现更快的创新。另外，企业通过并购还能快速获得所急需的成熟品牌和营销渠道，迅速拓展市场营销能力。也可以获得企业所需的生产制造资源，提高产品开发能力（黄庭宝，2010）（见图 3-9）。

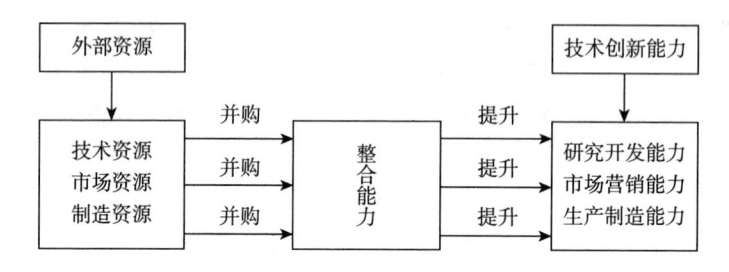

```
外部资源 ──┐                        技术创新能力
          ↓                              ↓
技术资源 ──并购──┐            ┌──提升── 研究开发能力
市场资源 ──并购──→ 整合能力 ──→ 提升── 市场营销能力
制造资源 ──并购──┘            └──提升── 生产制造能力
```

图 3-9　并购提升企业技术创新能力的机理

资料来源：黄庭宝（2010）。

并购可分为面向技术的并购和非面向技术性的并购。技术并购属于战略并购，一般是大企业为了获取技术能力而收购或兼并中小型企业，目的主要包括进入新领域、技术升级、技术完善、技术互补等，在实践中有全面收购、独占许可、合资、购买股份、未来期权、联合开发、R&D 合约、研发资助等方式（刘开勇，2004）。技术购买能够增加企业的技术存量，缩小技术差距，通过模仿学习促进创新，是快速增强学习和创新能力的重要途径（Hu et al.，2005）。因此，技术购买、并购都是中国产业应当重视的开放式创新方式。表 3-7 列举了部分中国企业通过海外并购开展开放式创新的情况。

表 3-7　中国制造类企业的海外并购的成功案例（部分）

中国并购方	海外被并购的企业/部门	交易时间
华立集团	美国飞利浦半导体公司的 CDMA 手机设计	2001 年
TCL	德国施耐德电器	2002 年
TCL	法国汤姆逊电视制造事业部	2003 年
TCL	法国阿尔卡特手机业务	2004 年
京东方	韩国现代液晶显示事业部	2003 年
上海汽车工业公司	韩国双龙汽车公司	2004 年

续表

中国并购方	海外被并购的企业/部门	交易时间
联想	美国 IBM 公司的 PC 事业部	2004 年
南京汽车	美国 MG 罗孚集团	2005 年
中联重科	意大利混凝土机械企业 CIFA	2008 年
北京汽车工业公司	瑞典萨博汽车公司相关知识产权	2009 年
吉利	瑞典沃尔沃汽车业务	2010 年
联想	日本 NEC 电脑业务	2011 年
海尔集团	日本三洋电器集团	2011 年
海航集团	英国集装箱租赁公司 GESEACO	2011 年
中国石油化工集团	加拿大油气生产商日光能源公司	2011 年
三一重工	德国普茨迈斯特柳工机械股份有限公司	2012 年
山东重工潍柴集团	意大利法拉帝集团	2012 年
武钢集团	德国蒂森克虏伯公司旗下的激光拼焊集团	2012 年
徐工集团	德国施维英集团有限公司	2012 年
中联重科	德国干混砂浆设备公司 M-TEC	2013 年
双汇	美国史密斯菲尔德公司	2013 年
中国海洋石油有限公司	加拿大尼克森公司	2013 年
复星医药	以色列 Alma Lasers 公司	2013 年
吉恩镍业	加拿大 GBK 公司	2013 年
万向集团	美国 A123 系统公司	2013 年
联想	美国摩托罗拉公司移动业务	2014 年

数据来源：根据相关公开资料及部分文献整理而成。

(六) 中国企业的海外研发投资与创新国际化

现代信息与通信技术的发展，极大地刺激了研发全球化（R&D Internationalization）的进程。除了在本地的研发合作，一些中国企业还通过国际战略联盟和全球化外包来提升创新能力。一是由于中国巨大的市场规模，许多在母国市场不一定是领先者的外资企业把中国看作一个战略性市场，并为了在中国市场的开发和推广其技术而寻求与一个中国的合作伙伴（如西门子参与了由大唐电信发起的 3G 的 TD-SCDMA 的联合研发）（薛澜等，2011），这既是一种双方基于互补性资产的整合，也使中国企业获得知识溢出成为可能。二是一些领先的中国企业开始主动寻求与跨国公司的合作创新，甚至通过收购技术型的外商企业或其分部来提升技术能力。比如，TCL集团在2004年与法国汤姆逊公司共同建立了名为TTE公司的合资企业，它提供了TCL从低端到高端产品升级所需的关键能力。联想集团在2004年12月以12.5亿美元收购了IBM的PC事业部，在致力于成为全球高端PC厂商的过程中获得了品牌和核心技术。三是逆向的创新国际化。一些中国企业（如华为、中兴、TCL、海尔等）正在世界范围寻求所需的互补性创新资源（技术、人才、市场等）。

随着创新全球化趋势的兴起，如何通过结构嵌入和关系嵌入融入全球创新网络（Global Innovation Network），是中国企业需要考虑的战略问题。如果说中国过去的开放策略是以"引进来"为主，那么随着国家综合国力的增强，主动"走出去"利用外部资源成为中国对外开放的新领域。对于具有跨国经营能力的中国企业来说，开放式自主创新的一个战略途径就是面向技术资源搜寻和获取对外直接投资。许多中国企业通过收购、兼并拥有领先技术的海外企业，或者在海外科技资源密集的地区建立研发中心等方式，快速地获得了创新所需的技术知识。根据隆国强（2009）的分析，目前，中国企业"走出去"利用海外研发资源主要有五种类型。

（1）通过并购技术型公司直接获取新技术或新产品生产能力。例如，我国数控机床行业通过对发达国家技术领先企业的并购，增强了自主研发和创新能力，国际竞争力显著提高。例如，京东方通过并购韩国公司，获得了新一代液晶显示屏生产技术。

（2）并购小型技术公司，以此为基础开发新的产品。例如，华为公司的一些重要产品的最初技术，不少是在美国IT泡沫破灭时并购了小型技术公司而获得的。

（3）通过并购获取研发能力。例如，联想并购IBM公司的PC业务，相应获取了其在日本、美国的研发中心。TCL并购阿尔卡特和汤姆逊公司，获得了其在法国、新加坡、美国的手机和电视技术研发中心。

（4）针对不同国家的特定研发优势资源，建立不同目的的研发机构，例如，华为针对瑞典在电信设备研发方面的人力资源优势、印度在软件工程师的成本与质量优势、俄罗斯在算法技术方面的领先优势、美国硅谷的技术信息领先优势，分别建立了不同的研发中心。

（5）针对出口目标国市场，开展适应性研发与生产活动。例如，海尔在巴基斯坦投资建立工业园，针对当地特殊的消费习惯，开发出大容量的洗衣机、低而宽的电冰箱，迅速占领了当地市场。①

表3-8列举了部分中国企业在海外设立研发中心或并购海外的研发中心的情况。从实践来看，中国企业在海外设立研发中心的难点在于地点和模式的选择。比如，制药行业选择在美国的西海岸或欧洲中部设立研发分支机构，会更接近科技的前沿；而电子科技行业选择美国硅谷或日本，则更容易获得商业化知识和风险投资的青睐。②

表3-8 中国制造类企业的海外研发机构和设计实验室（部分）

中国企业	海外研发投资活动（地点）	所属行业
联想	美国（硅谷，1992；北卡罗来纳，2005）；日本（神奈川，2005）	IT
福田汽车	德国研发中心；日本研发中心	汽车
上海汽车	欧洲研发中心（密歇根，2005）	汽车
南汽集团	美国研发中心（俄克拉荷马，2008）	汽车
长安汽车	意大利研发中心（都灵，1999）	汽车
海尔	日本技术中心（东京，1994）；德国研发中心；美国研发中心（硅谷，1996）、设计中心（波士顿，1999；洛杉矶，1999）；法国设计中心（里昂，2000）；荷兰研究所（阿姆斯特丹，2000）；加拿大研究所（蒙特利尔，2000）	家电；通信
华为	印度研发中心（班加罗尔，1999）；荷兰研发中心；俄罗斯研发中心（莫斯科，1999）；瑞典研发中心（斯德哥尔摩，1999）；美国研发中心（硅谷，1993；达拉斯，1999）	电子通信
格兰仕	美国研发中心（硅谷，1997，1999）	家电
科龙	日本研发中心	家电
康佳	美国研发中心（硅谷，1998）	家电
创维	美国数字技术研究室（硅谷，2000）	电子
海信	美国数字电视实验室（硅谷，2001）	电子
万向	北美技术中心（芝加哥，2001）	机械
长虹	美国联合实验室（德州，2004）	家电
TCL	德国研发中心（2003）；美国研发中心（印第安纳，2004）；新加坡研发中心（新加坡城，2004）	电子

---

① 隆国强. 充分利用全球资源大力推进自主创新. 中国经济时报, 2009-04-08.
② 陈雪频, 周晰. 中国公司如何通过海外并购获取研发能力. 第一财经日报, 2006-12-18.

续表

中国企业	海外研发投资活动（地点）	所属行业
中兴通讯	瑞典研发中心（斯德哥尔摩）；印度研发中心（班加罗尔）	电子通信
复旦复华	日本（东京，1991）	电子
北大方正	日本（东京，1996）；加拿大（多伦多，2001）	软件

数据来源：本研究根据相关媒体报道及文献整理而成（表格中的数字代表机构成立年份）。

可将前述的六种内外资源整合途径的优缺点归结于表 3–9。

表 3–9　企业开放式创新自主创新中各类资源整合途径的优缺点

整合途径	类型	主要优点	主要缺点
用户与供应商参与创新	价值上下游资源整合	切合价值链，资源整合动力强，能更好提高生产质量，满足市场需求	缺乏成熟的管理工具，投入成本较高，不确定性也较高
产学研协同创新	横向资源整合	有效整合科技资源和经济资源，提高新产品的性能，更有效地提升企业技术创新绩效	合作信任的建立需要较长时间，合作中的文化和评价差异较大，知识产权纠纷多
企业间合作创新	合资；合作研发	合作各方的资源互补性强，共同发展的愿景高	存在机会主义行为，缺乏稳定的相互信任
收购与兼并	跨界资源的整合	快速整合所需的资源和能力，有效弥补内部能力的不足，产生协同效应，更好地进入新领域	成本和风险高，并购后的整合存在较大的不确定性，对整合管理的要求高
研发外包	正向外包、逆向外包	提高企业的战略柔性，聚焦核心能力	缺乏创新所需的隐性知识，常常"有产权无知识"
创新国际化	海外研发；海外并购	获得更广泛的创新资源，进入国际市场，提高品牌知名度	风险很高，外部影响因素的可预见性弱，并购后的失败率高

资料来源：本研究整理。

除了上述六种主要的整合途径外，企业还可以获取来自政府、科技中介机构、知识产权组织、风险投资机构、咨询公司的创新支持，还可通过参加展览会、学术会议、技术论坛、查询专利数据库和专业期刊等非正式渠道获取公开的科技信息。其中，获取政府的科技资源支持仍然是现阶段中国企业的一个薄弱环节，不过随着创新驱动战略的实施，中国政府开始重视由企业牵头开展国家重大科技计划，企业因此可以获得更多的外部资源支持。

五 利用外资[①]对中国产业自主创新和国际竞争的影响

利用外资是中国改革开放以来经济高速发展的一个重要策略，中国制造业凭借廉价的劳动力、巨大的市场等比较优势吸收了大量的外资。据统计，2000~2012年全国年末登记的外商投资企业50%~60%都集中在制造业。

对于外资对中国企业的影响，主要有两种不同的观点：一是"刺激说"和"溢出说"，认为外资研发对中国产业技术进步有显著影响。刘云等（2003）分析世界500强企业在华专利申请与我国技术引进、消化吸收和创新的投入的关系，发现二者正相关；王红领等（2006）的实证研究也发现，外资在华研发加剧了市场竞争，对内资企业技术创新能力的各项指标（如科技活动经费支出比例，科技活动人员比例，专利申请数等）都有显著的促进作用。二是"替代说"和"排斥说"。蒋殿春和夏良科（2005）认为外资引发的竞争加剧不仅没有激发中国企业的创新动力，反而因吞噬后者的市场空间而打击了它们的创新积极性；吴静芳（2010）指出外资企业的技术转移对中国的幼稚行业企业的成长有抑制作用，内资企业由于技术能力薄弱，无法充分吸收外资带来的先进技术。

改革开放初期，跨国公司在中国开展大量的生产活动以利用中国廉价的成本优势。而在过去的十年，受中国丰富的低成本科技人才以及巨大市场需求所驱使，跨国公司在中国的研发中心从大约100家增加到了1200多家，这一趋势在近年来得到进一步增强（见表3-10）。[②] 除了中国市场规模和日益雄厚的智力资源外，跨国公司开始将研发与产品开发活动转移到中国，这与中国国家创新体系中众多研发机构合作的广泛机会、中国政府所提供的政策激励与支持等本地化的规则有关。

---

① 此处的"利用外资"，主要指中国境内的外商直接投资（FDI），包括合资、外资在华研发等。
② 1994年，加拿大北方电讯公司在北京投资成立合资研发中心，这是跨国公司在中国设立的首家研发中心。

表3-10 部分跨国公司在华设立研发机构的数量及分布

母公司名称	在华研发机构数量	在华研发机构的地区分布
摩托罗拉	17	北京（10），上海（1），天津（2），苏州（1），杭州（1），成都（1），南京（1）
西门子	16	北京（3），上海（4），南京（4），西安（1），无锡（1）佛山（1），深圳（1），杭州（1）
爱立信	10	北京（2），上海（2），广州（1），深圳（1），南京（1），珠海（1），成都（2）
飞利浦	10	上海（9），苏州（1）
英特尔	9	北京（4），上海（3），深圳（1），西安（1）
微软	7	北京（5），上海（2）
诺基亚	6	北京（4），杭州（1），成都（1）
NEC	5	北京（4），上海（1）
松下	5	北京（1），上海（1），大连（1），天津（1），苏州（1）
阿尔卡特-朗讯	4	上海（2），青岛（1），成都（1）
伟创力	4	北京（1），广州（1），深圳（1），成都（1）
富士通	5	北京（1），上海（1），天津（2），苏州（1）
安捷伦	4	北京（1），上海（2），成都（1）
三星	4	北京（1），上海（1），苏州（1），南京（1）
惠普	4	北京（1），上海（3）

资料来源：根据杜德斌（2009）及其他资料整理而成。

外资在华研发的本地化趋势不断增强，给中国本土企业吸收技术溢出带来了一定的机会。因此，中国企业应考虑如何在跨国公司研发中心的项目中获取收益，积极促进建立合资形式的研发中心，结成各种形式的技术合作战略联盟，实现资源共享和优势互补。但也有研究发现，跨国公司在华研发活动主要是与其他研发机构进行合作、竞争和相互学习，而不是与创新能力较弱的本土企业进行研发合作（柳卸林，2008）。大多数跨国公司倾向于建立独资的研发中心（见表3-11），主要出于技术控制的考虑。即使采取合资形式，外方也注重追求研发机构或合资公司的控股权，取消中方原有的研发机构，或把中方的相关机构置于附属地位，封堵在华技术扩散渠道（薛澜等，2011）。显然，中国企业只有加强自主研发能力，加上在理解国内市场需求上的独特优势,才能更好地与跨国公司建成技术共享机制,最大限度地发挥外资研发的溢出效应,增强在产业链上的掌控能力。

表3-11 在中国设立研发中心的部分跨国公司名单

行业	跨国公司在华研发机构名称	设立时间	母公司所在国	性质	所在城市
ICT(信息与通信技术)	AnyDATA北京研发中心	2003年	美国	独资	北京
	IBM北京研发中心	2004年	美国	独资	北京
	Intel中国研发中心	1998年	美国	独资	北京
	通用电气(中国)全球研发中心	2003年	美国	独资	上海
	LG电子中国研发中心	2002年	韩国	独资	北京
	安捷伦中国研发中心	2005年	美国	独资	北京
	UT斯达康北京实验室	2000年	美国	独资	北京
	NEC中国研究院	2003年	日本	独资	北京
	SUN中国技术开发中心	1997年	美国	独资	北京
	爱立信中国研发总院	2002年	瑞典	独资	北京
	戴尔中国设计中心	2002年	美国	独资	北京
	AMD上海研发中心	2006年	美国	独资	上海
	东芝(中国研发中心)	2001年	日本	独资	北京
	摩托罗拉中国研究院	1999年	美国	独资	北京
	汤姆逊北京研发中心	2004年	美国	独资	北京
	三星半导体(中国)研究所	2004年	韩国	独资	苏州
	诺基亚中国研究中心	1998年	芬兰	独资	北京
	西门子北京研发中心	2000年	德国	独资	北京
	微软中国研发中心	1995年	美国	独资	北京
	朗讯南京研发中心	2003年	美国	独资	南京
	法国电信北京研发中心	2004年	法国	独资	北京
	惠普中国实验室	2001年	美国	独资	北京
	彩虹中国研发中心	2001年	美国	独资	北京
数码影像	爱普生中国研发中心	2004年	美国	独资	北京
材料	3M中国研发中心	2006年	美国	独资	上海

续表

行业	跨国公司在华研发机构名称	设立时间	母公司所在国	性质	所在城市
生物制药	安发玛西亚北京生物技术中心	2000年	瑞典	独资	北京
	诺和诺德（中国研究）中心	2002年	丹麦	独资	北京
	辉瑞中国研发中心	2006年	美国	独资	上海
	阿斯利康东亚临床研究中心	2002年	英国	独资	上海
	惠氏临床药物研究中心	2006年	美国	合资	北京
	罗氏中国研发中心	2005年	美国	独资	上海
化学化工	北京宝洁技术有限公司	1998年	美国	独资	北京
	拜耳（上海）聚合物研发中心	2003年	德国	独资	上海
	LG化学华南研发中心	2004年	韩国	独资	广州
	罗地亚上海研发中心	2004年	法国	独资	上海
	联合利华（中国）研发中心	1996年	英国	合作	上海
	欧莱雅上海研发中心	2005年	法国	独资	上海
汽车	通用汽车技术研究院	1995年	美国	独资	北京
	福特（南京）全球研发中心	2005年	美国	独资	南京
软件	SAP中国研究院	2003年	美国	独资	上海
	CSC中国技术中心	2000年	美国	独资	北京
	TIBCO中国研发中心	2005年	美国	独资	北京
食品	百事中国研发中心	2006年	美国	独资	上海
	达能乳品研发中心	2005年	法国	独资	上海
家电	开利（上海）全球研发中心	2006年	美国	独资	上海
	惠而浦深圳技术中心	2002年	美国	独资	南京
	松下电器研发（苏州）有限公司	2002年	日本	独资	苏州
	夏普（上海）家用电器研发中心	2003年	日本	独资	上海

数据来源：根据商务部网站、杜群阳（2006）以及各公司网站整理而成。

第三节 开放式自主创新中的知识产权战略及知识链管理

一 开放式自主创新中的知识产权战略

在开放式创新模式下，对知识产权的获取及管理是核心话题（Henkel，

2006),企业需要考虑如何通过知识产权的保护、许可、获取、免费释放等多种途径,在促进自身业务发展的同时,从外部组织对该知识产权的使用中获得新的收益。根据刘名(2008)、Chesbrough(2007)、胡承浩和金明浩(2008)等学者的研究,企业开放式自主创新中的知识产权战略主要包括五个方面(见图3-10):

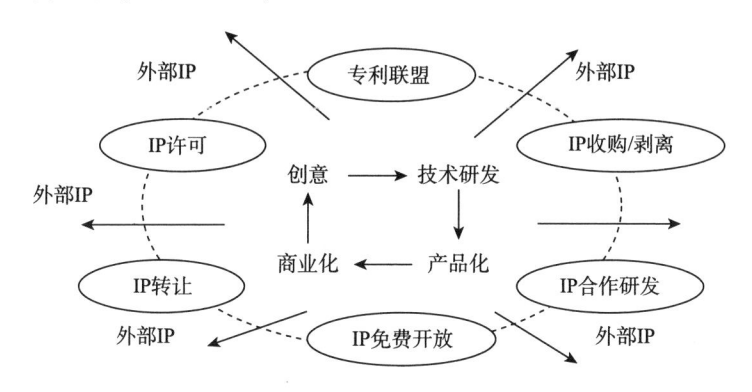

图3-10 开放式创新模式下企业知识产权运用模式

资料来源:刘名(2008)。

(1)知识产权的交叉许可,即两个以上的企业对各自的知识产权交换使用,这是许多企业青睐的模式。例如,剑桥抗体技术(Cambridge Antibody Technology)、Micromet AG、安龙药业(Enzon Pharmaceuticals)三家制药公司在2003年9月签署了一项非独占交叉许可协议,规定三方均可在很大程度上"自由利用"彼此的知识产权研究成果和开发某些以抗体为基础的诊疗药品(胡承浩和金明浩,2008)。

(2)知识产权联盟,主要指专利联盟或专利池(Patent Pool)。例如,索尼、飞利浦和先锋结成的DVD录像或DVD-ROM的3C联盟,日立、松下、三菱、时代华纳、东芝、JVC六大DVD开发商组成的6C联盟(刘名,2008)。

(3)知识产权转让、收购和剥离。当企业缺乏某项必要的知识产权时,可以通过市场交易购买所需的知识产权或直接收购拥有该知识产权的企业。日本在20世纪90年代至少收购了450家美国企业,从而获得了计算机、生物科技、先进材料、化工、电子、半导体以及其他高科技行业中宝贵的知识产权(胡承浩和金明浩,2008)。2012年6月,微软以10.6亿美元价格收购了 AOL 公司的 800 余项专利。同年，谷歌以 125 亿美元收购摩托罗拉移动（其中 55 亿美元用于收购其 24500 件专利），还曾多次购买 IBM 专利并累计达 2300 件。[①]

（4）合作开发知识产权，包括项目合作和合资创业等形式。企业之间可以开办合资企业或者合作进行项目开发，在大学设立研发中心进行产学合作等（刘名，2008）。

（5）知识产权免费开放，典型的如开源软件（Open Source Soft）运动、开放标准（刘名，2008）。例如，2005 年 10 月，IBM 为开发和实现以 Web 服务、电子表格和文档格式为中心的医疗和教育开放软件标准，承诺其中涉及的数千项相关专利都将免除专利费开放（余翔和詹爱岚，2006）。

在封闭式创新模式中，企业强调对知识所有权的独占（如申请专利或采取技术秘密），阻止知识的流动，从而引致了较高的成本。实施开放式创新策略的企业，则打破了对知识本身进行垄断的传统思维，通过知识产权的多种渠道商业化使研发效益最大化，进而带动知识的后续创新。企业可以把现有商业模式无法利用的知识产权通过直接出售专利、知识产权许可、建立知识产权联盟、知识产权转让、收购和剥离、免费释放或者通过中介机构等外部途径将内部知识快速商业化（Chesbrough，2007；胡承浩和金明浩，2008）。

曾经被传统经济家视为"愚蠢行为"的免费公开（Free Revealing），正日益成为企业获取新价值的源泉（见图 3－11）。von Hippel（2005）认为，企业要格外重视创新性知识的公开，免费公开比知识产权法更能实际地提高社会的福利。根据 von Hippel 和 von Krogh（2006）的研究，除了软件行业，免费释放是许多企业从创新中获得更多利益的一种方式，尤其是当外部组织知晓了与企业的技术秘密很靠近的知识，或通过专利获得的利润较低时，或激励免费释放的动机很强时。Henkel（2006）则认为，企业应该"选择性"地进行技术的免费释放，以减缓可能带来的竞争损失。Hurmelinna 和 Puumalainen（2007）指出，企业是否将自己的知识资产向外部组织免费公开，取决于"独占性体制"（Appropriability Regime），过弱或过强的独占性机制都不利于企业知识的"免费向外开放"。

[①] 我国 ICT 专利转移的难点及出路．中国信息产业网，2012－10－19.

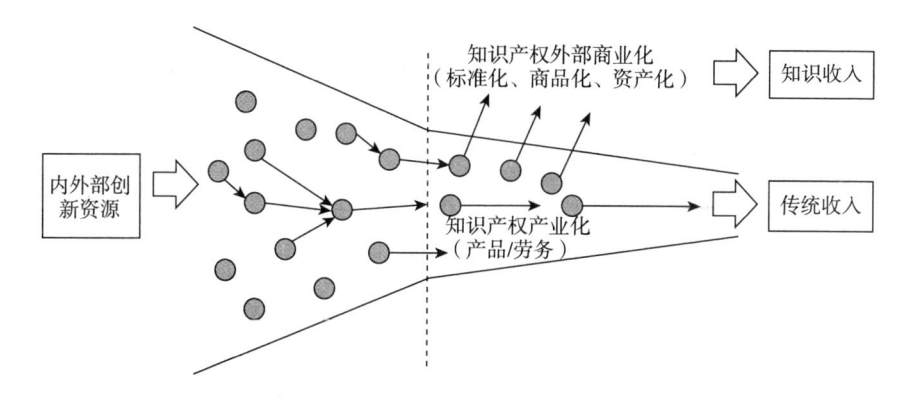

图 3-11　开放式创新环境下的企业知识产权战略
资料来源：修改自 Chesbrough（2007）。

二　开放式自主创新中的知识链模型及管理策略

在开放式创新中，知识的创造、获取、转移、共享及利用跨越了组织边界，提高了知识管理的复杂性和动态性，企业面临的关键问题是如何识别与吸收来自不同组织的不同类型知识，即知识链管理（Knowledge chain Management），包括知识获取、知识共享、知识吸收、知识保护和知识创新（见图 3-12）。

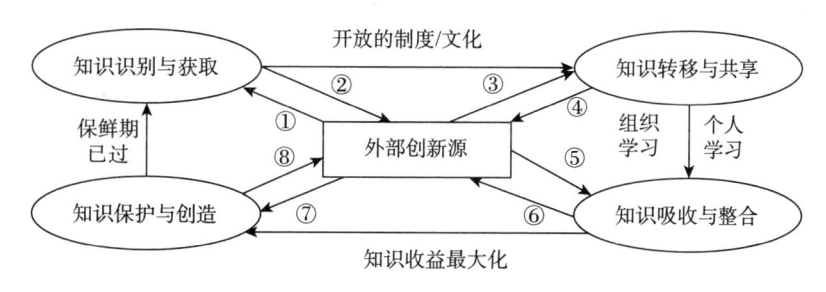

图 3-12　外部创新源与企业之间的知识链

知识获取需要企业具备强大的搜寻能力，以便快速和有效寻找外部知识源，通过各种方式从这些知识源中获得所需的互补型知识或增强型知识。在知识获取过程中，不同性质的企业所采取的获取方式、所关注的知识类型具有较大差异。例如，可口可乐公司考虑如何跟踪消费者需求的变化，更重视来自用户的知识；默克公司身处技术变革迅速的制药行业，主要搜寻来自大学和研究机构的生物医学前沿知识。另外，是采用购买、联盟还是许可的方式获得外部知识，也跟企业的战略、吸收能力，以及知识交易成本有关，如京东方采取并购方式获得了韩国现代电子的液晶显示知识，宝洁公司运用"联发"（Connect & Develop）策略对所需知识进行基于网络平台的众包。随着网络信息技术的迅速发展，企业需要构建或嵌入一个易于控制或易进入的、共享的知识网络，通过跨组织异地同步协作获取外部知识。如埃森哲的全球知识共享网络平台，再如宝洁、波音和杜邦等在 InnoCentive 公司网站上提交技术难题来寻求解决佳径。

企业可以通过建立三种渠道来加速知识转移与共享，一是建立专业人才雇佣渠道，用以补充企业尚不具备的知识；二是建立非正式网络，使知识在企业内部流动；三是加强研究协作，不断获取新知识（Zellner & Fornahl, 2007）。企业可根据知识属性的差异选择不同的转移及共享渠道。比如，针对显性知识，企业可以通过建设图书资料库平台、技术专家平台或知识地图等，使成员方便快捷地找到所需知识；而针对隐性知识，由于其存在于个体中，往往难以被表达，因而不易在组织间转移（Kelly & Rice, 2002），需要通过教育、培训和持续示范，与拥有这些知识的企业进行协作才可获得。企业应该为知识供给方和接收方创造面对面的交流机会，如定期或不定期召开座谈会、研讨会或开放式论坛，组织成员到知识供给组织进行学习和参观等。知识共享的本质是不同知识主体之间隐性知识和显性知识的相互转化。

在通过获取和转移使外部知识输入到组织内部后，能否使这些"外来知识"为己所用取决于企业是否具有相应的吸收能力。将获取的外部知识与内部能力进行整合，企业就能实现不同知识的创造性组合，通过不同知识之间的"杂交"和跨边界应用获得创新优势。在封闭式创新模式中，企业强调对知识所有权的独占（如申请专利或采取技术秘密），阻止知识流动，但这带来创新的高成本。实施开放式创新策略后，企业可以将知识通过多个渠道进行商业化，使内部研发的效益最大化。

在内外部知识整合的基础上实现知识的创造是开放式创新战略的核心（见图 3-12 中的⑧）。为此，企业需要建立扁平化的组织结构并积极嵌入外部知识网络。在中国，宝钢集团十分重视从外部寻找新知识，对买入的技术，宝钢在认真分析、吸收的基础上进行再创新。例如，在引进滚筒法钢渣处理技术的基础上，宝钢创造了 20 多项技术专利，形成了成套技术以解决炼钢环保问题，还通过对国外技术的吸收再创新向原国外技术供应商返销了技术。武钢也做过类似的创新，在引进"转炉烟气检测防堵技术"时该装备运行寿命很短，公司技术人员通过将外部知识与内部知识整合实现了再创新，将其寿命提高了十多倍，成功地向原输出国反输出了技术。通过再创新的带钢 APC 自动纠偏装置和森吉米尔轧机防塌卷技术，也实现了向原输出国的技术反输出。

知识链的四个环节之间具有顺序连接和循环往复的关系，使知识链表现出螺旋上升的发展路径。知识需求引致企业向外搜寻知识源。在获取知识后，企业需要考虑如何嵌入到内部知识网络和产品平台中，然后在开放的制度和文化中进行知识转移与共享，通过个体学习和群体学习等吸收整合知识为己所用。当然，创新后的知识也有"保鲜期"，当现有知识不能再为企业提高竞争力作贡献时，企业需要尽快进入下一轮知识链。

不同类型的外部知识源影响着企业对知识获取、利用和外溢方式的选择，从而对知识链的不同环节产生影响。因此，可从横向、纵向和斜向三方面对外部知识源进行分类，并探讨不同开放式创新模式下组织间的知识链管理机制。

（1）纵向外部创新源：用户和供应商参与创新中的知识整合（见图 3-12 中的①）。在开放式创新模式下，用户是重要的创新源。为了更好地开发产品，制造商需要准确理解用户需求信息，更重要的是为用户提供一个参与创新的平台或工具，尤其是在产品设计和工艺改进方面，这对于获取用户的黏着信息（Sticky Knowledge）非常重要。供应商参与新产品开发被证明在一些行业（汽车、食品）中有助于提高产品性能和质量、减少开发成本，供应商的专业知识和技术常被制造商用来降低新产品开发中的不确定性。

从知识链角度看，通过将用户和供应商纳入企业创新过程，突破传统的销售关系和上下游界限，企业能快速整合供应商的新技术，率先觉察用户的最新需求和对现有产品的改进思路，提高新产品开发的成功率和效率。例如，海尔在新产品开发中不仅在事前广泛调查用户需求信息，而且在产品推出后仍关注用户的使用感受和改进建议，如针对用户希望降低洗衣机水电消耗的需求，海尔迅速研发出了小小神童洗衣机。一汽集团通过与供应商进行计算机网络连接，让供应商参与到生产环节，将部分责任交由它们来承担，大大简化了产品开发过程，在工程环节上也节省更多的时间。9吨平头柴油车从设计到定型仅用了2个月时间，5吨平头柴油车从生产准备到批量投产也仅用时半年多。

（2）横向外部创新源：与合作企业和竞争对手的知识互动。合作创新不仅有利于增强知识外溢的内部化，也能消除重复的研发投资，促进多元知识的分享，使合作各方"共赢"。在开放式创新过程中，企业不仅要和相关企业进行知识联结，还要弱化与竞争对手"一山不容二虎"的传统思维，建立"竞合"关系，因为许多互补性知识资源可能存在于竞争对手中。企业通过多重嵌入与合作企业和竞争对手共同构建的知识网络，能获得更多的知识溢出、更深入的知识共享，降低知识的外部交易成本。如普拉特和惠特尼（Pratt & Whitney）与劳斯莱斯（Rolls Royce）尽管分属不同的行业，但双方在知识和能力上具有互补性，前者在热处理技术方面优势明显，后者在风扇与压缩机方面更胜一筹，这使双方在250飞机引擎合作项目中研发出了许多突破性技术（罗炜和唐元虎，2001）。

在这种竞争与合作并存的关系下，企业可以以合作协议的方式转移与共享非核心知识，以招募员工的方式转移与共享核心知识（见图3-12中的③）。另外，企业还要防止自身核心知识、知识的核心部分以及核心员工被低成本和低收益地外移与共享（见图3-12中的④），通过正式或非正式的外部沟通联络以及组织内学习，促使外部知识与内部知识整合以及个人知识与组织知识整合（见图3-12中的⑤），并通过制度、惩罚等措施尽量避免核心知识或知识的核心部分被外部吸收或整合（见图3-12中的⑥）。

（3）斜向外部创新源：产学研合作中的知识协同。企业和大学、科研院所既存在明确的创新职能分工，也存在各自的创新资源缺口。大学、科研院所扩散知识的需要与企业技术创新知识源的需要，构成了协同创新的供需市场。相比企业与上下游企业以及竞争企业之间在价值上的协同，利益获取的非竞争性和强互补性是产学研协同创新的优势。

为了促进学研机构与企业之间的知识转移与共享，企业可将员工送往大学或科研机构进行学习或参与研究活动，大学可通过在企业设立学术兼职来掌握第一手的生产和市场知识，还可以通过到企业实习来培训学生。例如，海尔很早就曾与航天、材料方面的科研专家合作，在全球率先将宇航绝热材料应用于冰箱上,通过全变频、太空智能等新技术实现了冰箱"厚度和省电均减半"。宝钢通过聘请国内外知名专家为"宝钢教授"亲临现场指导,派宝钢技术研发人员去学校、科研院所工作,加强知识共享。

可将企业在开放式创新过程中的知识链管理策略归纳如表 3-12 所示,不同类型的外部知识源影响着企业对知识的获取、利用和外溢方式的选择。

表 3-12 基于不同外部创新源的知识链管理比较

外部知识源	产学研		用户及供应商		竞争对手及合作企业			
影响环节	知识获取	知识转移与共享	知识获取	知识保护与创新	知识获取	知识转移/共享	知识吸收/整合	知识保护与创新
知识流向	单向	双向	单向	单向	双向	双向	双向	双向
管理要点	寻找前沿及相关知识	与专家、学研机构充分交流	及时洞察、捕获用户需求前沿;了解供应商拥有的新知识	满足并试图引领用户需求;向供应商返销创新知识	寻找所需知识	双方充分交流	提高吸收能力与整合能力	做好知识保护,更要重视知识创新
管理策略	与学研机构建立长期合作关系,了解学术前沿;建立专家与企业互访机制		了解用户需求,及时反馈用户"抱怨";设立用户体验、用户创新机制;建立供应链联盟,了解最新知识并把最新知识反馈给供应商		建立知识联盟,利用知识溢出;建立学习型组织,提高个人学习与组织学习能力;构筑专利池,重视知识保护;对原有知识进行集成创新或再创新,形成新知识			

资料来源:本研究整理。

第四节 开放式自主创新促进中国企业国际竞争力的理论框架

在中外学者研究的基础上,本书构建了企业通过开放式自主创新提升国际竞争力的分析框架(见图 3-13)。其中,企业开放式自主创新的模式分为资源获取(由外到内)和资源利用(由内到外)两类,开放的基础是企业在创新过程中与相关企业或组织在资源(技术、资金、信息等)上的关联。全球创新网络和 ICT 技术的快速发展,为企业构建开放式的自主创新体系提供了机遇。国际竞争力的提高,取决于企业在创新能力、战略柔性、组织学习方面的进步,而吸收能力的提高依赖企业内部的资源和能力基础,以及对外部资源的整合能力。

一 开放式自主创新影响企业国际竞争力的静态路径

根据图3-13,可简要地总结出开放式自主创新影响企业国际竞争力的三条路径。

(一) 路径一:"开放式创新—创新能力—国际竞争力"

企业与外部的联系(无论是直接的还是间接的)对其创新能力带来巨大影响。运用开放的思维开展创新过程,企业可以从内部和外部同时获得有价值的创意和优秀的人力资源,综合内部的研发优势和外部的技术资源,在外部或内部实现研发成果商业化,并在使用自己与他人的知识产权过程中获利。内部技术能力薄弱的后发企业(Latecomers)需要利用外部的技术知识,培育建立或融入知识网络的能力。目前,中国企业的内部创新资源尚未得到充分的挖掘,创新主体的创造性尚未充分调动起来,而如何充分利用全球资源提高自主创新能力也是当前亟待解决的问题(柳卸林,2008)。研究表明,与大学的技术合作将增强企业的科学研究能力,而与外部商业机构(如供应商)的技术合作,有助于企业提高产品开发能力。因此,中国企业应通过组织间的合作(产学研协同、联盟、合资等)获得互补的知识和技术,整合各种来源的研发资源,积累技术和知识进而提升自主创新能力。

随着互联网的不断普及运用,开放式创新的地理范围日益缩小,企业间联系也越来越紧密,使企业与合作者之间出于创新的目的逐渐形成网络化。网络关系作为一种重要的资源,提高了企业获取外部资源的灵活性,有助于企业通过共享资源掌握复杂技术,提升技术创新的能力和效率(Dahlander & Gann, 2010)。企业之间的网络联接导致多种技术之间的结合,常常能衍生出全新的技术(Das & Teng, 2000)。因此,一个日益明显的趋势是,企业的竞争优势更多由其所利用外部网络的能力和效率所决定,而非企业规模。

根据创新的演化经济理论,"搜索"(Search)的作用是帮助企业发现外部多样化的信息和创新来源,促进企业对技术和知识进行重组。企业的

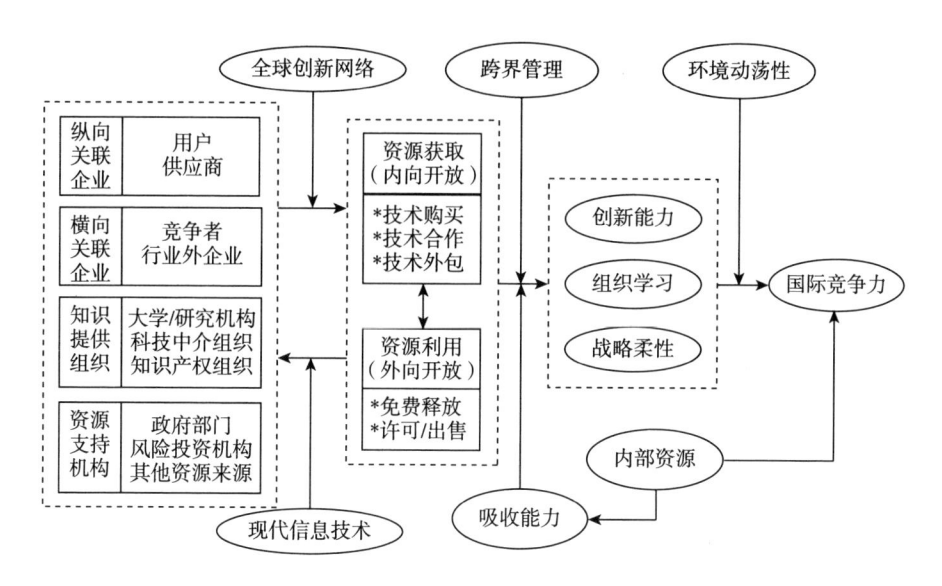

第三章 开放式自主创新的机理及其对产业国际竞争力的影响

图3-13 企业通过开放式自主创新提升国际竞争力的过程模型

资料来源：本研究整理。

搜索范围越广，就越有机会接触多样化的新知识，这给企业提供了从多个技术路径中进行选择的机会。在创新战略上坚持开放观念的企业，能更迅速地开展知识创新，构建与外部环境交互的动态能力，融合、构建和重新配置内外部资源以应对快速变化的环境（Teece，2007）。当前，创新国际化的发展趋势，赋予了中国企业极好的机会，中国应更广泛、更深入地学习国内外的技术和知识，集成全球创新资源以提升创新和竞争能力（朱朝晖，2007）。

（二）路径二："开放式创新—组织学习—国际竞争力"

从知识理论来看，开放式创新的一个直接影响就是拓展了企业的学习范围，使企业有更多的机会吸收外部新知识，进而影响企业的创新绩效及竞争优势。March（1991）创造性提出了探索性学习（Exploration Learning）和挖掘性学习（Exploitation Learning）两类学习模式，二者的学习目的有显著差异：前者是非惯例化学习，重点是对新技术的搜索和试验，追求对企业来说是新的知识；后者属于惯例化学习，重点是对现有技术、能力和范式的提炼和深化，利用和开发已经知道的知识（Levinthal & March，1993）。

开放式创新为企业提高学习能力带来了机遇，使企业的探索性学习和挖掘性学习得到更多的外部资源支持。企业通过跨越组织边界与外部的研发实验室或研究机构进行合作，这在科技密集型行业中已成为企业拓展学习场所的极佳途径。在过去，内部研发实力雄厚的大企业并不关心寻求战略合作伙伴进行知识合作。而现在，随着创新信息资源的广泛分布，有用的知识以及有价值的技术资产和技能越来越分散，企业必须在加强内部研发的同时，灵敏地利用外部资源。越来越多的企业大量地依赖于来自大学/研究机构、创业组织、领先用户、供应商和竞争者网络的技术，通过引进外部专家、外部编码化知识的系统渠道、邀请专家完成任务，以加速自身的能力开发，减少技术的不确定性（朱朝晖，2007）。通过拓展创新的开放范围、与外部伙伴建立更持久和紧密的联系，企业一方面可以接触到更多的异质性知识，将技术基础向多样化方向发展，提高了探索性学习能力，对外部新知识的吸收能力也随之增强，并进而正向影响产品/工艺创新能力和绩效；另一方面也能更深入地了解已有技术领域的知识，吸收来自外部的隐性知识，强化挖掘性学习能力，开展基于现有技术/业务领域的挖掘性学习，最终提高创新绩效。

当然，拓宽创新开放的范围尽管有利于企业接触外部组织的知识，但由于精力和资源分散，企业也可能无法在已有技术领域中深入地吸收和利用外部创新组织的知识，在提高探索性学习能力的同时延缓了探索性学习步伐。而且，与尽可能广泛的外部组织进行创新合作只是促进企业创新的前提，企业在吸收来自外部组织新知识信息的同时还需要开展面向未来市场的探索性学习，方能提高突破性创新和技术变革能力，最终提高国际竞争力。

（三）路径三："开放式创新—战略柔性—国际竞争力"

企业在与外部组织的合作创新中能提高战略柔性（Strategic Flexibility）。战略柔性是组织为了与环境互动而持续地塑造环境或及时地进行调整并做出快速反应的能力（王迎军和王永贵，2000），它不仅是企业对外部环境的被动适应能力，还包含着企业以行动改变组织环境的能力。学者们对战略柔性的划分有诸多视角，如资源柔性和协调柔性、反应性战略柔性和前瞻性战略柔性、战略认知柔性与职能层次柔性及流程基础柔性，等等。资源柔性决定了企业整体的战略柔性水平，协调柔性则反映了企业利用资源的能力。

通过实施开放式创新战略，企业与外部组织处于动态交互的状态，企业通过不断获取和利用外部的新资源，能提高应对快速多变环境的柔性程度。将创新过程向不同类型的合作者开放，企业增强了资源柔性，有利于企业跨越由于过于注重"核心"能力建设而出现的"核心刚性"困境。大量的研究也表明，战略柔性更强的企业，在探索式创新上有更好的表现，企业也更能把握住快速变化和非预期环境带来的机遇，并能利用这些机遇获得高于平均水平的利润，进而可促进企业创新绩效（Zhou & Wu，2010）。例如，哈尔滨量具刃具集团充分发掘国内技术资源，与哈尔滨理工大学等高校和科研院所开展广泛的产学研合作，通过合作研究、合作培养人才等模式，极大地提升了企业应对外部环境变化的能力。

二 开放式自主创新影响企业国际竞争力的动态过程

对中国产业来说，提高自主创新能力既是一项急迫的工作，但同时也是一个漫长和痛苦的过程。在过去的几十年，中国大陆的不同产业或同一产业内的不同企业在自主创新道路上发展出了多样化的模式，包括类似于韩国企业的赶超式自主创新（如方正的汉字激光照排、3G 的 TD – CDMA 技术、EVD 等技术）、类似于中国台湾企业的代工生产（OEM）厂商（如部分手机与部分家电产品厂商，广东与浙江的传统产品制造商）和类似于日本企业的本土市场拉动型创新（如 VCD 和小灵通），以及由跨国公司直接投资主导的合资型创新（汽车生产、东莞与苏州的计算机组装、部分化妆品生产）（江小涓，2004；柳卸林，2008）。与所有的后进国家和地区一样，中国企业的资金和技术能力相对缺乏，自主创新面临很大障碍。

根据前面对中国产业开放式自主创新典型模式的分析，我们认为，中国企业通过开放式自主创新提升国际竞争力是一个动态变化的过程，根据自主创新能力的不同阶段，企业的主导的开放式创新模式也在变化和替代。

（1）在引进消化吸收再创新阶段，模仿是中国企业学习国外技术的重要方式，通过技术学习中国企业可以掌握行业的成熟技术，并有能力追踪新兴技术和前沿技术。因此，中国企业可以与国外企业开展技术合作，或者购买国内外技术，目的是获得企业当前创新所需的技术能力，这种技术引进更多的是为满足未来本土市场的需要，对产品与工艺技术进行改进。因此，主导的开放式创新模式是技术购买、兼并与收购、研发外包。

（2）在集成创新阶段，中国企业主要是根据本土市场需求的特点进行技术融合，建立产品技术平台，致力于开发出基于现有技术的新产品。这种创新模式的特点是企业需要获得的技术与知识具有高度的多样性，而且由于技术涉猎的范围广，很多知识需要从外部获取。因此，主导的开放式创新模式是跨行业并购、研发外包、产学研合作、用户和供应商参与创新。

（3）在原始创新阶段，中国企业需要开发出能引领已有市场的未来需求的新产品，或者开辟新的市场，这对企业的技术研发能力提出了极高的要求。由于缺乏必要的知识基础，中国企业大多无法凭借自身进入原始创新阶段，这时的关键就是企业如何与外部组织协同创新，尤其是与拥有先进知识体系的大学/科研院所、创业型科技企业等进行合作，在开放中提升自身的研发能力。因此，主导的开放式创新模式是产学研合作、用户（尤其是领先用户）创新、供应商参与创新、创新国际化。[①]

[①] 当然，企业的自主创新在实践中并非严格沿着"引进消化吸收再创新—集成创新—原始创新"的发展路径，实际上，这三类自主创新模式更多的时候是平行开展的。此处的分析主要是出于方便分析企业面向不同自主创新能力的开放式创新模式选择。

第二篇

调查统计分析

第四章

中国企业开放式自主创新的发展现状和影响因素

在理论分析的基础上,本书采取大规模问卷调查的方法,对我国制造业企业开放式自主创新的现状进行了解,探讨企业开放式自主创新的动因、影响因素及模式。在问卷发放过程中,尽量考虑企业的行业、规模和地区分布,提高分析结果的信度和效度。我们还对部分企业进行了实地访谈,以发现问卷中没有涉及的一些深层次问题。

第一节 问卷设计及样本情况

本章在问卷分析中所界定的开放式自主创新包括两方面。①内向开放式自主创新:指企业运用各种方式(购买、合作、外包、搜索、咨询等)从各类外部组织或个体(包括供应商、客户、大学和研究机构、合作企业、政府部门、中介组织、竞争企业、互补企业等)获得创新资源(人才、知识和信息、设备和厂房、资金等),以提高创新能力及绩效;②外向开放式自主创新:指企业通过将内部技术与知识向外部组织或个体的授权、出售或释放,以实现或提高技术的商业化价值。这两方面的内容都列入了调查问卷(具体内容见本书附录Ⅱ)。

问卷问题采取两种方式进行调查:①对趋势和态度性问题,采取李克特 7 分量表进行测量;②对状态或期望性问题,以及战略、文化等管理问题,采取多项选择题进行测量。考虑到中国制造业的创新实践,在企业层面的问卷调查中,本研究以高新技术产业为主,选取了国内的制药、电子通信、科学仪器、汽车制造、机电设备、石油化工、通用设备、机械加工等行业的近 600 家大中型企业[①]作为研究样本,于 2011 年 6 月开始开展了针对北京、浙江、福建、广东等地企业的问卷调查。通过现场、邮寄、电子邮件、委托发放、在线填写等形式陆续发放了 572 份问卷,共收回问卷 195 份。对所得的 195 份问卷进行查看,发现有 27 份问卷填写不完整或几乎都填写一样的答案,因此将这些无效问卷舍去。最终得到符合要求的 168 份有效样本(回收率为 29.4%)(见表 4-1)。

表 4-1 被调查企业样本的描述性统计

地点	课题组现场发放数	委托发放/邮寄/邮件/在线填写数	回收问卷数	有效问卷数
北京	112	0	50	48
福建	166	58	61	52
广东	0	44	18	14
浙江	0	65	21	20
湖南	0	32	16	12
上海	0	36	14	9
江苏	0	18	6	6
河南	0	22	6	4
其他	0	19	3	3
合计	278	294	195	168

在 168 份有效问卷中,属于课题组亲自发放(现场、邮寄、网络等)的有 103 份(占总有效问卷的 61.3%),课题组委托发放的有 65 份(占 38.7%)。尽管问卷回收数已满足统计要求,但回收率并不高,原因可能是许多企业仍处于"闭门创新"状态,或者尽管存在一定的创新开放性,但没有技术外溢的现象,因此也无法完整回答问题。168 份有

[①] 企业样本的选取主要来源于《中国企业名录》并结合笔者以往研究的经验。问卷发放采取现场发放、邮寄问卷、电子邮件、在线填写等方式。其中,北京中关村企业的问卷发放是作者于 2011 年 6 月初至 8 月初在中国科学院研究生院(现为中国科学院大学)从事博士后工作期间进行的。福建企业的问卷发放由作者带领课题组成员,或委托相关人员,于 2011 年 8 月至 9 月底开展。浙江、广东和上海等地企业的问卷发放,主要是委托作者在各地的以往同学和朋友代为发放(时间从 2011 年 10 月初到 12 月底)。部分问卷则通过电子邮件或邮寄方式发放。

第四章 中国企业开放式自主创新的发展现状和影响因素

效问卷的基本情况如下。

(1) 行业分布。在168家样本企业中,有电子及通信设备企业28家(16.7%),生物制药企业12家(7.1%),材料企业17家(10.1%),电气机械制造企业33家(19.6%),钢铁企业12家(7.1%),汽车企业10家(6.0%),纺织服装企业28家(16.7%),石油化工企业4家(2.4%),航空航天企业2家(1.2%),食品饮料企业18家(10.7%),其他行业企业4家(2.4%)。样本企业的行业分布如图4-1所示。

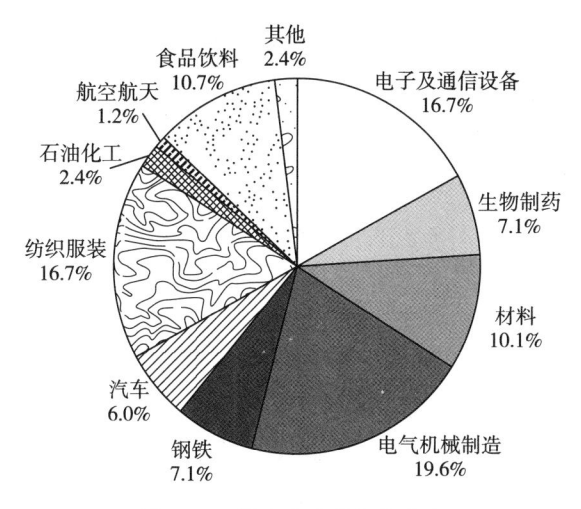

图4-1 样本企业的行业分布

(2) 年限分布。① 在168家样本企业中,有13家企业(7.7%)成立年限在3年内,26家企业(15.5%)成立年限在3~5年,31家企业(18.5%)成立年限在6~10年,62家企业(36.9%)成立年限在11~15年,19家企业(11.3%)成立年限在16~20年,14家企业(8.3%)成立年限在20年以上,有3家企业(1.8%)没有回答。样本企业的年限分布如图4-2所示。

(3) 规模分布(用年销售收入表示)。在168家样本企业中,有7家企业(4.2%)的年销售收入在500万元以下,有9家企业(5.4%)的年销售收入在500万~1000万元,有21家企业(12.5%)的年销售收入在1000万~5000万元,有16家企业(9.5%)的年销售收入在5000万~1

---

① 企业年限的计算结果,根据问卷中所填年份与2011年的时间距离得出。

129

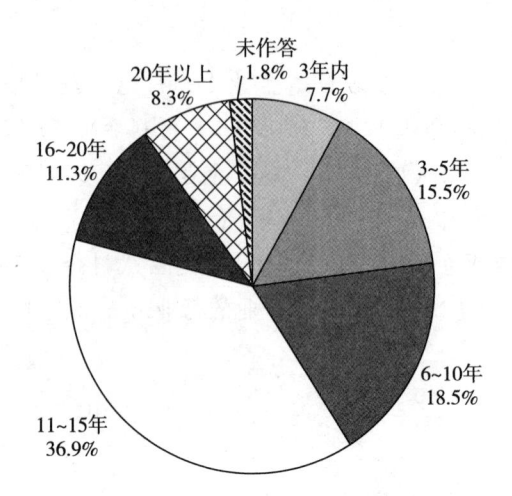

图 4-2 样本企业的年限分布

亿元，有 52 家企业（31%）的年销售收入在 1 亿~5 亿元，有 37 家企业（22.0%）的年销售收入在 5 亿~20 亿元，有 26 家企业（15.5%）的年销售收入在 20 亿元以上。样本企业的规模分布如图 4-3 所示。

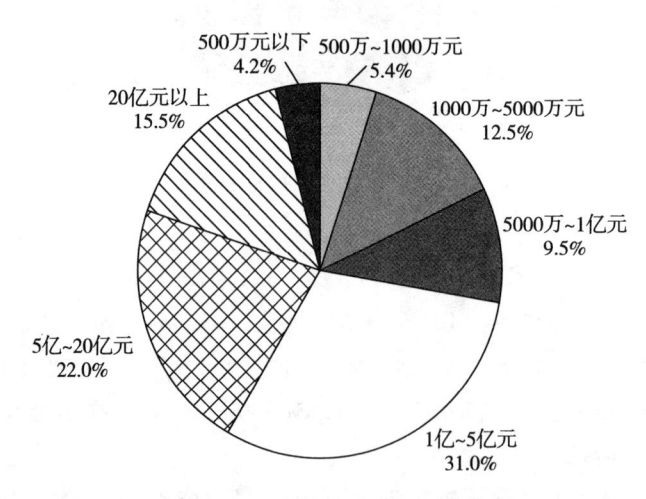

图 4-3 样本企业的规模分布

（4）研发强度（用企业研发投入占当年销售收入的比重反映）。在 168 家样本企业中，有 41 家企业（24.4%）的研发强度在 1% 以下，有 36 家企业（21.4%）的研发强度在 1%~2%，有 55 家企业（32.7%）的研发强度在 3%~5%，有 21 家企业（12.5%）的研发强度在 6%~10%，有

6家企业（3.6%）的研发强度在10%以上，有9家企业（5.4%）没有回答。① 样本企业的研发强度分布如图4-4所示。

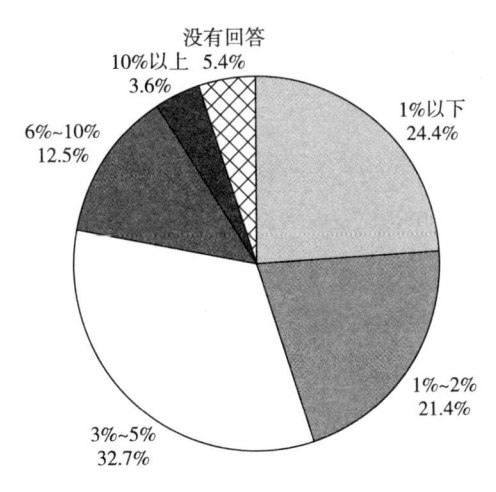

图 4-4 样本企业的研发强度分布

从上述有效样本的分布来看，样本的范围处于较合理的区间，基本符合分析的要求。

第二节 中国企业开放式自主创新的发展现状

本节从战略动机、外源分布、途径、知识产权管理和绩效等方面来分析被调查企业开放式自主创新的发展现状。

一 开放式创新的战略动机

我们将中国企业开放式创新的战略动机具体分为A~I共9种，各项分值定为1~7分，7分表示最重要，1分表示最不重要，让被调查企业打分。

从调查结果（见图4-5）来看，节约产品的研发成本及时间、快速进入市场，是中国企业当前实施开放式创新最重要的动机。获得协同效应、

---

① 企业的研发投入一般是较为敏感的信息，此处的样本企业研发强度分布由于是通过主观问卷得出，因此仅作参考，不一定是企业真实情况的反映。

获得外部的资金或互补性资产降低研发及创新的风险，也是主要动机。而文献中许多学者认为在开放式创新中十分重要的信息共享因素（如提高公司技术人员的创新能力、增强公司创新的社会资本），对我国企业来说并不是特别重要的因素，这可能是因为中国企业的创新开放不久，开放的目的更多的也是注重短期回报，战略层面的考虑还不多。另外，内部闲置技术的外部商业化，从整体上看在被调查企业中很不明显。

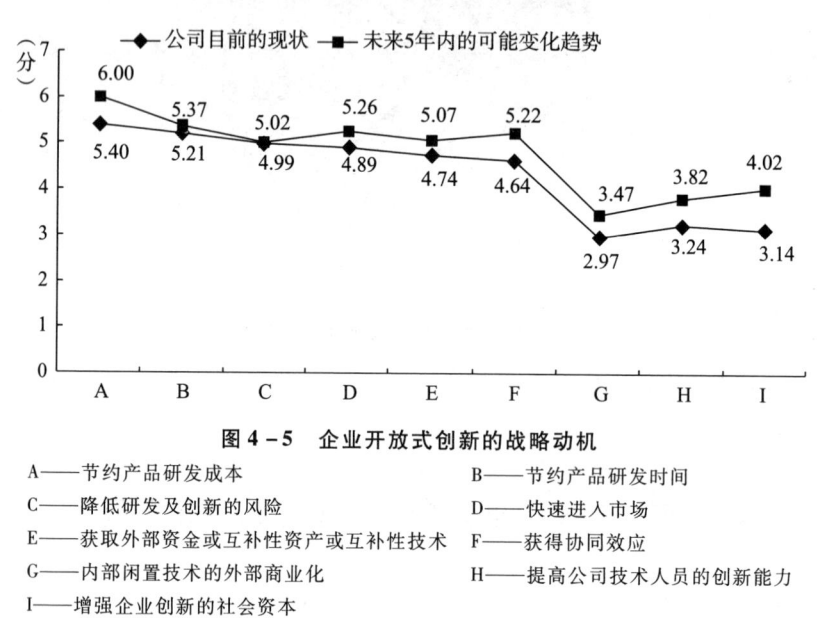

图4-5 企业开放式创新的战略动机

A——节约产品研发成本　　　　　　B——节约产品研发时间
C——降低研发及创新的风险　　　　D——快速进入市场
E——获取外部资金或互补性资产或互补性技术　F——获得协同效应
G——内部闲置技术的外部商业化　　H——提高公司技术人员的创新能力
I——增强企业创新的社会资本

二　开放式创新的外源分布

我们将中国企业的外部创新来源大致分为A~J共10类，各项分值定为1~7分，7分表示最重要，1分表示最不重要，让被调查企业打分。

从调查结果（见图4-6）来看，在回答谁是最重要的外部创新源时，消费者、客户、大学、科研机构，专利文献和科学文献是中国企业在当前最重视的，调查者表示在未来会更重视大学和科研机构、消费者（客户）、专利文献和科学文献对企业技术创新的作用。但如何与竞争者开展竞争中的合作，以及如何与越来越多的外资在华研发机构开展合作，是中国企业面临的难题。此外，风险投资机构也是中国企业需要加强利用的一个外部资源来源。

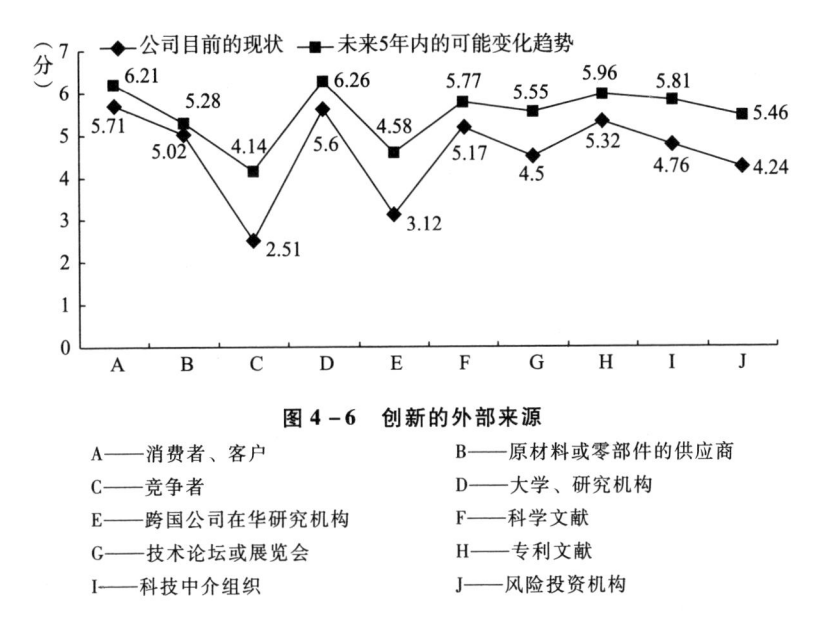

第四章 中国企业开放式自主创新的发展现状和影响因素

图4-6 创新的外部来源

A——消费者、客户　　　　　　B——原材料或零部件的供应商
C——竞争者　　　　　　　　　D——大学、研究机构
E——跨国公司在华研究机构　　　F——科学文献
G——技术论坛或展览会　　　　　H——专利文献
I——科技中介组织　　　　　　　J——风险投资机构

我们还设置了8个问题分析中国企业对外部知识来源的重视程度。从调查结果（见图4-7）来看，企业对外部知识资源的重视程度在当前和未

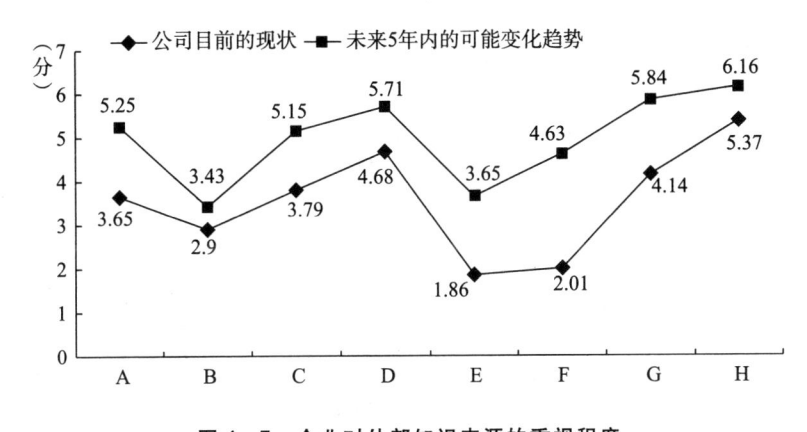

图4-7 企业对外部知识来源的重视程度

A——参与政府科研计划项目　　　　　　　　B——委托私营研究中心进行研发
C——从科技中介组织获得信息　　　　　　　D——和国内的大学、研究所建立合作研究关系
E——和国外的大学、研究所建立合作研究关系　F——从跨国公司在华研发机构获取信息
G——从展览会、互联网、杂志、学术会议和大众传媒中获得知识和信息
H——从国内外专利数据库中获取科技信息

来几年内的看法大体上是一致的。值得注意的是，随着中国政府越来越重视自主创新和加快构建以企业为主体的国家创新体系，企业参与政府科技计划的机会也越来越多，被调查企业大多表示要争取得到更多的政府科技资源。但是，对于与国外大学/科研机构以及跨国公司在华研发机构的合作，企业的重视程度仍然不高，当然，这不仅涉及风险和成本等管理因素的问题，也与中国企业所处的发展阶段有关。在中国，真正开展了创新国际化而不仅仅是生产国际化的企业仍然偏少。

三 开放式创新的主要途径

我们将中国企业的开展开放式创新的途径大致分为 A～N 共14类，各项分值定为 1～7 分，7 分表示最重要，1 分表示最不重要，让被调查企业打分。

从调查结果（见图 4-8）来看，被调查的中国企业在当前主要通过许可证或资金从国外引进技术（5.54 分）、及时与用户沟通并将用户的需求信息整合到新产品开发中（5.39 分）、与产业内的企业建立技术联盟（5.31 分）、产学研合作（5.04 分）等途径开展开放式创新。在一些国外企业非常重视的途径上，如并购国内外企业（4.56 分和 2.26 分）、在国外直接投资建立 R&D 分支机构（2.32 分），被调查企业当前并不是非常重视，甚至还处于起步阶段。而从未来趋势来看，产学研合作（6.1 分）、及时与用户沟通并将用户的需求整合到新产品开发中（5.94 分）、与产业内的企业建立技术联盟（5.55 分）、从风险投资企业处获得资金（5.15 分）、在国外直接投资建立 R&D 分支机构（4.35 分）等方面，得到了企业的更多重视。

综合来看，中国企业在开放式创新中，更多的还是采用内向开放式创新模式（资源由外到内），对外向开放式创新（内部知识的外部商业化）的利用不够，这可能与中国企业大多缺乏自主创新的技术知识有关，也与企业管理的思维方式有关。当然，这也影响了企业与外部组织建立长期的互动式的创新合作关系。

第四章 中国企业开放式自主创新的发展现状和影响因素

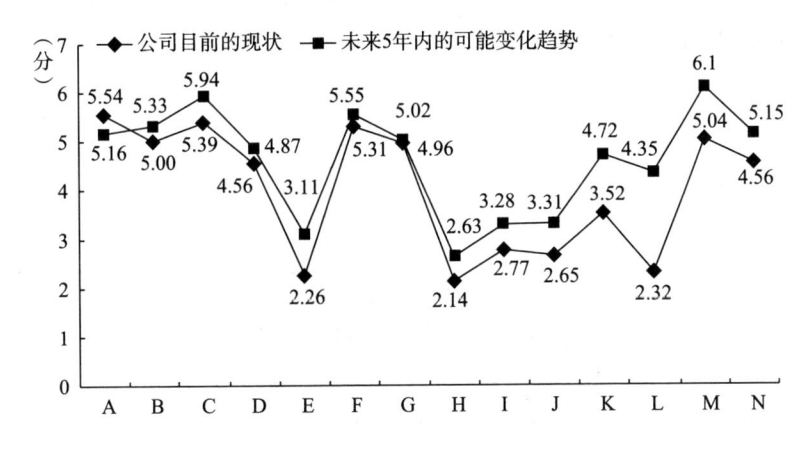

图 4-8 企业开放式创新的途径

A——通过许可证或资金从国外引进技术
B——原材料或零部件供应商在新产品开发早期阶段的参与
C——及时与用户沟通并将用户的需求信息整合到新产品开发中
D——并购国内的企业
E——并购国外的企业（主要出于 R&D 的考虑）
F——与产业内的企业建立技术联盟　　G——与产业外的企业建立技术合作关系
H——与竞争对手建立战略联盟关系　　I——专利的向外许可，实现商业价值
J——免费向外释放技术，以建立技术标准　　K——在国外建立分公司
L——在国外直接投资建立 R&D 分支机构
M——产学研合作（含招募国内外的优秀 R&D 人员）
N——从风险投资企业处获得资金

四 开放式创新的模式选择

我们将中国企业开放式创新的模式归结为 A~N 共 14 类，让被调查企业从中选择 3~5 种企业最重视或实践最多的模式。从调查结果①（见图 4-9）来看，企业在开放式创新中最重视的模式是直接从国内外相关机构或企业购买技术、与国内企业合资办厂或项目合作、邀请供应商参与新

---

① 不同企业所选择的模式数量并不相同，部分企业选择了 5 种模式，而少数企业选择的数量则在 3 种以下，因此统计图中的总数量并不是样本量的确切函数（168 个样本共选择了 688 种模式）。

产品开发,而海外研发投资、与国外企业合资等并不多,[①] 这也反映被调查企业的创新国际化水平还不高。

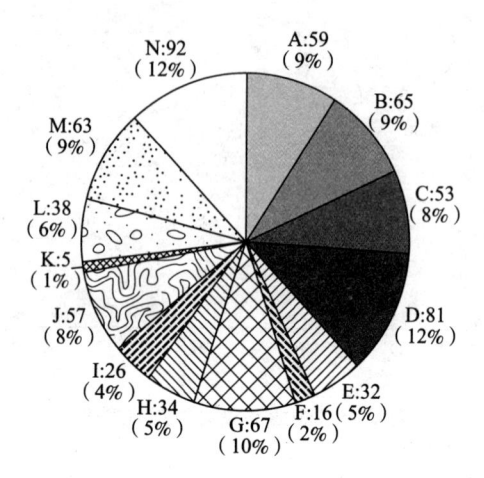

图 4-9 企业开放式创新的模式

A——邀请用户参与新产品开发　　　　B——邀请供应商参与新产品开发
C——参与产业战略联盟　　　　　　　D——产学研合作创新(包括人才培训)
E——并购或兼并　　　　　　　　　　F——与国外企业合资
G——与国内企业合资办厂或项目合作　H——研发外包
I——从风险投资机构获得资金　　　　J——从知识产权机构、科技中介组织等获得信息
K——海外研发投资　　　　　　　　　L——参与政府科技项目
M——从非正式渠道获得信息(展览、学术研讨会、行业协会、出版物、专利数据库)
N——直接从国内外相关机构或企业购买技术
注:图中的数字,括号外的为选择的数量,括号内的为某模式的选择数占总选择数量的比重。

五 开放式创新的知识产权管理

从企业对开放式创新中知识产权管理的组织支持来看,在168家样本企业中,接近一半(49%)的企业已经建立了相应的知识产权管理部门,这表明中国企业的自主创新意识不断增强,但尚有33家企业(20%)并未考虑建立知识产权部门(见图4-10),这也反映了相当部分的企业还没有意识到知识产权对于企业发展的重要性,或者认为企业当前的发展还没有到需要对知识产权进行正式化的部门管理的地步。

[①] 此处可能是本研究的样本所致。因为在一些行业(如彩电、汽车),合资是很普遍的情况,由于合资企业多为规模较大的企业,所以本研究所得到的样本尚无法反映这种情况。

第四章 中国企业开放式自主创新的发展现状和影响因素

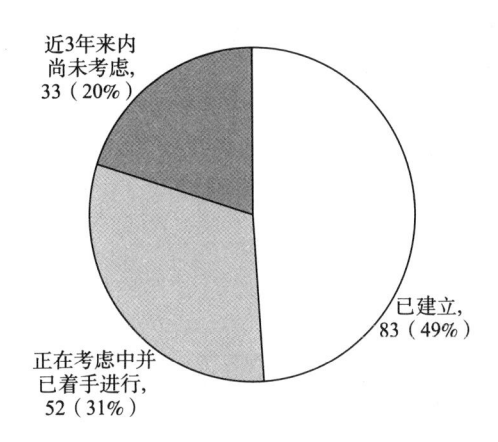

图 4-10 企业在是否建立知识产权管理部门上的不同情况

六 开放式创新的绩效

我们设置了四个问题来分析被调查企业的开放式创新绩效，168个样本企业的分析结果如图 4-11 所示。可见，被调查企业中产学研合作的创新项目成功率并不高（61.4%）。可能的原因，一是中国的企业与大学/科研院所在合作中，各方在合作理念、资源投入、结果评价等方面通常存在

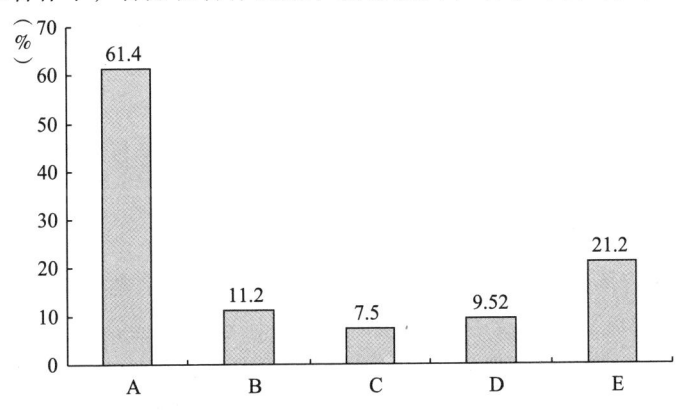

图 4-11 企业开放式创新绩效的情况

A——与大学或科研院所合作研究的创新项目的成功率
B——与获取和利用外部创新资源以前相比，新产品在本年度产品销售收入中比重的增加幅度
C——与获取和利用外部创新资源以前相比，新产品进入市场节约时间的幅度
D——与获取和利用外部创新资源以前相比，新产品获得利润的提高幅度
E——与获取和利用外部创新资源以前相比，公司在研发方面的投资浪费的减少幅度

较大差异，企业所认为的项目成功率更多地侧重于项目所带来的市场效益和利润回报，有时候项目的研发结果很理想，但市场反响一般；二是一些企业尚没有开展产学研合作创新的项目，选择得分为0，影响了调查结果。

另外，从图4-12来看，被调查企业认为开放式创新对企业的发展还是有较明显的积极作用的，企业的利润、创新收益率都有一定程度的提高。

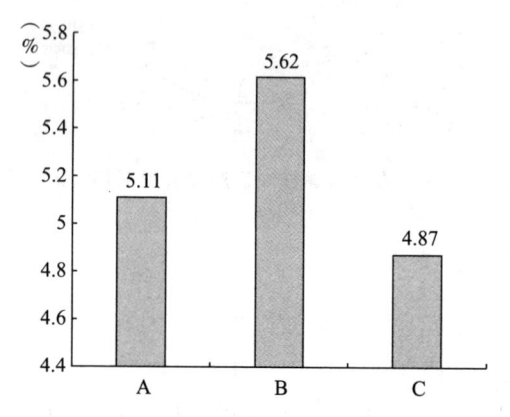

图4-12　开放式创新对企业的影响

A——外部创新资源的利用对公司总利润的贡献程度
B——相对于投入的各类资源而言，与用户或供应商合作进行的产品开发项目的成功程度
C——通过与外部创新源的合作，公司技术创新的收益相对于成本的盈利能力

第三节　中国企业开放式自主创新的特点

从上述分析结果并结合有关文献和商业报道来看，中国企业的开放式创新途径较为集中，大部分企业注重技术和知识等创新资源由"外"向"内"的单向流动，对技术引进和专利授权比较看重。在访谈中我们还得知，不少企业即便是与跨国公司或技术先进的企业合作建立了R&D联盟，主要目的也是获得技术转让而非开展互动学习，真正走出国门建立R&D机构的企业更是非常少。我国现阶段企业的开放式创新有以下特点。

一　开放式创新发展强度

中国市场需求巨大而且多变，同业竞争异常激烈，使许多企业忙于短期的竞争，内向开放式创新由于能弥补企业内部的研发能力和互补资产的短板而获得企业的高度认可,外向模式则主要发生在一些拥有强大研发能力的大企业或新兴的中小高科技企业。结合前面的理论分析,我们认为,中国企业当前已逐渐超越了弱向开放式创新阶段,对开放式创新的重要性有了更多的认识,但大多数企业仍处于内向开放式创新占主导地位的阶段,较少企业重视并开展外向开放式创新,同步开展双向开放式创新的企业则更少(从此前的研究结果以及本次企业调研来看,中兴通讯、海尔、京东方、联想等企业在这方面的探索和表现在国内是比较突出的)。

二 开放式创新战略

中国企业开放式创新的战略动机主要是节约产品的研发时间,快速进入市场。少数领先企业注重在开放式创新中获得外部互补性技术和隐性知识,以提高企业的创新能力。总体上看,我国企业当前更重视通过技术获取式合作创新来弥补内部研发能力和资金的不足,比较忽视通过与全球性创新资源进行互动的 R&D 活动提高企业的竞争力。

在开放式创新的途径上,大部分企业主要采用了引进国外技术、在新产品开发过程中与用户及时沟通、与产业内的企业建立技术联盟、产学研合作等形式。海外投资则基本处于直接投资建厂和资源型并购阶段,在国外进行研发投资的企业很少。近年来,中国企业在国际化进程中也开始注重建立对外技术联盟,但主要针对项目的技术学习,与跨国公司在华研发本地化的趋势不太相同。另外,调研中发现,对于开放式创新中的知识产权问题,一些企业尚未设立专门的管理机构,对于知识的获取、整合和利用以及专利申请,更多的是依靠项目组成员自行解决,缺乏公司层面战略和组织支撑。

第四节 中国企业开放式自主创新的影响因素

为探索我国企业开放式自主创新的发展及管理策略,在对我国企业开放式创新的现状和特点进行分析的基础上,我们还从开放式创新的促进因素和抑制因素两方面考察中国企业开放式创新的影响因素。其中,促进因素包括战略导向因素和绩效导向因素两方面,前者注重能力培养(包括快速进入市场;获得互补性技术或隐性知识,弥补公司内部研发能力的不足;获得协同效应;通过外部合作与交流,提高公司技术人员的创新能力；嵌入外部创新网络，增强社会资本），后者注重带来的直接利益（包括节约产品研发成本；节约产品研发时间；降低研发及创新的风险；获得互补性资产，提高公司在生产或市场开发方面的能力；为内部闲置的技术寻求外部的商业化途径）。抑制因素中，主要包括合作中存在知识外泄的风险，难以找到合适的技术伙伴，以及公司内部缺乏创新能力，难以对外部知识进行理解和消化吸收等（见表4-2）。

表4-2 我国企业开放式创新的影响因素

促进因素		抑制因素
战略导向因素	绩效导向因素	
●快速进入市场 ●获得互补性技术或隐性知识，弥补公司内部研发能力的不足 ●获得协同效应 ●通过外部合作与交流，提高公司技术人员的创新能力 ●嵌入外部创新网络，增强社会资本	●节约产品研发成本 ●节约产品研发时间 ●降低研发及创新的风险 ●获得互补性资产，提高公司在生产或市场开发方面的能力 ●获得外部资金，弥补公司内部研发资金的缺口 ●为内部闲置的技术寻求外部的商业化途径	●合作中存在知识外泄的风险 ●难以找到合适的技术伙伴 ●管理和协调的成本较高 ●寻求和购买外部知识的费用过高，且有较大的风险 ●公司内部缺乏创新能力，难以对外部知识进行理解和消化吸收 ●公司内部还没有建立开放的文化 ●公司还缺乏激励员工利用外部创新资源的管理手段与制度 ●整个行业尚缺乏开放的环境和氛围 ●受到知识产权方面的困扰

资料来源：本研究整理。

之所以这样分类，基于以下两点考虑。①在开放式创新的促进因素方面，我们认为既要考虑到创新的开放性对企业带来的直接影响（绩效），也要考虑企业通过开放式创新来培养能力（战略）。开放不是简单的从外部获取技术，更重要的是与外部组织形成创新的合力，将内外部创新资源进行有机的联结与整合。②在开放式创新的抑制因素方面，我们主要从两个层面来考察：一是企业内部因素的限制，如吸收能力、文化支持、管理制度、成本与费用等；二是外部环境方面，如交易风险、开放的环境和氛围、知识产权困扰等。

本节将上述各项指标分值定为1~7分，7分为最重要，1分为最不重要，让被调查企业对各指标进行判断和打分。

第四章 中国企业开放式自主创新的发展现状和影响因素

一 开放式创新的促进因素分析

(一) 战略导向的促进因素

战略导向的驱动因素反映了企业是否从长期层面考虑开放式创新带来的好处。在指标设计中,快速进入市场这一指标侧重考察我国企业针对市场竞争的需要对开放式创新的影响;获得互补性技术或隐性知识,弥补公司内部研发能力的不足与通过外部合作与交流,提高公司技术人员的创新能力这两个指标侧重考察我国企业对提高自主研发能力的需要对开放式创新的影响;"获得协同效应"、"嵌入外部创新网络,增强社会资本",这两个指标侧重考察我国企业联结外部组织开展协同创新对开放式创新的影响。

从调查结果(见表4-3)来看,在战略导向因素中,快速进入市场、获得互补性技术及协同效应,是主要的促进因素。相对来说,针对市场需求的开放式创新,是当前中国企业较为重视的问题,这也是由于国际国内市场变化的动态性都在不断增强。但是,提高公司技术人员的创新能力,嵌入外部创新网络,在被调查企业中并没有受到足够的重视,这一方面反映了我国企业开放式创新的程度不高,R&D需求方面的因素总体上还不是企业主要考虑的问题;另一方面也说明了我国企业对开放式创新在知识学习和信息共享方面的作用还认识不足。

表4-3 企业开放式创新的促进因素评价

内容	平均得分(分)	最重要(%)	很重要(%)	重要(%)	一般(%)	不重要(%)	很不重要(%)	最不重要(%)
快速进入市场	5.08	18.45	27.38	22.02	14.29	11.31	6.55	0
获得互补性技术或隐性知识,弥补公司内部研发能力的不足	4.98	17.26	24.41	23.21	14.29	16.07	4.76	0
获得协同效应	4.93	8.20	25.3	32.2	23.4	9.1	0	1.8
通过外部合作与交流,提高公司技术人员的创新能力	3.53	5.36	6.55	13.10	27.38	21.43	10.71	15.48

续表

内容	平均得分（分）	最重要（%）	很重要（%）	重要（%）	一般（%）	不重要（%）	很不重要（%）	最不重要（%）
嵌入外部创新网络，增强社会资本	3.58	0	8.93	13.69	30.36	27.38	13.10	6.55
节约产品研发成本	5.70	41.07	19.05	18.45	11.90	9.52	0	0
节约产品研发时间	5.29	27.38	13.10	32.14	16.07	11.31	0	0
降低研发及创新的风险	5.00	17.86	26.79	22.02	17.26	9.52	0	6.55
获得互补性资产，提高公司在生产或市场开发方面的能力	4.99	17.26	23.81	23.81	17.26	11.31	6.55	0
获得外部资金，弥补公司内部研发资金的缺口	4.74	13.10	16.07	25.50	25.0	17.86	2.38	0
为内部闲置的技术寻求外部的商业化途径	3.22	0	8.93	16.07	10.71	30.36	20.24	13.69

注：表格内第二列的平均得分是公司目前现状与未来趋势的得分（见图4-5）的平均值，其余各列的百分比为各分值个数占总样本数的比例。

（二）绩效导向的驱动因素

在指标设计中，节约产品研发成本、节约产品研发时间、降低研发及创新的风险这三项指标主要考察外部创新源对企业在开展新技术研究和新产品开发过程中的贡献程度；获得互补性资产，提高公司在生产或市场开发方面的能力，以及获得外部资金，弥补公司内部研发资金的缺口这两项指标主要考察外部的知识资源和资金资源对企业在研发、生产或市场开发方面的吸引程度。

从调查结果（见表4-3）来看，在绩效导向因素中，节约产品研发成本、节约产品研发时间、降低研发及创新的风险最受企业的重视，不过也有不少企业认为这不是其开放式创新的驱动因素。在调查和访谈中我们发现，这部分企业主要是那些市场外向型的加工类企业，以及少数资源型企业，这些企业的研发活动很有限，是否开展开放式创新并不受研发效率的影响。获得互补性资产，提高公司在生产或市场开发方面的能力，也受到企业的重视。而获得外部资金，弥补公司内部研发资金的缺口，在总体上有近一半的企业并不是很看重。其原因可能是，资金投入在中国企业的技术创新中仍然是一个较大的难题，除了政府补贴和税收减免、银行贷款等获得部分研发资金外，在中国，对风险投资在企业研发创新过程中的作用认识还有待提高，资金大多投向企业而不是投向研发项目。因此，资金实力雄厚的企业并不十分看重外部资金在研发经费中的作用。

二 开放式创新的限制因素分析

从统计结果（见表4-4和图4-13）来看：

第一，总体上，中国企业开展开放式创新受到许多因素的制约，9项指标得分的平均值为4.49，说明总体上企业在开展开放式创新时，受到内外部因素影响的程度还比较高。但企业在这方面的具体情况差异较大，需要做具体的分析。

第二，从R&D和创新的层面上讲，各指标对企业开放式创新的影响不同。接近一半的企业（占47.04%）认为合作中存在知识外泄的风险这一指标不重要（这一指标的分值也较低），主要是因为我国企业真正开展研发合作的并不多，创新的开放性大多体现在技术的外部引进和转让许可，只有少数领先企业注重在与外部组织的合作中获得新的知识信息，因此对知识外泄风险的担心程度也不高。当然，也有16.07%的企业认为这一问题对企业是否采取开放式创新模式有很大影响。访谈中，一些企业谈到了出于市场竞争复杂性的考虑，它们在与其他企业的合作中并不愿意完全公开其研发信息，因为担心有些企业的"搭便车"行为会损害自身在未来的发展。

尽管难以找到合适的技术伙伴这一指标的分值较低（3.96），但仍有35.13%的企业认为这个问题是比较重要的。访谈中我们发现，为数不少的企业还未建立知识的外部搜索部门（Department for Knowledge Searching Outside），对如何与外部组织进行技术合作也缺乏必要的规划。而公司内部缺乏创新能力，难以对外部知识进行理解和消化吸收这一指标相对来说分值较高（4.80），且超过一半的企业（53.57%）认为这是抑制企业开放式创新的重要因素。这主要是因为我国企业大多数还缺乏对自主研发能力的投入，尽管引进了大量的外部技术，但通常是为了应付当前创新项目的难题，并不能对这些知识进行有效的利用和整合，难以内化为企业的创新能力。但也有22.62%的企业认为这一指标并不重要，我们发现有这种情况的主要是一些高新技术企业，这些企业的内部研发能力较强，一般不存在此类问题。

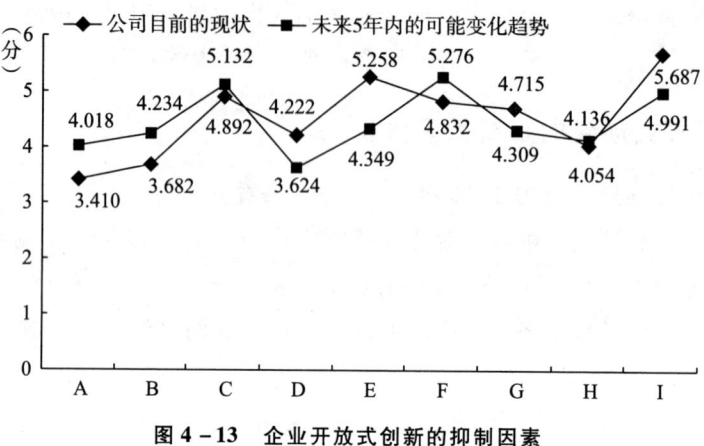

图 4-13 企业开放式创新的抑制因素

A——合作中存在知识外泄的风险　　　　B——难以找到合适的技术伙伴
C——管理和协调的成本较高
D——寻求和购买外部知识的费用过高，且有较大的风险
E——公司内部缺乏创新能力，难以对外部知识进行理解和消化吸收
F——公司内部还没有建立开放的文化
G——公司还缺乏激励员工利用外部创新资源的管理手段与制度
H——整个行业尚缺乏开放的环境和氛围　　　I——受到知识产权方面因素的困扰

表 4-4 企业开放式创新的抑制因素评价

内容	平均得分（分）	最重要（%）	很重要（%）	重要（%）	一般（%）	不重要（%）	很不重要（%）	最不重要（%）
合作中存在知识外泄的风险	3.71	3.57	12.50	14.28	22.62	14.89	17.86	14.29
难以找到合适的技术伙伴	3.96	6.55	13.69	14.89	19.64	17.26	17.86	10.12
管理和协调的成本较高	5.01	18.45	17.26	25.60	16.07	15.48	7.143	0
寻求和购买外部知识的费用过高，且有较大的风险	3.92	0	18.45	18.45	16.67	18.45	20.83	7.14
公司内部缺乏创新能力，难以对外部知识理解和消化吸收	4.80	18.45	16.07	19.05	23.81	11.31	7.74	3.57
公司内部还没有建立开放的文化	5.05	14.89	31.55	16.67	21.43	6.55	7.74	1.19
公司还缺乏激励员工利用外部创新资源的管理手段与制度	4.51	4.17	17.26	25.60	25.60	16.67	10.71	0

续表

内容	平均得分（分）	最重要（%）	很重要（%）	重要（%）	一般（%）	不重要（%）	很不重要（%）	最不重要（%）
整个行业尚缺乏开放的环境和氛围	4.10	6.55	14.88	17.26	19.64	18.45	12.50	10.71
受到知识产权方面因素的困扰	5.34	30.36	20.24	15.48	18.45	8.93	6.55	0

注：表格内平均得分是公司目前现状与未来趋势的得分（见图4-13）的平均值，百分比为各分值个数占总样本数的比例。

受到知识产权方面因素的困扰，是当前抑制我国企业开放式创新的主要因素，有66.08%的企业认为这对其是否采取开放式创新比较重要。这里可能有两方面的原因，一是随着中国加入WTO，知识产权的国际化已成为中国企业必须面对和考虑的问题，我国企业以往依靠仿制和简单改进的技术策略受到很大的限制，在出口方面这种情况比较明显；二是由于中国企业对内部研发的投入（尤其是研究性项目的投入）长期偏低，[①] 自主知识产权较少，在与外部组织的合作创新中，也面临知识产权的归属、价值评估等方面的问题。

第三，从公司层面上讲，管理和协调的成本较高相对来说是抑制我国企业开放式创新的重要因素，61.31%的企业认为这一指标比较重要。从实际情况来看，知识在组织之间的交易是非常复杂的活动，外部知识的引进并不代表企业真正获得了这些知识的价值，如何将外部知识有效地整合到内部研发系统和产品创新活动中，是各国企业都面临的普遍难题，由于我国企业相对于国外企业总体上R&D投入不足，这一问题表现得较为明显。公司内部还没有建立开放的文化，其分值（5.05）相对较高，有63.11%的企业认为这一指标是限制企业开放式创新的重要因素。在访谈中我们发现，"非此地发明"和"非此地制造"等观念在不少企业都存在，一些企业不能接受诸如研发外包、与对手在竞争中合作（竞合）等新趋势。公司还缺乏激励员工利用外部创新资源的管理手段与制度、整个行业尚缺乏开

[①] 柳卸林和何郁冰（2011）的研究表明，中国企业在国家创新体系中已经成为R&D投入的第一主体，但绝大部分资源投入到了试验发展（主要是产品的试制和工艺改进），而不是研究（包括基础研究和应用研究）。

放的环境和氛围这两个指标的分值相对不高（4.51 和 4.10），但仍分别有 47.03% 和 38.69% 的企业认为比较重要，这也反映开放式创新对于我国企业来说尚属于新兴事物，企业之间、企业与相关组织之间还未建立起相互合作、共同发展的"创新生态系统"（Innovation Ecosystem）的观念，企业内部也没有采取有针对性的开放式创新管理机制。

通过对我国部分企业的调查分析，从中国企业开放式创新的战略动机、外源分布、主要途径和模式选择来看，我们认为，我国企业的开放式创新还处于正在兴起的阶段，表现在：战略动机主要是节约产品的研发时间、快速进入市场，更多地关注绩效而非能力的提高；外部创新源主要围绕用户、科学文献等展开，创新的国际化水平还不高；开放式创新的途径主要是引进国外技术、用户参与创新，建立产业内联盟、产学研合作等传统方式，以及跨国并购和海外研发投资等全球化创新方式运用得较少；许多企业尚未建立有利于开放式创新的知识产权管理制度与组织机构。这些结论，为进一步探索我国企业开放式自主创新的机理及其对国际竞争力的影响提供了较好的基础。

第三篇

产业案例研究

本篇以中国的汽车、电信设备、生物制药、彩电四个行业为分析对象，就开放式自主创新对产业国际竞争力的影响开展中观层面的案例研究。由于变量和研究观察的限制，我们实际上侧重分析各产业"为什么"与"如何"进行开放式自主创新及其后果等方面，探讨这些产业开展开放式自主创新的基本情况、历史脉络、动因及趋势，剖析这些产业开放式自主创新的模式及影响因素，以及开放和自主之间的关系，探索该模式对产业国际竞争力的影响效应，总结其成功的经验或失败的教训。在研究框架上，主要基于第三章的理论分析结论，在实际的研究执行过程中则主要参考了路风（2006）、柳卸林（2008）、谢伟（2001，2008）等写作手法，采用历史事件分析的方法展开论述。

【研究设计、方法与数据来源】

在管理学理论中，通过案例研究来构建理论是在案例的实证数据基础上，利用单案例或多案例来界定理论构念、命题以及中层理论的过程，是一种将丰富的定性数据与主流的演绎研究结合起来的重要方法。案例研究适用于解释性和探索性的研究，适合回答"怎么样"或"为什么"的问题（Yin，2003），有助于捕捉和追踪管理实践中涌现出来的新现象和新问题，同时通过对案例的深入剖析，也能更好地检视研究框架中提出的问题。

根据 Eisenhardt（1989）的研究建议，本篇采用回溯研究法（TRACES）。基于前述的理论观点，结合笔者对中国制造业创新与发展的跟踪调研和资料的可获得性，本研究选择中国的汽车、电信设备、生物制药、彩电行业为案例对象，通过对历史事件的剖析，分析这四个产业在技术创新以及国际竞争中所经历的主要事件，提供这些产业的开放式自主创新与国际竞争力之间关系具有渊源的证据，并总结其中的经验教训。

本篇中的产业（Sector）概念取自意大利 Bocconi 大学的学者 F. Malerba 在 2002 年给出的定义，指一组为了满足给定需求或正在出现的需求、由某些相关联的产品群组成、拥有共同知识的活动集合体。在研究前，笔者及课题组成员预先通过专家访谈来收集必要的信息。通过与国内著名高校和研究院所中从事汽车整车及零部件、生物技术、通信设备、彩色电视机等研发工作的部分科学家和技术人员进行深入访谈，解答了在公开资料中难以确定的问题以及本研究关心的其他问题，进一步完善了案例研究结论。在研究过程中，尽可能详尽地掌握国内外有关四类中国产业发展的学术文献、新闻报道、博硕士论文、中国政府各部委和其他相关网站的数百份资料，并通过参加学术会议、面对面访谈、现场观察、邮件来往等方法获取相关资料，反复验证与对比获得了尽可能翔实的信息，重点从合资、并购、合作创新及联盟、产学研协同创新、研发国际化等角度梳理这四类产业通过开放式自主创新提升国际竞争力的过程及脉络，以对其他产业的发展提供有益借鉴。

本篇研究的数据来源主要包括：

（1）主要是公开出版的统计年鉴，如1991～2013年《中国工业经济统计年鉴》、《中国科技统计年鉴》、《中国汽车工业统计年鉴》和《中国高技术统计年鉴》，以及两次全国R&D资源清查公报，国家知识产权局的历年统计报告。此外，还搜集和整理了各类公开的科技与经济信息数据库，如中国科技统计网（http://www.sts.org.cn/）、国务院发展研究中心信息网（国研网）、中国经济信息网（中经网数据库）。

（2）中国政府各相关部门（包括科技部、工信部、海关总署、商务部等）网站公布的信息和数据资料，包括历年的中国工业品进出口数据、中国利用外资的历史数据、中国海外投资的历史数据、历年国家自然科学基金立项数据和"863"项目统计信息、科技部官方网站公布的1998～2013年的"973"计划立项清单，等等。

（3）部分数据取自国外数据库，包括：汤森路透公司（http://thomsonreuters.com）ISI Knowledge数据库中的SCI论文数据库和德温特专利数据库，经济合作与发展组织（OECD）历年的Main Science and Technology Indicators、Science, Technology and Industry Outlook以及Science, Technology and Industry Scoreboard等数据库，世界知识产权组织（WIPO）的Global Innovation Index，联合国贸易和发展大会（UNCTAD）的Technology and Innovation Report，世界贸易组织（WTO）历年的International Trade Statistics和WTO Annual Report等。

（4）各专业资讯网站，如赛迪网、生物谷、DisplaySearch、中怡康、Global Insight HIS、中国信息产业网、中国汽车工业信息网等的相关产业发展信息。一些数据分析结果取自国内多个证券公司的研究报告。

（5）部分数据和统计信息来自有关的书籍、研究报告及期刊文献，限于篇幅不再一一列出。

第五章

中国汽车产业的开放式自主创新与国际竞争力提升[*]

第一节 引言及问题的提出

经过改革开放以来的惊人发展,中国在全球汽车产业版图中扮演着重要角色。20世纪90年代,中国整个汽车行业的产量还比不上一家普通的跨国汽车制造商,但进入新世纪后,中国汽车产业的表现令世人瞩目,从2009年开始中国已连续五年成为全球第一大汽车产销国,是全球最重要的汽车市场之一。

然而,在中国,汽车产业也是一个过去30多年里争议最大的行业。在这个发达国家都十分重视的行业中,中国并未表现出强大的国际竞争力,"大而不强"现象仍然突出。①"强"规模和"弱"品牌。从产销量看,中国排前十位的汽车企业在规模上都是世界级大企业,但除长安外,合资品牌销量占据绝对份额(在上汽,合资品牌销量占95%以上)。2013年,中国汽车产量达2211.68万辆,但跨国公司品牌占据2/3以上的市场份额,本土企业中尚没有世界级的大品牌。②"强"制造和"弱"研发。中国的整车制造商的能力和优势集中在制造上,研发能力和技术水平与国外汽车企业差距巨大。③"强"进口与"弱"出口。在国家政策激励下,中国汽车产业几乎是全方位引进了国外汽车的品牌、产品和技术,全球几乎所有的汽车主流品牌都已在中国投资建厂,但中国汽车的出口数量仍然偏少且多集中在低端产品

---

[*] 如无特别说明,本章所指的汽车,指家用乘用车(轿车),不涉及商用乘用车及货车。

和发展中国家市场，自主品牌汽车在海外市场上的竞争力薄弱。① 2013 年，中国汽车出口 94.81 万辆，仅占全部产量的 4.29%。

中国汽车产业大而不强，涉及技术变革、市场需求、产业组织和政府政策等多方面因素，从本研究角度来看有两个主要原因。①中国本土企业在通过引进国外轿车制造技术而迅速盈利后，忽略和推迟自主技术开发，自主创新能力建设迟缓；②合资作为一种开放模式并没有给中国企业的产品开发带来明显的技术溢出，企业普遍存在重引进车型、轻技术吸收的现象，自主轿车的研发迟缓。从总体上看，中国汽车企业并没有处理好技术引进与自主研发的关系，尽管新中国成立后不久本土企业也具备一定的汽车自主开发能力，②但在技术引进尤其是合资后这些能力却快速地被外资所替代。国内企业在合资后将重点放在提高国产化比率上，快速地形成了规模制造的能力，但自主开发能力逐步下降，合资引进成为主导模式，自主轿车产品开发相应地被严重忽视（路风和封凯栋，2005）。

在本章，我们侧重分析中国汽车产业在创新与发展中是如何处理开放与自主的关系的，尤其是合资带来的影响。我们感兴趣的问题是：为什么所谓的"三大三小"③ 在率先进行开放式创新、引进国外轿车制造技术后，却陷入"引进—落后—再引进—再落后"的困境，反而是哈飞、吉利、奇瑞这些一开始就立足自主研发的企业，不断推出自主品牌的汽车产品？在中国汽车产业，技术引进与自主开发是替代关系还是互动关系？中国企业如何更有效地利用合资这类重要的开放式创新途径来提高自主创新能力？

第二节 中国汽车产业的创新与国际竞争

按照开放与自主之间的关系，以梁玺和蔺雷（2007）和吴贵生（2011）的研究为基础并结合其他学者的研究，可将中国汽车工业的开放

---

① 徐和谊. 中国汽车要克服三大怪象. 中国经济周刊，2012 - 11 - 23.
② 包括 1956 年研制成功的第一辆载货汽车（即解放牌汽车），1958 年推出的第一辆轿车和 1960 年的第一辆重型汽车，等等。
③ "三大"指一汽、东风（二汽）、上汽，"三小"指北京吉普、天津夏利、广州标致。2009 年初，在国务院《汽车产业调整和振兴规划》中，长安与一汽、东风、上汽一起被列入了"四大"之列。

式自主创新发展分为三个阶段。

1. 封闭条件下的自主开发（1956~1983年）

1953年7月15日，中国建设了第一个汽车制造厂（长春第一汽车制造厂）。1958年5月，一汽成功试制东风牌轿车，6月，南京汽配厂试制出了第一辆国产越野汽车——NJ 230型1.5吨军用越野车。8月，一汽研制出第一辆红旗牌高级轿车。1978年，邓小平认为中国汽车与国外企业"合资经营可以办"，在1982年上汽和大众的谈判中又提出"轿车可以合资"，这为后来"以市场换技术"式合资奠定了思想基础。

在这一阶段，中国汽车产业处于弱向开放式自主创新状态。一方面，产业技术能力基础薄弱，几乎没有轿车的制造经验，自主开发主要面向货车，即使是汇集了当时国内最强技术力量开发出的红旗轿车，也只有几百辆的年产规模；另一方面，在改革开放前，中国与欧美日国家缺乏技术交流，加上中苏关系的破裂，中国汽车企业学习外部技术的来源更为匮乏，技术进步缓慢，而且主要体现在制造工艺及设备方面。在这种封闭式的创新模式下，中国本土汽车企业自主开发能力的建设异常艰辛。当时，中国虽然已经基本掌握了载货汽车和轻型车的技术，但要在几乎是全新的轿车领域中进行产品设计与生产，中国企业基本上束手无策。

2. 开放条件下的国产化（1984~1996年）

20世纪80年代初，中国明确提出汽车老产品换型，结束产品"三十年一贯制"的生产格局，改变汽车产品缺重少轻、少乘用车、少专用车、轿车几近空白和技术落后的产品结构。① 时任中国汽车工业公司董事长的饶斌②最早提出"市场换技术"，他向中央提出搞"技贸结合"，用进口汽车作为筹码，引进国外技术。1983年5月5日，北京汽车制造厂与美国汽车公司在北京正式签署合资协议，中方控股68.65%，美方控股31.35%，合营期限20年，合资生产北京吉普（贾新光，2010）。第二年，上海大众、广州标致相继成立。1987年，我国正式确立了汽车产业生产的"三大"和"三小"格局。自此，多层次、大规模地以合资生产的方式引进国

---

① 中国汽车工业公司编. 中国汽车工业年鉴1986. 北京：机械工业出版社，1986.
② 饶斌担任过一汽的厂长，是红旗轿车开发的总指挥。当时，大量进口和走私的日本轿车涌进国门，花去的外汇比前20年中国汽车工业的总投资还多（贾新光，2010）。

外先进的生产线、技术和资本，成为中国汽车工业的主要活动，这也为中国的工程师通过技术学习并消化吸收，自主开发出各种轻型和微型汽车带来了机会。

在这一阶段，开放（合资）是主流，自主（国产化）主要针对生产层面，尤其是零部件体系的国产化。在国家政策的规定下，国产化作为一个硬性指标约束着合资双方，这在某种程度上提升了合资企业在制造、设计方面的能力，零部件体系也得到了完善。桑塔纳轿车合资国产化项目被认为是一个成功典型。比如，上海汽车零部件配套体系，就是在桑塔纳轿车国产化的基础上逐步形成的。据报道，桑塔纳的国产化率在 1986 年为 3.9%，在 1993 年后达到 60.09%，1996 年突破 90%。夏利在 1987 年为 11.2%，到 1993 年达到 83%。捷达在 1993 年为 10%，1997 年达到 87%。富康在 1993 年为 3.66%，到 1998 年为 80%。[1]

3. 开放条件下的自主创新（1997 年至今）

1997 年，国家对汽车生产规划进行了调整，从十年前的"三大三小"部署，进一步放宽了对新进入者的限制，吉利等一批民营企业进入了该行业，多种国产品牌轿车相继问世（如哈飞的路宝、赛马，奇瑞的"风云"中级轿车和 QQ 微型轿车等），抢占了相当部分的国内市场份额，并开始出口国外。2010 年，全国汽车产销 1826.47 万辆和 1806.19 万辆，同比分别增长 32.44% 和 32.37%。2013 年分别上升到 2211.68 万辆（同比增长 14.76%）和 2198.41 万辆（同比增长 13.87%）。[2] 而根据工信部的预测，2015 年底规划产能将达到 3124 万辆。

这一阶段的自主汽车品牌的技术发展特点是：①基于成熟工艺能力的中低端整车与核心零部件开发的切入；②整车开发具备初步的开发细分市场的能力，但在概念开发、整车设计、后端验证及平台开发方面的能力仍较弱；③以自主控制开发与拥有自主知识产权和自主品牌的车为目的，技术能力处于初级阶段；④技术管理工作向科学化和规范化发展，研发投入增加（梁玺和蔺雷，2007）。图 5-1 表示了中国汽车产业的技术发展阶段。

---

[1] 谢伟，吴贵生. 国产化作为技术学习国产化：上海桑塔纳案例分析. 科研管理，1997，18（1）：34-40.

[2] 2013 年中国汽车产销均超 2000 万辆. 新京报，2014-01-13.

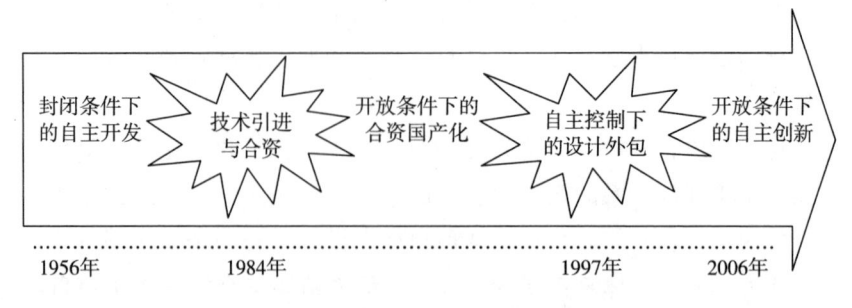

图 5-1 中国汽车产业技术发展阶段

封闭条件下的自主开发 → 技术引进与合资 → 开放条件下的合资国产化 → 自主控制下的设计外包 → 开放条件下的自主创新

1956年　　1984年　　1997年　　2006年

资料来源：梁玺和蔺雷（2007）。

表 5-1 列出了中国汽车工业发展的一些重要事件。

表 5-1　中国汽车工业发展的重要事件（部分）

年份	重要事件
1953	中国开始建设第一个汽车制造厂（长春一汽）
1956	一汽研制成功第一辆载货汽车（仿制苏联吉斯卡车，4 吨，解放牌）
1958	5 月，一汽成功试制出东风牌轿车；6 月，南京汽车制配厂试制出了第一辆国产越野汽车——NJ 230 型 1.5 吨军用越野汽车；8 月，一汽试制成功第一辆红旗牌高级轿车
1960	济南汽车制造厂成功研制第一辆重型载货汽车（JN 150 型黄河牌，8 吨）
1975	二汽第一个车型（EQ 240 型 2.5 吨越野载货车）正式投产
1981	重庆汽车发动机厂与美国康明斯公司签订 NH 和 K 系列发动机生产许可证合同
1983	重型汽车工业联营公司与奥地利斯太尔公司签订重型汽车制造技术转让合同；北京汽车制造厂与美国汽车公司在北京正式签署合资协议
1984	中美合资企业北京吉普汽车有限公司开业；天津汽车工业公司引进日本 850 系列微型汽车技术转让许可证合同签字；国营长安机器厂与日本铃木株式会社签订生产 ST 90 系列微型汽车技贸协议
1985	中德合资企业上海大众汽车有限公司成立；南汽与意大利菲亚特集团依维柯公司签订轻型汽车许可证转让和技术援助合同；广州汽车厂与法国标致汽车公司签订成立合资企业合同
1986	天汽与日本大发公司签订夏利轿车技术许可证转让合同；二汽与美国康明斯公司签订 B 系列柴油发动机技术许可证转让合同
1990	二汽与法国雪铁龙公司签订合资合同
1991	中德合资企业一汽大众汽车有限公司成立，主要生产普及型高尔夫和捷达轿车
1992	金杯汽车股份有限公司与美国通用汽车公司签订金杯通用汽车有限公司合资合同，生产 S 10 系列轻型汽车（美国 20 世纪 90 年代最新产品）

续表

时间	重要事件
1993	江西汽车制造厂与日本五十铃公司签订江陵汽车有限公司合资合同；长安与日本铃木汽车公司签订技贸合同，引进车型并转换为长安商标
1994	北京旅行车股份有限公司引进日本五十铃公司的 BL/BE 高档中型旅行车下线；上汽与法国雷奥公司签订上海法雷奥汽车电器系统有限公司合资合同，为桑塔纳 2000、富康、标致等生产起动机、发电机配件；中日合资企业东风本田汽车零部件有限公司成立
1995	中国南方汽车有限公司与德国奔驰公司签订合资建设中国南方 MPV 汽车项目协议；中国重型汽车集团公司与美国康明斯发动机公司合资创办的重庆康明斯发动机有限公司开业
1996	中意合资企业南京依维柯有限公司成立；中美合资企业东风康明斯发动机有限公司成立
1997	中美合资企业上海通用汽车有限公司及泛亚汽车技术中心有限公司成立；江苏亚星客车集团与德国奔驰合资成立亚星-奔驰有限公司（扬州）
1998	第一辆吉利轿车（"豪情"牌）在浙江临海市下线；广州本田汽车有限公司合资合同在广州签订
1999	第一辆奇瑞轿车在安徽芜湖成功下线；日本丰田与天津合资组建天津丰田汽车有限公司
2001	上汽集团奇瑞汽车有限公司成立；长安福特汽车有限公司成立；浙江吉利汽车工业股份有限公司成立；宝马公司宣布：将与华晨集团合作，在中国生产宝马 3 系、5 系轿车
2002	中华牌轿车终于获准上市（下线后经过了一年半的等待）；北汽与韩国现代签订合资合同（北京现代）；一汽与丰田签订合作合同，在中国生产丰田中高档轿车、微型车；东风与日产签订合资合同（东风日产）；东风与法国 PSA 集团签署扩大合作的合资合同，引进标致和雪铁龙品牌
2003	比亚迪汽车有限公司成立；首批吉利轿车出口海外
2004	《汽车产业发展政策》颁布，强调要采用自行开发、联合开发、委托开发等方式加强自主开发，形成有自主知识产权的国产轿车；上汽成立自主品牌项目组
2005	比亚迪第一款轿车（F3）在西安下线
2006	《关于确定一批企业开展创新型企业试点的通知》下发，一汽、奇瑞、宇通、吉利成为创新型企业试点单位；一汽提出自主品牌轿车"奔腾"；上汽研制推出第一款自主品牌轿车"荣威 750"
2011	5 月，国家发改委出台《外商投资产业指导目录》，鼓励外资在华成立新能源汽车合资公司，但外资股比不超过 50%

资料来源：根据相关文献及资料整理。

通过多年引进外资和市场的驱动，中国已成为全球第一大汽车生产国（见表 5-2）。

表 5-2 我国汽车产量占世界产量的比重

年份	我国汽车产量（万辆）	世界汽车产量（万辆）	占世界产量的比例（%）
2001	234	5630	4.2
2002	325	5899	5.5
2003	444	6066	7.3
2004	507	6450	7.9
2005	570	6648	8.6
2006	728	6922	10.5
2007	888	7327	12.1
2008	935	7053	13.3
2009	1379	6300	21.9
2010	1827	7761	23.5
2011	1842	8006	23.0
2012	1927	8974	21.5
2013	2212	8738	25.3

数据来源：中国汽车工业协会网站。

目前，中国汽车企业已具备一定的车身开发能力，以及对整车和重要总成的二次开发和匹配开发能力。汽车零部件的国产化，也为轿车产业的发展奠定了基础。中国汽车在国际市场上体现了一定的竞争力，整车出口量稳步增加（见图 5-2）。

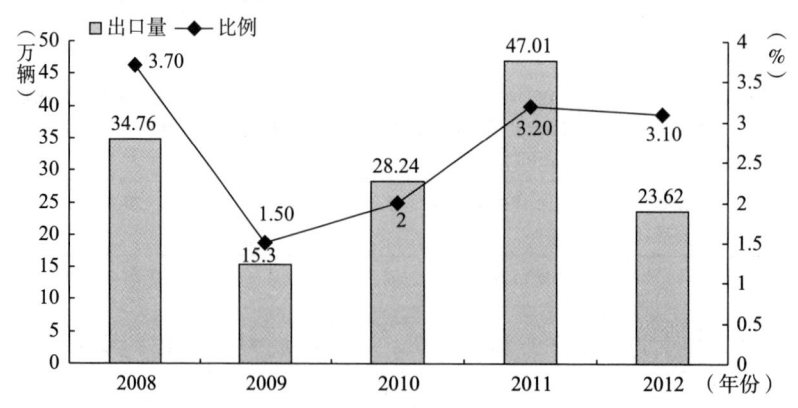

图 5-2 2008~2012 年中国乘用车出口量及占汽车产量的比例
资料来源：中国汽车工业信息网（2012 年的数据为 1~6 月的数据）。

但是，自主创新能力的薄弱制约了该行业在中国的进一步发展。十多年来，中国汽车企业的研发强度几乎从未超过2%（除了2008年外）（如表5-3），而同时期国外主要跨国公司的研究开发投入为5%~10%。例如，2009年，丰田汽车公司的研发投入超过73亿英镑，大众汽车公司的投入超过57亿英镑，[①] 而中国研发投入最大的东风汽车公司仅投入1.47亿英镑，还不及丰田和大众的5%。在汽车零部件领域，本土企业的研发投入占销售额的比例也从未突破1%，而跨国车企一般在10%左右。奥纬咨询公司在《汽车创新展望2015》中指出，中国汽车生产商投放在研发上的资源远比国际水平要低，能否更加有效地运用这些资源将是中国汽车工业能否在未来国际市场进行竞争的关键因素之一。[②]

表5-3　1998~2012年中国汽车工业研发经费支出情况

时间	R&D支出（亿元）	主营业务收入（亿元）	研发强度（%）
1998	17.3	1443.9	1.20
1999	29.7	1660.8	1.79
2000	37.8	2014.5	1.88
2001	33.8	2457.7	1.38
2002	56.3	3406.8	1.65
2003	65.8	5141.6	1.28
2004	75.1	5490.5	1.37
2005	94.8	5582.9	1.7
2006	118.6	7339.2	1.62
2007	162.9	9253.7	1.76
2008	208.1	18355.9	2.01
2009	263.3	14486.6	1.82
2010	270.6	19072	1.42
2012	570.6	51235.6	1.11

数据来源：《中国汽车工业年鉴》（2011年数据缺失）。

研发投入偏低导致了创新产出的薄弱。从表5-4可见，国外汽车企业

[①] 数据来源于英国商业、创新和技能部官方网站。
[②] 奥纬咨询：中国汽车研发投入严重不足. http://www.cacs.gov.cn/news/newshow.aspx?articleId=20994.

在中国的专利申请数是国内汽车企业的6~7倍,中国仍缺乏拥有自主知识产权的汽车产品技术。仅本田和丰田两家企业在1985年9月~2005年11月就分别在中国申请了2654和960项发明专利,超过了我国主要汽车企业历年所申请发明专利的总和。

表5-4 2007~2009年国内外汽车整车生产企业在中国申请的专利数

单位:件

年份	国外汽车整车企业				国内汽车整车企业			
	发明专利申请	发明专利授权	实用新型授权	外观设计授权	发明专利申请	发明专利授权	实用新型授权	外观设计授权
2007	2039	1069	42	743	327	33	1126	1338
2008	2186	1715	12	692	582	85	1322	1108
2009	2754	1875	6	1058	836	202	1605	1750
三年合计	6979	4659	60	2493	1745	320	4053	1750

资料来源:《2011年中国汽车产业发展报告》。

一些数据统计表明,尽管我国汽车企业近年来专利申请呈不断上升趋势(见表5-5),但发明专利比例偏低,创新多在"外壳"、少在"内核"。另据统计,2010年丰田在我国的有效专利中,60%是发明专利,而在当年,中国申请专利最多的几家汽车企业中,奇瑞60%是外观设计、35%是实用新型、发明专利不到5%;长安55.7%是实用新型、40.6%是外观设计、3.7%是发明专利;东风77.2%是实用新型、22%是外观设计、0.8%是发明专利;江淮汽车55.8%是实用新型、42.1%是外观设计、2.1%是发明专利。[①] 一些合资企业,如上海大众、上海通用、北京吉普等,则很少申请发明专利,核心技术拥有量低。

表5-5 我国主要汽车生产企业累计的专利申请数量

单位:件,%

	发明专利	实用新型	外观专利	发明专利占比
中国第一汽车集团公司	339	1159	339	18.45

---

① 据国家知识产权局《2010年专利简报》(上述数字均为当年数,非累计数)。

续表

	发明专利	实用新型	外观专利	发明专利占比
东风汽车公司	192	1438	434	9.30
重庆长安汽车股份有限公司	1371	2601	2493	21.21
奇瑞汽车股份有限公司	2239	2733	1515	34.52
吉利集团有限公司	508	8240	807	5.32
安徽江淮汽车股份有限公司	829	2725	1709	15.75
长城汽车股份有限公司	865	1720	802	25.54
北汽福田汽车股份有限责任公司	657	2833	927	14.87
沈阳华晨金杯汽车有限公司	3	47	241	1.03
哈飞汽车股份有限公司	8	119	129	3.13
江铃汽车股份有限公司	20	474	102	3.36
北京汽车股份有限公司	250	2353	611	7.78
合肥昌河汽车有限责任公司	8	69	67	5.56
天津一汽夏利汽车股份有限公司	4	11	103	3.39
合计	7293	26522	10279	16.54

数据来源：国家知识产权局官方网站。

自主开发能力的薄弱，导致中国企业在引进后的消化吸收能力偏低。合资给中国轿车工业带来了国外先进的技术和管理经验，形成了规模生产能力，但这种合作模式在中国巨大的市场空间下，造成本土企业几乎丧失了引进之后创新的动力与压力，使我国在整车、汽车发动机、变速箱、底盘技术等关键技术方面没有形成自主开发能力和自主品牌，汽车产业陷入了"引进—落后—再引进—再落后"的怪圈。[1] 中国本土企业依然存在对国外企业的技术依赖，由低端产品向高端产品的跃升也较为迟缓，自主品牌汽车尚无力在中高端产品市场竞争。[2] 在整车领域，2011 年自主品牌轿车销售量占当年国内全部轿车销售量的29.11%，剩余的份额全部由外资品牌瓜分。在汽车零部件领域，外资占据了高端产品的主要市场份额，形成了对电喷系统、发动机管理系统、中央控制器

[1] 中国电子信息产业发展研究院. 我国工业企业自主创新研究报告. 2009.
[2] 我国欲成汽车强国需破解"大而不强"难题. 新华网湖南频道, 2011 - 05 - 26.

等产品的垄断格局。① 据报道，目前中国汽车电喷系统、发动机管理系统、ABS、微电机、安全气囊等核心零部件产量中，外资企业所占比例分别为100%、100%、91%、97%和69%。② 在2008年国务院发展研究中心和中国汽车工程学会在联合开展的"中国汽车产业竞争力指标体系"评估中，以发达国家的汽车产业国际竞争力最大值为100分，中国的分值仅为47.63分，特别是汽车产业创新竞争力只有36.68分，差距明显。

另外，相比德国、日本、韩国的汽车产业国际化，中国企业在海外市场所占份额仍较小。中国500家汽车企业在2010年出口54.49万辆汽车，只占总产量的2.98%，在全球主要汽车生产国中处于最低水平，与德国（75%）、日本（65%）和韩国（50%）的差距较大，甚至不及巴西（20%）和印度，出口的轿车在发达国家的份额也很小。③

第三节 中国汽车产业利用外部资源的能力

汽车是一个多技术（Mulit-tech）产品，知识复杂度和全球化程度都很高。近年来，随着汽车产品不断走向模块化（Modularity），供应商参与创新、合作研发变得日益重要。总体上看，合资是中国汽车产业最主要的开放式创新模式，而并购、海外研发、产学研合作等，也逐渐被更多的企业所重视。

一 合资合作④

合资作为一类常见的资源整合模式，被认为是企业之间共同开发新市场和知识转移共享的有效方式。对于改革开放初期极度落后的中国轿车工业来说，合资几乎成了必然的选择。从1983年北汽与美国AMC公司成立

---

① 中国汽车工业协会. "十二五"汽车发展和结构调整的思路、目标、重点及对策研究，2011-06.
② 合资股比政策成中国汽车产业最后的屏障. 第一财经日报，2011-11-07.
③ 中国汽车出口快速增长 但亟需优化海外竞争主体. 中国新闻网：http://www.chinanews.com/auto/2011/10-12/3384563.shtml.
④ 本部分内容综合了多篇文献及新闻资料，限于篇幅不再一一列出。

我国第一个汽车整车合资企业至今，中国汽车工业的合资经历了三个主要阶段（见表5-6）。"以市场换技术"式的合资模式给中国汽车工业带来了飞速发展的生产能力，但是，其负面效应也很明显。

表5-6 中国汽车产业主要合资企业初建的时间表

时间	中方企业	国外（境外）企业	投资比例	最初产品
1983年5月5日	北京汽车制造厂	美国AMC公司	中方控股68.65%，美方控股31.35%	北京吉普
1984年10月10日	上海汽拖公司、中国汽车工业总公司	德国大众汽车公司	注册资本3亿元，中德双方各占50%	桑塔纳
1985年3月	广州汽车厂	法国标致汽车公司	中法双方各占66%和34%	标致
1991年	中国第一汽车集团公司	德国大众汽车公司	中德双方各占60%和40%（1995年奥迪加入，购入大众所占的10%股权）	捷达
1992年5月18日	东风汽车公司（二汽）	法国PSA标致雪铁龙集团	中法双方各占50%的股份	富康
1993年6月	长安汽车集团	日本铃木株式会社	长安持股51%	长安铃木
1995年11月	福建汽车工业集团	台湾隆裕集团	总投资9982万美元，闽台双方各占50%的股份	菱帅
1997年6月12日	上海汽车集团股份有限公司	美国通用汽车公司	中美双方各占50%的股份	别克
1998年7月1日	广州汽车集团公司	日本本田技研工业株式会社	中日双方各占50%，合作年限为30年	雅阁
1999年4月	南京汽车集团有限公司	意大利菲亚特汽车股份公司	投资30亿元，中意双方各占50%的股份	派力奥
2000年6月	中国第一汽车集团公司	日本丰田汽车公司	中德双方各占50%股权	威驰
2001年4月25日	长安汽车集团	美国福特汽车公司	中美双方各占50%的股份	蒙迪欧
2002年10月18日	北京汽车投资有限公司	韩国现代自动车株式会社	注册资本12.2亿美元，中韩双方各占50%的股份	索纳塔
2003年5月	华晨控股	德国宝马汽车公司	中德双方各占50%的股权	华晨宝马
2003年6月9日	东风汽车公司	日本日产汽车公司	注册资本167亿元人民币，中日双方各占50%的股份	sunny（阳光）

续表

时间	中方企业	国外（境外）企业	投资比例	最初产品
2004年9月1日	广州汽车集团公司	日本丰田汽车公司	中日双方各占50%的股份	凯美瑞
2011年11月	长安汽车集团	法国标致雪铁龙集团	注册资本40亿元人民币，双方各占股本50%	雪铁龙DS系列
2012年10月23日	东风汽车集团股份有限公司	格特拉克国际公司	总投资1.2亿欧元	低扭矩DCT变速箱
2012年11月18日	奇瑞汽车公司	捷豹、路虎	总投资109亿元，奇瑞持股50%	合作生产汽车及发动机

资料来源：本研究根据相关资料整理（此处的中方企业和外国及境外企业均不涉及信托投资公司、银行，仅指汽车制造商）。

（一）第一代合资：CKD[①]阶段（1983～1987年）

1983年5月到1985年7月，中国第一批三个轿车合资企业——北京吉普、上海大众、广州标致相继成立，标志着中国现代化轿车工业的开端。为提高中方在合资企业中的控制能力，中国政府硬性规定，中方在合资的股权比中不得低于50%（在一汽大众的股权构成中，一汽甚至占了60%的股权），同时规定一家外国汽车公司与国内不超过两家内资企业进行合资生产。[②] 上海大众的中外50%：50%股比的合作模式，对外方知识产权的尊重和消化等，开创了后来中国轿车业在合资中坚持自主的先河。但也有研究发现，对于汽车产业的技术转移来说，合资并不是一种很好的制度安排（路风和封凯栋，2005）。这种看似均衡的合资股比，也为后期的发展埋下了"隐患"。由于外方掌握了知识产权，继而掌握了企业的领导权和话语权，且由于竞争或其他原因不愿意转让其核心技术，以实现对技术和生产的垄断，而中方企业更关注市场和国产化，对技术获取缺乏动力。[③] 因此，在合资品牌中，中方企业难以有话语权，导致合资企业的产品更新缓慢（见表5-7）。

---

① CKD——Completely Knock Down，全散装件，意指某国进口或引进汽车时，汽车以完全拆散的状态进入，然后再把汽车的全部零部件组装成整车。
② 资料来源于《中国汽车产业发展报告》（2011）。
③ 中国轿车产业"以市场换技术"得不偿失. 科学网，2006-11-15.

表 5-7　中外合资汽车企业的产品更新模式

模式	产品技术来源	典型企业	中方话语权
完全引进	重复引进合资外方母公司已投产或准备投产的产品	北京现代	无法介入产品研发工作
局部修改	引进外方产品为主，但允许在国内进行小范围的产品改进设计	上海大众 一汽大众	参与的工作深度十分有限
本土化改进	以中方设计力量为主进行产品的本土化改进设计	东风神龙 上海通用	取决于外方的态度
自主研发	在合资企业中完全由中方自己研发设计的民主品牌	上汽通用五菱	拥有完全的话语权

资料来源：唐杰等（2009）。

（二）第二代合资："国产化"（1988~2000年）

在这一阶段，中国经济的快速发展使轿车市场空前发展，合资后的国产化是政府关注的重点，这带动了国内零部件工业的大发展，推动了汽车整车产业的腾飞。在上海大众，桑塔纳的国产化率从1986年的不足4%到1994年激增至80.47%。早期引进的夏利、富康也分别在90年代末将国产化率提高到90%左右。在90年代，由于官车单一的消费结构，市场规模有限，加上严格的行业准入审批制度，市场没有充分竞争，中国的轿车业还十分落后，车型多年不变，国内轿车价格居高不下，只能寻求高筑关税壁垒的保护。[①] 内资企业在巨大的市场利益面前，加上政府的保护，失去了创新的动力。1991年，上海牌轿车停产，中国轿车工业在合资车型的挤压下暂别"自主产品"。[②] 表5-8是部分引进车型国产化的情况。

表 5-8　中国部分引进车型国产化情况

引进轿车型号	引进企业	国外企业	国产化率（%）				
			1988年	1989年	1990年	1991年	1992年
北京 BJ 213/XJ	北京吉普	美国 AMC 公司	30.2	35.51	43.51	44.75	57.31
上海桑塔纳	上海大众	德国大众汽车公司	12.83	31.04	60.09	70.37	75.33
标志 505 SW8 型旅行轿车	广州标致	法国标致汽车公司	6.98	12.7	19.6	29.79	51.48

---

① 李安定. 十字路口的轿车. 搜狐网汽车频道，2006-12-26.
② 庄蔚敏，庄继德. 汽车政策法规与汽车产业发展. 北京：北京理工大学出版社，2006.

续表

引进轿车型号	引进企业	国外企业	国产化率（%）				
			1988年	1989年	1990年	1991年	1992年
夏利TJ 7100型微型轿车	天津汽车	日本大发汽车公司	11.24	40.74	40.74	45.72	47.4

资料来源：中国汽车工业协会．中国汽车工业改革开放30周年回顾与展望（1978—2008）．北京：中国物资出版社，2009．

（三）第三代合资：建设合资自主品牌（2001年至今）

2001年，鼓励轿车进入家庭被写入中国"十五"计划中。中国政府为了更好地完善市场竞争环境，放宽了市场准入审批，民营企业（如吉利、奇瑞）获得了生产许可，加上更多国外企业的涌入，国内汽车市场竞争出现了"国内竞争国际化"的状态。同时，为了迎接入世，2000年，中国政府还修改了《三资企业法》，不再硬性要求国产化率。但是，这直接打乱了1988年《关于严格控制轿车生产点的通知》中关于三大企业分头把关的战略部署，导致了合资模式的扩散（路风和封凯栋，2005）。这一阶段的特点是，随着跨国车企对中国市场知识及经营经验的积累，其在华投资更关注市场导向与利润导向的结合，逐渐从生产性投资转向战略性投资。从上海通用和广州本田为代表的第二代合资企业开始，跨国车企不再把过时的产品带到中国，而是同步引进海外生产的最新产品。2004年，中国发布新版《汽车产业政策》，提出了品牌战略，鼓励开发具有自主知识产权的产品，"合资自主品牌"的概念应运而生。2008年4月20日，广州本田推出自主品牌——"理念"SUV概念车，开创中国汽车合资企业的自主创新模式。"合资自主品牌"汽车是具有中国特色的概念，但其合理性仍存在争论。

二 收购与兼并

近年来，中国汽车企业通过并购尤其是海外并购，获取了创新所需的互补性资源（专利、营销渠道、品牌），收购品牌的价值也越来越大（见表5-9）。同时通过消化吸收先进的车型技术，可加快技术升级，有利于提高汽车企业参与全球分工与合作的档次。[①] 如上汽收购双龙、南汽收购罗孚、北汽

---

① 王德生．中国汽车企业海外并购机遇与风险并存．上海行业情报服务网：http://www.hyqb.sh.cn/publish/portal0/tab1023/info6166.htm，2010-11-10．

收购萨博、吉利收购沃尔沃等,都降低了国内汽车企业进入海外市场的门槛和难度,提高了企业国际化运营能力,获得了更多海外市场份额。

表5-9 中国汽车企业海外收购的情况(部分)

时间	并购事宜
2001年8月	万向集团以280万美元收购美国UAI公司21%的股权
2002年10月13日	上汽集团出资5970万美元参股通用大宇汽车科技公司,拥有10%的股份
2004年6月16日	上汽集团以6700万英镑收购罗孚、名爵所有的组装厂、发动机工厂,以及罗孚的发动机供应商,还包括3套发动机、4类底盘平台图纸
2004年10月28日	上汽集团以5亿美元收购双龙48.92%的股份,并以第一大股东身份参与经营管理
2005年7月	南汽集团以约5300万英镑收购罗孚汽车所有现存资产
2007年3月	上汽集团以6700万英镑获得原MG罗孚25和75两个车型、全系列发动机的知识产权
2009年3月	吉利收购澳大利亚变速器公司
2009年12月	上汽从美国通用汽车手中受让双方合资企业上海通用汽车1%的股权,从而获得控股权
2009年12月14日	北汽集团以1.97亿美元收购通用旗下萨博公司的相关知识产权,其中包括现款萨博9-5、9-3等三个整车平台和两个系列的涡轮增压发动机、变速箱的技术所有权以及部分生产制造模具。萨博还将支持北汽运用萨博技术研发制造自主品牌车型
2010年3月28日	吉利以18亿美元收购福特旗下品牌沃尔沃100%的股权,涵盖研发中心、9个系列产品、3个产品平台、4个整车厂、发动机和零部件公司,以及涵盖沃尔沃自有知识产权商标和整车、发动机、混合动力等4000多项技术专利
2010年12月	北京太平洋世纪汽车系统有限公司以4.2亿美元的价格收购美国通用汽车旗下的NEXTEER公司的转向与传动业务及专利
2011年2月	北汽集团以3100万欧元的价格收购瑞典威格尔变速箱厂的全部设备及技术
2011年7月	北汽下属零部件公司海纳川以1.9亿欧元的价格收购全球最大的全景天窗公司英纳法
2012年7月	中国浙江青年汽车集团出资1000万欧元,收购了前身为德国Neoplan(尼奥普兰)的德国Viseon(威盛)巴士有限公司74.9%股权
2012年9月	青年汽车与荷兰世爵公司(Spyker)签署《购并和战略合作框架协议》,收购世爵29.9%的股份,合资成立世爵凤凰股份公司,开发生产全系列的新车型
2012年10月	东风收购瑞典T工程公司(由原萨博动力总成公司剥离的技术人员组成的公司)70%的股权,成立首个海外研发基地

续表

时间	并购事宜
2014 年 2 月	东风汽车收购标致汽车母公司 PSA 集团 14% 的股份
2014 年 3 月	东风汽车集团股份有限公司与标致雪铁龙集团在北京签订《全球战略联盟合作协议》，东风集团向 PSA 入股 8 亿欧元，持股 14%，成为 PSA 的第一大股东

资料来源：本研究根据相关资料整理而成（此处仅涉及家用乘用车方面的并购情况）。

然而，海外并购常常是高风险的。2009 年以来，中国公司海外并购高达 298 起，但成功概率不到 30%。从技术创新的角度看，中国汽车企业在并购中常出现一些战略性失误，如大多从一个静态的角度来看待兼并的技术发展本身，低估技术消化吸收的难度，低估跨国文化制度造成的障碍，忽视学习的重要性，强调获取硬件，忽视技术的学习等（柳卸林，2008）。在整合的过程中，还常常出现来自文化、管理差异等方面的冲突。例如，上汽收购和控股双龙汽车，本打算通过控股双龙汽车获得其品牌和制造技术，提高上汽的国际竞争力，但上汽并没有得到双龙的韩籍高管和工人的信任，双龙不仅没有接受上汽的文化，工会还频繁闹事，使上汽提出的发展战略根本无法实施。由于对被收购对象的资产和技术状况考察不够清楚，对企业发展所面对的困难估计不足，加上国际化发展战略不清楚，上汽收购双龙实际上是失败的。[①] 吉利在 2006~2010 年相继并购了英国锰铜汽车公司、DSI 自动变速器公司、沃尔沃，企业的全球形象达到了新的高度，但是如何解决并购后的整合难题，通过并购提高自身的研发能力，到目前为止仍然是吉利面临的重大课题。

三 联合研发及产学研合作

与合资企业不同，以吉利、奇瑞为代表的民营企业较晚进入汽车行业，走的是"模仿求生存—开放求发展—自主求突破"的"先自主后开放"的创新道路，重视通过与国外优秀企业委托设计、联合开发，进行技术学习（见表 5-10）。2002 年，奇瑞与世界著名的奥地利 AVL 发动机公司联合设计从 0.8 升到 4.0 升的 18 款发动机，全部达到了欧洲 4 号排放标

[①] 资料来源于《中国汽车产业发展报告》（2011）。

准。在合作中，奇瑞不满足仅仅获得这些产品的知识产权，而是在合同中规定，自己派工程师参与设计、试验、装配的全过程，形成了自主的开发能力。[①] 在联合设计开发中，最开始的 4 款发动机是以 AVL 为主，奇瑞派人跟着学，然后是奇瑞自己能做的自己做，不能做的让 AVL 领着奇瑞的技术人员做，后来的数十款发动机基本上是奇瑞的设计人员在做了。[②]

当然，我国轿车工业的上下游企业之间的合作还比较少。当前，国内各汽车企业有各自的零部件供应链，各供应链之间的重合度低，使零部件企业难以达到规模化。由于零件采购成本占到汽车单台总成本 70% ~ 80%，汽车整车产品的价格居高不下。

表 5-10　中国部分汽车企业与国外企业的联合开发

企业	合作形式	合作内容
吉利	合作开发	2002 年 12 月，与意大利项目集团就设计一系列具有世界一流水平的家用轿车达成战略合作协议
	技术合作	2003 年 6 月，与德国吕克公司签署技术合作协议，合作设计家庭经济型轿车
	合作开发	与韩国大宇合作开发 1.3L 吉利"自由舰"
奇瑞	合作研发	2002 年，与奥地利 AVL 发动机公司合作，联合设计了从 0.8 升到 4.0 升的 18 款发动机，全部达到了欧洲 4 号排放标准
	合作开发	2006 年底，与克莱斯勒公司宣布达成合作生产小型车的协议
哈飞	合作研发	与意大利宾尼法利纳公司（宾法）合作开发"中意"；"路宝"在宾法的合作基础上委托英国莲花公司负责底盘设计；"赛马"引进日本三菱技术合作开发的车型
华晨	合作研发	2002 年，耗资 30 亿元委托意大利 Giugiaro 公司设计、英国米拉公司进行检验，开发出中华轿车
	产业联盟	在整车造型方面，与宝马、保时捷、丰田、意大利宾尼法利纳、乔治罗亚等公司进行合作，建立了整车技术联盟
	产业联盟	在零部件方面，与博世、FEV、江森等世界知名零部件企业合作，建立零部件技术联盟
长安	委托开发	奔奔、CM 8 由意大利 IDEA 设计公司完成开发工作

资料来源：在路风和封凯栋（2005）、梁玺和蔺雷（2007）的基础上结合其他资料整理而成。

[①] 对外开放成就了奇瑞的崛起. 新华网，2007 - 01 - 25.
[②] 开放自主创新创造赶超奇迹. 经济参考报，2007 - 10 - 11.

中国制造业开放式自主创新与国际竞争力提升

在政府的引导下，中国汽车企业开始重视与大学和科研机构开展合作（见表5-11），如同济大学的上海地面交通工具风洞，清华大学"汽车安全与节能国家重点实验室"，吉林大学"汽车动态模拟国际重点实验室"，湖南大学"汽车车身先进设计制造国家重点实验室"等，在项目研究中都体现出了产学研结合的特色，① 突破了汽车领域的许多共性关键技术，带动了技术成果的转移和转化。

表5-11 中国部分汽车企业与大学/科研机构的合作情况

企业	时间	合作事宜
江淮	2002年6月	江淮汽车公司与同济大学联合成立"JAC-同济同捷联合研发中心"
江淮	2002年底	江淮汽车公司与合肥工业大学联合组建"江淮汽车·合肥工大汽车技术研究院"
华普	2005年9月1日	上海华普汽车公司与上海交通大学联合成立"上海交大-上海华普汽车联合研究院"，在自主轿车产品开发方面签署长期的战略合作伙伴协议
江淮	2006年7月	江淮汽车公司与华中科技大学联合组建"江淮汽车·华中科大联合汽车技术研究院"
吉利	2007年5月19日	与同济大学签署联合创办"吉利-同济汽车工程研究院"协议
一汽	2009年7月17日	一汽与吉林大学签署"产学研"全面合作协议，双方将在人力资源开发与利用、技术开发与应用、软课题研究与应用等方面相互支持与发展，联合组建汽车工程研究院、汽车零部件研发中心
东风	2011年5月12日	东风汽车零部件（集团）有限公司与湖北汽车工业学院签署全面系统的产学研合作协议
奇瑞	2011年3月24日	与江苏大学签署产学研合作协议，致力于共同在重大科技项目以及材料、制造、电控等前瞻性技术领域广泛开展研究合作
长安	2012年6月1日	与重庆大学签订《协同创新战略合作框架协议》，在产学研方面共同打造平台，就人才、科技、教育等领域达成多项合作协议

资料来源：本研究根据相关资料整理而成。

四 "走出去"与跨国创新

随着国内市场竞争的加剧，越来越多的中国汽车企业开始重视开拓海外市场，实施"走出去"与跨国创新战略。② 当前，中国汽车企业利用海外研发资源主要有六种方式（见表5-12）。

---

① 资料来源于《中国汽车产业发展报告》（2011）。
② 据统计，中国自主品牌汽车在国内的市场占有率由2010年的45.6%下降至2013年5月的40.3%（中国自主品牌汽车加快开拓新兴市场．参考消息，2012-06-28）。

表 5-12 中国汽车企业利用海外研发资源的六种方式

方式	代表案例	概述
建立合资的技术研发中心	上汽通用	1997年，上汽与通用汽车成立泛亚汽车研发中心，双方各持50%股权，这是跨国车企在中国设立的第一家汽车研发中心，主要定位是从事汽车的内饰、外饰设计、动力总标定和底盘的调校等工作，目前已初步拥有汽车整车技术开发能力
	东风日产	2004年，东风与日产在花都建立东风日产乘用车研发中心，这是日产全球第五个研发中心，主要从事汽车产品的差异化开发
设立海外研发机构	江淮汽车	至2007年，江淮在意大利都灵和日本东京设立了海外研发机构。意大利中心的功能定位为从事概念和造型设计，日本中心的功能定位为内饰和电气系统设计。江淮将中国本部技术中心、意大利和日本的研发资源整合为江淮设计研究院
	中顺汽车	在美国洛杉矶设立了汽车造型中心，在底特律设立汽车底盘研发中心，聘请海外高级汽车设计师同步进行汽车研发工作
	长安汽车	2003年9月，在意大利都灵设立长安汽车欧洲设计中心，负责车型设计、相关零部件匹配以及工程开发；2008年4月，在日本横滨设立长安汽车日本设计中心，从事汽车的内饰设计
集成海外汽车技术资源	长城汽车	"哈弗"CUV的车身与动力总成是长城与欧洲和日本的多家著名设计公司合作的成果，拥有独立的知识产权
	吉利汽车	吉利最早使用的是丰田生产的8A发动机
收购海外汽车研究机构	上汽-罗孚	上汽收购罗孚的汽车产品和发动机的知识产权，并在此基础上整合成上汽汽车海外（欧洲）研发中心（Ricardo 2010），负责上汽的所有新车研发任务。在产品预开发、策略制定、产品试制与试验、定型生产等五个阶段中，Ricardo 2010负责一款新车的预开发、策略制定和概念开发阶段，第四阶段与位于上海的上汽汽车工程院合作完成
	上汽-双龙	通过收购双龙汽车，上汽掌握了在海外的研发资源，获得双龙汽车的核心技术——发动机和变速箱的研发能力以SUV整车技术
	东风-萨博	与瑞典TEngineering AB公司（前身为萨博动力总成公司）签署协议，收购该公司70%的股权，并将在两年内完成剩余30%股权的收购。这是东风汽车第一家海外研发中心，将进一步充实东风汽车研发资源
委托国际独立研发机构	哈飞路宝	哈飞路宝由专业设计公司意大利宾尼法利纳公司制造
	华晨中华	中华的早期设计开发全部外包给国外设计公司乔治罗亚，包括外形、内饰、底盘等方面。聘请"海外独立研发机构"协助开发，利用海外研发资源提升竞争力
引进海外专业人才	奇瑞汽车	奇瑞汽车研究院中的高级技术人员中，有来自福特、通用、戴姆勒-克莱斯勒、大众、三菱、本田等世界著名汽车公司以及其他世界著名汽车配件公司的外籍专家40多人

资料来源：http://auto.gasgoo.com/news/b/2009-6-11/6f736c47-08e7-419e-b4ba-7b9c659e341d.html。

在这方面，长安汽车公司是比较突出的。长安是中国较早在海外设立研发中心的汽车企业，它先行在海外设立研发机构，通过研发国际化带动企业国际化的开放式创新策略。[①] 长安先后在意大利都灵、日本横滨、英国诺丁汉、美国底特律等地设立研发中心，构建了"五国九地、各有侧重"24小时不间断全球研发格局。九大研发中心分工明确、各有侧重，成为长安汽车汲取世界最先进汽车研发技术的前沿阵地。从1996年起，长安汽车开始在全球范围内引进人才，现拥有来自丰田、宝马、福特等的全球资深专家70余人。[②] 目前，长安汽车已掌握了世界公认的汽车领域286项核心技术中的262项，建立了20多个车型数据库。

五 与跨国公司的竞争与互动学习

随着中国汽车市场规模的增大和竞争程度的加剧，跨国公司已难以坚持严格的技术封锁。中国巨大的市场、复杂的环境、消费需求的快速变化，吸引了全球最大的跨国汽车公司（即"6+4"[③]）（包括零部件企业）纷纷进入中国投资建厂，设立分支机构或研发中心，且大多是独资机构（见表5-13）。在这一新的趋势下，如何开展与跨国车企在本地市场竞争过程中的互动学习，是国内汽车企业面临的重要课题。

表5-13 外资汽车企业在华研发中心（部分）

研发中心名称	时间	投资额	外方	地点	备注
德尔福-清华汽车系统研究所	1996-04	不详	德尔福	北京	进行工程技术和企业管理方面的培训
泛亚汽车技术中心	1997-06-12	5000万美元	通用汽车	上海	通用汽车和上汽共同投资建立，中国第一家中外合资汽车设计开发中心，国内最大的汽车研发中心
康明斯东亚发动机研发中心	2006-08	不详	康明斯	武汉	中国发动机行业第一家中外合资的专业研发中心
北京现代技术研发中心	2007-01-04	不详	现代	北京	从事市场研究、创意造型、工程开发

[①] 创新型企业：研发机构如何"走出去". 科技日报, 2012-07-25.
[②] 四大举措催生长安汽车核心技术. 科技日报, 2012-04-19.
[③] 6指通用、福特、戴姆勒-克莱斯勒、大众、丰田系、雷诺-日产的相关企业；4指标致-雪铁龙、本田、宝马、菲亚特的相关企业。

第五章 中国汽车产业的开放式自主创新与国际竞争力提升

续表

研发中心名称	时间	投资额	外方	地点	备注
广汽本田汽车研究开发有限公司	2007-07-19	不详	本田	广州	国内首个由合资企业独立投资、具有整车独立开发能力的汽车研发机构
日产汽车（中国）设计中心	2011-10-11	200万美元	日产	北京	日产汽车在日本之外设立的第三个设计中心
通用汽车中国前瞻技术科研中心	2011-09-21	2.5亿美元	通用汽车	上海	目前国内汽车业最具综合性的前瞻技术研发
丰田汽车研发中心（中国）有限公司	2011-10-26	6.89亿美元	丰田	常熟	丰田的全球第6家研发中心
奥迪（中国）研发中心	2011-12	不详	奥迪	北京	奥迪在亚洲的首个研发中心
长安福特马自达汽车南京公司研发中心	2011-04-14	5亿元	福特	南京	包括整车环境排放、整车及零部件耐久、造型、电器等五个实验室
戴姆勒（中国）研发中心	2011-05-16	5亿元	戴姆勒	福州	致力于车型改进与产品研究

资料来源：根据相关资料及文献整理。

跨国车企在华设立研发中心主要分为两个阶段：1997~2009年，主要以合资公司为主设立研发中心（如泛亚汽车技术中心、东风日产乘用车技术中心）；2010年以来，则扩大在华研发投入，独资建立研发中心［如通用汽车（中国）前瞻技术科研中心、丰田汽车研发中心（中国）有限公司］。在中国，大多数跨国车企主要使用其本地研发中心改造原有车型来满足本地需求，主要是因为现有及潜在市场的庞大规模以及中国消费者对汽车的特殊需求。[1] 外资在华研发会使本土企业有更多的机会获得知识溢出，在合作研发中也可培养人才，提升技术能力。中方技术人员可以学习掌握外方研发体系、质量控制体系，本土企业在这个过程中能够通过向外方学习而得到成长。但也有观点认为，这会造成中国本土人才的流失，因为外资研发中心往往薪酬较高，研发体系成熟，容易吸引中国的工程师。[2]

在全球范围内利用人才是中国汽车向跨国公司学习的有效方式，也是

---

[1] 决胜金砖四国汽车市场．波士顿咨询公司研究报告，2010．
[2] 外资研发中心在华快速发展，合资车企面临挑战．中国联合商报，2011-11-10．

获取隐性知识的捷径。如华晨汽车工程研究院招揽了全球顶尖汽车人才，包括原意大利宾尼法利纳公司的主任设计师 D. 维切多米尼、曾就职于英国 MG 公司的常涛、在日本有多年模具开发经验的川上义红、福特的汽车安全工程师陈可明和韩国大宇的车身技术总监白重绚和杨永镇等。[1] 而在奇瑞汽车工程研究院的 2000 多名开发人员中，也有来自美国、日本、德国等汽车强国的外籍专家和从海外学成归来的高级技术人员近 100 人。[2]

第四节 中国汽车产业在合资中为什么要坚持自主创新的同步发展

在中国汽车产业高速发展的过程中，合资是最主要的因素，但是合资与自主的关系也受到了最大的争议。

合资作为开放式创新的一种重要途径，给中国汽车产业带来了明显的益处，合资企业作为学习和掌握生产能力的机制也是相对有效的。通过与国际顶尖汽车企业的合作，中国人学会了如何造汽车，熟悉了国际轿车业的工厂设计、生产流程、质量管理、市场营销，就是在以前较为薄弱的产品开发、零部件体系、人才培养、数据管理等方面也积累了丰富的经验。[3] 比如，广汽通过本田项目学习到了生产工艺、管理、质量控制、认证和服务技术，长安通过合资学到管理、生产和营销方面的好经验（谢伟，2008）。由于对外资进入的政策放宽，引进外资的主体由政府主导逐渐转向由市场需求主导，这一重要变化吸引了更多跨国公司的进入，加快了产品升级速度。[4] 2002 年，我国汽车市场中轿车产品品种不到 40 种，2010 年达到 180 多种。

但是，合资带给中国汽车工业的负效应也同样明显。合资的初衷本来是通过项目引进提高本土企业的技术水平，最后达到自主开发，参与合资的也都是国内研发实力雄厚的企业，但是这些企业始终难以推出自主开发

---

[1] 华晨聚全球资源造车宝马将支持开发新车. 经济观察报，2012 - 10 - 27.
[2] 对外开放成就了奇瑞的崛起. 新华网，2007 - 01 - 25.
[3] 李安定. 走在自主开发的前头. 经济观察网：http://www.eeo.com.cn/eeo/jjgcb/2008/10/27/117672.shtml.
[4] 刘红霞. 中国汽车梦：自主品牌的崛起. 中国产经新闻报，2013 - 10 - 06.

的汽车。[①] 中国轿车在生产上至今仍然以组装外国产品为主，自主品牌汽车仍主要靠模仿创新并基本被锁定在低端产品领域。[②] 目前，国内大多数汽车企业在轿车新产品的开发和推出等重要环节上基本被合资方控制。一些企业热衷引外资、引车型、打市场，对自主研发不重视，由于没有掌握汽车自主研发的核心技术，尽管中方在合资企业中拥有资本控股权或对等控股权，却基本没有产品决策权和经营决策权，利益分配也取决于外方。[③] 路风和封凯栋（2005）甚至认为，中国轿车产业的失败就是因为合资，中国已陷入"市场换技术"的陷阱，合资并没有带来技术扩散和本土企业的能力提升。

实际上，政府对于自主品牌的建设不能说不重视。1994年，国家出台了新的《汽车工业产业政策》，强调："鼓励并支持汽车工业企业建立自己的产品开发和科研机构，通过消化吸收国外技术，形成独立的产品开发能力。对于企业集团之间联合开发重大科研项目，国家在科研开发资金上给予支持。"2009年初，国务院在《汽车产业调整和振兴规划》中指出，要扩大自主品牌汽车的市场比例，自主品牌乘用车国内市场份额超过40%，其中轿车超过30%，自主品牌汽车出口占产销量的比例接近10%，建立汽车产业战略联盟，形成产学研长效合作机制。

但是，宏观政策并不能替代企业的创新动力，中国汽车企业在合资这一开放式创新的典型模式中，长久地忽视了自主创新的同步建设。通过合资得到的市场份额，使这些本该担负起中国汽车自主创新任务、研发实力雄厚的企业，在开放之后基本上失去了对自主投入的兴趣。合资企业之所以在创新能力培育方面不积极，还因为政府提供了一个不创新也可以实现增长的环境（谢伟，2008），中国定点企业居于垄断地位，躺在外国技术上可以坐享其成，不发展产品开发能力也可以获得可观的利润（路风和封凯栋，2005）。由于缺乏完善的制度和政策设计，合资模式并没有帮助中

[①] 路风. 自主创新是中国发展的必由之路——自主创新报告团系列报告之八. 科技工作情况，2006（20）：4-5.

[②] 徐留平. 中国自主品牌乘用车基本上是在低端. 凤凰网汽车频道：http://auto.ifeng.com/news/special/2011qichechanye/20110903/667784.shtml.

[③] 对外开放与自主创新相结合，做强中国汽车产业. 经济日报，2006-01-25.

方掌握多少核心技术。① 相反地，合资企业普遍存在严格的技术限制条款，通过多种方式防止中方产生新的设计能力。② 对于跨国公司本身来说，合资中方可能产生的技术研发能力和可能研发的新产品，都是对外方本部及其全球体系的巨大威胁（谢伟，2008）。跨国公司在车型、发动机、变速箱等动力总成的设计开发领域仍然对国内企业设防，在技术转让费、设计费、关键设备及零部件采购上也多有制约。③

从中国汽车产业的发展来看，自主研发对技术引进的促进作用是明显的。新中国成立不久后，中国相继自主开发出第一辆轻型货车（1956年）、轿车（1958年）和重型汽车（1960年），在这一过程中积累了大量的产品设计及生产技术经验，培养了一批专业人才，这些在改革开放后的技术引进中发挥了重要的作用，比如，对合资车型引进项目的谈判有一定程度的发言权，项目的实施也比较顺利。然而，合资过后，技术引进却对自主开发产生了替代作用。在国产化的政策压力下，各合资企业的注意力围绕着提高零部件的本地化配套，新产品开发并不是战略重点。

长久以来，中国合资汽车企业很大程度上被定位成生产基地和制造工厂，而不是具有自主研发能力和知识产权的企业，这种文化导致技术人员缺乏通过创新实践提高研发能力的机会，技术依赖型的产业发展模式已经严重制约了中国汽车产业的可持续发展。④ 路风和封凯栋（2005）认为，政府对于合资后技术引进所规定的零部件国产化政策违背了工业技术进步的实质和特点，不仅没有激发中国企业的技术学习活动，反而加大了企业对外国产品技术的依赖，不但不再对产品开发投入资金（即没有新平台的建立），反而把技术开发机构也合并到为国产化服务的机构中，导致中国企业原有的自主开发能力逐步萎缩。一些学者指出，对引进轿车的零部件实施国产化，主要的贡献在于生产阶段，降低了成本，提高了产量，有助于本土的整车和零部件企业快速地提高制造能力，但对于产品设计和开发能力的发展并无帮助。在宏观政策引导和国内市场需求的双重驱使下，

---

① 王德生. 中国汽车企业海外并购机遇与风险并存. 上海行业情报服务网：http://www.hyqb.sh.cn/publish/portal0/tab1023/info6166.htm, 2010 - 11 - 10.
② 反思汽车"市场换技术". 新浪网：http://auto.sina.com.cn/z/marketandtechnology/.
③ 对外开放与自主创新相结合做强中国汽车产业, 经济日报, 2006 - 01 - 25.
④ 中国特色自主创新道路的探索和实践. 学习时报, 2010 - 6 - 2.

"三大三小"争先恐后地引进国外新的轿车车型,但同时都没有下大力气建立技术中心对引进的技术进行消化吸收,从而未能设计出具有自主知识产权的轿车。①

第五节 结论与讨论

近年来,自主品牌和自主创新的理念在中国汽车行业得到了重视,但也存在外资引进是否仍有效的争论。从带动当地 GDP 而言,FDI 发挥了重要的作用,但从带动技术创新能力提升来看,大多数是批评的"声音"(柳卸林,2008)。尽管"以市场换技术"的技术引进策略的确帮助中国在汽车领域培育了强大的生产能力和市场能力,但我国企业并未真正获取自主开发原创性技术的创新能力,这是只重视开放而忽视自主带来的后果,在这一行业,一些先行自主创新的本土企业反而获得了惊人的发展。

我们认为,在全球化竞争环境下,开放式自主创新是中国汽车企业的战略导向。汽车产业是国际化程度很高的产业,自主创新并不意味着闭门造车,需要在开放中学习国际先进技术,整合全球优势资源。②市场开放和技术引进能增加中国企业进行技术学习的机会,合资帮助中国企业基本掌握了整车及零部件技术,中国汽车产业仍然需要坚持开放的政策。但是,技术引进只是条件,不能代替自主研发,开放也不意味着单纯地引进技术。中国汽车产业由于开放而获得发展,但也由于一度忽视自主任由跨国公司攫取了国内市场的绝大部分份额,加上宏观政策的主导影响和短期利润的驱使,合资企业始终缺乏自主开发的动力,忽视了自主创新能力建设,其结果自然与国家推动合资的初衷相去甚远。

因此,对于中国汽车产业来说,开放只能是途径,自主仍然是前提,保持外部引进和内部努力的平衡是我国汽车企业实现创新突破的关键。要吸收消化外来技术并使之转化为自主的知识资产和组织能力,中国的工业和创新体系就必须进行自主开发,就必须建立与保持自主开发和进行技术

---

① 被扭曲的合资初衷难以逃脱外国车企主宰.21世纪经济报道,2012-11-14.
② 2014中国汽车浦东论坛 提升中国汽车产业国际化水平.上海车网:http://www.sh7w.cn/contents/bendixinwen/10160.html.

学习的工作平台（路风和封凯栋，2005）。吸收能力是建立此种平衡的基础，也是能够有效利用引进的外部技术与知识的基础，企业在增加内部研发投入的同时，应建立内外均衡的开放式创新系统，以避免过度引进和过度自主。[①] 奇瑞、吉利、哈飞、长城这些本土企业，从一开始就将精力放在自主开发上，这种对自主创新的重视，不仅吸引了大量来自跨国企业的优秀人才，也吸引了来自一汽、二汽等的人才，逐渐建立了自主创新平台。这些企业后来的生产经营中开始大力利用国际汽车研发资源，引进并消化吸收核心技术，开发出自己的产品、自己的品牌，也找到了比较好的平衡点（柳卸林，2008）。

---

① 中国汽车产业如何才能既大又强．中国汽车报，2011 – 05 – 27.

第六章

中国生物制药产业的开放式自主创新与国际竞争力提升[*]

第一节 引言及问题的提出

生物制药（Biopharmaceutical）产业是一个典型依赖科学创新的新兴高技术产业，发展的关键是生命科学的基础研究能否取得突破并成功转化为有价值的产品（柳卸林，2008）。生物药物从技术萌芽到产品形成的周期十分漫长，其间需要大量的技术积累，依靠生物技术的突破、制药产业的联盟和大量资金才能实现。有资料显示，一种新药从研究开发到投放市场，耗资约2.5亿美元，开发周期高达12年，在临床试验的新药只有23%有望进入未来市场。[①] 在这一领域，知识的快速变化需要学术界与产业界的紧密联系，吸引来自大学、研究实验室的新技术，是产业发展的关键，比如构建产学研联盟（Niosi，2003）。随着化学新药创制的难度增大，生物技术药物逐步成为创新药物的重要来源，市场份额飞速增长（仅在2010年全球生物芯片市值就达600多亿美元）。[②] 根据Evaluate Pharma的数据分析，全球生物技术药物销售额从10年前的385亿美元增至2010年的1400亿美元，2012年超过1460亿美元，占全球药品市场的比重超过

---

[*] 本章部分内容整理自作者与柳卸林合作的《从科技投入到产业创新》一书（科学出版社，2014年1月版，作者：柳卸林、何郁冰），并根据时间发展进行了数据更新。

[①] 资料来源于艾凯咨询公司《2008—2010年中国生物制药行业调研及投资咨询报告》。

[②] 医药工业"十二五"规划．华经纵横研究报告，http://www.chinacir.com.cn/ztyj/04/index.html.

16%。Frost 和 Sullivan 的报告预测，2020 年全球生物制药占全部药品销售收入的比重将超过 1/3，利用生物技术研制的新药将达到 3000 种左右。[①]

生物制药是中国特别关注的一个知识领域，[②] 政府很早就重视这一产业的创新与发展，将之作为着力培育的一个战略性新兴产业，视为追赶发达国家的一个"机会窗口"。[③] 目前，我国有生物制药企业 400 多家，其中基因工程药物生产企业 114 家，疫苗生产企业 28 家，已形成涵盖前期开发、临床前/临床测试、规模生产、批零销售等各环节的较完整的生物制药产业链。整个"十一五"期间，中国生物制药行业规模增长 272%，年销售收入超过千亿元。然而，无论是产业规模、市场地位还是产品竞争力，中国生物制药产业与发达国家仍存在较大差距。2013 年 4 月，由中国药品研制和开发行业委员会、美国全球生物技术工业组织（BIO）、波士顿咨询公司（BCG）等联合发布的《在中国打造世界领先的创新型生物技术药物产业》研究报告指出，目前中国生物技术药物的市场总额为 180 亿元人民币，仅占全球市场总额的 2%。除了中央政府的管制、弱知识产权制度和成果商业化体系不完善等因素的制约作用外，中国生物制药企业得到政府的支持较为有限，企业研发投入较低，而且多投在成果商业化阶段，风险投资也往往投资企业但不投资创新，在这一产业，绝大多数的科技创新依托了大批从海外回来的研发人员，但他们的市场化能力相对较弱（柳卸林，2008）。

本章侧重分析中国生物制药产业如何在开放的条件下提高自主创新能力，思考该产业如何通过整合全球创新资源、嵌入全球创新网络和产业价值链，实现国际竞争力的提升。我们感兴趣的问题是：为什么在这一领域，中国表现出国际领先的基础科学能力，但没有培育出国际领先的生物医药企业？中国生命科学基础研究如何更好地面向产业创新的需求？政府的政策如何引导技术、资金、人才等创新资源在生物制药的知识链、创新

[①] 资料来源于《医药工业"十二五"发展规划》。
[②] 这十年，生物制药产业新第一．科技日报，2012-11-14.
[③] 1989 年，北京大学所属的深圳科兴生物工程公司成立，标志着中国生物制药产业的开始。此后，生物制药产业在中国蓬勃发展，专业集群和园区不断涌现。中国在"973"计划（含国家重大科学研究计划）、国家自然科学基金、"863"计划中都很重视对生命科学和生物技术的资助，重大新药创制也是科技部 16 个重大科技专项之一，许多政策和科技规划也重视生物制药。

链和产业链上的流动与整合?

第二节 中国生物制药产业的发展过程及创新与竞争情况

一 中国生物制药产业的发展阶段

中国生物制药产业的发展大致经历了三个主要阶段。[①]

(1) 探索阶段 (1960~1995年): 以生物和生化药品研发为主,中国开始探索生物制药生产技术,一批生化制药的科研机构和企业开始建立,在青蒿素、重组人干扰素等领域取得重要突破。1982年,中国政府发布《生物技术蓝皮书》,在"863"计划中设立了"生物技术新型药物及疫苗"专项,建立了基因工程国家重点实验室。1989年,侯云德院士研发的基因重组人干扰素 α - 1b 成为国内批准的第一个生物技术药物,这是中国第一个有自主知识产权的基因工程一类新药。[②] 1989年,深圳科兴生物工程制药有限公司[③]开始申报新药,1993年获得批准生产 α - 1b 干扰素,诞生了中国第一个基因工程药品。这一阶段的主要经费来源是"973"、国家科技攻关计划、"863"等国家科技计划,企业的研发投入极少,药品基本上仿制国外产品。

(2) 兴起阶段 (1996~2005年): 中国仿照国外发展模式,初步建成了一批集研发、生产为一体的生物制药产业基地(张江、中关村等),国家科技计划、高技术产业化专项等也给予了持续的有力支持,《国家中长期科学技术发展规划纲要 (2006—2020年)》中把生物技术列为八大前沿技术中的首位,医药管理制度进行了相应拓展。这一阶段的特点是中国对生物制药研发投入的稳步增加,企业研发投入比重加大,生物技术发明专利也大幅增加。2004年,我国批准全球第一个基因治疗药品——深圳赛百

[①] 根据《中国科技发展研究报告 (2010): 战略性新兴产业研究》(科学出版社) 及其他资料综合整理而成。
[②] 此后的 α - 2a、α - 2b、γ 等亚型的基因工程干扰素系列产品,也都出自侯云德之手。
[③] 1989年侯云德研制出 α - 1b 干扰素之后,国家为了项目产业化,投资4800万元,在深圳建立了科兴生物公司。1994年,北大正中置业集团与美国汉鼎亚太投资公司又联合将其收购。

诺生物技术公司生产的重组人 p53 腺病毒注射液。2005 年，又批准第二种基因治疗产品——上海三维生物技术公司生产的 H101 用于头颈部治疗。自主研发的基因工程痢疾疫苗和霍乱疫苗，也是全球同类产品中首批获准上市的生物技术药物。

（3）发展阶段（2006 年至今）：国家中长期科技发展规划启动了"重大新药创制"的国家科技重大专项（预算 66 亿元），相继出台一系列推进生物技术研发和生物制药产业发展的科技和产业政策，如《生物产业发展"十一五"规划》（2007 年）、《促进生物产业加快发展的若干政策》（2009 年），在资金投入、创新基础、税收等方面给予重点支持。这一时期的特点是生物医药行业迅猛发展。2010 年，我国有各类生物制药企业 862 家（包括涉及生物类药品的 162 家上市公司），按现价总产值为 1208 亿元，销售收入为 1128.7 亿元，出口值为 149.5 亿元，2010～2012 年收入的年复合增长率约为 23%，[①] 2011 年，有 5 家中国生物制药企业上市，在深圳证券交易所首次公开招股的平均融资达到 1.72 亿美元。[②] 表 6-1 是一些有代表性的中国生物制药企业及主要产品。

表 6-1 中国主要生物制药企业及其产品

企业	成立年份（地点）	企业简介	主要产品
海正药业	1956（台州）	2000 年在上海证券交易所上市，是国内最大的抗生素、抗肿瘤药物生产基地之一	注射用重组人 II 型肿瘤坏死因子受体-抗体融合蛋白，安百诺、赫赛汀（CD-20）生物仿制药
科华生物	1981（上海）	中国规模最大的医疗诊断用品产业基地。2004 年在深圳证券交易所上市	体外临床诊断试剂、医疗仪器
深圳科兴	1989（深圳）	由国家科委生物工程中心、中国预防医学科学院病毒学研究所、卫生部上海生物制品研究所、卫生部长春生物制品研究所共同投资组建	干扰素 α-1b、白细胞介素-2、人生长激素、胰岛素
海王生物	1989（深圳）	1998 年在深圳证券交易所上市	医疗保健品

[①] 全球及中国的生物制药行业报告. Research in China, 2010.
[②] China's pharmaceutical industry—poised for the giant leap. http//：www.kpmq.com.cn, 2012-05-16.

第六章　中国生物制药产业的开放式自主创新与国际竞争力提升

续表

企业	成立年份（地点）	企业简介	主要产品
北京三元	1992（北京）	由科技部、中国预防医学科学院病毒学研究所等投资兴建，中国干扰素市场的领先者之一，坚持打造中国干扰素的第一品质	干扰素α-1b
华兰生物	1992（新乡）	由卫生部兰州生物制品研究所驻新乡服务部、安瑞麟和香港丰源贸易公司按60%:21.6%:18.4%的股权比例出资创建，2004年6月在深圳证券交易所上市	人血蛋白、静注丙球、肌注丙球、冻干人凝血酶原复合物、外科用冻干人纤维蛋白胶
天津华立达	1992（天津）	中外合资企业，注册资本3000万美元，以色列TEVA制药公司和中国中新药业集团股份有限公司分别拥有60%和40%的股权	第二代基因工程α-2b干扰素（安福隆）
通化东宝	1992（通化）	胰岛素市场份额位居国内企业第一，占整个胰岛素市场的3%	胰岛素和胰岛素类似物（甘李药业）
三生制药	1993（沈阳）	由楼丹创立，后由科学家娄竞（拥有美国纽约大学分子及细胞生物学博士学位）大力发展，2007年2月7日在美国纳斯达克证券交易所上市	红细胞生成素、血小板生成素、干扰素α-2a、白细胞介素-2
安科生物	1994（合肥）	由宋礼华带领安徽省生物研究所创办的民营企业	干扰素α-2b、人生长激素
复星医药	1994（上海）	2010年7月，公司与国际医药企业Chemo开启新一轮战略合作。双方将在合资公司上海凯茂生物的平台上，共同注资建设单抗药物项目	治疗肿瘤和类风湿关节炎单抗药物
双鹭药业	1994（北京）	前身为北京白鹭园生物技术有限公司，2004年9月在深圳证券交易所上市	白细胞介素-2、白细胞介素-11
长生基因	1994（长春）	由中华茂祥工业有限公司、长春生物制品研究所等6家股东单位投资组成	碱性成纤维细胞生长因子、干扰素系列、白细胞介素-2
特宝生物	1994（厦门）	2009年在海外建立首个生物技术产品生产基地	粒细胞巨噬细胞集落刺激因子、粒细胞集落刺激因子、白细胞介素-11
天士力	1994（天津）	2002年在上海证券交易所上市	流感亚单位疫苗
三维生物	1995（上海）	1999年公司重组成为中外合资企业	粒细胞集落刺激因子

续表

企业	成立年份（地点）	企业简介	主要产品
金赛药业	1996（长春）	由海归科学家士金磊与长春高新合作，共同投资8000万元组建；是国内规模最大的基因工程制药企业和亚洲最大的重组人生长激素生产基地	重组生长激素，长效生长激素，重组人促卵泡激素，重组人胸腺素α1
天坛生物	1997（北京）	由北京生物制品研究所独家发起成立，2007年7月20日，中国生物技术集团公司获得北京生物制品研究所持有的全部国有法人股	重组酵母乙型肝炎疫苗、脊髓灰质炎疫苗
金坦生物	1997（石家庄）	由华北制药集团与英属茂业生物技术开发有限公司合资组建	粒细胞集落刺激因子、粒细胞巨噬细胞集落刺激因子、红细胞生成素、乙肝疫苗
深圳赛百诺	1998（深圳）	由有海外留学背景的生物化学家彭朝晖创立	人重组p53腺病毒注射液
华大基因	1999（北京）	基因技术领域的研发和生产。2007年成立深圳华大基因研究院	国际人类基因组计划"中国部分"（1%）、国际人类单体型图计划（10%）、抗SARS研究、炎黄一号
达安基因	2001（广州）	由中山大学、广州生物工程中心及多个投资公司和个人出资建立，2004年8月在深圳证券交易所上市	基因诊断技术
中信国健	2002（上海）	国内单抗产业的领导者，全面攻克大规模生产单克隆药物生产技术的企业	已上市的益赛普，多个在研的治疗肿瘤和类风湿关节炎单抗药物
泛亚生物医药集团	2004（上海）	拥有8家全资和控股企业，以及3家研究机构，包括上海泛亚生命科技有限公司、上海泛亚基因医学科学有限公司、上海泛亚生命科学研究院	基因芯片及诊断试剂盒的研发、生产和检测服务；新药开发、药用微生物的工业化生产

资料来源：本研究根据相关资料整理而成。

二 中国生物制药产业的自主创新与竞争能力

科技部的数据显示，在过去的几年间中国生物制药产业规模增长了2倍，研发经费增加了4倍，国际论文量增加了6倍，申请临床研究的药物数量增加了8倍，专利数量增加了10倍。预计到2020年，我国生物制药产业将达到6万亿元的规模。① 为了判断中国生物制药产业的自主创新水平，我们通过科学引文索引数据库（SCI）和德温特专利数据库（Derwent Innovations Index，DII）对生物技术进行了文献和专利信息检索。由于生物技术涉及的知识范围很广，为方便处理，我们结合相关研究文献，选择对生物技术产业有重大贡献和影响的9个关键技术领域进行文献和专利分析。

（1）从SCI文献的发表情况来看（见表6-2），1981~2012年中国在8个领域的科学研究实力都排在全球前10位，但与美国相比差距仍然非常大（如在疫苗领域，中美科学论文数量悬殊）。

表6-2 中国1981~2012年在生物技术关键领域累计发表SCI论文数量的情况

		疫苗	生物芯片	基因组学	蛋白质组学	组织工程	干细胞	基因治疗	重组蛋白	单克隆抗体
第一位	国家	美国	美国	美国	美国	美国	美国	美国	美国	美国
	论文数（篇）	57547	441	66753	5775	14188	84245	55156	49962	89767
	占比（%）	39.98	25.32	42.88	34.71	41.30	39.80	44.49	42.26	41.50
中国	排名	6	3	6	3	2	7	5	5	12
	论文数（篇）	5516	162	8556	1678	3411	11318	7598	7858	4820
	占比（%）	3.83	9.30	5.50	8.60	9.93	5.35	6.13	6.64	2.23

资料来源：ISI Knowledge Database。

（2）从产业专利申请看，OECD的数据表明（见表6-3），2000~2009年全球在生物技术领域申请PCT专利最多的国家是美国、日本等产业基础研究做得很好的创新领先国家，中国的表现不够稳定，且专利申请量偏少。而在2010年，美国、欧洲、日本专利申请量分别占全球专利申请总量的53%（79989件）、19%（28646件）和14%（20565件），中国专利申请较少，仅占全球专利申请总量的7%（11011件）。②

---

① 袁志勇. 生物经济：哪是短板. 科技日报，2010-03-08.
② 国家知识产权局规划发展司. 专利统计简报，2011（15）.

表6-3 2000~2009年全球生物技术领域的PCT专利分布情况

单位：件

年份	2000	2004	2005	2006	2007	2008	2009
美国	6111	4480	4479	4631	4444	4095	3856
日本	907	1436	1465	1210	1116	1075	1063
德国	1007	897	661	660	876	672	616
法国	426	408	315	365	421	446	488
英国	604	442	492	429	443	408	359
韩国	148	208	200	274	309	303	356
欧盟27国	3031	2816	2567	2617	3072	2841	2593
OECD整体	11042	9767	9602	9569	10089	9220	8605
中国	932	138	127	184	195	206	290

数据来源：OECD. Science, Technology and R&D Statistic (2011)。

（3）我们对全球生物产业细分关键技术领域的专利从1963年[①]开始进行搜索。从结果来看，美国、日本、瑞士等国企业在PCT专利申请上占据了绝大多数的数量，中国除了在基因治疗领域有两个表现不错的上海基因开发企业（上海Bode基因开发有限公司申请了399件，列第5位；上海BIOWINDOW基因开发有限公司申请了320件，列第10位）外，只有浙江大学在生物芯片（38件，第7位）、清华大学在组织工程（26件，第8位）领域申请了一定的专利。在疫苗、单克隆抗体、生物芯片、基因组学、干细胞等领域，中国无一企业或大学/研究机构能进入专利申请的前20名，而且专利申请量非常少。

在中国生物技术领域，较强的科学能力与薄弱的产业创新能力形成鲜明对比，论文多来自大学和研究所，企业申请专利的能力也很有限。当全球有20多种畅销生物药时，我国能生产10种；而现在全球有140多种时，我国却只能生产20多种。[②]尽管中国一些领先的生物制药企业正逐步增强能力（2003年10月，赛百诺在世界上首次完成了遗传基因治疗剂商业

[①] 之所以选择1963年作为起始时间，是因为德温特专利数据库只收录1963年以后的专利申请信息。

[②] 2008-2010年中国生物制药行业调研及投资咨询报告．中国行业调研网．

第六章 中国生物制药产业的开放式自主创新与国际竞争力提升

化），但总体上，中国生物制药行业在技术和市场上与欧美国家有较大差距，而且差距还在拉大。中国生物制药业在技术和产品领域长期处于跟随者地位，美国、德国、日本等通过大量专利申请形成了领先优势和专利壁垒。

发达国家生物制药企业非常重视对研发的高强度投入。Ernst 和 Young 咨询公司的研究显示，截至 2010 年底，全球有生物技术企业 4700 多家，其中上市生物技术公司 622 家，这些公司在 2010 年的总收入 846 亿美元，而研发投入高达 228 亿美元。[①] 相比之下，中国企业在生物制药上投入的创新资源偏少（见表 6-4）[②]，生物医药产业的研发强度一直未突破 1.5%，在高技术产业及医药制药分行业中也都处于平均水平（见图 6-1）。据统计，2010 年中国生物制药企业中有 R&D 活动的企业仅为 77 家，占全部生物技术企业的比例不到 9%，占全部医药制造业中有 R&D 活动的企业（929 家）的比例也只有 8.3%；生物制药企业的 R&D 支出为 13.28 亿元，占全部医药制造业 R&D 支出（122.63 亿元）的比例仅为 10% 左右；R&D 人员的投入更少，仅为 5374 人，占 9.7%。

表 6-4 1995~2012 年中国生物制药行业技术创新情况

单位：亿元，件

年份	R&D经费支出	年销售收入	研发强度	技术引进经费	消化吸收经费	有研发机构的企业	发明专利申请	有效发明专利
1995	0.27	42.9	0.63%	0.009	NA	22	5	1
2000	1.66	112.28	1.48%	0.735	0.077	43	43	37
2001	2.13	148.2	1.44%	0.141	0.210	34	18	24
2002	1.68	170.57	0.98%	0.570	0.543	37	60	43
2003	1.52	228.37	0.67%	0.134	0.328	16	82	26
2004	1.68	194	0.87%	0.161	0.033	40	69	31
2005	2.30	318.23	0.72%	0.015	0.006	31	242	49
2006	3.06	408.52	0.75%	0.167	0.059	38	124	119

[①] 数据转引自《中国"十二五"生物技术发展规划》。
[②] 2010 年中国企业在生物制药上的研发投入为 13.28 亿元，尚不及日本武田制药（46.4 亿美元）的 1/20，武田的研发投入强度高达 29.5%。

续表

年份	R&D经费支出	年销售收入	研发强度	技术引进经费	消化吸收经费	有研发机构的企业	发明专利申请	有效发明专利
2007	5.52	557.57	0.99%	0.071	0.126	52	264	276
2008	6.64	710.33	0.93%	0.339	0.177	55	254	293
2009	9.68	919.32	1.05%	0.228	0.381	70	321	294
2010	13.28	1128.7	1.18%	0.525	0.086	77	382	402
2011	29.34	1525.3	1.92%	0.395	0.120	257	876	1148
2012	45.10	1978.8	2.28%	0.568	0.156	398	1243	1600

资料来源：《中国科技统计年鉴》。NA表示未获得相关数据。

研发投入的薄弱导致自主核心技术的缺失。据统计，过去60多年来，中国创制的获得全世界承认的新药只有青蒿素和三氧化二砷两种。我国已批准上市的13类25种382个不同规格的基因工程药物和基因工程疫苗中，只有6类9种21个产品（如rh-IFNα-1b、r-bFGF、r-SK）属于原创，其余均为仿制药（Generic Drug）和原料药，且重复生产的现象严重。目前，绝大部分生物技术创新和专利源于发达国家，正在研发的生物技术药物品种63%在北美、25%在欧洲、7%在日本，中国只拥有极少数的生物技术原创药品。[①] 2008年，全球最大的医药企业美国辉瑞公司营业收入高达450亿美元，而我国最大的医药企业销售收入不到200亿元人民币。这也导致中国企业缺乏研发投入资金，无力投入创新药的研究。[②]

从国际竞争力来看，中国生物制药企业的规模普遍偏小、盈利能力差，低端药物产能过剩、高端药物产能不足。2010年，中国生物技术产品销售额为1128亿元，占全球市场总值的0.6%，而美国高达79.8%。仅美国生化公司安进（Amgen）一家公司在2010年销售就达到150亿美元，接近中国生物制药全行业的销售额。全国生产基因工程药物的公司总销售额不及美国或日本一家中等公司的年产值。以疫苗产业为例，目前我国已经是全球最大的疫苗生产国，现有30余家疫苗企业，年产疫苗10亿人份，但最近才成为第36个通过世界卫生组织评估的国家，且疫苗产品结构并不

[①] 中国科技发展研究报告（2010）：战略性新兴产业研究. 科学出版社, 2011: 119.
[②] 杨海霞. 生物制药：挑战技术制高点. 中国投资, 2009 (9): 52-55.

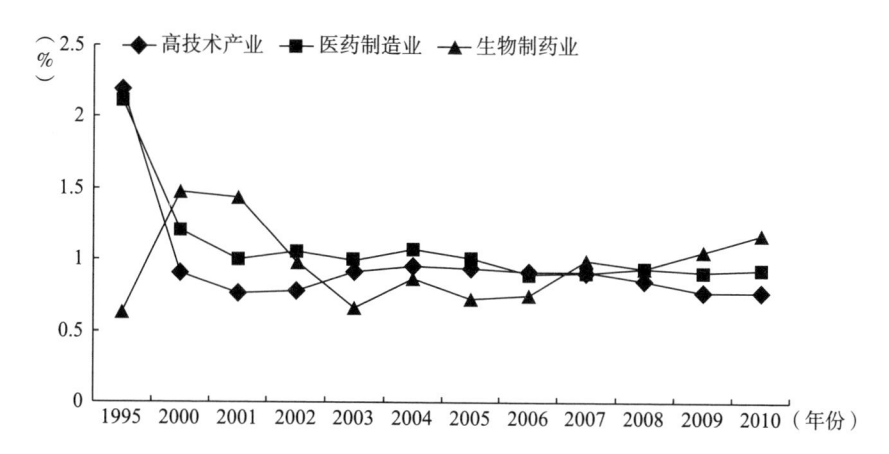

图 6-1 中国生物医药产业研发强度演变及与产业的比较

资料来源：《中国科技统计年鉴》。

合理：一半以上产品是用于预防脊髓灰质炎、麻疹等常见病的疫苗，绝大部分产品走国家计划免疫疫苗的渠道销售。而消费者自愿选择的有价疫苗多为外国公司把持；对尖端的癌肿、AIDS 疫苗研制，国内仍处于起步阶段。[1]

在高技术产业中，中国生物制药的出口能力薄弱。2010 年，"生物、生化制品制造"领域的出口交货值占总产值的比重为 12.38%，与同期的电子及通信设备（54.52%）、电子计算机及办公设备（76.57%）、医疗设备及仪器仪表（19.30%）有较大差距。从新产品出口销售收入占新产品产值的比重来看，2010 年"生物、生化制品制造"领域仅为 9.67%，与其他高技术产品的差距更为明显（同期的电信设备为 47.15%、电子计算机及办公设备为 63.11%、医疗设备及仪器仪表为 18.70%）。疫苗出口更是微乎其微，即便是国内疫苗龙头企业华兰生物，2010 年上半年出口销售额仅占其总额的 0.2%。

生物制药产业作为一个新兴产业，其发展受到技术、市场、政府规制等多方面因素的影响。相比国外生物制药企业，中国生物制药企业起步并不晚，中国内地的生物技术研发与世界前沿的差距也并不大（在个别领域甚至还处于领先地位），但是，产业技术创新和发展相对落后，中国高校

---

[1] 李刚，林瑞明. 未来中国生物制药行业两大突破口. 三星经济研究院，2012-01-11.

和研究机构的技术专利如何产业化，仍然是一个难题。

三 政府及跨国公司带来的影响

生物制药产业是全球公认的政府管制最为严格的产业之一，在中国也是如此。中国有标准的临床试验程序、对患者的研究许可并完全对外公开，政府制定了严格的制药企业生产法规（GMP）。尽管政府鼓励在临床试验的程序上迈出了一大步，但申请临床试验阶段的批准时间要比美国长（中国需要6个月的时间批准，美国是1个月），审批程序也更严。[①] 在中国，国家食药监局实行"严进宽出"的原则，新药审批时间拖长，使得企业研发成本大大增强，并使得风险投资望而却步，这严重阻碍了企业尤其是中小企业获得更多的创新资金。[②] 另一方面，生物制药行业也是中国政府一直都重点扶持的对象，包括财政补贴、税收优惠等措施。发改委、卫生部、食药监局等多个部门出台了诸多支持生物制药产业发展的政策，财政部等也有多种专项资金支持。[③]

但是，这些政策支持与直接资助并不是生物制药行业成功的关键，制度因素更为重要（柳卸林，2008）。根据生物制药产业的特点，中国政府仍旧需要大力推动制药领域的技术创新，继续支持新药创新，加大保护创新的力度。药品监督部门应继续在法律法规、技术标准等方面给予有力支持，有效提高本土药品研发水平，提高自主创新能力。[④]

外资在华的情况也给中国生物制药行业带来巨大影响。自2009年推进医改以来，中国政府对外资进入逐步放松管制，并为外资药企提供税收、租金等方面的优惠，使越来越多的外资企业加快在华生物制药行业开展并购、合资甚至独资设厂，加速研发转移。[⑤] 自2002年丹麦的诺和诺德公司率先在北京建立了全球研发中心之后，目前，辉瑞、诺华、阿斯利康、礼来等全球大型药企几乎均已在华投资设厂或建立研发中心；葛兰素史克在

[①] 吴红月. 全球生物制药市场中国与印度谁更占先机. 科技日报, 2007 - 11 - 05.
[②] 中国生物制药产业：新思维大机遇. http://www.istis.sh.cn/list/list.aspx? id = 6535.
[③] 生物制药领袖企业，迎来跨境合作机遇. 医药经济报, 2012 - 10 - 30.
[④] 第二届BIO中国生物产业大会隆重召开. 医药经济报, 2012 - 10 - 29.
[⑤] 2010年中国生物制药产业发展情况分析. 中国产业研究网：http://www.chinacyyj.com/html/50618.htm.

2010年底以7000万美元收购南京美瑞，并将海王英特龙变为其独资子公司；诺华在2011年以1.25亿美元收购了浙江天元85%的股权；阿斯利康中国创新中心未来三年内计划在中国投资1亿美元用于药物研发。[1] 这些R&D机构的R&D活动已经不仅仅局限于简单的技术开发，而更关注如何在中国特定的环境下面向全球进行最有优势的生产活动（马勇等，2008），它们通过并购国内成长性较好的中型企业、利用现有销售渠道、建立研发中心等手段，不断蚕食我国产业发展成果并占领市场。[2]

第三节 中国生物制药产业利用外部创新资源的能力

生物制药行业具有产业链长、资源来源广泛等特点（见图6-2）。中国生物制药公司的发展历史较短，如何与大型药企联合开发产品、获取来自大学/研究机构的基础研究成果、得到更多的外部金融支持和中介服务，是企业提升创新与国际竞争力的关键。但从整体上看，在当前，中国生物制药行业利用外部创新资源的能力仍然偏弱。

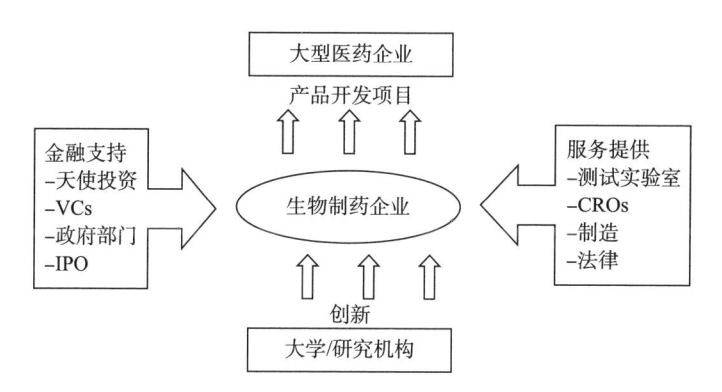

图6-2 生物制药行业的结构

从图6-3可见，企业对外部资金的利用度偏低，绝大多数科技经费来自内部。

---

[1] 我国生物制药产业面临内忧外患. http://www.yyglw.org/Article/hangyedongtai/2012/0615/340.html.

[2] 我国生物医药产业面临内忧外患. 经济参考报，2012-06-15.

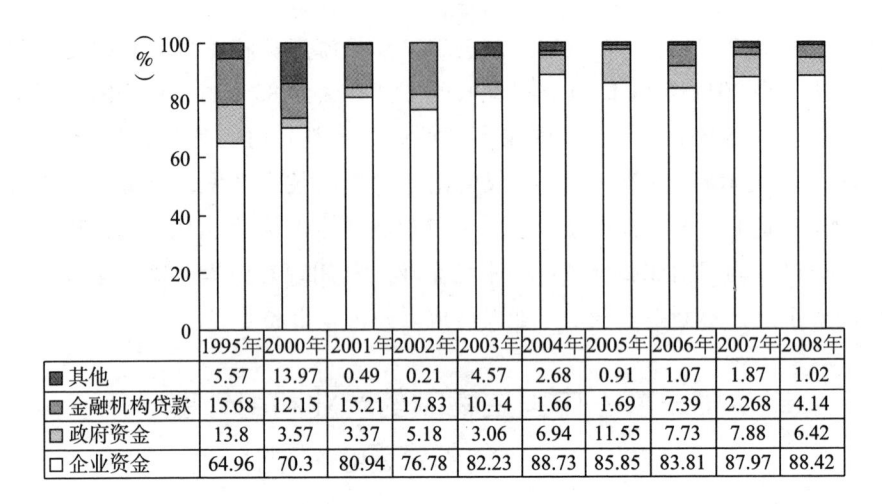

	1995年	2000年	2001年	2002年	2003年	2004年	2005年	2006年	2007年	2008年
其他	5.57	13.97	0.49	0.21	4.57	2.68	0.91	1.07	1.87	1.02
金融机构贷款	15.68	12.15	15.21	17.83	10.14	1.66	1.69	7.39	2.268	4.14
政府资金	13.8	3.57	3.37	5.18	3.06	6.94	11.55	7.73	7.88	6.42
企业资金	64.96	70.3	80.94	76.78	82.23	88.73	85.85	83.81	87.97	88.42

图6-3 中国生物制药产业科技经费筹集来源结构

资料来源：《中国科技统计年鉴》。

而从生物制药行业领域的国际贸易来看（见表6-5），中国产业的开放度也不高，大多数公司的外部资源仍旧受到服务规模、容量、能力和经验的限制。

表6-5 主要国家和地区生物制药国际贸易

单位：亿美元

国家	出口额	进口额	贸易总额
德国	372	300	672
美国	260	393	653
瑞士	307	153	460
英国	248	173	421
法国	235	177	412
日本	33	82	115
印度	45	16	61
中国	38	23	61

资料来源：王昌林（2009）。

一 资源并购与外部技术获取

并购是生物制药行业十分普遍的现象。生物制药产业的特征之一是"高投入"，需要大量的资金支持，而在不同的发展时期，对资金的需求类型与需求规模也有差异，表6-6列出了生物制药企业在各个发展时期的资本需求特征和在需求规模。并购对中国生物制药企业的积极作用在于，企业能吸收新的资金、高技术产品或市场资源，促进行业内在研发资源等多方面进行整合，提高产业集中度，并逐步纳入全球产业链，为将来打入国际市场做准备。[1]

表6-6 生物制药公司在各个发展时期的资本需求特征

	概念期	成果转化期	起步期	发展早期	成长期
主要活动	实施研发；识别有商业潜力的新发现	获得有前景的技术；识别市场；开发雏形；测试与确证；在实验室进行验证；专利保护；优化中试；注册	建立商业功能；得到起步的资金支持	准备商业战略计划；安排一系列的管理团队到位；得到后续资金支持；开始实施市场销售	规模化市场；扩大市场销售
资金来源	常规的政府资助	(1) 大学里的技术：来自大学、政府以及产业界的资助；(2) 非大学产出的技术：公共资金或慈善资金的支持；(3) 小企业创新基金一期	朋友或家庭；种子基金；天使投资；小企业创新基金二期	专注于种子期的分概念先投资；公共来源的投资基金	风险投资；股票；债券；产业界（战略联盟、并购等）
资金需求规模	各种规模	5万~50万美元	多达100万美元	100万~200万美元	大于200万美元

资料来源：美国生物技术产业组织（BIO）

近年来，中国生物制药市场的重组、并购活动此起彼伏（见表6-7）。代表性的案例有：哈药集团2010年6月以5000万美元的价格收购辉瑞在华两款猪支原体肺炎疫苗的垄断业务；上海医药以14.87亿元收购母公司上药集团的抗生素业务和资产，同时以23.28亿元自6家私募基金手中收购China Health System（CHS）公司65.24%的控股权。[2] 2010年底，华润医药集团和北药集团通过新设一家合资公司完成两个公司的资产重组。[3] 2012年上半年，

---

[1] 钟可芬. 生物制药群雄逐鹿传统医药企业或也有机会? 医药经济报, 2008-07-11.
[2] 赛迪顾问. 中国生物产业研究报告（2010-2011）.
[3] 华润方拥有的全部医药类资产和业务都将纳入此次重组，具体包括华润股份持有的北药集团50%股权、华润医药集团和华润医药控股及其下属企业的股权和权益，即包括华润医药控股所持华润三九63.59%及东阿阿胶23.14%的股份。未来，华润旗下华润医药将100%持有北药股份，作为对价，北京市国资委转持华润医药28%的股权。同时华润将把医药总部设在北京。而作为得到北药的条件，北京市政府提出希望双方医药资源整合后提升行业地位，共同在北京打造国内生物制药产业龙头企业。

中国生物技术/医疗健康领域披露的并购案例有32起,并购总额为350.08亿美元,平均并购金额12.50亿美元。2012年11月22日,云南白药为解决公司与云南省药物研究所之间的同业竞争问题,将所持云南省药物研究所100%股权转让给公司,云南白药原有的药品研发力量因此大幅提升。

表6-7 近年来中国生物制药产业的国内并购情况

并购方	被并购方	被并购方所属行业	并购时间	涉及金额
天士力	金纳生物技术（天津）有限公司	生物疫苗	2006-07	天士力拥有金纳生物55%的股权
天坛生物	成都蓉生	血液制品	2009-10-22	天坛生物出资5.7亿元获得成都蓉生90%的股份
华润医药	北药集团	医药业务整合	2010-05	未披露
科伦药业	崇州君健塑胶有限公司	药包材料	2011-03-14	4亿元
振东制药	山西安特生物	新药研发	2011-05	不详
华东医药	九阳生物	非抗生素类抗菌素	2011-08	华东医药以1.091亿元获得九阳79.61%的股权
绿叶制药	四川宝光药业	糖尿病治疗	2011-09-06	不详
华润三九医药股份有限公司	广东顺峰药业有限公司	皮肤外用药	2012-01-16	6亿元
仁和药业股份有限公司	江西药都樟树制药有限公司	医药	2012-03-29	2.88亿元
云南沃森生物技术股份有限公司	河北大安制药有限公司	血液制品	2012-10-26	沃森出资5.29亿元获得大安55%的股权
云南白药控股有限公司	云南省药物研究所	青蒿素	2012-11-22	不详

资料来源：本研究根据相关资料整理。

二 研发外包与战略联盟

研发外包——"合同研究组织"（Contract Research Organization，CRO），[1]

---

[1] CRO起源于20世纪70年代后期,率先在美国的制药行业盛行。制药业的合同研究主要是指中小企业接受大型制药企业委托,就新药研发的某个环节提供外包服务,包括前期药物筛选合成、临床前试验及临床试验、数据管理、新药申请服务等。通过CRO,大企业的新药开发周期大大缩短,上市进程不断加快。

是生物制药行业开放式创新的有效途径。IMS Health 的数据显示，全球生物制药研发外包的市场总值约 200 亿美元并以每年 16% 的速度增长。[①] 近年来，跨国药企和生物制药公司纷纷来中国开展新药研发外包项目，以提高创新能力和建立外部知识产权网络。[②] 对于承接外包的中国企业来说，可以获得研发资金、提高研发能力，可以利用研发外包与跨国药企在华转移生产增加订单和利润，学习国际先进的质量管理经验并培养专利意识，积累新药研发经验（马勇等，2008）。研发外包是中外资源互补的过程，中国在提供低成本资源的同时也吸收了国外的先进技术和同欧美药品管理机构打交道的经验，自主研发能力也会随着外包的发展而提升。[③]

2009 年 6 月 2 日，国务院发布《促进生物产业加快发展的若干政策》，提出要"推进生物制药研发外包"，同时，"鼓励外国企业和个人来华投资生产、设立研发机构和开展委托研究"，"鼓励和支持具有自主知识产权的生物企业'走出去'，开展产品的国际注册和营销，到境外设立研发机构和投资兴办企业"。这促发了大批华裔生物科学人才回国创办 CRO。[④] 以北京为例，成立于 2005 年 9 月的中国生物技术外包联盟（ABO）在不到两年时间里接到超过 2 亿元的订单。以药明康德为例，该公司的客户包括全球排名前 10 位生物制药公司中的 8 家，年合同收入达 7000 多万美元。2007 年 8 月，药明康德成为中国第一家登陆纽交所的医药研发公司，2008 年又成功以 1.51 亿美元全资收购美国艾普科技实验室服务公司，开创了中国医药研发外包海外扩张的先河。2010 年 11 月 8 日，药明康德苏州毒理中心获得由国家食品药品监督管理局（CFDA）颁发的优良实验室管理规范（GLP）证书，标志着药明康德在 GLP 领域的成功突破。[⑤]

此外，加强企业间的研发合作（尤其是制药企业与生物技术公司的结盟）也是生物制药行业的普遍做法，有利于快速推进生物技术向产业化转化。近年来，中国的制药企业之间、生物技术公司和制药公司之间的结盟成为新的趋势。如 2011 年上海医药集团与上海复旦张江生物股份有限公司

[①] 全球服务外包浪潮驱动，生物制药研发新版图. 第一财经日报，2008 – 08 – 07.
[②] 萧遥. 中国生物医药研发谋划新版图. 第一财经日报，2008 – 09 – 25.
[③] CRO：让药品研发的世界变小. 健康报，2006 – 08 – 01.
[④] http://finance.stockstar.com/JL2008040700005135.shtml.
[⑤] 芮国忠. 论中国医药研发外包现状及发展趋势. 中国医药报，2011 – 04 – 02.

签订重大新药创制研发的战略合作协议，计划在未来6年内出资1.8亿元与复旦张江共同进行4个药物品种的研究开发和产业化全面合作。图6-4显示了近年来中国生物技术产业研发合作的情况。

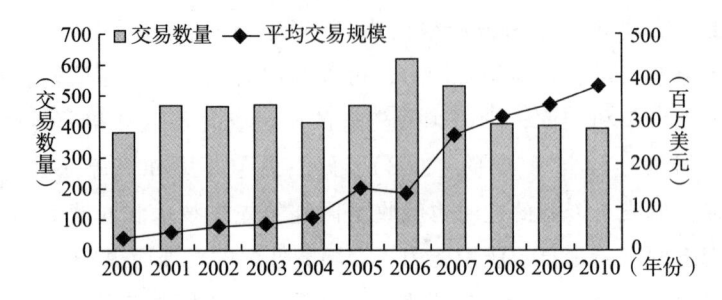

图6-4 中国生物技术产业研发创新合作联盟情况

资料来源：http://www.istis.sh.cn/list/list.aspx?id=7577。

三 产学研合作创新

从发达国家及印度的经验来看，生物制药企业普遍采取产学研合作的方式来缩短新药研发周期、降低研发成本，并实现新药的快速商业化。近年来，中国生物制药企业开始寻求与大学、研究机构的合作。如养生堂集团在2000年与厦门大学的夏宁邵研究团队签约合作创新，致力于戊肝疫苗益可宁的自主研发和商业化。养生堂每年资助夏宁邵团队1200万元，历时5年。从第二年开始，养生堂主动追加300万元。后来，又签署了为期10年的第二期合同。养生堂还收购北京万泰药业，通过产学研三方携手于2012年成功研制出戊肝疫苗，这也成为中国生物制药领域官产学研结合的优秀范例。[①] 上海医药集团在加强内部研发的同时，与中国药科大学、沈阳药科大学、上海交通大学、浙江大学、吉林大学、中科院上海药物研究所等建立了长期合作的药物研究联合实验室，分别在靶向抗肿瘤、高脂血症、糖尿病、疼痛领域的8个新型靶点进行新药发现研究。2010年，复星医药成立了由科技部批准的"复星医药技术创新战略联盟"，联盟成员包括技术平台、企业研发平台、人才培养平台以及政策研究与协调等多角色成员。技术创新战略联盟以骨干创新型企业为依托，运用市场机制，促进

---

① 这十年，生物制药产业新第一. 科技日报，2012-11-14。

各类企业、大学、科研机构及相关科技中介服务机构在战略层面上有效结合。

上海浦东目前已经汇集了以中医药大学和中科院药物所为代表的"一所一校二十七中心"的药物研究机构，如国家人类基因组南方研究中心就是由中国生物工程开发中心、上海新药研究开发中心、中科院上海分院、上海医科大学等数十家单位共同组建的，是高校、研究机构、政府资助、民间资本和风险投资的结晶。2012年2月24日，全国首个由科研机构、高校、政府和企业共建的生物和技术药物研发"校企地协同创新"联盟在成都启动。①

从国内生物制药企业的合作创新情况来看，2000~2009年，我国生物制药合作研发专利累计授权量为1267项，占专利授权总量的8.03%，其中国内合作研发专利授权量746项，国外在华合作研发专利授权量521项，相对而言，国外在华的合作研发专利授权量增长较为平稳，而国内各年之间的授权量波动较大（见表6-8）。

表6-8 2000~2009年中国生物制药合作研发专利情况

单位：件,%

年份	全部专利总量 国内	全部专利总量 国外	合作研发专利数量 国内	合作研发专利数量 国外	合作研发专利所占比重 国内	合作研发专利所占比重 国外
2000	268	213	10	27	3.73	12.68
2001	1676	352	103	34	6.15	9.66
2002	2491	380	110	34	4.41	8.95
2003	620	328	98	25	15.81	7.62
2004	725	313	44	37	6.07	11.82
2005	932	551	109	61	11.70	11.07
2006	884	519	46	61	5.20	11.75
2007	888	651	65	69	7.32	10.60

---

① 据报道，该联盟成员包括北大、清华、复旦、中科大、川大等20多家高校，中科院、军事医学科学院等10多家科研机构，30多家大型生物医药制药企业，以及教育部、科技部、卫生部、国家食品药品监督管理局等政府部门（我国生物技术药物领域启动"校企地协同创新联盟"．中国科学报，2012-02-28）。

续表

年份	全部专利总量		合作研发专利数量		合作研发专利所占比重	
	国内	国外	国内	国外	国内	国外
2008	1079	670	71	85	6.58	12.69
2009	1430	803	90	88	6.29	10.96
合计	10993	4780	746	521	6.79	10.90

资料来源：顾兴燕等（2010）。专利数据的查询结果依据中国知识产权局提供的信息而整理。

从合作研发的总体的情况来看（见图6-5），企业与高校合作占据合作研发主导地位，共计专利361项，占国内生物制药合作研发专利总量的48.39%，明显高于全部合作研发中占37.25%的水平；研究机构与高校的合作排在第二位（105项，14.08%），高于全部合作研发中占10.1%的水平；企业和研究机构的合作占第三位（78项，10.46%），低于全部合作研发中占13.97%的水平；而企业与企业的合作排在第四位（76项，10.19%），显著低于全部合作研发中占21.3%的水平。这说明我国生物制药合作研发中高等院校发挥了重要作用，而企业与企业之间的合作程度则有待提高（顾兴燕等，2010）。

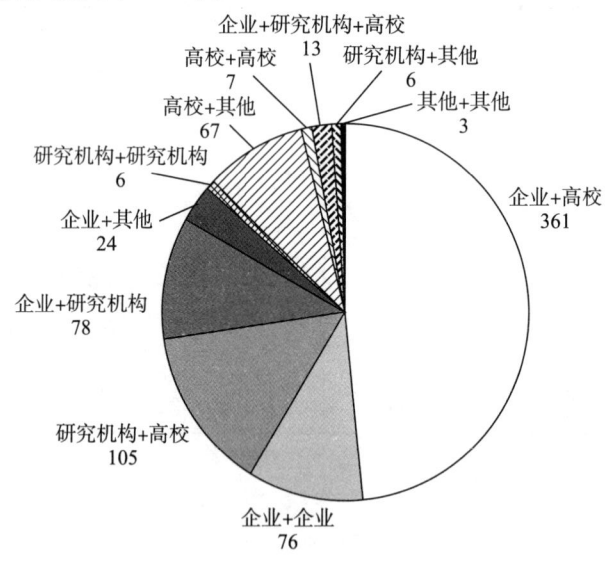

图6-5 国内生物制药专利合作研发情况

资料来源：顾兴燕等（2010）。

总体上看，在中国生物制药行业中，企业和高校的合作研发正在上升，这有两方面的原因：一是中国的科技资源集中在高校和科研院，生物制药的研发成果也多出自这里；二是生物制药在我国还是新兴产业，产业化和市场都并不成熟，大部分企业的研发能力薄弱，需要借助外部创新知识。但是，企业间的研发合作有待加强。

四 研发国际化及与跨国公司的竞争和学习

在拓展海外市场方面，中国生物制药的领先企业通常是与研究机构或其他跨国公司建立合资或合作企业，或在国外设立生产研发中心，这样更容易进入全球市场。比如，2011年3月，海正药业向美国布法罗的生物制药企业Photolitec投资500万美元用于癌症治疗研究，与Photolitec公司建立伙伴关系是海正为转型为一家全球性公司所采取的策略。海正还与美国罗斯威尔公司癌症研究中心（Roswell Park）和克利夫兰生物学实验室（Clevel & Biolabs Inc.）签订许可协议，并在普林斯顿建立了海正的美国总部。[①] 沈阳的三生制药股份有限公司很早就看到了国内研发能力与国际现代生物技术水平之间的巨大差距，将目光转向与国际合作，并在美国设立研发中心，这一举措使三生制药受益匪浅。该公司在国内独立开发干扰素和白细胞介素-2时，分别用了9年和11年时间，而三生制药设在美国的研究开发中心开发成功重组红细胞生成素，耗时仅4年半，目前三生制药正在开发的国家一类新药——血小板生成素已与美国企业的开发进程齐头并进。2012年9月17日，华大基因公司美国分公司以1.176亿美元的价格，收购了美国基因测序公司Complete Genomics，改变了生物技术单向并购的格局。当然，总体来看，中国生物制药企业能成功进行海外并购的还很少。

随着跨国公司加强在华研发布局，中国本土企业需要考虑与在华外资生物技术企业或制药企业竞争并向其学习。目前，世界药企前20强基本都在上海、北京设立了研发中心。通过合资，外资企业既可通过技术扩散逐渐扩大市场占有率，也可快速拥有本土企业已完善的市场渠道。与以前中外合资最后往往变成外商独资或控股不同，跨国药企在中国成立合资公

---

① 中国的投资推动了西纽约生物技术公司的发展. http//：www.bizjournals.com，2011-03-28.

司，更多是战略需要而非规避法律。① 因此，中外企业合作的领域已经由以前的市场和生产转向了研发，国内企业现在在和外方共同成立的合资公司中具有相当的掌控力。② 这种合资方式对国内企业是有益的，既能与全球领先制药企业合资，也可借助外资企业的国际营销平台，实现国产制剂国际化。如海正药业就从与辉瑞的合资中受益匪浅。③ 对海正而言，合资企业的设立表明其在双方合作过程中地位上升，从以前的代工生产，上升到项目层面的合作。海正既可借助辉瑞的品牌使自身的产品销量得到进一步提升，也能学习辉瑞的内部管理、服务等经验。④ 表6-9列出了部分跨国药企与中国企业合资研发或生产的情况。

表6-9 生物制药行业中外企业的资源整合情况（部分）

中方	外资企业	合作性质	合作年份	涉及金额
上海三维制药有限公司	瑞士罗氏	成立合资企业上海罗氏制药有限公司	1994	4500万美元
西安力邦制药	美国百特公司	成立合资企业	2003	1000万美元
华北制药	荷兰帝斯曼公司	组建合资公司	2005	1.64亿美元
上海克隆生物高技术有限公司	西班牙科迈公司	成立合资企业，克隆生物占70%的股权，科迈占70%的股权	2008	未披露
药明康德新药开发有限公司	美国科文斯有限公司	成立合资企业，各持50%的股权	2008	未披露
深圳海王集团	英国葛兰素史克	成立合资企业	2009	约5300万英镑
民生药业	赛诺菲-安万特	成立合资企业	2010	未披露
浙江天元生物药业股份有限公司	瑞士诺华	成立合资企业，诺华持有85%的股权	2011	未披露
先声药业	默沙东	成立合资企业，默沙东控股51%	2011	1亿元人民币
双鹭药业	加拿大PnuVax公司	成立合资企业	2011	未披露
复星医药	瑞士龙沙集团	成立合资企业	2011	1亿元人民币

---

① 外资药企再刮"合资风"前车之鉴，中方会否又为他人做嫁衣. 南方都市报，2011-09-15.
② 中国医药行业再掀一轮外企并购合资风潮. 中国投资咨询网，2011-09-15.
③ 新合资时代机会触手可及，源于仿制药争夺. 全国药品网，2011-06-13.
④ 争夺仿制药：新合资时代中国医药业的本土机会. 医药经济报，2011-06-13.

续表

中方	外资企业	合作性质	合作年份	涉及金额
海正药业	美国辉瑞制药	成立合资企业海正辉瑞制药公司，海正占股份51%	2012	2.95亿美元

资料来源：本研究根据相关资料整理而成。

第四节 中国生物制药产业的国际竞争力为什么没有实现有效提升

尽管在中国，生物医药行业作为战略新兴产业得到了政策上的高度重视，市场也在快速发展（如2011年上半年，我国生物、生化制品制造业实现销售收入676.17亿元，同比增长30.35%，从上半年原料药出口情况看，出口总额达110亿美元，同比增长29%）。[1] 但总的来看，中国生物制药产业走的是跟随和模仿的发展道路，创新的自主和开放程度都相对较低，在技术创新、产品市场规模、技术转移转化效率、国际竞争力等方面与国际领先企业的差距正逐渐拉大，多数产品长期多集中在低端，行业内以中小型企业为主，大企业占比偏低。中国在生物制药行业上，科学研究与产业创新之间并不匹配，这一产业还缺乏对国内外创新资源的有效整合。此外，原因还有政府在新药审批、药品价格管理和税收政策上的不足，现有的产学研合作的缺陷（占据合作网络核心位置的仍然是大学和公立科研机构，企业的话语权很小），风险投资环境对生物制药研究的不利。

一 尚未形成以企业为核心的产业创新体系

中国目前的生物制药产业创新体系是以大学和研究所为核心的，事实证明这并不利于产业的追赶创新（柳卸林，2008）。在政府大幅的科技投入资助下，[2] 中国的大学和研究所在生命科学和生物技术领域承担了大量的基础研究活动，并取得了许多国际领先的成果，但是这些知识优势并没有转化为产业优势。在中国，生物制药企业通常都很缺乏对生物技术的了

---

[1] 生物制药行业上市公司2011年净利预增17%. http://finance.qq.com/a/20111104/002662.htm.
[2] 在中国国家自然科学基金资助的经费和项目数中，生命科学领域在历年均居各学科之首。

解，由大学或公共研究机构创办生物制药企业成为一种常态，由大学和科研机构创办衍生企业（Spin‐off）和出售或转让技术这两种技术扩散形式，成为生物制药产业网络中的技术来源和重要节点（柳卸林，2008）。

在中国，大学和公共研究机构得到了政府在生物制药项目投资中的绝大部分（如国家自然科学基金、"863"计划、①"973"计划和国家重点实验室计划），企业很难介入（见表6-10）。到目前为止，在生物制药领域的"973"计划中，作为首席科学家依托单位的企业只有北京中研同仁堂医药研发有限公司、河北以岭医药研究院有限公司分别获得一个项目。由于中国生物制药的基础研究一直停留在研究所和大学，很多很好的科研成果只能停留在实验室或中试阶段，无法形成产业化生产。而企业为了自主创新，不得不重新开始进行研发，加之国内企业自身研发实力薄弱，难以承担投入大、周期长的风险，从而影响了产品从研发到市场化的周期。比如在单克隆抗体方面，国内很多试验室的基础研究成果很难用于生产。据统计，在生物技术发明专利方面，78%的国外在华申请为企业申请（高校占7%、研究机构占6%），而中国企业的专利申请仅为25%（高校占31%、研究机构占26%）。②

表6-10 1999~2013年国家自然科学基金生物制药企业作为负责人获得资助情况（部分）

立项年份	企业名称	获得项目数	项目类型	当年生命科学部的总立项数
1999	上海中科伍佰豪生物工程有限公司	1	面上项目	—
2000	上海中科伍佰豪生物工程有限公司	1	面上项目	—
2002	上海中科伍佰豪生物工程有限公司	1	面上项目	2181
2003	深圳华大基因研究院	1	青年项目	2908
2006	天津药物研究院	1	面上项目	3863

---

① "863"计划推行一段时间以后，在计划参与主体的政策上进行了调整，鼓励企业与公立研究机构、大学进行联合申请，也鼓励企业独立申请。因此，近几年来企业在"863"计划中所占的比例大幅度上升。
② 中国科技发展研究报告（2010）：战略性新兴产业研究. 科学出版社，2011.

续表

立项年份	企业名称	获得项目数	项目类型	当年生命科学部的总立项数
2008	上海华冠生物芯片有限公司	1	青年项目	3471
	深圳华大基因研究院	1	青年项目	
2009	北京诺赛基因组研究中心有限公司	1	面上项目	3981
2010	北京诺赛基因组研究中心有限公司	1	面上项目	3389
2011	深圳华大基因研究院	1	面上项目	4488
2012	深圳华大基因研究院	1	面上项目	4742
	深圳华大基因研究院	8	青年项目	
	北京诺赛基因组研究中心有限公司	1	面上项目	
2013	北京诺赛基因组研究中心有限公司	1	青年项目	4706
	深圳华大基因研究院	1	面上项目	

数据来源：本研究根据国家自然基金委发布的年度报告及资助查询系统整理而成。

生物技术的产业化需要大学、研究所和企业之间的通力合作，而中国当前的状态是大学、研究所办企业，企业办研究所，造成技术力量分散，投资重复和浪费，科研和生产及商业化脱离的现象严重，缺少有科学头脑的企业家和有技术开发能力的企业将研究转变成技术工艺，使科研与生产有机连接的过程脱节。[①]

二 中国生物制药产业的研发投入滞后，创新能力薄弱

对中国企业来说，市场利润最大的仍然是仿制药，加上生物制药的研发投入和不确定性都很大，企业缺乏承担创新风险的能力，创新动力不足。生物医药产业研发经费占工业总产值的比例，在美国和日本分别为22%和15%，中国不到1.7%。世界500强的医药企业年均投入科研开发费用占其销售额的比例一般在15%～20%，中国对应的比例还不到2%。虽然"十二五"期间，中央财政动员的"重大新药创制专项"资金约为400亿元，但这样的投入水平仍远远不够。目前，我国共有6000多家药

---

① 舒志军. 生物技术的创新与发展. 生物谷, 2004-07-29.

企，4900多家GMP生产车间，但创新能力弱，生产格局乱，始终没有新药进入国际市场。多数具有研发能力的药企更愿意瞄准国外专利到期的仿制药，高端研发能力不足，基本被锁定在低端市场。[1] 尽管一些领先药企在专利研发上表现出强劲势头，但专利质量尚待提高，企业也缺乏在发达国家申请专利的能力。[2]

三 中国生物制药企业缺乏与跨国公司的互动学习

由于生物制药行业的知识产权的特殊性，跨国公司在中国的直接研发投资较少，并没有像其他产业一样帮助中国公司进入全球生产网络以学到先进的知识，许多中国生物技术公司基本上是依靠本国大学和研究所的人才流动而发展起来的（柳卸林，2008）。尽管近年来跨国药企开始重视中国建立研发中心，为国内企业带来了新的学习机会，但很多跨国药企在华研发机构主要服务于公司的产品开发和营销，独资的倾向明显，并不关心与本土企业的研发互动。如2004年成立的罗氏研发（中国）有限公司就是罗氏过去50年来第一个从零开始创建的独资研发中心，主要功能将是直接从事创新药物的研发。辉瑞（中国）研究开发有限公司也主要为全球的辉瑞药物开发提供支持工作（马勇等，2008）。

在中国，生物医药行业是一个比较独特的行业，大批海外华裔科学家回国进行研究和创业，这些人具有丰富的研究经验，与国际学术界、业界、资本界有着紧密的关系。[3] 但我国生物制药企业科技活动经费筹集额中来源于国外的资金相当少，与国外先进国家的合作与交流还很不够（白沈琼，2010）。另外，我国目前接受研发"外包"的企业达2000多家，但整体规模偏小，一部分有实力的企业并不重视"外包"服务，整个研发"外包"产值占企业总产值的比重也偏低。尽管承接研发"外包"无法真正触及药物研发的核心部分，但从中学习的经验是很重要的。我国生物制药企业可借助"外包"机会，嵌入国外企业的学习网络中，达到技术追赶和技术转化的目的（高丹，2010）。

---

[1] 内忧外患夹击生物制药产业. 中国证券报，2011-10-25.
[2] 国家知识产权局. 专利统计简报，2011 (15).
[3] 中国生物科技的商业生态. 生物谷，2004-01-19.

四 当前的风险资本体系不利于中国生物制药企业的开放式创新

风险资本是否充裕,在很大程度上决定了生物制药行业的命运。如果没有天使投资人和风险基金的介入,要成功研制出需耗费上亿元资金和10年时光的新药并顺利上市,几乎是不可能的。① 从学术界到中小企业再到大公司,从专利技术到种子资金、天使投资、风险基金,直到后续融资、上市或兼并,企业的持续创新必须有源源不断的资本输入作为支撑。中国生物制药产业近年来得到快速增长,一个主要原因是政府的大力支持(资金、税收减免、项目等)。然而,资金短缺仍然是困扰中国生物制药产业的一大难题,尤其是非常缺乏懂专业、有耐心、有眼光的生物制药风险投资人。② 目前中国生命科学领域的资金来源主要是科技部和发改委,其使用受到计划的限制,因此出现了两种情况:期刊上有很多学术论文却没有实际的研发产品;政府投入了大量资金在并不可行的项目上。③

中国生物制药产业的发展,不能单纯依靠政府资助。一方面政府的资金毕竟有限,另一方面也可能导致商业环境中缺乏公平性。中国对进入股市的企业有严格的要求,这通常会排斥生物技术新公司。另一方面,中国政府限制向国外转移资金也让投资者撤出很困难。④ 中国仍然缺乏充分的激励因素来使投资者在生物制药产业这样的高风险研究领域进行长期投资进而获利,因为在其他低风险领域的投资回报相对更快。实际上,中国国内的风险投资通常都有急躁的心态,太急于求成而不会投资研发周期可能会长达好几年的生物技术药物,而国际投资者由于不太了解中国的规章制度,也一般不愿意到中国投资生物技术产业。⑤

第五节 结论与讨论

在20多年的发展时间里,生物制药产业一直呈现高投入、高风险、长

---

① 美药物研发对中国生物制药产业有何启示. 医药经济报,2007-11-13.
② 美国生物技术留给中国生物制药产业的启迪. 慧聪网,2007-07-17.
③ 中英高层谈我国医药市场. 福布斯中文网,2010-07-14.
④ 融资规章制约中国生物技术投资. http://www.scidev.net/global/news/zh-24174.html.
⑤ 融资规章制约中国生物技术投资. http://www.scidev.net/global/news/zh-24174.html.

周期、高回报且十分依赖基础研究的特点，在这一产业，主导者一直都是欧美企业，后进者的赶超难度很大。中国生物制药产业起步于20世纪70年代科学家们的长期研究工作，并产生了追赶发达国家的技术机会（柳卸林，2008）——由于生物技术产业仍然处于早期发展阶段，这降低了发展中国家进入该产业的技术壁垒（Niosi & Reid, 2007）。但是，中国生物制药产业的追赶创新并不算成功，与国外的差距正在拉大。在该产业，中国强大的基础研究能力与薄弱的产业创新能力极不相称，一个重要原因在于中国多数生物制药产业属于大学和研究所的衍生企业，在基础研究和产品价值实现之间还不能很好地进行衔接。

从创新的自主度和开放度的角度来看，中国生物制药企业在这两方面都偏弱。在生物技术领域，科学研究大部分是大学和科研机构做出的，而企业获得的外部资金很有限，加上仿制药市场保持高额利润，企业缺乏自主研发新药的动力与资金。"十一五"时期，国家通过"重大新药创制"等科技重大专项投入近200亿元，新产品、新技术开发成效明显，涌现出一批创新型生物技术企业，已基本能生产所有的常用药品、疫苗和生物制剂，但在新药研发和产业化领域，中国企业与发达国家的差距仍然巨大。[①]当前，中国仍习惯性地延续基础研究的传统，以科研机构为核心组织科研工作，而企业的技术创新主体地位并未确立起来，以企业为核心的产学研一体化体系和由企业来整合科研资源、社会资金资源和市场的格局尚未完全形成。[②]尽管国内的生物技术产业保持每年30%的增长率，中国的本土企业也成功研发出了一些创新的生物技术药物（如世界第一种商业化的基因治疗药物Gendicine），但从产品创新、市场表现等方面来看，中国生物制药产业仍然缺乏国际竞争力。

开放式自主创新是中国生物制药产业发展的必然选择。生物技术在医药产业的应用正引起中国政府的高度重视。从2007年的《生物产业发展"十一五"规划》到2008年正式启动的"重大新药创制"科技重大专项，再到2009年出台的《促进生物产业加快发展的若干政策》，鼓励开放条件

---

① 我国生物制药产业面临内忧外患. http://www.yyglw.org/Article/hangyedongtai/2012/0615/340.html.
② 王庆. 创新不足拖生物医药产业后腿. 中国科学报，2012-03-13.

下的创新都是贯穿始终的关键词。针对制约生物制药产业发展共性技术的关键节点，中国应该由政府牵头建立产学研合作技术创新平台，充分发挥高校和企业的优势，实行技术优势互补、研发分工合作、责任共担、成果共享的工作机制。鼓励优势企业与科研实力雄厚、具有生物制药研发基础的高校、科研院所建立长期稳定的合作关系。

第七章
中国电信设备产业的开放式自主创新与国际竞争力提升

第一节 引言及问题的提出

在中国，电信设备行业是最具活力和开放程度最高的一个产业，大部分FDI集中于该行业，大部分国内的创新型企业也出自该行业（柳卸林，2008）。在开放的过程中，中国企业不但没有被国外企业所"挤兑"，反而成功地实现了追赶创新。改革开放30多年来，中国电信设备制造业表现出良好的技术学习和追赶绩效。中国自主研制程控交换系统（SPC）、第一代模拟移动通信系统（1G）、第二代数字移动通信系统（2G）、第三代移动通信系统（3G）的时间分别为1986、1992、1996、1998年，比国外分别晚了23、14、5和0年，时间差距越来越小，实现了对跨国公司的技术追赶（刘建新和王毅，2007），涌现了许多已经有相当强的国际竞争力的企业，如中兴通讯、华为、大唐电信等。

在中国，电信设备技术水平的提高，在前期主要是依靠了进口先进的通信设备，但在后来的发展中，通过合资引进先进生产技术，以及自主研发生产通信设备，是该产业成功实现跨越式追赶的重要源泉（牟清，2007；杨志刚，2008）。无论是在2G时代的通过使用外来的新技术从低端市场切入进行追赶，还是在HJD-04机及TD-SCDMA上的创新上，中国研发了新的技术，实现了领先式创新。与汽车行业一样，中国电信设备有着巨大的国内市场，市场资源也是该产业发展的基础与依靠。但不同的是，中国电信设备产业引进了技术，而没有让出市场。为什么在开放的条件下，中国电信设备业不仅没有被边缘化，反而构建了强大的国际竞争力？这是一个值得深入研究和探讨的问题，也引起了国内外学者从不同的角度进行研究（如：余江和方新，2002；刘建新和王毅，2007；杨志刚，2008；柳卸林，2008；许庆瑞等，2010），本章仅从开放式自主创新战略的角度进行剖析。我们的基本观点是，坚持开放式创新与自主创新的平衡，培育良好的创新生态系统，是中国电信设备业成功的重要原因，这一策略使整个产业实现了从成本领先、市场领先到创新领先的成功转变。

第二节 中国电信设备产业的发展历程及国际竞争力

一 发展历程

从20世纪80年代"七国八制"的落后局面，到"巨大中华"的崛起，再到以华为、中兴通讯等龙头企业为代表的多元化跨国经营阶段（王琳，2009），在短短30多年的时间里，中国电信设备业构建了很强的市场竞争力（见图7-1）。

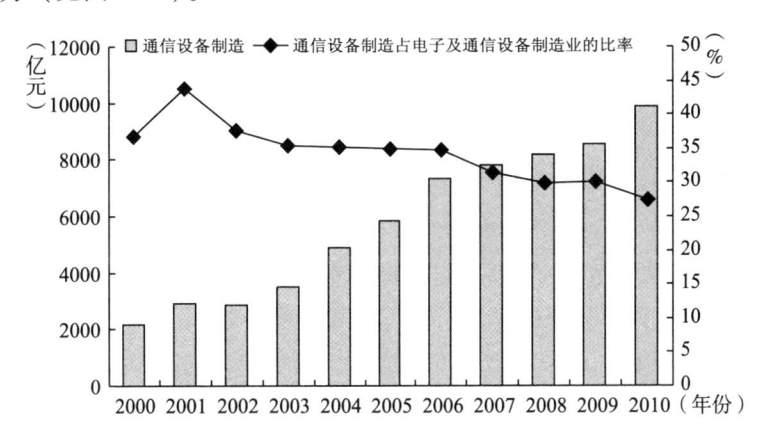

图7-1 2000~2010年中国电信设备行业的销售收入变化情况
资料来源：《中国科技统计年鉴》。

结合国内外多位学者的研究，可以将改革开放以来中国电信设备业的开放式自主创新划分为三个阶段。

（一）1980~1986年：弱向开放式自主创新阶段

在这一阶段，我国的电信设备主要依靠进口。尽管经过自主研发，中国在传输设备、交换设备和电报传真设备等方面都取得了很大进步，但当时面临的主要矛盾是改革开放带来的电信需求与本土企业技术落后之间的矛盾。1980年12月，福建省邮电管理局从日本富士通引进了F-150万门市话程控交换机，这是我国引进的第一台程控交换机（杨志刚，2008）。邮电部由此在1982年制定了供给层面的产业政策，即"引进、消化、吸收和创新相结合，重在创新"，旨在通过引进外资来促进技术转移，提升研发能力（许庆瑞等，2010）。1986年10月，由邮电部上海第一研究所牵头，历时4年研制成功第一部数字程控交换机DS-2000。该机以8086作为控制机，硬件系统能方便叠加，软件系统采用模块结构和PV/M高级语言，各项指标均符合1984年CCITT红皮书建议，为我国首创（刘建新和王毅，2007）。

在这一阶段，中国的电信设备制造技术与先进国家相比还存在较大差距，产业规模也较小。在20世纪90年代初之前，国内的局用数字程控交换机市场都是由跨国公司直接进口的产品所主导，世界上主要的程控交换机产品几乎都进入了中国市场，形成了"七国八制"的局面。这个局面直到1991年才被打破（杨志刚，2008）。

（二）1987~1993年：内向开放式自主创新阶段

在这一阶段，中国政府提出优先发展通信业的政策，利用程控技术实现跨越式发展，并实施"以市场换技术"的策略，大规模进口程控交换机（吴晓波和毛茜敏，2009）。跨国通信设备巨头开始进入中国，通过合资抢占市场。① 1983年7月，第一家中外程控交换机合资企业上海贝尔成立，引进S1240型程控交换机全套的生产制造、安装维护等工程技术和管理技术（Shen，1999）。在中国政府的要求下，合同规定中方（中国邮电部）占60%的股份，外方（比利时BTM公司）必须持续转让技术，专用集成电话必须在中国生产。由于看到了中国所拥有的巨大的潜在市场，通信设备产业的第一次中外"联姻"进展顺利，而且外方企业也罕见地爽快答应不会进行技术封锁。从1983年起，我国先后建立起上海贝尔、北京西门

---

① 有研究指出，在电信设备行业，中国与跨国公司开展的技术和生产合作的思路与汽车行业是类似的：从引进生产线进行SKD、CKD组装，再进行外部零部件的国产化，进而进行核心元器件的国产化，最后自主研究开发相关元器件。

子、天津 NEC、青岛 AT&T、南京爱立信、广东顺德北电、江苏富士通等程控交换机合资企业（王允贵，1998）。值得一提的是，邮电部在技术引进后扩散的统一协调与管理方面起到了重大的作用。比如，福州引进的 F-150 程控交换机给中国的设计工程师的自主开发提供了难得的学习机会，上海邮电一所正是在这个平台上学习和创新，很快研制出了 DS-2000 型程控交换机（刘建新和王毅，2007）。

（三）1994 年至今：双向开放式自主创新阶段

1994 年，中国政府引入 GSM，逐渐取代原来的 TACS 系统。1999 年，国家计委和信息产业部召开了全国移动通信产品化专项工作会议，提出国家将集中力量，重点扶持发展第二代数字式蜂窝移动通信系统（GSM）和第二代码分多址窄带移动通信系统（N-CDMA）。在 2G 时代，由于缺乏自主核心技术，中国主要依赖技术引进开发通信设备产品，但是到了 3G 时代，经过市场洗礼并立志产业报国的大唐电信、华为、中兴通讯等本土企业，通过建立强大的技术学习体系，迸发出了惊人的自主研发能力，在中国制造业中较早地实现了技术自主性。2000 年 5 月，以大唐电信等为主提出的 TD-SCDMA 标准被国际电联批准为第三代移动通信国际标准，一举打破由欧美厂商主导的移动通信技术垄断格局，实现了我国电信史"零"的突破。[1] 2002 年 10 月 30 日，国家计委、科技部、信息产业部牵头，大唐电信、中兴通讯、华为等联合成立 TD-SCDMA 产业联盟，极大地推动了 TD-SCDMA 产业以及本土电信技术相关产业的发展和自主研发。[2]

在这一阶段，中国企业的开放式自主创新特征比较明显，既重视获取、消化和利用来自国外的先进技术，也开始将研发地点设在国外，华为、中兴通讯等的海外研发布局日益成熟和体系化。在 4G 时代，由大唐电信、华为、中兴通讯、中国移动等联合阿尔卡特-朗讯、诺基亚-西门子等共同开发的 TD-LTE（Time Division Long Term Evolution），成为行业技术标准。

---

[1] 大唐电信："带别人玩"的科技自信. 和讯网，2013-03-13.
[2] 我国 TD-SCDMA 发展促使电信业自主创新增强. 腾讯科技：http://tech.qq.com/a/20071018/000183.htm.

二 研发创新与国际竞争力

电信设备行业是技术、资本密集型行业，其发展依赖于技术的突破。中国电信设备产业之所以成为成功的技术追赶者，其中的一个重要原因是本土企业对研发投入的重视（见图7-2~图7-5）。华为、中兴通讯都是在短短的数十年时间里依靠自主技术创新成长为行业的国际领先企业（见表7-1）。

表7-1 2007~2013年全球电信设备行业排名变化

排名	2007年	2008年	2009年	2010年	2011年	2012年	2013年
1	爱立信	爱立信	爱立信	爱立信	爱立信	爱立信	华为
2	阿尔卡特-朗讯	诺基亚-西门子	阿尔卡特-朗讯	诺基亚-西门子	华为	华为	爱立信
3	诺基亚-西门子	阿尔卡特-朗讯	华为	华为	阿尔卡特-朗讯	阿尔卡特-朗讯	阿尔卡特-朗讯
4	华为	华为	诺基亚-西门子	阿尔卡特-朗讯	诺基亚-西门子	诺基亚-西门子	诺基亚-西门子
5	北电网络	北电网络	摩托罗拉	中兴通讯	中兴通讯	中兴通讯	中兴通讯

资料来源：根据相关资料整理而成。

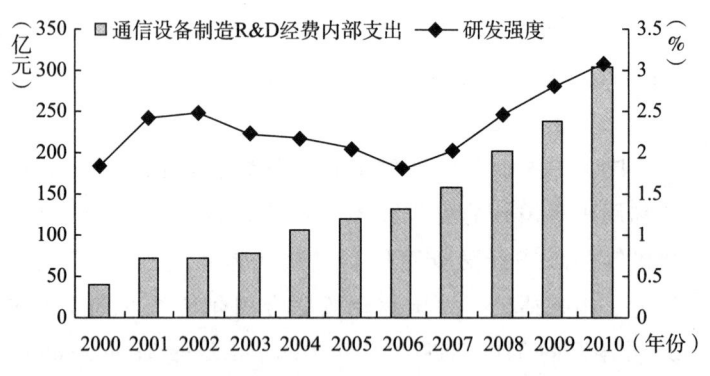

图7-2 2000~2010年中国电信设备行业研发强度变化

数据来源：相关年份的《中国科技统计年鉴》、《中国高技术产业统计年鉴》，图7-3~图7-13同。

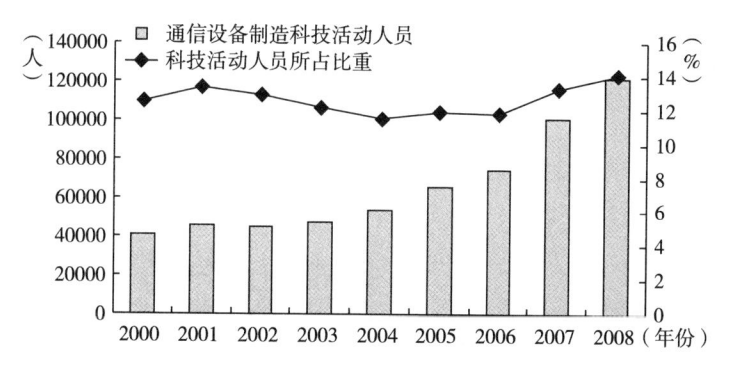

图 7-3　2000~2008 年中国电信设备行业科技活动人员数量及所占比重变化

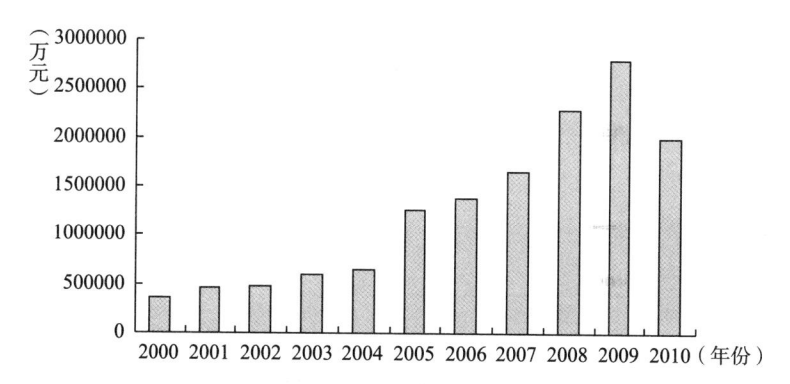

图 7-4　2000~2010 年中国电信设备行业的新产品研发经费投入变化

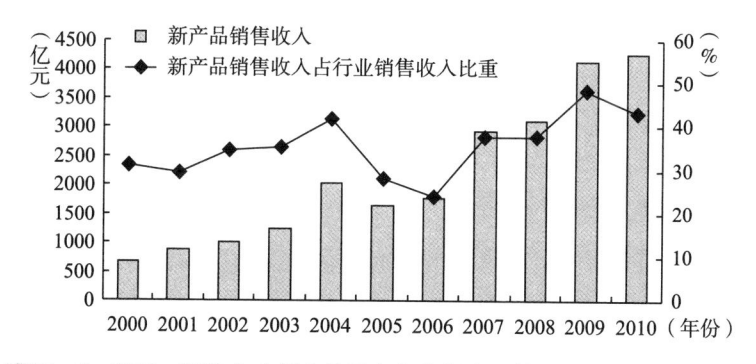

图 7-5　2000~2010 年中国电信设备行业新产品销售收入所占比重变化

中国通信设备行业一直是吸收 FDI 最多的产业（见图 7-6 和图 7-7）。虽然欧美的通信企业通过强大的知识产权和标准，在很长一段时间都对中国形成技术和市场上的双重垄断，但在 FDI 的技术溢出中，中国企业抓住了机会并迎头赶上。

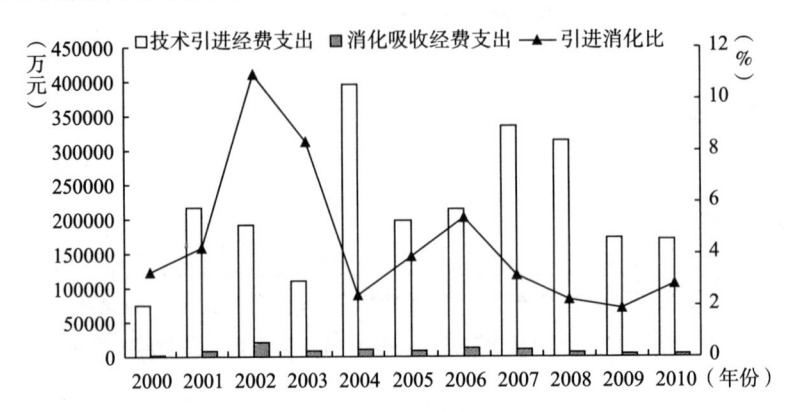

图 7-6　2000~2010 年中国电信设备行业技术引进、消化吸收支出、引进消化的比重

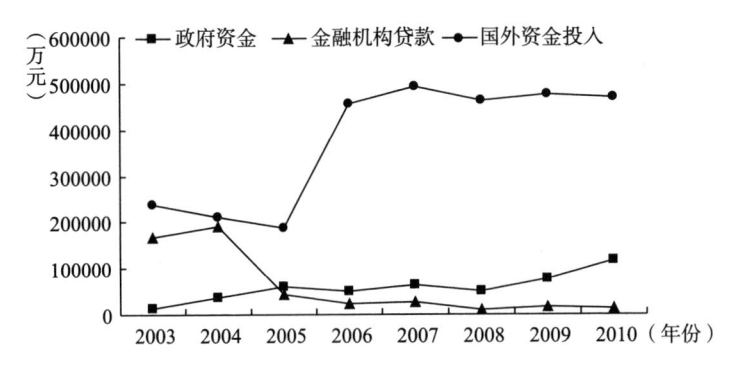

图 7-7　2003~2010 年中国电信设备行业科技经费筹集外部资金来源的比例

随着创新自主度的提升，中国电信设备行业的专利申请数和拥有的发明专利数都在不断提高（见图 7-8）。

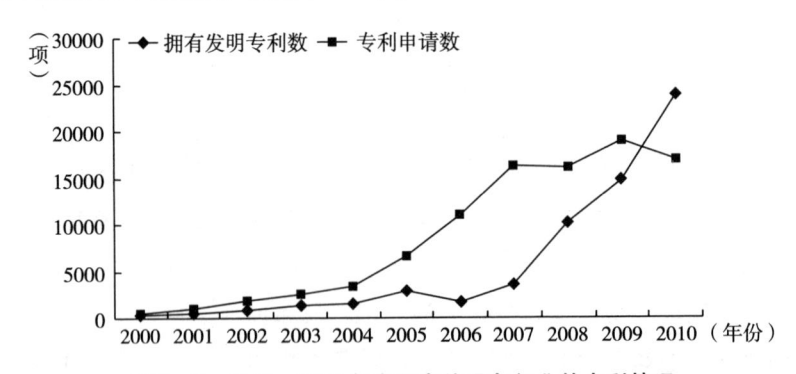

图 7-8　2000~2010 年中国电信设备行业的专利情况

第七章 中国电信设备产业的开放式自主创新与国际竞争力提升

正是由于对自主创新的重视,加上开放式创新,中国电信设备企业的国际竞争力不断增强,在立足国内市场的同时,迅速走向了全球化,缩短了与世界通信设备行业的技术差距。近年来,我国通信设备行业的进出口都在增长(见图7-9)。据中国海关统计,2013年中国通信设备行业出口额达到1773亿美元,同比增长18.7%。

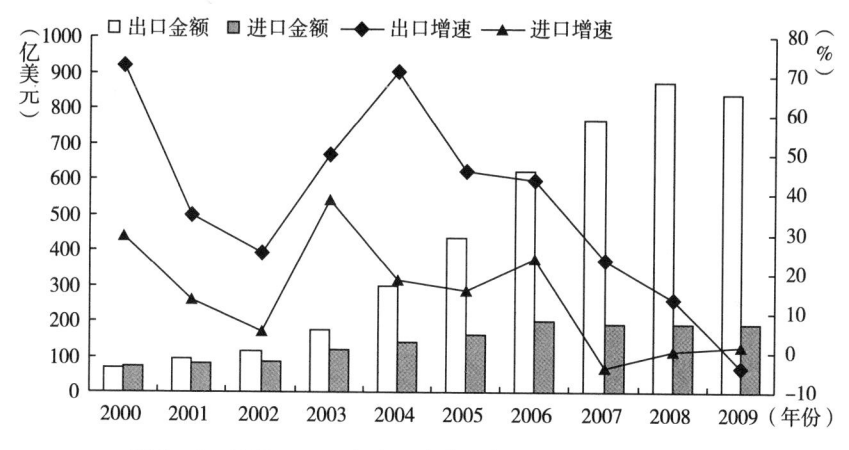

图7-9 2000~2009年中国电信设备行业进出口数量变化

中国电信设备制造业的显示性比较优势、贸易竞争指数也都处于稳步上升趋势(见图7-10~图7-13)。

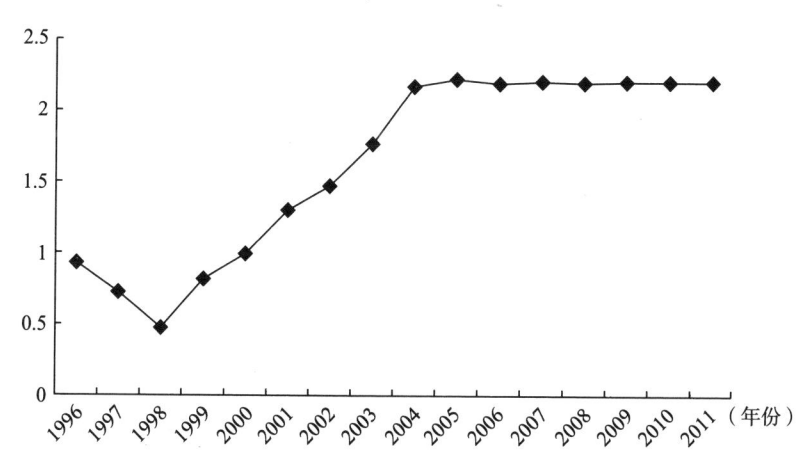

图7-10 1996~2011年中国电信设备行业显示性比较优势的变化

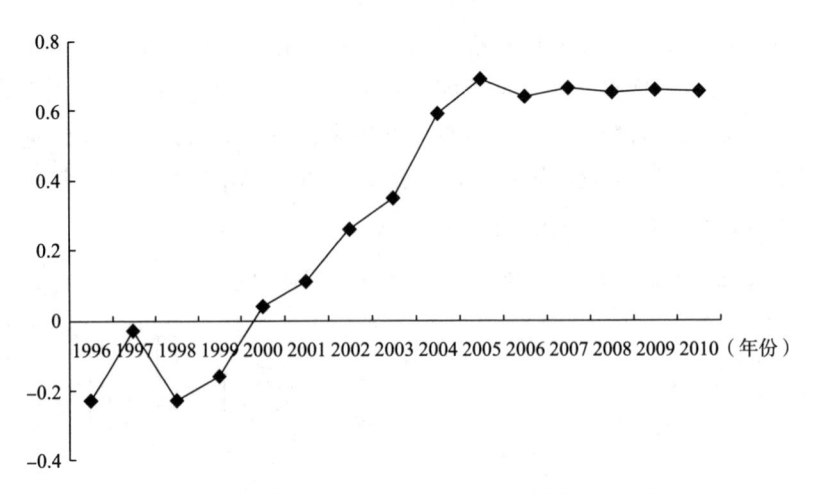

图 7-11 1996~2010 年中国电信设备行业贸易竞争指数的变化

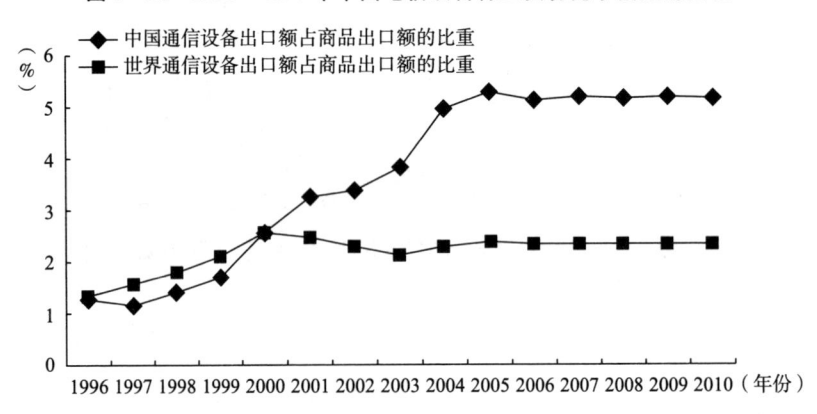

图 7-12 1996~2010 年中国和世界电信设备行业出口额占商品出口额比重

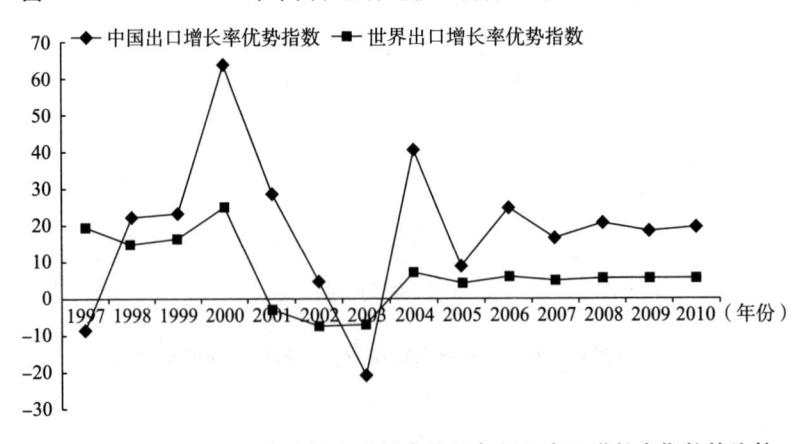

图 7-13 1997~2010 年中国和世界电信设备行业出口增长率指数的比较

第三节 中国电信设备制造业的开放式自主创新

一 程控机交换机时期

在中国,几乎所有的本土企业在技术追赶过程中都深受合资带来的影响,这一点在电信设备工业也很明显。1988年以前的中国电信设备制造业,在技术研发能力上与世界先进水平差距巨大,大多只能生产普通的固定电话以及部分零部件,根本无法满足日益增长的国内市场需求。在无奈之下,中国政府开始放松对这一敏感行业的管制,寄希望于电信设备产业与汽车产业一样能通过"市场换技术"的合资方式引进国外技术。1983年,国内首部数字电话交换机F-150从日本引进,安装于福建省(吴贵生,2011)。之后,以技术引进为目的的合资模式被中国电信设备业所接受(见表7-2)。

表7-2 中国电信设备业的中外合资企业(部分)

合资企业	中方企业	外方企业	成立时间	中方占股
上海贝尔电话设备制造有限公司	国资委	比利时贝尔公司	1984-01	60%
上海国际数字电话设备有限公司	上海电话设备厂、中信技术公司	GPT公司(英国)	1989-03	56%
上海朗讯科技光通信有限公司	上海光通信发展股份有限公司、上海邮电通信设备股份有限公司、上海久事公司	朗讯科技(美国)	1990-04	50%
上海朗讯科技传输设备有限公司	上海邮电通信设备股份有限公司	朗讯科技(美国)	1992-06	50%
北京松下通信设备有限公司	北京邮电电话设备厂	松下(日本)	1992-07	50%
上海朗讯科技光纤有限公司	上海邮电通信设备股份有限公司	朗讯科技(美国)	1993-10	44%
上海新电元通信设备有限公司	中国普天信息产业集团公司	新电元(日本)	1994-06	50%
成都阿尔卡特通信系统有限公司	成都邮电通信设备厂	阿尔卡特(比利时)	1994-06	30%
北京诺基亚移动通信有限公司	首信集团	诺基亚(芬兰)	1995-03	50%

续表

合资企业	中方企业	外方企业	成立时间	中方占股
北京爱立信移动通信有限公司	中国邮电工业总公司、北京通信元件厂、北京通信设备厂、香港永兴	爱立信（瑞典）	1995-08	40%
杭州摩托罗拉移动通信设备有限公司	普天、东方通信	摩托罗拉（美国）	1996-11	51%
北京国际交换系统公司	北京市电信局	西门子（德国）	1990-11	60%
南京爱立信熊猫通信有限公司	南京熊猫	爱立信（瑞典）	1992-09	43%
天津日电电子通信工业有限公司	天津中环计算机公司、邮电管理局	NEC（日本）	1992-01	60%
青岛朗讯	青岛市企业发展投资公司、中国电信山东分公司、山东电信青岛分公司、中国国际信托投资公司	朗讯（美国）	1993-11	49%
广东北电	中国电信集团广东、河北、河南省电信公司及广东万家乐股份有限公司	北方电信（加拿大）	1995-03	60%
江苏富士通通信技术有限公司	江苏省电信实业集团有限责任公司	富士通（日本）	1994-05	35%
杭州三星东信网络技术有限公司*	东方通信	三星（韩国）	2004-05	30%

* 2008年2月，东方通信终止了杭州三星东信网络技术有限公司业务。截至2007年10月31日，该公司累计亏损3887万元。

数据来源：根据相关文献及资料整理。

1991年，我国第一台万门程控数字交换机HJD 04机在洛阳电话设备厂通过邮电部组织的技术鉴定，该机由解放军（郑州）信息工程学院、洛阳电话设备厂、中国邮电工业总公司（PTIC）合作研制而成，从1989年三方技术合作协议的签订到产品实现，历时不到三年（刘建新和王毅，2007），这是一次异常成功的产学研合作。1992年，党的十四大将电子工业列为国家新的经济增长点，积极支持合资企业程控机的国产化，带动了上游零部件产业的发展。同时，政府还十分支持科研机构研发攻关，支持运营企业购买国产设备，从而极大地激励了电信设备制造业的快速发展。

在数字交换机上,通过与国外企业合资,中国合作者获得了很多与制造相关的知识,从装配、检测到后来的流水制造、质量控制以及企业信息系统等(柳卸林,2008),中国本土企业充分利用外资的知识和技术溢出,同时利用外部资源进行产品开发。而国内企业通过外围零部件和核心元器件国产化的方法,大大降低了生产成本,取得了在国内市场上的先动优势(杨志刚和吴贵生,2003)。企业自主技术能力的提高也带来了更多形式的合作(见表7-3)。

表7-3 中国在固定电话交换机上的开放式自主创新

公司	创新模式	产品
洛阳电话设备厂	与解放军信息工程学院合作研发	HJD 04 数字式程控交换机
中兴通讯	陕西省邮电管理局、北京邮电学院合作研发,仿制韩国500门样机	ZX 500(1989)→ZX 500A(1991)→ZXJ 2000(1993)→ZXJ 10(1995)
华为	自主研制	C&C 08A(1993)→C&C 08C(1995)→C&C 08B(1996)
五十四所	与华中理工大学合作研发	EIM-601 数字局用程控交换机
大唐电信	衍生企业,成立了专门进行产品开发的院办企业,利用海外留学生合作研发;产学研合作:SP 30 为国家火炬计划重点项目	DS-2000(1986)→DS-30(1991)→SP 30(1995)
巨龙	信息工程学院与原邮电部537厂开始研发	万门程控交换机 HJD-04 机(1991)
金鹏	电子工业部第五十四研究所和华中工学院联合研制	大容量局用数字交换机 EIM-601 机(1995)

资料来源:根据相关文献及资料整理。

二 GSM 和 CDMA 时期

1987年,中国从瑞典引入 TACS 标准的第一代模拟蜂窝移动通信系统,率先在广东省建成并投入商用,在当时中国没有相应的自主知识产权,不能生产模拟移动通信设备和终端,全靠引进,主要是摩托罗拉和爱立信建立的 A 网和 B 网(雷震洲,2008)。1994年7月,中国政府引进了全球移动通信系统(Global System for Mobile Communications,GSM),此后 GSM 在中国进入了快速发展的时期。1994年以后，国外通信厂商采取"跑马圈地"的办法，开始大规模进入中国移动通信市场，同时采取非标准A接口，以使自己的基站系统进入，阻止其他厂商进入。[1] 1996年，中国第一张GSM全国网已经基本完成覆盖，摩托罗拉、爱立信、北电等国际巨头在2G上具有无可争议的领先性。[2] 与数字交换机市场相比，GSM系统更加封闭，从基站控制者（BSC）到信号接收站（BTS）之间的Abic界面没有开放。因此要在一个地区设立移动通信系统，所有的移动交换机、BSC和基站都必须兼容，这就可能形成锁定（柳卸林，2008）。对于企业而言，网络外部性、锁定效应和切换成本无疑是其开展网络竞争的重要特征。[3] 在跨国公司技术锁定的壁垒面前，国产的移动通信设备很难大规模地切入现有市场。[4]

中国在模拟网起步后不久就开始关注2G数字系统的技术进展，并把关于2G的研究列入了"八五"攻关项目。1992年，原邮电部批准建设了浙江嘉兴地区GSM试验网。1993年9月，嘉兴GSM网正式向公众开放使用，成为我国第一个数字移动通信网，迈出了数字时代的第一步（雷震洲，2008）。同年，通信技术作为一个主题列入了"863"计划，政府期望通过产学研合作研发的方式提升本土企业的创新能力。但是，由于我国在第二代移动通信系统方面缺乏具有自主知识产权的关键技术，基本是模仿创新和拥有少量技术实现专利，国内的设备制造企业要向拥有GSM知识产权的跨国公司缴纳专利费用。[5] 被中国巨大的市场所吸引，高通公司在2000年与中国联通就搭建CDMA网络达成了框架性协议，此后的2001年到2002年，高通相继与19家中国厂商达成了CDMA技术授权协议。[6]

面对跨国公司激烈的竞争和技术壁垒，国内企业将CDMA技术作为打破国外企业市场垄断的契机，中兴通讯、大唐电信、华为等从1995年就开始跟踪研究CDMA技术。[7] 1998年，国内移动通信设备生产开始真正起步，从欧

---

[1] 中国的移动通信行业. 世界商业评论, 2005 – 05 – 26.
[2] 十年砥砺，面向市场谱写创新三部曲——中兴通讯无线产品实现全面差异化创新. 中兴通讯公司官网, http://www.zte.com.cn/Events/wireless2007/html/p2.htm.
[3] 易英. 切换成本和锁定效应与网络成长. 情报杂志, 2006, 24（8）: 5 – 7.
[4] 余江, 方新. 第三代移动通信集成创新案例研究. 中国软科学, 2002（12）: 88 – 93.
[5] 余江, 方新. 第三代移动通信集成创新案例研究. 中国软科学, 2002（12）: 88 – 93.
[6] 高通中国5年授权轨迹反垄断法缺位不利谈判. 21世纪经济报道, 2006 – 02 – 13.
[7] CDMA在中国: 守得云开见日出. 中国经营报, 2001 – 06 – 01.

洲引入 GSM 移动通信标准后，华为、中兴通讯等一大批企业通过开放式自主创新在 GSM 移动网络基础设施（包括移动交换机和基站等设备）方面相继通过了设备生产定型，获得了一批移动通信的生产实现专利，设备产品已经投入市场运营（见表 7-4）。[①] 华为通过自主研发，加上与 IBM、朗讯、英特尔、摩托罗拉、Vodafone、Telefonica、FT、KPN、TI、DoCoMo 等成立多个联合创新中心或实验室，在 CDMA 方面成为新兴市场的第一大 CDMA 供应商，大规模地进入美国和印度这两个全球最大的 CDMA 市场。[②]

表 7-4　中国本土电信设备企业在 2G 时代的开放式自主创新（部分）

企业	开放式创新	具体内容
华为	跨国创新联盟	2000 年，与朗讯联合建立通信技术联合实验室，致力于微电子、光电子等领域的全面合作；2000 年，与 Sun 建立联合实验室，构建新一代通信系统解决方案
	海外研发	在美国、瑞典、俄罗斯、印度等国建立了全球研发中心
中兴通讯	与运营商的合作	先后与江苏联通、广东联通、浙江联通等联通分公司联合成立无线增值业务合作研究中心
	国内外企业合作	2003 年 9 月，与美国高通、中国联通在江苏打造了世界上第一个 G&C 实验局，旨在推进实现 GSM 和 CDMA 两网融合
	跨国创新	1998 年，与美国德州仪器（TI）合作在深圳建立 TI-ZTE DSP 实验室
	研发全球化	在我国南京（1993）、上海（1994、2001）、北京（1998）、重庆（2000）、西安（2000）以及美国（1998）、韩国等建立了 15 个研发机构，跟踪学习前沿技术
大唐电信	跨国创新联盟	2000 年，与美国德州仪器 TI 联合组建数字信号处理方案（DSPS）联合应用中心，在北京和西安各设一个联合实验室
	产学研合作	1999 年 6 月，与电子科技大学光纤通信国家重点实验室合作成立"大唐电信-电子科技大学光通信研究中心"；2000 年 9 月，与北京邮电大学联合建立"北邮大唐通信技术开发中心"
东方通信	技术引进	1996 年 10 月，与西门子签订 ATM 技术转让合同；1997 年 6 月，与摩托罗拉签订 GC87C 生产技术许可合同；1998 年 10 月，与摩托罗拉签署 CD 928 移动电话生产的技术许可合同；2001 年 8 月，与高通 CDMA 签订技术许可合同
	产业联盟	2004 年，加入中国数字集群产业联盟；2010 年 4 月，成为 PDT 联盟核心成员

---

① 余江，方新．第三代移动通信集成创新案例研究．中国软科学，2002（12）：88-93．
② 华为快鱼制胜：2007 改变全球移动通信版图．通信产业报，2008-01-14．

续表

企业	开放式创新	具体内容
普天	技术引进	1991年，引进中国第一条手机生产线，为国内本行业的移动终端事业打开了一片新的领域；2010年5月，与中兴通讯在北京签署全面战略合作协议，双方以TD-SCDMA及TD-LTE领域的合作为起点，开展全面战略合作
	国际化	2008年7月，与意大利MYWAVE公司举行合作签字仪式，普天TD-SCDMA设备首次出口到欧洲

资料来源：根据相关文献和新闻报道资料整理。

三 3G 时代（TD-SCDMA）

2000年5月，大唐电信提出的TD-SCDMA获得国际电信联盟（ITU）的批准，从而成为第一个由中国提出的3G移动通信国际标准，这个中国电信设备产业史上的标志性事件，彰显了中国本土电信设备企业在研发努力上的突破。大唐电信依靠拥有加拿大蒙特利尔大学博士学位的科学家李世鹤领衔开发TD-SCDMA项目，并最终获得巨大成功。

TD-SCDMA从一开始就体现了开放式自主创新的特点。尽管TD-SCDMA RTT建议的初稿尚不太完善，但一出现就得到了西门子公司的高度重视（西门子公司在后来参与了该标准的修改和完善），并得到中国移动、中国电信、中国联通等运营商的大力支持，从而使TD-SCDMA RTT在各方面更为成熟。从1999至2001年，研究的重点是在保持TD-SCDMA特点的原则下，尽可能和3GPP融合。大唐电信在这一阶段起到了非常重要的作用。2000年，大唐电信成立了以TD-SCDMA为核心的TDD部门，经过近两年的国内外合作成功地解决了融合问题，由此TD-SCDMA成为3GPP R4的一个组成部分，最终形成了完整的TD-SCDMA第三代移动通信国际标准。[1]

在TD-SCDMA于1998年成为标准到2002年三个政府部门联合表态推动产业联盟期间，一直都是大唐电信自身在推动。但是，由于TD-SCDMA的建立并非基于与国外3G的兼容性，因此存在巨大的转移成本和沉没成本。[2] 在

---

[1] 杨运年. 第三代移动通信TD-SCDMA标准的提出与形成. 数据通信, 2003 (3): 004.
[2] 采用TD-SCDMA标准的全部投资大约为5000亿元，加上2G沉没的5000亿元投资，总成本达10000亿元之巨。

TD 标准的产业化过程中，大唐电信逐步意识到需要建立产业技术创新联盟。2000 年 2 月，大唐电信公开了 TD - SCDMA 部分关键技术，还公布了 9 项已申请的专利内容，向联盟内企业免费开放源代码（1000 多个文档，281 万汉码），国家只是给了 500 万元作为补偿（柳卸林，2008）。2003 年，大唐电信与联盟各成员又进行了近百次深入的技术交流，帮助联盟成员及早了解、掌握 TD - SCDMA 技术，缩短产品开发周期，加强各厂商在产品配套上的协同性，2003 年 11 月，大唐电信与中兴通讯、普天签署了深度技术合作协议，将接入网开发的关键技术（包括源代码）全部无私地转让给两公司，使它们在已有技术成果的基础上，快速开展产业化。[①]

可以说，TD - SCDMA 的建立和发展以及商业化，是融合了各方面的创新资源的结果。从联盟的成立，到专注 TD 合资公司的诞生，到当前国内国外企业 4 + 4 的联合开发阵营（即华为 + 西门子，中兴通讯 + 爱立信，普天 + 诺基亚，大唐电信 + 阿尔卡特），都体现了开放式创新的原则，[②] 在核心技术 CN、RNC、Node B 等方面都形成了技术联盟（见图 7 - 14），国内企业占据了近 90% 的国内市场份额。

政府的推动作用也是 TD - SCDMA 开放式创新能够成功的一个前提。由于看到了 TD - SCDMA 所具备的明显的潜在优势，国家从一开始就极力支持 TD - SCDMA，国家计委、科技部、信息产业部牵头成立了 TD - SCDMA 产业联盟。[③] 1998～2006 年，大唐电信在 TD - SCDMA 研发上共投入 22.23 亿元，国家投入 2.6 亿元。TD - SCDMA 还先后被列为国家科技部"863"项目、信息产业部重大科技攻关项目和移动通信专项项目、国家计委"十五"产业化示范工程项目，以及北京市科委科技计划项目，并于 2002 年 1 月 30 日以"863"课题验收最优等级，通过了中国第三代移动通信系统研究开发项目 C3G/863 总体组的验收。时任 SCDMA 产业联盟大会

[①] 大唐电信集团自主创新"十年磨一剑". 中国城市发展网，2010 - 03 - 24.
[②] TD - SCDMA 对我国创新型国家战略的影响. 学习时报，2007 - 04 - 23.
[③] 2002 年 10 月，频率规划颁布，大唐电信、南方高科、华立、华为、联想、中兴通讯、中国电子、中国普天 8 家企业结成 TD - SCDMA 产业联盟。2008 年 7 月 12 日，以中国移动为首的 10 家企业新近加入 TD - SCDMA 产业联盟中，标志着产业联盟实现了从运营商到制造到研发到渠道的所有产业链覆盖。而在 2008 年 1 月，爱立信与大唐电信成立联合研发中心，重点研发 TD - SCDMA 标准的后续演进技术 LTE/TDD，并且表示将积极参与 TD - SCDMA 产业的建设和发展。

```
┌────┐    ┌────┐    ┌──────┐    ┌────┐    ┌────┐
│ CN │ ⇒ │RNC │ ⇒  │Node B│ ⇒ │芯片│ ⇒ │终端│
└────┘    └────┘    └──────┘    └────┘    └────┘
   ↑         ↑          ↑          ↑         ↑
```

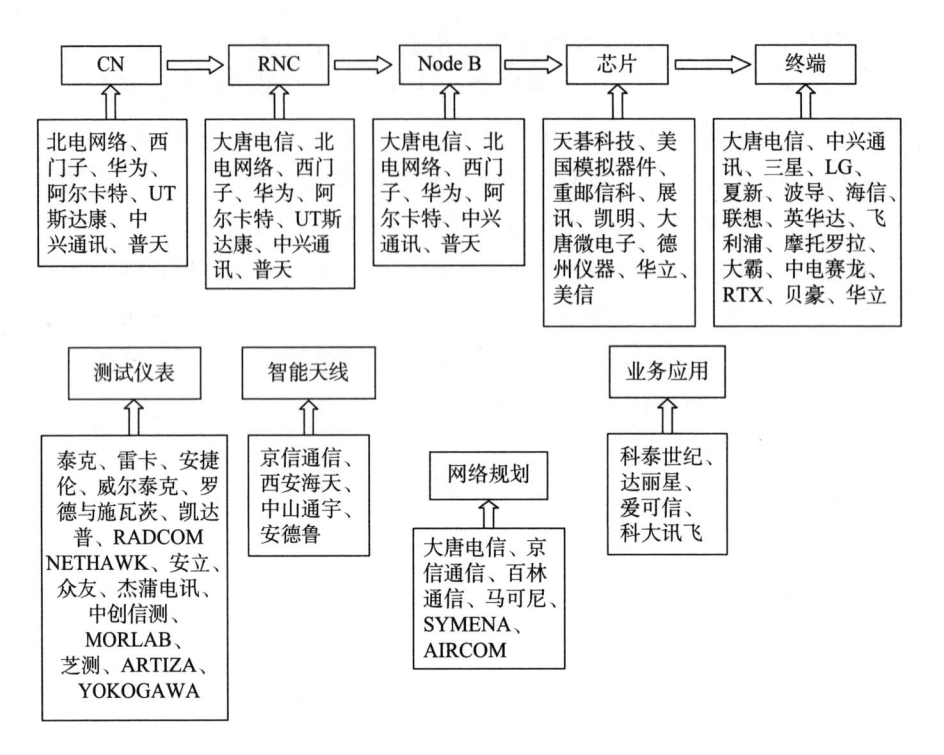

| 北电网络、西门子、华为、阿尔卡特、UT斯达康、中兴通讯、普天 | 大唐电信、北电网络、西门子、华为、阿尔卡特、UT斯达康、中兴通讯、普天 | 大唐电信、北电网络、西门子、华为、阿尔卡特、中兴通讯、普天 | 天碁科技、美国模拟器件、重邮信科、展讯、凯明、大唐微电子、德州仪器、华立、美信 | 大唐电信、中兴通讯、三星、LG、夏新、波导、海信、联想、英华达、飞利浦、摩托罗拉、大霸、中电赛龙、RTX、贝豪、华立 |

```
┌────────┐    ┌────────┐              ┌────────┐
│测试仪表│    │智能天线│              │业务应用│
└────────┘    └────────┘              └────────┘
    ↑             ↑        ┌────────┐     ↑
                           │网络规划│
                           └────────┘
                                ↑
```

| 泰克、雷卡、安捷伦、威尔泰克、罗德与施瓦茨、凯达普、RADCOM、NETHAWK、安立、众友、杰蒲电讯、中创信测、MORLAB、芝测、ARTIZA、YOKOGAWA | 京信通信、西安海天、中山通宇、安德鲁 | 大唐电信、京信通信、百林通信、马可尼、SYMENA、AIRCOM | 科泰世纪、达丽星、爱可信、科大讯飞 |

图 7-14 中国 TD-SCDMA 产业联盟

资料来源：TD-SCDMA 技术论坛。

轮值主席、中国普天集团副总裁陶雄强回忆说：

> 从当时的背景来讲，TD-SCDMA 正处在低谷，政府希望推动发展。在企业的信心还是不够大的时候，政府组建这一联盟，一个原因是树立企业的信心，再一个是让联盟内的企业做好分工，使资源更好地利用。另外，成立联盟还有一个想解决的问题——知识产权问题。同时由于独占机制的存在，在利益分配上要有一定的协议，这样才能达到联盟的效果。而在这个合作过程中政府扮演着非常重要的角色，通过政府强制性的规范协议……如果说成立联盟是第一个里程碑的话，2003 年，普天、中兴先后和大唐签订了有关知识产权方面的协议，是第二个里程碑。以此为标志，联盟成员在研发上面达成了很多共识，并开始做大规模的投入……TD-SCDMA 产业联盟做到今天为

第七章　中国电信设备产业的开放式自主创新与国际竞争力提升

止是比较成功的，各成员间有着紧密的合作，充分的沟通。①

第四节　结论与讨论

中国电信设备制造业从 1G、2G 时代的跟随国外技术标准，到 3G、4G 时代的引领国际技术标准，国际竞争力逐渐增强（许庆瑞等，2010），在这一过程中，自主研发与技术引进具有明显的相互促进作用，这一点与汽车产业有很大差异。在汽车产业，参与合资的都是技术实力最雄厚的国有大企业，但它们缺乏足够的动力与能力对引进技术进行消化吸收以推进自主创新，在来自政府的国产化压力下，加之合资所快速带来的巨大市场利润的吸引，这些本该引领行业自主技术开发的大型企业离国家推动合资的初衷越来越远，不仅"技术"没有换来，"市场"也快速地被合资品牌所绝对主导。反而是处于边缘的民营企业，既不会有合资的想法，也更能感受到跨国公司主导国内市场的威胁，从一开始就立足于自主开发，从而成为自主品牌的主力军。而在电信设备产业，从 20 世纪 50 年代后期开始，原中国邮电部就组织力量进行电话交换机的自主攻关，先后研制成功多种型号的纵横制交换机、布控准电子交换机等设备，并大量在国内电话网上安装使用（吴贵生，2011）。在技术引进、合资之后，中国企业没有放弃自主研发的努力，不论是大唐电信、普天等国有企业，还是华为、中兴通讯等民营企业，一开始都表现出了极强的自主创新愿望。正是有效地平衡了开放与自主的动态关系，加上政府的政策支持和本土市场优势，这一产业在中国的技术追赶中，到目前为止仍然是最成功的。

实践表明，包括合资在内的技术引进，对推动中国电信设备产业的自主开发带来了积极的影响。改革开放以来，为了提高国内通信设备制造业的技术水平，中国政府采取了鼓励外国投资、促进先进技术转移和促进自主研发技术产业化的措施。首先，通过政府干预支持合资企业（前期主要是上海贝尔）的发展，引进先进生产技术，打破跨国公司直接进口产品的垄断；其次，通过政府干预支持有自主知识产权的通信设备的研发工作和

---

① TD‐SCDMA 产业联盟大解密. 通信世界网，2004‐10‐28.

市场开拓，支持内资企业的发展，促进内资企业竞争力的增强和技术能力的提高（杨志刚，2008）。在国内缺乏程控交换机技术能力的情况下，中国政府采取了获取"系统技术"的战略，通过建立中外合资企业（上海贝尔）的方式，从国外引进 S 1240 型程控交换机全套的生产制造、安装维护等技术，这些技术后来经过各种正式和非正式的途径扩散到用户、零部件制造商、高校和科研机构（Shen，1999）。HJD－04 型程控交换机的成功开发，采取了获取国外"部件技术"的策略。上海贝尔作为合资公司促进了技术知识在国内的扩散，也促发了后来本土企业相继开发出 HJD－04 机、C&C 08 机、ZXJ 10 机等大容量的程控交换机。有研究表明，"巨大中华"国产品牌大容量数字程控交换机之所以能在 20 世纪 90 年代初取得群体性的技术突破和市场成功，其中一个重要原因就是，邮科院西安十所、上海一所、上海贝尔等在率先进行技术引进后进行了消化吸收和经验积累，并无私地对本土企业进行技术帮助和支持（刘建新和王毅，2007）。

在电信设备行业，中国政府在改革开放后鼓励国外技术转移和自主开发技术以及市场保护等产业政策，极大地推动了本土企业的技术追赶（吴贵生，2011）。开放的环境并没有挤出本土企业，反而激发了本土企业技术创新的热情和动力，利用熟悉巨大的国内市场需求的优势，从低端市场切入逐渐走向国际化，在激烈的国际竞争中积累了经验，也不断提高了技术能力。杨志刚（2008）对上海贝尔、巨龙、中兴通讯、华为等的案例分析发现，国内程控交换机市场的竞争是基于进入的竞争，结果导致本土企业在国内市场上不仅胜出了合资企业，也击退了雄心勃勃来华的跨国企业。1998 年，华为自主开发的交换机和接入网设备产销量达到 933 万线，取代上海贝尔（1998 年销售 780 万线）成为国内第一。2001 年，中国程控交换机市场已形成华为、上海贝尔、北京西门子和中兴通讯"四分天下"的格局。①

不拘泥于暂时的利润和庞大的国内市场需求，中国本土电信设备企业积极将目光瞄准国际市场，在全球性竞争中不断提升自主创新能力。在政

---

① 据刘建新等学者的研究，除上海贝尔和北京西门子表现出一定的市场竞争力之外，另外 5 家合资企业在程控交换机市场已逐渐被淘汰，被迫转产甚至破产关闭：天津 NEC 于 2000 年关闭；广东北电从 1998 年开始转向 GSM、CDMA 等无线网络设备产品的制造、销售和服务；青岛朗讯、南京爱立信、江苏富士通于 2000 年左右全部转产其他产品。

府的引导下，在3G阶段，我国企业充分利用1G、2G两个阶段积累的技术能力和市场规模基础争夺国际话语权，积极参与了3G和4G国际标准的制定（许庆瑞等，2010）。1997年起，华为和中兴通讯先后与微软、IBM等国际领先企业建立了联合研发试验室和业务合作关系，也与国内众多高校建立了广泛技术合作关系。① 目前，华为已形成了面向全球市场的国际化研发体系，在美国、瑞典、加拿大等科技发达地区，以及印度、俄罗斯等人才资源丰富地区设有7个研发机构，共23个研究所，与欧美及印度主流运营商成立了34个联合创新中心，分别从事基础研究和技术开发，获得了国外的先进技术资源。②

---

① 国务院发展研究中心"增强我国自主创新能力的体制、机制和政策研究"课题组．通信设备制造业自主创新的历程与模式．调查研究报告，2007（240）：1-17．
② 引领全球通信设备制造业．经济日报，2012-09-03．

第八章

中国彩电产业的开放式自主创新与国际竞争力提升

第一节 引言及问题的提出

中国彩电产业的发展史是一段动荡的历史，其中有许多值得我们深入思考的问题。在过去50多年里，彩电行业变化的主旋律是显示技术的变化，经历了从黑白CRT（Cathode Ray Tube——阴极射线管）电视、彩色CRT电视到平板电视的变革。[①] 在CRT技术时代，中国彩电企业依靠市场导向型的创新和较低的制造成本，在跨国公司主导的技术轨道上快速引进和二次开发，成功地占得了国内市场的绝大部分份额。但是，当彩电快速地进入以平板［包括LCD（Liquid Crystal Display——液晶显示器）、PDP（Plasma Display Panel——等离子显示面板）等］为主的时代后，缺乏上游关键器件研发与生产能力的中国企业又显现出缺乏竞争力的迹象，不得已又要再次引入平板技术（见表8-1）。

表8-1 平板电视产业链上、下游成本分布及国内企业所具能力分布

技术	产业链位置	成本比例	国内企业的能力
显示面板关键元器件、材料	最上游	60%~70%	无
显示面板开发、制造	上游		部分企业有制造能力，但基本上没有开发能力

---

① 技术变革开启彩电行业"新纪元". 慧聪网，2011-12-30.

续表

技术	产业链位置	成本比例	国内企业的能力
驱动、控制芯片	上游	15%	极少企业有设计能力
整机组装、应用性设计、外围开发	下游	15%~25%	强

资料来源：蒲欣和李纪珍（2007）。

从市场导向的发展策略转型为创新导向的技术创新，是中国彩电行业必须实现的目标（柳卸林，2008）。当前，尽管中国的彩电生产商与国外企业相比仍然具有一定的竞争力，具有产业链配套和劳动力成本低廉等优势，但核心技术的缺失仍制约着整个行业的发展，技术的突破始终是一个急迫的问题，否则始终无法摆脱核心专利受制于人的窘境。[①] 新型平板显示器件被列为《"十二五"国家战略性新兴产业发展规划》的重点工程之一，中国彩电行业正面临重大变革。从我们的分析框架来看，中国彩电企业基本上走的是处于弱向与外向中间的开放式自主创新道路，开放大多限于技术和设备的引进，创新的自主度也不高。我们感兴趣的话题是，在开放的条件下，中国本土的彩电企业应该如何通过开放式创新与自主创新的结合，在这个国际竞争异常激烈的行业中，构建持续而不是短暂的竞争优势？在产业发展的不同阶段，如何平衡技术引进与自主研发的关系？

第二节　中国彩电行业的发展与国际竞争力

一　中国彩电产业的发展历史

中国电视机工业的起步是在20世纪50年代。天津无线电厂于1958年试制成功我国第一台电子管式黑白电视机，1971年4月，上海电视机一厂研制成功第一台彩电（蒲欣和李纪珍，2007）。电视机产业是改革开放以来中国众多行业中发展最成熟、走向国际化最早、最为成功的产业之一，也是中国众多行业中竞争最充分、市场要素最完备、走向国际化起步最早的产业之一（吴贵生，2011）。结合谢伟（1999）、谢伟等（1999）、谢伟（2001）、蒲欣和李纪珍（2007）、吴贵生（2011）等学者的研究及其他相

---

① 国产高清十一，绝对反击．广州日报，2007-09-19.

关文献，中国彩电产业大致经历了五个发展阶段。

（一）产业导入期（1980~1985年）

这一阶段是产业的启动阶段，主要特点是生产线大量进口和企业的大量进入，彩电产品总产出的年平均增长率达到185%（谢伟等，1999）。1978年，中国政府批准引进第一条彩电生产线，定点在上海电视机厂（后来的上广电集团）。① 但从1980年开始，国内彩电行业（含配件厂）才开始大规模建厂，当年国内的彩电年产量仅为3.2万台。

尽管美国的一些家电企业早在20世纪80年代初就率先到中国开展有关电视机的市场调查，但所看到的是似乎中国人从来不看电视，也没有钱，这些企业结合当时中国经济的总体情况得出一个结论：中国还不存在规模性的电视机市场需求。然而，日本电视机厂商却为中国巨大的潜在市场所吸引，决定到中国发展。尽管在当时这被认为是一个冒险的决策，但日本企业成功地把12英寸的黑白电视机引进了中国市场，随后日本家电产业的升级把普通市场留给了中国，也推动了国内电视厂商的技术引进（郑贤玲，2012）。1981~1982年，中国引进了首批三条彩电装配生产线。1982年10月，国内第一个彩管厂——咸阳彩虹厂成立。这期间中国彩电业迅速升温，很快形成规模。1979年10~12月，经国家批准，成都无线电一厂、北京电视机厂和天津无线电厂分别从日本JVC和松下引进三条彩电装配生产线。到1985年前后，中国一共引进105条日本的彩电生产线，包括海信、长虹、康佳相继引进了松下淘汰下来的生产线（吴晓波，2007），中国因此成为承接日本彩电制造的主要国家，涌现出熊猫、金星、牡丹、飞跃等大批国产品牌。② 1984年2月电子工业部做出了加快彩电国产化步伐的决策，开始实施彩电国产化"一条龙"工程。③ 1985年，中国电视机产量达1663万台，超过了美国，仅次于日本，成为世界第二大电视机生产国。④

在产业导入期，国内大量的企业进口了彩电生产装配线（共进口了

---

① 中国 CRT 电视发展史. 新快报, 2008-04-03.
② 新中国60周年经济史记之家电业. 凤凰网: http://finance.ifeng.com/news/special/hybjjdy/.
③ 30年回顾：中国家用电器行业发展历程. 电器, 2009-09-20.
④ 新中国60年进化论——中国电视工业：从零起步到全球第一. 腾讯科技: http://tech.qq.com/zt/2009/tv60th/tv60th.htm.

113 条生产线），在当时，国内彩电及其相关工业基础薄弱，为了提高工效和产品的可靠性，购买作为生产线主要组成部分的自动插装机和贴片机等生产设备是唯一的技术选择（谢伟等，1999）。从技术上来看，当时国内彩电产业的进入，企业进口的只是资本品，而产品技术或者产品图纸是模仿的，工艺技术、生产及质量管理技术都是国内企业模仿或者说自主开发的。由于彩电产业产品基本上都是国内企业模仿的，而且市场都是面向国内市场，因此中国彩电企业在一起步就建立了自己的品牌（谢伟，1999）。

（二）产业波动期（1986～1989 年）

在这一时期，中央政府对彩电的销售价格具有绝对的控制权和决定权，政府为了消除黑市，控制了电视机的流通渠道，同时将价格固定在浮动价格的上限。1987 年，中国电视机产量达 1934 万台，超过日本，成为世界最大的电视机生产国。由于政府计划的价格常常偏离市场的均衡价格，结果不是造成产品短缺就是造成产能过剩，并直接导致了这一时期内彩电产业总产出的波动（谢伟等，1999）。

1989 年 8 月，急于从剧烈动荡的竞争中胜出的长虹公司，率先将每台电视的价格未经政府许可私自下降 350 元。这个降价很快就引起市场的强烈反应，长虹也因此在销售量上显著增长，并在后来脱颖而出成为中国彩电行业的领先者。但是，这一举动也犹如一石激起千层浪。实力较强、规模较大的彩电生产商，由于降价直接带来可观的市场份额，因而纷纷跟随降价，而小型企业无奈地被快速挤出市场。许多销售量深受影响的企业纷纷要求政府惩罚长虹，但面对日益下降的需求，政府并没有过多干预长虹的降价行为，这引致越来越多的企业开始使用降价策略（谢伟，1999）。降价带来的负面影响是明显的。由于中国存在庞大和多层次的市场需求，通过降低生产成本和市场营销抢占市场成为彩电企业的核心任务，企业根本无暇顾及核心技术能力的培育，尽管在这期间许多企业在提高产品性能方面进行了较大的投入，但自主技术开发的步伐缓慢。

（三）稳步增长期（1990～1995 年）

进入 90 年代后，随着市场竞争日趋激烈，一些生产规模大、经济实力强的彩电企业开始脱颖而出并保持快速发展，如长虹、康佳、TCL 等国产彩管厂商逐步掌握了彩管的核心生产技术，下游彩电厂商也进入黄金时期。① 1990年3月，政府免除了彩电产品"国产化发展基金"的征收，并于1992年4月正式取消了"特别消费税"，但是政府仍然按彩电工业内绩效差企业的"成本加成"给彩电产品定价，因此在整个制造业彩电行业的利润率相对较高，这激励了更多企业加入这一行业。1995年全国共有96家彩电整机生产企业，生产能力为4467万台，但利用率仅为46.1%（谢伟，1999）。

（四）价格战时期（1996～2000年）

1996年3月26日，长虹再次"事先未与行业主管部门和国内同行协调"地大幅降价，其产品开始在全国范围内大幅度让利销售。② 长虹这次降价也再次引发所有企业都相继下调产品销售价格，吸引了更多的企业进入这一利润诱人的行业。两个月后，康佳跟进，打响了彩电业历史上规模空前的价格战。③ 其后，高路华（1997年初）、康佳（1998年）、长虹（1999年）分别启动降价策略。④ 结果导致彩电产能过剩问题逐渐暴露出来，而一降再降的价格市场竞争加剧，使部分企业几乎滑向经济崩溃的边缘。1998年，我国彩电出口328万台，仅占我国总产量的10%，约占全球彩电贸易量的4.5%。

为避开国内市场的激烈价格战，一些本土企业开始考虑拓展国外市场。例如，杭州的西湖电子集团1996年的自营出口创汇额达到4114.81万美元，比上年增加1.95倍（谢伟等，1999）。一些企业开始加强新产品开发工作，目的是迅速地跃迁到另一个学习曲线上去，获得"第一行动者的优势"，在另一个产品平台上展开竞争（谢伟，1999）。价格战带来的一个不利结果是，国内企业几乎无暇去预研行业技术的发展趋势，当以液晶面板（TFT-LCD）为代表的平板显示技术已经在美国、日本和韩国等国广泛应用和商业化时，大多数的中国企业只是观望。

（五）转型期（2001年至今）

2002年2月，信息产业部出台《关于促进我国彩电工业发展的指导意

---

① 彩电行业深度分析：技术变革开启行业新纪元. 中国证券网, 2011-12-30.
② 据报道，长虹此次降价的让利品种为43～74厘米彩电，让利幅度为8%～18%，让利额为100～850元。
③ 30年回顾：中国家用电器行业发展历程. 电器, 2009-09-20.
④ 在竞争压力下，原不打算参与降价的康佳、TCL等被迫跟随降价，有些规格产品价格降幅甚至高于长虹。

见》，开始将经营重心转向高端的平板电视市场。当年，长虹宣布研制成功中国首台屏幕最大的液晶电视。其屏幕尺寸大大突破22英寸的传统业界极限，达到了30英寸，当时被誉为"中国第一屏"。[①] 2003年，平板电视市场开始迅速发展。2004年10月，在国内的几个主要大城市，平板电视的销售额首次超过了传统的CRT彩电。

中国彩电企业进入液晶面板产业既是一种战略选择，同时也是一种无奈，因为当中国最终在CRT技术轨道上站稳脚跟的时候，世界显示产业的主流技术已经悄然转向了TFT-LCD，中国彩电行业多年积攒起来的制造能力和成本优势很快就荡然无存。TFT-LCD生产的自动化程度要求比CRT生产线高，使得原有CRT生产线上的相关技术人员不适应TFT-LCD生产线的要求，企业需要重新培训新的技术人员用以从事TFT-LCD的生产，因此从CRT到TFT-LCD是一个技术上的跨越（柳卸林，2008）。

2000年以前，中国在TFT-LCD方面的工作仅限于科研院所的基础研究工作（路风和蔡莹莹，2010），很少有企业跟进。结果导致在彩电向平板显示转型时，中国在面板技术领域再次面临国外垄断，也只得再次引进技术并被局限在产业链的末端。从总体上看，中国企业并没有液晶屏生产所需关键装备的制造能力，清洗设备、光刻设备、成膜设备、超高真空设备等仍然全部依靠引进。据中国海关统计数据，2012年，中国大陆液晶面板进口额超过503亿美元，仅次于集成电路、石油和铁矿石。

表8-2对中国彩电行业的五个发展阶段进行了简要的比较。

表8-2　中国彩电产业的发展历程及特点比较

阶段	产业导入期	产业波动期	稳步增长期	价格战时期	转型期
时间	1980~1985年	1986~1989年	1990~1995年	1996~2000年	2001年至今
特点	生产线和企业的大量涌入	政府对产品销售价格具有绝对的控制权	产量稳步增长、价格相对自由、企业出入频繁、"买方市场"形成	传统彩电的生产不断萎缩，而新彩电的生产不断扩张，产业链出现新的变化	新技术最终替代了传统技术

---

① 改革开放30周年彩电大事记. 深圳特区报，2008-12-19.

续表

阶段	产业导入期	产业波动期	稳步增长期	价格战时期	转型期
时间	1980~1985年	1986~1989年	1990~1995年	1996~2000年	2001年至今
国内外产品市场份额	进口产品市场份额大，主要是日本产品	国内产品成为市场主流产品，但部分进口产品销售数量仍很可观	国内产品主导了中小屏幕彩电市场，进口产品主导大屏幕彩电市场	国内产品主导了大、中、小屏幕彩电市场，但在高档彩电产品市场，进口产品具有第一行动者优势	国内产品主导了低端市场，进口产品占领高端市场
国外产品优势	成本和技术	技术	技术	"第一行动者"：在于总装、彩管和集成电路的一体化	引领技术和产品新需求
国内产品优势	无	关税壁垒、劳动力成本、非关键元器件及本地化	劳动力成本、非关键元器件和显像管的成本、关税壁垒、本地化	模仿能力、当地化及源自价格战的快速市场反应能力	当地化、模仿、快速迎接市场挑战
进口典型产品	松下、夏普、东芝、日立	松下、东芝	松下、菲利普	东芝、菲利普	东芝、三星、索尼
国产典型产品	金星、北京	金星、牡丹、北京、长虹等	长虹、康佳、海信	长虹、康佳、TCL	长虹、TCL、海信、康佳、创维

数据来源：根据谢伟（1999）、谢伟等（1999）、谢伟（2001）、蒲欣和李纪珍（2007）以及其他文献整理而成。

二 中国彩电产业的创新能力及国际竞争力[①]

在彩电行业，液晶电视所占的份额逐年增多，为方便数据的搜集及处理，本部分仅以液晶电视为例分析中国彩电产业的创新能力。同时，由于液晶面板在液晶电视中占据了绝大部分比例的成本和利润，因此我们以液晶面板为例，通过科学引文索引数据库（SCI）和德温特专利数据库（DII）对液晶显示技术的文献和专利信息进行分析，以反映中国彩电自主创新能力在全球的位置。

（1）从SCI文献的发表情况来看，1981~2012年累计发表论文排名前10位的国家（或地区）如表8-3所示。从表中可以看出，美国和日本比

---

① 此处的部分内容整理自笔者与柳卸林合作的《从科技投入到产业创新》一书（科学出版社，2014年1月版，作者：柳卸林、何郁冰）并根据时间发展进行了数据更新。

较接近，韩国和中国台湾也占据一定的比例。中国大陆SCI论文排在第四，也接近10%。排除语言上的劣势，中国大陆科学家在液晶科学研究上还是具有较强的能力的。

表8-3 1981~2012年在液晶显示技术领域累计发表SCI论文数量前10位的国家/地区

排名	1	2	3	4	5	6	7	8	9	10
国家/地区	美国	日本	韩国	中国台湾	中国大陆	德国	英国	法国	西班牙	荷兰
论文数（篇）	3115	2702	2053	1840	1505	766	765	558	388	362
占全球的比例（%）	19.17	16.30	12.64	11.32	9.26	4.71	4.71	3.43	2.39	2.29

资料来源：ISI Knowledge。

（2）我们对全球液晶显示产业关键技术领域的专利，以"专利申请人"为主题进行了搜索，结果如表8-4所示。可见，该产业的专利基本被韩国、日本、中国台湾地区的企业所拥有，产业的领导力实际上仍然属于技术领先者。中国大陆在液晶显示研究方面发表了大量的学术论文，但在专利申请上仍然处于明显劣势，基础研究与产业之间的鸿沟巨大。

表8-4 1963~2012年在液晶显示技术领域累计申请专利最多的前20位企业

排名	1	2	3	4	5	6	7	8	9	10
企业	三星电子	精工爱普生	LG-飞利浦	富士	夏普	索尼	友达光电	日东电工	佳能	大日本印刷有限公司
国家/地区	韩国	日本	韩国	日本	日本	日本	中国台湾	中国台湾	日本	日本
专利数	9418	7567	5430	5370	4562	1994	1797	1201	1187	1160
排名	11	12	13	14	15	16	17	18	19	20
企业	凸版印刷有限公司	松下	东芝	半导体能源实验室	住友化学	日立	ARUZE公司	尼康	JSR公司	群创光电
国家/地区	日本	日本	日本	日本	日本	日本	日本	日本	日本	中国台湾
专利数	1152	1114	1022	961	891	878	856	854	853	841

资料来源：德温特专利数据库（DII）。

加入WTO前,中国在世界彩电贸易中就占有重要地位,2002年后中国彩电的出口量和出口额更是大幅提高(见表8-5),长虹、TCL、厦华等企业的年出口额都实现了50%以上的高速增长。

表8-5 中国彩电贸易额及占世界的比重(1986~2009年)

年份		1986	1987	1988	1989	1990	1991	1992	1993
进口	总额(亿美元)	3.04	2.09	2.68	2.62	1.4	1.18	0.58	1.8
	占世界份额(%)	4.88	2.69	2.74	2.43	0.96	0.75	0.36	1.11
出口	总额(亿美元)	—	1.75	2.94	3.6	5.56	6.24	7.2	7.61
	占世界份额(%)	—	2.25	2.99	3.34	3.81	3.95	4.39	4.69
年份		1994	1995	1996	1997	1998	1999	2000	2001
进口	进口额(亿美元)	3.31	3.35	2.47	1.8	6.87	1.44	0.6	0.4
	占世界份额(%)	1.67	1.57	1.24	0.83	2.94	0.63	0.21	0.14
出口	出口额(亿美元)	7.11	8.08	7.94	6.55	6.87	8.03	12.97	15.91
	占世界份额(%)	3.59	3.77	4	3.04	2.94	3.54	4.59	5.63
年份		2002	2003	2004	2005	2006	2007	2008	2009
进口	进口额(亿美元)	0.37	0.86	1.48	1.24	1.86	3.59	3.11	2.2
	占世界份额(%)	0.12	0.24	0.33	0.23	0.25	0.43	0.33	0.37
出口	出口额(亿美元)	23.96	34.71	54.86	84.2	129.59	178.82	181.55	163.58
	占世界份额(%)	7.52	9.55	12.08	15.63	17.33	21.29	19.14	27.33

数据来源:联合国贸易网站(UNCOMTRADE),张丽霞(2011)。

1982年,中国的彩电产量只有28.81万台,而自1994年彩电产量首次超过美国成为全球最大的电视机生产国后,中国一直稳居全球产量第一(见图8-1)。根据中国电子视像行业协会的统计,中国彩色电视机产量从2004年的7673万台上升至2012年的1.39亿台(2013年突破1.4亿台,同比增长0.4%)。2013年,中国彩电出口5959万台,出口金额约110.52亿美元。[①]

近年来,中国的几家彩电巨头(如创维、海信、长虹)在全球平板电视行业的地位不断提升,依靠本土市场保持了利润和规模的同步增长,中国也正成为全球最大的高世代液晶面板线生产地(京东方是其中的代

[①] 2013年我国彩电产量1.4亿台,自主品牌出口有所增长.国际商报,2014-02-28.

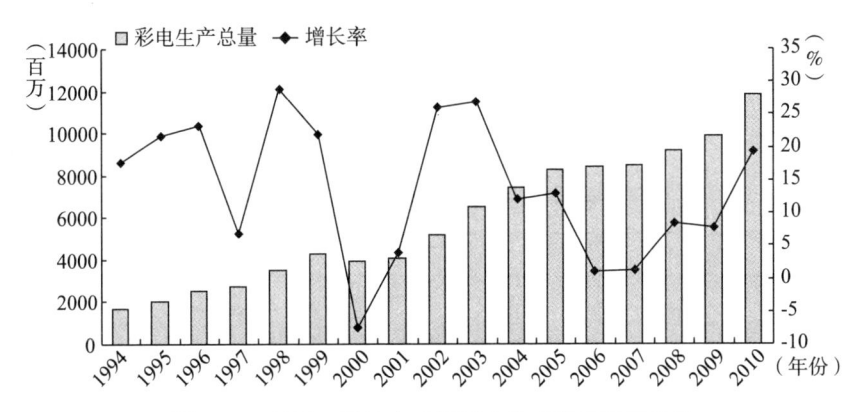

图 8-1　1994~2010 年中国彩电生产总量及增长率

数据来源：《中国统计年鉴》。

表）。① 但是，平板电视的两个核心部件显示屏和机芯集成电路均集中在产业链上游，这些上游资源和专利技术基本上被国外垄断，如美国康宁公司掌控了超薄玻璃的核心技术，增量膜技术被 3M 公司掌握。等离子电视的关键原材料，如玻璃基板、保护层材料、阻隔层材料、透明电极和背板反射层材料、光学滤光片等也完全被日本企业垄断（吴贵生，2011）。等离子面板所需的高压扫描驱动芯片的设计技术也只有 NEC、富士通、松下、德州仪器等公司掌握。中国彩电企业在上游产品上只能依赖进口，然后从事一些接口、电路、电源开关等外围电子开发、机壳模具及大规模组装业务，创新活动主要集中在产品构架方面（蒲欣和李纪珍，2007）。

当前，全球彩电业的研发、关键部件和整机制造业务主要集中在美国、日本、韩国、中国台湾和中国大陆。按照对产业影响力的强弱，这几个国家和地区可划分为三个阵营，美国是"第一阵营"，日本和韩国是"第二阵营"，中国台湾和大陆则处于"第三阵营"（见表 8-6），它们对产业控制力的差异造成了完全不同的产业形态（罗清启和孙广春，2009）。相对于国外厂商，我国彩电企业在平板电视领域无论是核心技术实力还是市场份额都处于竞争劣势。据统计，国内品牌彩电企业平均千万台彩电销量的利润仅为 2 亿~3 亿元，平均每台彩电的净利润小于 40 元，利润在整

---

① 突破口何在？彩电行业走到十字路口. 中国产经新闻报, 2011-09-02.

个现金流中的比例非常小。[①] 在 LCD 和 PDP 彩电领域，中国自主品牌的彩电产品基本上高度利用了模块化的趋势，但没有掌握部件的核心技术，与汽车行业一样，存在"有产权无知识"的状况。

表8-6 全球彩电产业阵营及其比较

阵营	第一阵营	第二阵营		第三阵营	
代表国家/地区	美国	日本	韩国	中国台湾	中国大陆
产业特点	不直接生产彩电成品，通过基础技术研发、市场准入标准及关键核心部件控制全球彩电产业	强大的产业组织能力和产业生态构建能力，能够快速实现从基础技术向应用开发的转变	从技术引进到自主创新，成本控制	面板产业崛起，但仅限于制造能力，为日本和韩国企业代工	跟风、被动做追随产品，多在外观、式样和外围电路上进行二次创新
优势要素	基础专利、产业标准、关键部件的供应	完整的"官产学研"工业体系、快速实现新技术的大规模应用	成本优势、快速追赶	人力资本、承接技术转移的能力	人工成本、跟随创新
代表企业/产品	康宁公司的液晶面板专用玻璃	索尼、东芝、松下	三星、LG	冠捷科技、纬创集团、友达光电、奇美	长虹、TCL、创维、海信
技术能力	强	强	较强	较弱	弱
制造规模	弱	中	较强	强	强
国际竞争力	强	强	较强	中	弱

资料来源：罗清启和孙广春（2009）。

第三节　中国彩电产业利用外部创新资源的途径

一　外部技术引进与技术学习

2000 年以前，中国彩电企业基本上都是通过模仿国外产品设计来生产彩电产品的（见表8-7）。1977 年，由原第四机械工业部、国家计委向国务院提出从国外购买彩色显像管成套技术及设备的申请，经国务院批准成

---

① 盛世危言：危机边缘的中国彩电业．投影时代，2012-03-01．

立陕西彩色显像管总厂。80年代后,技术引进开始快速发展(如天津712厂-JVC、南京熊猫-松下、上海金星-日立、北京牡丹-松下)。青岛电视机厂(海信的前身)于1983年获得了青岛市政府100万美元外汇额度的支持,顺利从松下引进彩电整机生产线。厦华一开始也是采用照抄国外企业的图纸,用CKD(即全套散件)组装方式模仿国外产品设计,提供了国内企业在产品整机部署方面的学习机会(谢伟,1999)。长虹的发展也得益于早期的技术引进。1979年,长虹引进日本松下的全套生产设备,为松下组装5000台彩电(赵晓庆和许庆瑞,2001)。在这一过程中,长虹的技术人员对该生产线从整体设计原理到每一个细小的环节都进行了学习,这是长虹在技术引进中的"干中学"。90年代后,长虹与东芝等数家跨国公司分别建立了联合实验室,推出了"东方红一号工程"的数字阳光和数码神风系列彩电(赵晓庆和许庆瑞,2001)。

表8-7 中国彩电行业技术和装配线引进的情况(部分)

时间	购买单位	国外供应商	主要内容
1978年	上海金星电视机厂	日立公司	彩电生产设备
1980年2月	北京电视机厂	松下电气株式会社	彩电装配成套设备
1980年3月	天津无线电厂	胜利株式会社 日商岩井株式会社	彩电装配成套设备
1983年3月	无锡742厂	东芝电气株式会社	彩电装配生产成套设备
1984年6月	青岛电视机厂	松下电气株式会社	彩电装配生产成套设备
1985年3月	成都无线电一厂	三洋电机株式会社	彩电生产设备
1985年8月	牡丹江电视机厂	三洋电机株式会社	彩电装配成套设备
1994年3月	天津电视机厂	东芝电气株式会社	彩电装配生产成套设备
1994年	四川长虹	东芝电气株式会社	大屏幕彩电生产技术

资料来源:在谢伟(1999)、谢伟(2001)、吴贵生(2011)的基础上结合其他资料整理而成。

中国彩电企业对国外技术的引进,在CRT时代和平板显示时代具有不同的表现。在引进基于CRT技术的20世纪80年代初,技术引进以直接购买为主，^①因此，在 80 年代初，尽管中国的彩电产品基本都是模仿国外的，但在初始阶段中国彩电企业就建立了自己的品牌。进入平板电视时代后，中国企业在积累了一定的技术能力基础上，在引进外部技术方面更多地采用了技术合作的方式（如合资），当然，技术并购也仍然是常用的方式（蒲欣和李纪珍，2007），这主要体现在面板生产线和专利的购买。2003 年，上广电与日本 NEC 合资成立广电 NEC 公司，引进液晶生产线；同年 2 月，京东方耗资 3.8 亿美元收购韩国现代的三条 TFT – LCD 生产线；11 月，TCL 与汤姆逊合资成立 TCL – 汤姆逊电子有限公司，重组双方的彩电业务，TCL 占 67% 股份，并购后的合资公司可以利用汤姆逊已有的 34000 项彩电专利、1000 多名研发员工，通过其全球六大研发中心合理分配资源，提升核心技术能力（罗清启和孙广春，2009）。2006 年，长虹从美国投资公司 MP 中收购了荷兰 Sterope Investments B. V 全资子公司韩国欧丽安 75% 的股权。

二 产学研协同创新

经历过早期的技术引进和消化吸收后，通过产学研合作提高产品开发能力，在 20 世纪 90 年代初开始得到中国彩电企业的重视。在早期，以获得人才为目的的产学研合作最为突出，但近年来以获取技术为目的的产学研合作逐渐占了上风。例如，在 2001 年，长虹集团斥资上千万元与西南科技大学联合创办了长虹学院，建设了一支包括博士和国内外专家教授在内的专、兼职教师队伍，并与中科院、清华大学等科研院校开展密切的技术合作。^②创维集团的等离子电视研发阵容里就有清华大学、华中科技大学的科学家。海信则和山东大学有长期的合作关系。TCL 与中科院、浙江大学、中山大学、电子科技大学、武汉大学、中国科学技术大学、华南理工大学、香港理工大学在消费电子、多媒体、3G 信息平台、数字家庭等技术领域上进行了多项技术合作。2011 年 1 月，创维与华南理工大学成立合资公司研发下一代 OLED 产品（见表 8 – 8）。

---

① 尽管 1980 年福建与日立合资成立福日电视机有限公司，生产福日牌彩电，是中国彩电业的第一个合资项目，但合资显然不是当时的主流。
② 去"长虹"看风景（下篇）．搜狐财经频道：http://business.sohu.com/11/78/article204467811.shtml．

表 8-8 中国彩电行业产学研合作情况（部分）

企业	合作时间	合作方	合作事宜
长虹	2010-04-25	清华大学	双方签署战略合作协议，致力于在科技研发、成果转化、人才培养和国际合作方面建立"优势互补+需求导向"的合作机制
	2011-10-19	电子科技大学	双方签署战略合作框架协议
	2011-03-11	香港理工大学	共建长虹-香港理工大学交互设计联合实验室
	2012-04-09	西安交通大学	共建西安交大-长虹研究院
	2000-09-14	西南科技大学	共同创办长虹学院
TCL	2007-12-06	武汉大学	签订战略合作协议，在人才培养、科技攻关、科技开发及联合申报科研项目等方面加强合作
	2010-05-08	华南理工大学	签订全面战略合作协议，校企双方将在战略发展、科研基地建设、人才培养、技术创新、产业合作等方面开展全面合作
	2012-07-26	中山大学	签订战略合作框架协议
海信	2004 年	山东大学	联合建立山东大学海信研究院
创维	2011-01-20	华南理工大学	联合投资创立 OLED 产学研合作平台
康佳	2010-07-02	西安电子科技大学	共建康佳-西电联合实验室
海尔	1998-04	广电总局广播科学研究院	合资成立"海尔广科数字技术开发有限公司"
	2002-03	清华大学	与清华大学签订战略合作协议
	2006-09-18	浙江大学	共建浙江大学-海尔集团"创新管理与持续竞争力"联合研究中心
	2011-03-28	清华大学	就 2D 转 3D 技术签署战略合作协议，双方将在电视的立体显示技术上展开全面战略合作
	2012-09-07	南京邮电大学	共建海尔集团-南京邮电大学智慧家居技术与应用研究中心

资料来源：根据相关资料及文献整理。

产学研合作提高了本土企业自主创新的能力。例如，TCL 与香港科技大学合作研发的增强型液晶电视数字视频动态背光控制技术，主要性能指标经鉴定都达到国际领先水平。而通过与清华大学深圳研究生院合作进行的立体视频处理与通信的理论和核心技术研究，TCL 成为世界上第一个实现 3D（三维立体）电视商业应用开发的厂家。2003 年 8 月，海信与中国电子科技集团公司第 41 研究所建立数字电视测试仪表的合作研发团队，研究高清数字电视产品关键技术及其检测标准和生产制造技术，解决高清电视前端设备仪表、检测用仪表、生产制造过程中调试仪表方面的技术难题。

三　合资、并购与战略联盟

近年来，中国彩电企业通过与国际技术巨头合作结盟的策略，在技术研发、渠道营销等方面取得优势，提升了技术能力。例如，长虹在1998年分别与东芝、三洋联合成立实验室，在彩电机芯的开发方面开展技术合作。2004年，国内彩电企业纷纷与跨国公司开展了一系列合作：7月，TCL与Genesis公司成立数字视频联合实验室，又与汤姆逊电视机事业部合并成立了TTE公司；9月，海尔与富士通组建技术战略联盟，使目前全球分辨率最高的1024×1024等离子显示屏在国内率先得以应用；创维与精工爱普生结成战略联盟，合力拓展三片液晶背投电视市场；美国TI公司与康佳、长虹和创维建立了良好的技术合作关系。2006年8月，厦华以受让32.64%股权的方式，与中华映管达成关联交易协议，后者将优先提供厦华生产所需的LCD面板，并根据生产需要至少保证其40%的需求。[①]

中国领先的彩电企业之间正通过战略联盟，共同应对技术升级和国际贸易中存在的问题。2000年6月9日，康佳、TCL、创维、海信、厦华、乐华、金星、熊猫、西湖电子在深圳宣布成立"中国彩电企业峰会"。2007年4月，TCL、长虹、康佳、创维、海信、厦华、海尔、上广电、新科、夏新等合资组建成立"深圳市中彩联科技有限公司"，开展对包括数字电视在内的知识产权研究，吸纳各方优势专利，展开中国彩电专利池建设，这被认为是我国彩电企业应对海外出口专利费问题的"抱团之举"。[②] 2011年，TCL、海信、长虹联合成立了中国智能多媒体技术终端联盟，这是中国家电企业首次共同打造智能终端技术标准，致力于在智能电视技术规范以及操作系统技术规范标准上达成共识，共享行业技术成果。

合资、并购等资源重组方式，在彩电行业表现得也很普遍，在一定程度上有利于企业整合内外创新资源，吸收国内外先进技术。例如，1996年

[①] 液晶电视产业之痛．科技中国，2007-10-16.
[②] 彩电巨头"抱团"，谋求突破专利困局．人民日报，2007-09-24.

7月，TCL通过并购成立了TCL王牌电子（深圳）有限公司、TCL电器（惠州）有限公司和TCL（香港）电子有限公司。康佳先后与黑龙江牡丹江电视机厂、陕西西安如意电视机厂、安徽滁州电视机厂联合，组建了康佳电子实业有限公司。① 2006年3月，长虹（持股80%）与彩虹电子合资成立世纪双虹显示器件有限公司，发展等离子显示屏业务。8月，世纪双虹以9990万美元收购荷兰Sterope Investment B.V公司75%的股权，从而间接拥有韩国第三大等离子制造商欧丽安等离子有限公司（Orion PDP Co. Ltd）75%的股权，获得Multi PDP等领域40多项国际专利（蒲欣和李纪珍，2007）。2009年6月21日，长虹（持股49%）与台湾友达光电合资在绵阳组建合资公司生产液晶电视模组。2009年11月17日，TCL与深圳深超科技投资有限公司共同投资245亿元，自主建设第8.5代液晶面板生产线。② 上广电通过与松下、NEC的合作，拥有了松下的等离子屏和NEC第5代液晶屏两个合资生产基地（蒲欣和李纪珍，2007）。

跨国并购对中国彩电企业进军平板显示技术领域起到了重要作用。例如，在液晶面板领域，2003年1月，跟踪、预研平板显示技术近10年的京东方以3.8亿美元收购韩国现代集团旗下的HYDIS（现代显示技术株式会社），京东方获取了进入TFT-LCD产业所需的技术来源、专利资源、起步市场等战略要素（路风和蔡莹莹，2010），并于2009年8月在北京开工建设第8.5代TFT-LCD生产线。2009年6月，长虹宣布与台湾友达光电合作，进行液晶模组的开发与生产，首期建设了四条玻璃基板与背光模组组装制程生产线。在等离子面板领域，长虹在收购欧丽安后，掌握等离子面板的核心技术与生产线建设经验，其中包括欧丽安独有的无缝拼接等离子显示器（Multi-PDP）技术，以及300多项等离子专利。而在打破外资的等离子专利限制后，长虹又通过自主研发，在材料、器件、工艺和设备等方面取得了突破，获得了高达600多项专利。③ 此外，海尔在2004年先后与飞利浦、德国迈兹、东芝、三星及中国广科院等合作建立了数字高清电视研究所和设计分部，并于2004年9月1日与富士通组建技术联盟

---

① 改革开放30周年彩电大事记. 深圳特区报，2008-12-19.
② 李斌，师毅. TCL集团构建全产业链领跑彩电业. 新财经，2010（7）：60-63.
③ "屏殇"中国彩电. 国际金融报，2010-12-20.

(蒲欣和李纪珍,2007)。

四 研发及创新的国际化

近年来,中国彩电企业不断加快国际化步伐,提高海外市场占比。2011年,海外收入在TCL主营收入中的比例为37.60%,康佳为21.52%,海信为17.07%,长虹为11.6%,单纯从海外收入占比看,TCL的国际化程度最高。[①]

另外,中国彩电企业的国际化成长不再局限于产品出口增长和生产的对外直接投资,同时还通过并购、新建和联盟等形式在发达国家进行研发投资,开展研发全球化。

1996年,TCL并购了香港陆氏集团彩电项目,弥补了在技术与资本上的不足。2002年9月,TCL以820万欧元收购德国施耐德电器有限公司,开拓欧洲市场业务。2004年1月TCL收购法国汤姆逊彩电公司,成立了TTE。TCL并购法国汤姆逊公司后,整合其全球研发资源,构架了以北美、欧洲、新加坡、中国为中心的全球研发框架,而研发重心也向数字电视和平板电视等新技术领域倾斜(王辉和张俊玲,2008)。

1997年,康佳在美国注册了美康公司,投入巨资在硅谷设立了实验室,按照美国高清晰度数字联盟(ASTC)的标准,从事高清晰数字电视的研究与开发。1999年,由康佳在硅谷实验室开发研制的高清晰度数字电视(HDTV)首次在美国拉斯维加斯的全球消费电子产品展亮相,获得巨大成功。[②] 2004年5月,创维与美国德州仪器建立显示技术联合实验室,重点承担DLP光显电视的基础研究和应用开发。

2003年,海信在美国成立研发中心,吸收当地10多名技术专家加盟。经过国内外专家联合攻关,海信在等离子电视的亮度、对比度、清晰度三个方面取得重大突破,为参与国际平板电视竞争提供了有力的技术支持。[③] 2007年1月,海信在荷兰的埃因霍温成立欧洲研发中心(目前迁至德国的

---

① 中国彩电品牌之殇. 中国电子报,2011-09-23.
② 康佳:开放型渐进式国际化. 百度文库:http://wenku.baidu.com/view/0bcec50f76c66137ee061938.html.
③ 海信的国际化之路. 百度文库:http://wenku.baidu.com/view/aa4edb115f0e7cd184253660.html.

杜塞尔多夫），面向欧洲及相近市场开发高技术含量、高性价比的数字DVB产品以及网络、高清、多媒体平板电视产品等。

第四节 中国彩电产业为什么没有构建强劲的国际竞争力

在 CRT 电视时代，中国彩电企业是成功的追赶者，整个行业在国家宏观调控下构建了一条从原材料到显像管再到整机制造的完整的产业链，借助低成本优势迅速成长为世界重要的彩电工业体系（路风和蔡莹莹，2010）。经过 20 世纪 70 年代的产业培育、80 年代的"引进、消化、开发、创新"和 90 年代的高速成长期三个发展阶段，中国在 CRT 时代建立起以整机为主体、配套元件为支撑、具有较大规模的完整的彩电工业体系（罗清启和孙广春，2009），在生产和市场规模上成为领先者，电视全球市场占有率达到 50%。然而，进入以液晶和等离子为代表的新一代光电显示技术时代，中国企业在 CRT 时代构筑的产业优势荡然无存，再次沦为追赶者，而且处境极为不利（蒲欣和李纪珍，2007）。由于缺乏基础研究能力，中国在大尺寸液晶面板上仍然缺乏竞争力，在 CRT 电视和显示器产业上多年积累的优势，随着新型显示技术的突破，已面临着严重的替代危机。中国在 TFT－LCD 市场所占的份额不足 20%，在液晶电视全球市场占有率不足 8%（田民波和叶锋，2010）。无论是上游的元器件企业，还是下游的总装企业，中国实际上只是全球彩电整机的组装基地。从开放式自主创新的角度看，我们认为有以下原因。

一方面，中国彩电产业在整体上缺乏自主创新的能力，核心专利少。以 32 英寸液晶电视为例，在其整机售价当中，包括 TFT－LCD、电路芯片等高技术含量的配件供应全部都掌握在韩国、日本、中国台湾以及美国企业手中，中国大陆本土企业能够给液晶电视附加上去的只有外围构件、组装的劳动力、品牌价值以及渠道流通的价值，而这些累计不到整机价值的 25%。而且，在彩电行业，除了生产线需要花费大量的资金外，核心技术、关键部件的开发也是一项投资大、周期长的系统工程。[1]

---

[1] 张伯玲. 液晶电视产业之痛. 科技中国，2007－10－16.

在液晶面板产业上，中国彩电产业走了类似汽车产业的"以市场换技术"的道路，让出了市场却没换来技术，陷入困境的上广电是走这一道路的企业的代表。上广电曾与 NEC、索尼、西门子、松下、LG、东芝、三菱等跨国企业开展了技术引进或合资，但由于缺乏自主创新能力，技术严重依赖外方，在发展中非常被动（罗清启和孙广春，2009）。由于电视液晶屏完全依赖进口，中国彩电企业重新受制于人，仍然又被锁定在产业链低端的组装环节。① 彩电显示技术更新换代的步伐越来越快，走在显示技术前沿的日韩企业牢牢地掌控着变换的节奏，中国彩电业疲于追赶。② 事实上，全球彩电产业技术的变化速度一直很快。在三网融合，3D 等新概念、新技术不断深入人心的情况下，彩电业传统的规模放大型竞争模式已难以适应当前的市场竞争。③

另一方面，中国彩电企业尽管重视开放式创新，但在整合内外部创新资源方面的表现欠佳。2002 年 9 月 26 日，京东方成功收购了韩国现代显示技术株式会社（HYDIS）的 TFT-LCD 业务，掌握了大量的液晶专利，但此后技术并未自动转移到京东方，京东方的液晶生产线由韩国员工全面掌控，企业获得了专利但没有掌握知识。④ 在这方面，曾经引领中国彩电行业价格战的长虹，近年来致力于开放式创新与自主创新的协同，充分利用了外部资源。长虹在 2006 年控股欧丽安，获得了该公司的 300 多项核心专利和技术团队后，重视以此为平台充分整合国内外的科研力量，打造科研平台。这帮助长虹在 2009 年 4 月 26 日得以正式量产基于八面取技术的等离子显示屏，在屏、模组及整机一体化优化设计研制领域实现了关键技术突破。2007 年 4 月 28 日，长虹投入 60 亿元引进 PDP 的全套产品制造技术，并充分发挥国内的科研力量，利用国内的相关产业资源，立足于国内建立起包含基础技术研究和技术升级的科研平台，立足于国内建立起全面的包含材料、设备、器件的产业配套平台。为整合国际资源，长虹与微软、东芝、飞利浦等一批跨国公司进行技术合作，先后建立 14 家联合实

---

① 赵永新. 中国液晶面板领先者为何"越亏越投". 人民日报, 2011-08-29.
② 傅勇. 中国彩电业力求"应用突围", 经济参考报, 2011-12-06.
③ 萧潇. 彩电业传统竞争模式被颠覆. 经济参考报, 2010-07-06.
④ 张伯玲. 液晶电视产业之痛. 科技中国, 2007-10-16.

验室，共同开发涉及产品的重大技术。①但整体上看，在平板电视时代，我国彩电的整个产业呈现分散状态，企业、院校与研究机构没有形成协同效应（罗清启和孙广春，2009）。

另外，我国政府的政策在彩电显示技术由CRT到LCD和PDP的技术范式变革中，也存在一些问题。比如，与汽车行业类似，对引进的彩电技术的国产化努力，包括CRT彩管、配套元器件、玻壳到整机装配等的国产化，最大的贡献在于使我国建立了从原材料、元器件、部分专用设备、仪器、仪表到整机制造的完整产业体系，降低了总成本，提高了国产品牌彩电的市场竞争力。②但是，过于明确的国产化指标使许多企业投入了大量的精力，无暇顾及培育在整机产品层面的自主技术开发能力，在识别技术轨道转变及应对方面投入不足、准备不充分，始终未能摆脱技术跟随的被动局面。另外，尽管我国政府在20世纪80年代实施了"彩电国产化"重大工程，通过直接出资或发放银行贷款的形式投入150亿美元，打造出一个完整涵盖上下游的CRT产业链，奠定了彩电工业的根基，但是到了平板彩电升级换代的关键时刻，政府在"完全退出市场"过程中却减弱了对产业发展的支持力度，企业转型进入液晶面板和等离子电视领域，更多的是豪赌，风险自然巨大。③

第五节 结论与讨论

与通信设备、汽车产业一样，中国在早期重视电视机的自主开发，对后来的技术引进具有一定的促进作用。重视自主开发不仅使本土企业很快就吸收了引进的技术，而且构建了日益完整的生产平台，创新的自主性显然有利于创新的开放性。然而，合资过后，技术引进对自主开发的替代再次在彩电行业中上演，一些企业在合资后几乎迷失了方向。比如，上广电在与NEC的合作中，走的是全盘引进技术的路线，在技术和经营上对外方相当倚重，合资并未给上广电带来主要技术工艺的转移，企业没有掌握核

---

① 自主创新引领我国彩电业快速发展. 经济日报, 2008-01-15.
② 中国电子视像行业协会. 中国彩电工业发展回顾. 北京：电子工业出版社, 2010.
③ 中国彩电为何缺乏核心技术. 市场报, 2006-05-08.

心技术,几乎变成了纯粹的加工厂,由于中方技术人员在合资公司中无用武之地,上广电的技术人才流失相当严重(罗清启和孙广春,2009)。

如何平衡引进与自主的关系,如何通过加强自主性提升引进的质量和效益,是全球化时代摆在中国彩电企业面前的一个重要课题。作为"以市场换技术"的代表,当前上广电的困境在很大程度上证明了这一政策的失败(罗清启和孙广春,2009)。历史证明,自主技术开发能力的积累,需要企业有耐心,舍得长期性投入。在彩电行业,长期以来形成了只重生产而忽视技术升级的局面,结果是产能的严重过剩以及由此引发的多轮价格战,消解了大多数本土企业开展科学研究和自主开发的动力。中国彩电企业从1986年彩电业爆发第一次大规模价格战前夜高达200多家到2003年仅剩20多家,目前真正有市场影响力的则不到10家。[1] 日本的夏普之所以一直处于液晶面板生产顶端,关键在于30多年来坚持自主研发。20世纪80年代前,当中国尚不能造成彩电时,夏普就开始研发超越模拟技术的彩电,但也直到2001年初才推出"每英寸1万日元"的液晶电视。[2] 长虹在专利战略上采取的方式与其他企业液晶面板生产线的技术大都依靠外资企业不同,它通过自主研发和对外整合,建立起中国彩电业在核心技术方面的专利群,突破了国外企业对中国彩电业的技术封锁。[3] 在打破外资的等离子专利限制后,长虹又通过自主研发,在材料、元器件、工艺和设备等方面取得了突破,获得了多项发明专利,同时还特别组建了一批由来自国内外的30名专家组成的科研团队,涵盖芯片、软件、设计、制造、整机开发等基础研发和应用研发领域。[4]

中国彩电产业要真正实现产业崛起,就必须打通产业环境、产业技术以及产业链三个环节,要在国家相关部门的引导下,形成"官产学研"相结合的产业发展体制,营造良好的产业发展环境。[5] 当前,中国领先的彩电企业正着力同时开展内部研发和外部合作,加快培育自主技术能力。如

---

[1] 国内彩电业走到十字路口.中华工商时报,2010-08-09.
[2] 张春蔚.中国彩电"踏空"液晶时代.南方周末,2007-08-29.
[3] 王亮.黑电破冰长虹等离子成产业尖兵.经济参考报,2010-12-07.
[4] 长虹欧宝丽等离子电视强势登场,自主造屏为民族品牌"争口气".中国网,2009-04-27.
[5] 我国彩电业振兴关键是整合"官产学研".经济参考报,2010-03-03.

长虹建有国家级企业技术中心,整合国家工程研究中心和工程实验室,建立了新型平板显示的全球化技术研发平台,以等离子屏项目为平台,将东南大学、电子科大、西安交大、中科院、七星华创、南京网板等科研院所及企业整合到该项目中来,形成了产学研协同创新的合力(罗清启和孙广春,2009)

产业案例研究的结果与讨论

本篇研究了四个产业（汽车、生物制药、电信设备、彩电）的创新与发展过程。从开放和自主及国际竞争等方面进行分析，可从外部技术获取、内外资源整合、创新国际化等角度将它们的特点和发展绩效作一个比较。

产业开放式自主创新与国际竞争的比较

产业	外部技术获取	内外资源整合	创新国际化	自主创新	开放学习	国际竞争力
汽车	引进国外技术迅速建立庞大的生产和市场体系；并购行为逐渐增多	以合资为主	逐步进入国际市场，少数领先企业在国外设立了研发中心	内部研发投入相对较低，发明专利份额低	单向度的合资	基本掌握了轿车整车技术，中低端产品接近世界先进水平，建立了零部件配套体系，但在汽车电子、高端发动机等方面缺乏核心技术，尚无高端自主品牌产品
生物制药	从国外领先企业、国内大学和研究机构等获取技术	有限的合作合资	海外研发投资	有一定的基础研究能力	利用了合资合作的机会，但相对有限	国际竞争力不强，优势主要在仿制药物的生产方面，企业规模偏小，对产业的影响力较低
电信设备	直接从国外引进技术；从海外获取创新资源	产业联盟、价值链协同	全球性研发	自主研发能力持续增强	利用了合资合作的机会	国际竞争力快速提升
彩电	技术和生产线的直接引进；并购行为较多	企业间合作、产学研合作	并购国外技术源	技术追赶和模仿创新为主，缺乏突破性创新	通过技术引进吸收了已有技术	有过短暂的国际竞争优势，但与国外的差距在拉大

资料来源：本研究整理。

从上述四个产业的创新与竞争看，这些产业都在开放的条件下开展了追赶创新，但目前只有电信设备产业的发展最为成功，在这一产业，出现了像华为和中兴通讯这样已初步具备产业领导力的企业，也涌现出 TD-SCDMA 联盟这种几乎汇集了全国电信相关行业顶尖企业的合作创新体。经过多年的努力，生物制药和彩电产业与国外的差距不仅没有缩小，反而正在拉大。前者的一个突出问题是科学研究和市场的脱节，构建官产学研金等全方位的协同创新体系是当前的关键；后者则一直处于"技术追赶—市场领先—技术再追赶"的道路上，其中的一个原因是许多企业尚无法很好地处理技术引进与自主开发的均衡和相互促进关系。在汽车（主要是轿车）领域，合资带来国内市场的繁荣，但其负效应同样明显，合资并没有带来预想中的技术跨越，反而是作为民营企业的吉利等，通过自主开发以及跨国并购提升了国际形象。当然，本土企业尽管在自主品牌建设上有所收获，但基本被锁定在低端市场。

从对待开放与自主的关系来看：

（1）在汽车产业，中国一开始就有自主品牌，但在后来是合资品牌取得了市场领导权，尽管近年来出现了新的自主品牌（包括合资自主品牌），但竞争力偏弱。在这里，开放（合资）对自主形成了替代效应。

（2）在电信设备产业，中国一开始也建立了自主品牌，合资并没有在后来胜出或取代自主品牌，本土企业通过在开放条件下的自主创新，奋力追赶并构建了强劲的竞争力。在这里，开放在自主的约束下产生了协同效应。

（3）中国彩电行业在 CRT 技术时代之所以能快速提升国际竞争力，主要原因就是采取逆向创新的方式，对引进技术进行吸收和模仿，但本土彩电企业热衷于在成熟技术上扩大产能、通过价格战获取市场份额，缺乏对前景技术的研发投入，导致在产业技术轨道发生跃迁时，原来培养起来的创新能力便失去了作用，重回到落后局面，再次追赶。在这里，开放（技术引进）对自主也形成了替代效应。

（4）在生物医药产业，中国主要通过国内科学家或留学归国人员创业建立了工业体系，但这些知识分子的商业化能力较弱，对市场的反应能力相对较低。由于这一行业对知识产权的要求非常高，中国企业难以从国外直接获取技术，而国内公共研究机构在生物医药上具有较强的科学研究能力，但大多缺乏面向产业需求的基础研究。在中国，传统的大型药企一开始是立足于自主创新的，但问题是科学研究与产业发展长期相脱节；小型生物技术公司大多只有承接研发外包的能力，缺乏在全价值链上的竞争力。另外，中国生物医药企业还很缺乏海外研发投入，对国际创新资源（人才、知识）的利用程度不高。

后发国家在追赶过程中不可或缺的一个环节就是引进先进技术。几乎所有的已有技术基本上都是发达国家完成的，因此学习和消化国外的技术是实现有创新能力的第一步，比如20世纪50～80年代的日本和韩国就通过反向工程（Reverse Engineering）成功地实现了对发达国家的追赶（柳卸林，2008）。在过去，中国企业习惯于通过引进技术来改进创新能力，但中国经济的崛起和由此带来的激烈的国内竞争国际化，激励着中国企业的全球化发展。

如何通过创新开放和自主的协同发展提升国际竞争力，是中国产业需要深入思考的重要问题。在很多时候，国家强调自主创新，但市场竞争环境并不利于自主创新，模仿或"山寨"以及房地产行业等快速发展带来的高额利润，让许多企业失去了自主研发的动力。同时，在中国长期形成的科技资源配置体系中，企业并不是资源投入的重点，而大学和科研院所在国家科技计划下产生的重要科学成果，缺乏足够顺畅的渠道及时转化为产业的竞争力。可喜的是，中国政府正日益重视提高企业的创新意识和创新能力。国家"十二五"规划提出要"依靠科技创新推动产业升级"，"发挥科技创新对产业结构优化升级的驱动作用"，"强化企业在技术创新中的主体地位"；2012年9月发布的《关于深化科技体制改革加快国家创新体系建设的意见》首次在国家层面确立并强化企业创新主体地位；党的十八大再次强调走中国特色自主创新道路，明确提出构建以企业为主体、市场为导向、产学研相结合的技术创新体系，强调着力增强创新驱动发展新动力，构建现代产业发展新体系。

本篇的产业案例研究表明，开放的基础仍然是自主，开放的效果也需要强大的内部能力的支撑。缺乏自主研发能力的开放式创新，无法保证中国企业在国际竞争中获得创新优势。一些研究表明，中国的汽车及消费电子等行业都面临着"微薄利润"的危险。[1] 早在2004年，中国汽车工业的

---

[1] IBM中国企业全球化路径研究. 环球企业家，2006（4）：142-148.

产能就达到800万辆，但仅销售出510万辆，过剩的产能导致了价格的降低，尤其是低端轿车的价格下降了9%，几乎拿不到多少利润。[①] 实际上，在许多行业尤其是高技术行业，推动中国出口的主力军并不是本土企业，而是外资企业和港澳台资企业。因此，在"开放"的同时甚至提前"自主"，是后发企业获取持续竞争优势的重要途径。吴晓波（1995）提出的"二次创新"，实际上也强调了对引进技术的消化吸收和再创新，而不是停留在引进的现有技术上。其中的一个策略是，中国产业应该更多地重视与当地高校和公共机构以及其他企业开展研发合作（如项目合作、研发外包等）。

与跨国公司的互动、竞争并向其学习也是中国企业获得先进知识的重要途径，但各个产业的效果不一。比如，电子通信产业中的本土企业获得了快速的技术成长（如华为、中兴通讯）。而尽管中国的汽车产业比较开放，产业的有效竞争却很不足。政府鼓励外资进入中国汽车产业的政策是明显的，最初的想法是技术也会随着外资而进入中国，本土企业因而能获得知识溢出的收益。但政府产业政策引导下的这类"开放式创新"，使中国本土汽车过于依赖技术引进（更多是成熟技术的引进，而不是核心的研发性技术），从而沦为跨国公司在中国合资市场的产品组装商。因此，双向式的开放要强于单向度的开放，其中本土企业的学习能力起着关键作用，这取决于企业对研发努力的认知和坚持。国际战略联盟、全球外包、海外研发投资也都是中国产业当前实施开放式创新的重要形式，这也是中国企业在低成本战略和市场导向型创新发展到一定阶段后的必然需求。

---

① 中国企业纷纷全球化扩张，人才和品牌是首个挑战. 电子经理世界，2006-05-13.

第四篇

企业案例研究

本篇以中兴通讯、吉利汽车、中集集团、格力电器四个制造类企业为分析对象，开展微观层面的案例研究，分析这些企业开展开放式自主创新的基本情况和历史演变，探讨这些企业实施开放式自主创新的动因、战略部署，提炼相关的特色做法及成功经验，从管理层面探讨可资借鉴的经验。

【研究设计、方法、数据来源】

本篇研究的案例样本，主要包括行业中技术领先的新企业（中兴通讯、格力电器），行业中规模最大的企业（中集集团），以及行业中自主创新的后起之秀（吉利汽车）。案例研究主要基于作者对四个企业的长期跟踪调研，并结合部分公开资料和信息。在具体研究中，采取项目合作、调研和访谈相结合的方法，注重在一手资料的基础上收集和分析二手资料，同时借助结构性访谈深化研究问题，总结研究规律。

在本篇的四个案例企业中，中集集团通过技术引进和资源并购逐步提高了研发能力，而中兴通讯、吉利汽车、格力电器则从最开始就以自主研发为基础开展开放式创新。尽管上述四个企业的创新路径有所差异，但最终都成功地走到了开放式自主创新的发展阶段。纵观四个案例企业各具特色的创新历程，除了行业限定的因素有所差异之外，在技术战略、外部资源利用、能力发展、企业家精神等方面具有较大的共同之处。分析这些共性因素，有助于探索中国企业开放式自主创新的规律，而差异性因素的存在，则说明了开放式自主创新并没有固定的模式和恒一的规律，需要结合企业的内外部因素来展开。

除了实地调研获得一手资料和数据外，本篇中有关中国企业创新发展与国际竞争力数据的主要来源还包括：

（1）各公司的官方网站，包括公司基本信息、上市公司年报等。

（2）公开的科技与经济信息数据库，如国家知识产权局、国研网、中经网数据库，以及汤森路透公司的 ISI Knowledge 数据库的德温特专利数据库、世界知识产权组织（WIPO）数据库。另外，一些数据分析结果取自国内多个证券公司的研究报告。

（3）各商业类门户网站的相关企业发展资讯，如网易商业报道、新浪财经等。

（4）部分数据和统计信息来自有关的书籍、研究报告及期刊文献，限于篇幅不再一一列出。

第九章
中兴通讯：开放式自主创新成就技术核心能力的跃升

在中国电信设备制造业，中兴通讯股份有限公司（以下简称中兴通讯）是一个创新能力出众的龙头企业，它长期坚持围绕市场需求开发具有自主知识产权的产品，在全球电信设备市场上占据重要位置，堪称中国企业自主创新的典范。中兴通讯自1995年开始实施国际化发展战略，获得了与国外领先企业在竞争中合作的机会，有效地提升了核心技术能力。中兴通讯是如何整合内外创新资源来提升自主创新能力的？有哪些关键的内外部因素在起作用？本章试图通过分析中兴通讯的开放式创新战略，剖析中兴通讯自主技术能力提升的过程，归纳出有助于中国企业国际化成长的若干经验。

第一节 中兴通讯的发展历程与技术创新能力演变

中兴通讯成立于1985年，是航天工业部西安691厂（国有军工企业）、航天部长城工业公司深圳分公司与香港运兴电子贸易公司共同创立的一家合资企业，前身是"深圳市中兴半导体有限公司"。[①] 在市场竞争异常激烈的电子通信设备制造行业，中兴通讯以来料加工起家，经过20多年的快速发展，成长为全球领先的综合性通信制造和通信解决方案提供商之

---

① "中国企业成功之道"中兴通讯案例研究组. 中兴通讯成功之道. 北京：北京机械工业出版社，2012.

一，服务于全球 140 多个国家和地区。目前，中兴通讯拥有通信业界最完整的、端到端的产品线和融合解决方案，通过全系列的无线、有线、业务、终端产品和专业通信服务，通信系统设备全面服务于全球高端市场的顶级运营商，智能终端增速强劲，并跃居全球第四大手机厂商。

10 多年来，中兴通讯的营业收入总体上保持持续增长态势（见图 9 - 1）。根据 HIS 最新发布的《全球 LTE 市场分析》报告，中兴通讯在 2013 年以 17.9% 的市场占有率成为三大 LTE 基础设施供货商之一，是中国最大的 LTE 解决方案提供商。在中国 4G 招标中，中兴通讯也抢得先机，获得中国移动 4G LTE 一期项目招标中 26% 的市场份额，排名第一。在中国电信 4G LTE 网络主设备招标中，中兴通讯 LTE 产品进入 90% 招标省份，占据近 40% 的市场份额，同时承建 15 个省（自治区、直辖市）的核心网，在无线、核心网领域的市场份额均排名第一，从而确立了国内市场 4G 优势地位。而据市场调查机构 Strategy Analytics 的最新报告，中兴通讯自 2012 年起成为美国市场增长最快的智能手机供应商。

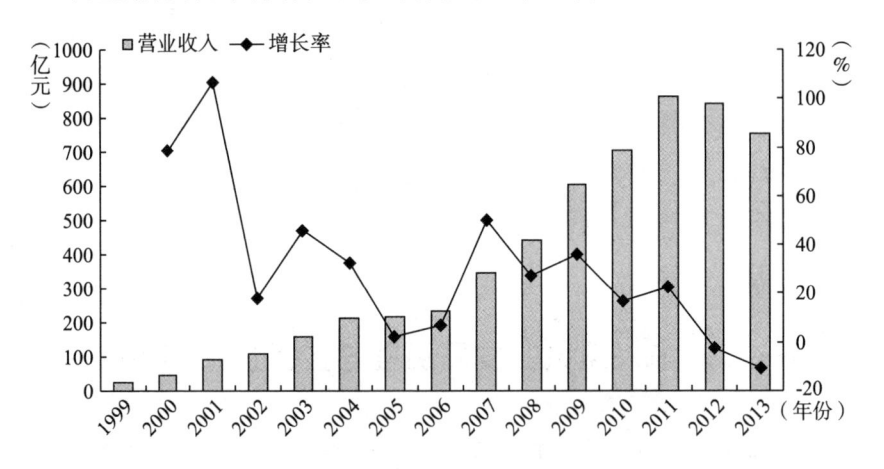

图 9 - 1　中兴通讯的销售收入及复合增长率
资料来源：根据中兴通讯年报整理而成。

从代工到追赶创新，再到掌握自主知识产权，在沿着价值链攀升的过程中，中兴通讯没有迷失在代工、模仿所获得的短期利润中，而是坚持在开放竞争的环境中加强自主创新，构建了持续的优势。中兴通讯尤为注重通过国际化的发展来获取和整合全球的技术及人才资源，从而成功地实现了"1G 跟随、2G 追赶、3G 超越、4G 领跑"的目标。[1] 在与跨国公司的竞争合作中,中兴通讯逐渐融入全球创新体系,并成为活跃的角逐者和重要的在位者。

从开放式自主创新的角度,结合相关的研究,[2][3][4] 可将中兴通讯的发展分为三个主要阶段。

一 1985~1995 年:消化吸收先进技术,形成产品自主开发能力

中兴通讯成立时原想从事微电子产品生产,但合资各方没有现成的产品和市场网络,又引进不了技术,只好开展来料加工业务,先后组装过电子表、电子琴、玩具、电话机、电子琴、冷暖风机等产品,通过赚取加工费支撑企业发展。此时,全球通信行业正处于大发展的时期,侯为贵敏锐地把眼光瞄准了通信市场,开始了小型程控用户机的研发工作,并决定要自行研制数字程控交换机。在这一时期,中国电信设备市场基本上被外资企业所占领,但存在程控交换机进口产品与中国潜在市场需求的不匹配问题。中兴通讯抓住小城市和农村这一低端市场,开始着力自主开发。

1986 年,中兴通讯在深圳成立第一个研发小组,研制 68 门模拟空分用户小交换机。由于中兴缺乏交换技术领域的知识积累,因此采取与陕西省邮电管理局合作(投资入股、派出技术人员参与研制)的方法(米周和尹生,2005),很快就研制出中兴第一个自主开发产品——ZX - 60 程控空分交换机,并于 1987 年 7 月通过技术鉴定和取得邮电部颁发的入网许可证。为加速研发进程,中兴通讯与北京邮电学院程控交换系合作。1989 年 11 月,中兴通讯与北京邮电学院程控交换系合作研制的 500 门用户数字程控交换机 ZX 500 在北京通过邮电部测试,被航天部认定为国内第一台具有自主产权的数字程控交换机(杨志刚,2008)。

从 1991 年开始,中兴通讯决定放弃来料加工业务,集中精力从事程控

---

[1] 华为中兴书写中国企业雄心从"追赶者"蜕变为"领跑者". 新华网,2011 - 04 - 01.
[2] "重点工业企业技术创新能力问题研究"课题组. 重点工业企业技术创新能力问题研究——企业案例调研报告. 中兴通讯股份有限公司,2010.
[3] "新形势下提升我国 ICT 行业自主创新能力研究"课题组. 新形势下提升我国 ICT 行业自主创新能力研究——以中兴通讯为案例. 国务院发展研究中心,2007.
[4] "中国企业成功之道"中兴通讯案例研究组. 中兴通讯成功之道. 北京:机械工业出版社,2012.

交换机的研制、开发、生产、销售和服务，并在12月与南京邮电学院合作研制推出了适合中国农话C5端局数字化改造的ZX 500A型数字程控交换机。双方还于1993年和1995年联合研制出2500门的ZXJ 2000型农话数字程控交换机、ZXJ 10型大容量数字程控交换机，并拥有完全自主知识产权（米周和尹生，2005）。1993年10月，中兴通讯成立了南京研究所，开始进行万门数字程控交换机的研制开发。在研制开发万门数字程控交换机的同时，1994年8月，中兴通讯成立上海研究所，主攻无线和接入网产品的开发。1995年7月，中兴通讯开发的ZXJ 10大容量局用数字程控交换机通过邮电部专家评审，终局容量为17万线，这是当时国内自行研制的三大主力机型之一（吴晓波和毛茜敏，2009），标志着中兴通讯已具备了自主开发世界水平产品的能力。

在这一阶段，中兴通讯在创新上的特点是，从自主开发成熟期的低端产品切入，主要是针对中国细分市场开展创新，无论是内部研发的投入还是对外部资源的利用，相对来说还处于起步阶段，表现为弱向的开放式自主创新。不过中兴通讯在立足自主开发的最初就重视利用外部资源，早期进行程控交换机研发的人才大多来源于邮电部的一些研究所和南京邮电大学、北京邮电大学等高校，这些研发人员通过来中兴通讯实习或工作甚至周末兼职方式开展研发。如，ZX 500就是中兴与北京邮电学院程控交换系合作研发的结晶，该产品被认定为第一台具有自主产权的国产化数字程控交换机（米周和尹生，2005）。

二 1996~2002年：构建面向多元化战略的技术整合能力

1996年2月，中兴通讯提出三大战略转变：产品结构突破单一的交换设备，向多元化产品领域扩展；目标市场由农话向本地网、市话网扩展；由国内市场向国际市场扩展。[1] 1998年，中兴通讯开始大规模投入GSM，并通过"边际网"方案创新，为运营商量身定制系列化"特色基站"，充分节省配套投资费用，打入巨头盘踞的国内GSM市场，在国内占据了一席之地。[2] 1998年，中兴通讯获得巴基斯坦交换总承包项目，

---

[1] 中兴通讯20周年大事记. 中兴通讯官方网站.
[2] 中兴通讯：十年砥砺，实现产品差异化创新. 通信世界网，2007-07-11.

金额为9700万美元,这是当时中国通信制造企业在海外获得的最大一个通信"交钥匙"工程项目。[①] 1999年11月,中兴通讯与原南斯拉夫BK集团签订GSM移动通信设备的供应协议,价值2.25亿美元,这是中国首次出口拥有自主知识产权的GSM系统。[②]

当1999年的电信行业重组开始后,中兴通讯很快从小灵通找到了切入口。针对中国电信想打入无线市场的需求,中兴通讯与中国电信合作共建小灵通基站。[③] 进入2002年后,中兴通讯选择与日本日立公司进行合作研发。2004年,中兴通讯拥有自主知识产权的小灵通基站开始批量生产。小灵通在市场上获得了很大成功,2001~2003年中兴通讯小灵通的合同销售额占公司总量的比重从17.1%上升到33.3%。[④] 在WCDMA领域,中兴通讯从1998年就开始投入研发,总计投入40亿元、4000多名研发人员,在深圳、上海、重庆、南京、成都、西安以及斯德哥尔摩研究中心同步进行系统的研究和开发,目前中兴通讯的WCDMA已经形成了辐射全球的研发体系。[⑤]

在这一阶段,中兴加快了研发创新的国际化步伐。1998年,中兴通讯开始在美国进行研发投资,先后在新泽西、圣地亚哥、硅谷设立了3家研究所。2000年,成立韩国研究所,致力于CDMA产品研发。2000年10月,中兴通讯与美国高通公司签订研发协议,根据该协议,中兴通讯可以采用高通的CDMA基带处理芯片,从而大大缩短了研发进程,又解决了专利授权问题。2002年,中兴通讯与英特尔(中国)有限公司签署合作备忘录,计划在3G无线通信、无线局域网等几个关键领域展开深层次合作。中兴通讯还积极开展与元器件供应商的合作,1998年与美国德州仪器合作在深圳建立TI-ZTE DSP实验室。1999年与摩托罗拉在南京签署战略合作协议,成立"ZTE-MOTOROLA联合通信实验室"。

三 2002年至今:强化自主创新与国际化,构建产业领导力

成功自主研发全球先进技术,是中兴通讯自主创新能力进入高级阶段

---

① 走出去为什么是通信业?通信世界网,2009-09-28.
② 改革开放造就"中兴速度".通信信息报,2008-12-15.
③ 小灵通站点资源助推中国电信LTE.通信产业网,2013-08-13.
④ 茆和洲,张军青.中兴通讯小灵通之谜.21世纪商业评论,2005(1):61-63.
⑤ 宋军杰.通信制造业:借势国际化,寻求崛起之路.通信世界,2008(15):31-31.

的重要标志。在基本具备了技术整合能力后，中兴通讯把研发目标瞄准了第三代移动通信技术。[①] 从 2000 年开始，中兴通讯明确提出了"三个国际化"的口号——以人才国际化为根本，以市场国际化为重点，以资本国际化为依托，全面推进国际化战略。

2002 年 5 月，中兴通讯与世界领先的通信应用半导体供货商杰尔系统公司（Agere Systems）在深圳成立联合实验室，加强在光电子、微电子及数据传输等技术领域的合作。10 月，中兴通讯在北京推出了国内第一台符合 802.3ae 标准的 10G 以太网高端路由交换机，标志着中兴通讯在高端数据通信产品的研发和综合解决方案提供能力方面获得了业内领先的地位。2003 年，中兴通讯上海研发中心正式启动，标志着中兴通讯研发能力的进一步提升。2004 年 5 月，中兴通讯推出 GoTa（Global Open Trunking Architecture）数字集群通信系统（拥有 10 项专利），这是国际范围内首次由中国企业发布的具有自主知识产权的数字集群通信产品，也是世界上首次基于 CDMA 技术的真正的数字集群通信系统；12 月，在日内瓦 ITU - T SG15 全会上，由中兴通讯承担的第一个国际标准 ITU - T G.Raman（G.665）获得通过并在全球正式发布。[②]

表 9 - 1 对中兴通讯发展历程中的一些重要事件尤其是开放式创新进行了整理。

表 9 - 1 中兴通讯发展中的重要事件（部分）

时间（年）	重要事件
1985	中兴通讯前身——深圳市中兴半导体有限公司成立
1987	开发出 ZX - 60 程控空分交换机
1989	研制成功 500 门用户数字程控交换机 ZX 500
1990	自主研发的第一台数据数字用户交换机 ZX 500 成功面市
1992	侯为贵、殷一民等开办中兴半导体有限公司，自筹资金 300 万元成立中兴维先通设备有限公司

---

① "新形势下提升我国 ICT 行业自主创新能力研究"课题组. 新形势下提升我国 ICT 行业自主创新能力研究——以中兴通讯为案例国务院发展研究中心，2007.
② "重点工业企业技术创新能力问题研究"课题组. 重点工业企业技术创新能力问题研究——企业案例调研报告. 中兴通讯股份有限公司，2010.

第九章　中兴通讯：开放式自主创新成就技术核心能力的跃升

续表

时间（年）	重要事件
1993	中兴维先通与航天工业总公司下属的西安微电子研究所、深圳市广宇工业（集团）共同投资创建深圳市中兴新通讯设备有限公司，首创"国有民营"的经营机制
1995	自行研制成功 ZXJ 10 万门局用数字程控交换机；启动国际化战略
1997	筹备成立深圳市中兴通讯股份有限公司，中兴通讯在深交所 A 股上市
1998	中兴通讯设立美国研究所（新泽西、圣地亚哥、硅谷 3 家）
2000	中兴通讯成立韩国研究所，致力于 CDMA 产品研发
2001	中兴通讯香港公司成立
2003	中兴通讯与微软（中国）有限公司签署在电信领域的战略合作备忘录
	中兴通讯与 IBM 签署了合作谅解备忘录。双方在商务、技术、产品开发、流程再造和海外市场运营等方面开展积极的合作
2004	确定国际化、手机、3G 三大发展重点，股票成功在香港联交所挂牌上市
2005	确定 MTO 战略，开始重点开拓欧美等跨国运营商市场
	中兴通讯与和黄英国公司签署 30 万部 WCDMA 终端合同，3G 终端首次大规模进入欧洲市场
2006	中兴通讯与 FT 达成长期战略合作协议，在固网接入、业务、终端等领域进行深度合作。与加拿大 Telus 签署 3G 终端合作协议，3G 终端首次突破北美主流运营商市场
2007	中兴通讯的国际化战略获突破，公司国际营收额占公司总收入额的 60% 左右，国际收入首次超过国内收入
2008	中兴与 Vodafone 签署系统设备全球合作框架协议，覆盖包括 GSM/UMTS/光传输等在内的全线系统设备产品
	与全球著名软件公司 Oracle 达成战略合作协议
	第 1 亿部手机下线，成为全球第六大手机厂商
2009	中兴通讯携手荷兰电信（KPN）集团建设德国、比利时两国 HSPA 网络
2010	中兴通讯获得世界产权组织和中国国家专利局共同评定的中国专利方面的最高奖项"中国专利奖"两项金奖，专利申请数量累计超过 30000 件
	中兴通讯的 CDMA 产品以 30% 份额居全球市场首位，固网宽带产品占有率位居全球第二，GSM 产品按载频计居全球前三，光网络产品按销售额计居全球第三，无线产品按载频计居全球第四，终端出货量突破 2 亿部，居中国厂商第一
	中兴通讯年全球国际专利申请量跃居全球第二
2011	中兴通讯年全球国际专利申请量跃居全球第一
	中兴通讯入选首批"国家技术创新示范企业"

续表

时间（年）	重要事件
2012	中兴通讯与中国移动（香港）联合推出中兴通讯全球首款单芯片4G LTE智能手机——Grand X LTE（T82），中兴通讯成为国内第一家正式推出4G LTE智能手机的手机生产商
	2月，发布超薄四核智能手机Era；3月，世界知识产权组织公布，中兴通讯在2011年的国际专利申请量跃居全球第一
	5月，与瑞典Hi 3G签署战略合作协议
2013	3月，2012年国际专利申请量达3906件，蝉联全球第一；6月，光网络产品跃居全球第二，IPTV市场份额位列全球第二；12月，携手CSL启动VoLET网络

资料来源：根据中兴通讯公司网站结合其他公开资料整理而成。

表9-2归纳了中兴通讯在三个发展阶段中自主创新能力培育的特点。

表9-2 中兴通讯自主创新能力培育的三个阶段

时间 创新能力	1985~1995年 自主开发能力	1996~2002年 系统整合能力	2002年至今 技术突破能力
主要特点	消化吸收先进技术，自主开发通信产品	实施多元化战略，拓展融资渠道，全面开展国际合作	实现3G重点突破，建立知识产权保护体系，参与技术标准制定
发展战略	*从来料加工到交换机的转变 *从68门模拟机到万门数字程控交换机的转变	*多元化战略：产品结构突破单一的交换设备，向多元化产品领域扩展；目标市场由农话向本地网、市话网扩展；由国内市场向国际市场扩展	*2004年，中兴通讯确定国际化、手机、3G三大发展重点 *2005年公司确定MTO战略，开始重点开拓欧美等跨国运营商市场
技术机会	技术源自电脑设计在20世纪80~90年代的技术进步；中国使用了开放的No.7信令的数字系统的网络体系	GSM系统中国外厂商对本土企业形成技术锁定；2000年高通授予了华为、中兴通讯、大唐电信以及其他中国企业有关基站、交换机、手机技术的使用许可。多媒体通信、光纤传输、移动通信、数据通信等产品兴起	2001年中国提出了自己的技术标准TD-SCDMA，中兴通讯加入产业联盟中。前期的技术积累使得中兴通讯在3G、4G实现了技术超越
市场机会	进口产品与中国潜在市场需求不匹配，在农村市场获得成功，为后期发展奠定基础	以市场需求为导向的创新	坚持客户需求导向，实施正确的市场策略和产品差异化策略

第九章 中兴通讯：开放式自主创新成就技术核心能力的跃升

续表

时间	1985~1995年	1996~2002年	2002年至今
开放式自主创新战略	*产学研合作 *通过引进交换技术和交换机，消化吸收先进技术，自主开发通信产品	*与国内运营商合作 *合作研发 *产学研合作	*研发全球化 *产学研合作 *产业联盟 *技术许可与转让
产品及市场表现	*从事交换机及接入网研发。核心产品：ZXJ10大容量局用数字程控交换机 *在市场上实现局部突破	*从事CDMA、小灵通、接入设备的研发；开通海南综合智能网VPN *通过与国内运营商的紧密合作，奠定了国内市场份额	*从事3G手机的研发，拥有3G全制式全套商用产品（网络和终端）；在4G领域提前进行布局，实现了局部商用 *国际市场稳步发展

资料来源："新形势下提升我国ICT行业自主创新能力研究"课题组. 新形势下提升我国ICT行业自主创新能力研究——以中兴通讯为案例. 国务院发展研究中心，2007.

表9-3归纳了中兴通讯在三个发展阶段中开放式创新和自主创新协同发展的表现。

表9-3 中兴通讯发展阶段开放式创新与自主创新协同发展的表现（部分）

时间（年）	开放式创新的表现	自主创新的表现
1985~1995	*1988年6月，与北京邮电学院程控交换系合作研发数字程控交换机 *1990年，与邮电部西安十所合作，但被拒绝 *1991年，与南京邮电学院合作推出ZX500A型数字程控交换机 *1993年，与南京邮电学院合作推出2500门的ZXJ2000型农话数字程控交换机	*1986年，成立深圳研究所，研制68门模拟空分用户小交换机 *1993年10月，成立南京研究所，开展万门数字程控交换机的研发 *1994年8月成立上海研究所，开发无线和接入产品
1996~2002	*1998年，在美国新泽西、圣地亚哥、硅谷设立3家研发机构，分别从事软交换机研究、CDMA 1x高层协议研究、技术前沿跟踪 *2000年4月，成立韩国研究所，开发CDMA产品	*1998年，成立上海第二研究所，从事GSM移动通信系统、终端设备研制 *2000年4月，成立西安研究所，研究无线射频和智能天线产品 *2000年9月，成立重庆研究所，从事智能业务、网络管理、数据通信等产品的研制开发
2002年至今	*2003年，与IBM签署了合作谅解备忘录 *2007年，国际营业额占公司总收入额的60% *2008年，与Vodafone签署系统设备全球合作框架协议 *2009年，与荷兰电信（KPN）集团合作建设德国、比利时两国HSPA网络	*2010年，获得世界知识产权组织和中国国家专利局共同评定的中国专利方面的最高奖项"中国专利奖"两项金奖 *2010年，全球国际专利申请量跃居全球第二 *2011年，全球国际专利申请量跃居全球第一 *2011年，入选首批"国家技术创新示范企业"

资料来源：根据相关文献及资料整理。

第二节　中兴通讯对外部创新资源的利用

电信设备产品的技术复杂度和研发成本都很高，技术和市场都具有很大的不确定性，不仅需要企业具备强大的内部研发能力，也要求企业能有效利用外部的创新资源。中兴通讯在 20 多年的发展中，始终把自主开发作为企业战略的核心，但同时也高度重视与上下游企业及智力资源组织（大学/研究所）开展合作创新。在"积极跟踪、局部突破"的战略思想引导下，中兴通讯通过与外部创新源的交互集成，增强了组织柔性，加快了产品开发速度，在市场需求开始显现前不断率先推出自主开发的商用产品（见表 9 - 4）。

表 9 - 4　通信设备产品国内外首次商用时间差距以及中兴通讯的表现

关键产品	国外商用时间（年）	国内商用时间（年）	国内与国外商用的时间差	中兴通讯与国内首次商用的时间差
模拟程控交换机	1965（美国贝尔）	1986（巨龙）	21 年	约 7 个月
数字程控交换机	1970（法国）	1989（中兴）	19 年	基本同步
CDMA 基站	1995（高通）	2001（中兴）	6 年	基本同步
GSM 基站	1991（爱立信）	90 年代后期（大唐/华为/中兴）	6~7 年	约 4~8 个月
WCDMA 基站	2001（爱立信）	2003（华为）	2 年	约 6 个月
CDMA 1X 基站	2000（高通）	2002（中兴）	2 年	基本同步
软交换	2000 年后（北电/朗讯）	2002（中兴）	1~2 年	基本同步
核心路由器	1997（思科）	2001（国防科技大学）	4 年	基本同步

资料来源：国务院发展研究中心课题组．新形势下提升我国 ICT 行业自主创新能力研究——以中兴通讯为案例．2007。

中兴通讯的研发强度长期保持在 10% 左右（见图 9 - 2），构建了一支高素质的研发人才队伍（如图 9 - 3），从而增强了中兴通讯对全球创新资源的吸收、利用和整合。

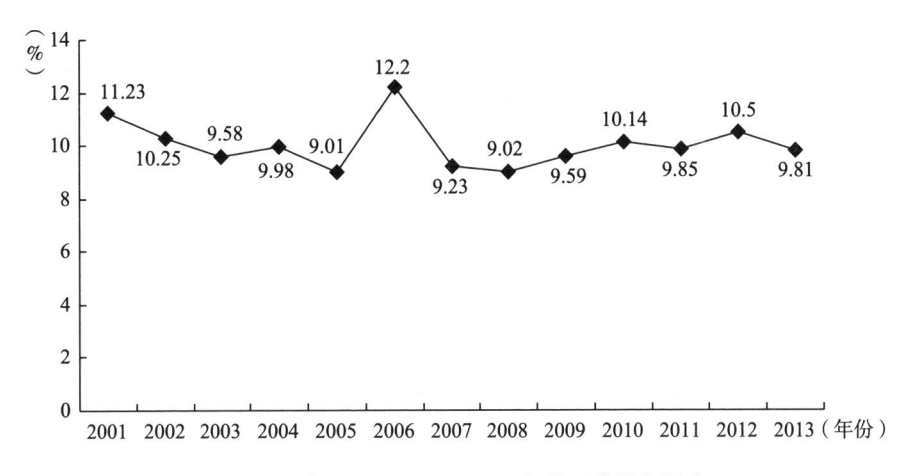

图 9-2　中兴通讯 2001~2013 年的研发投入强度

数据来源：中兴通讯年报。

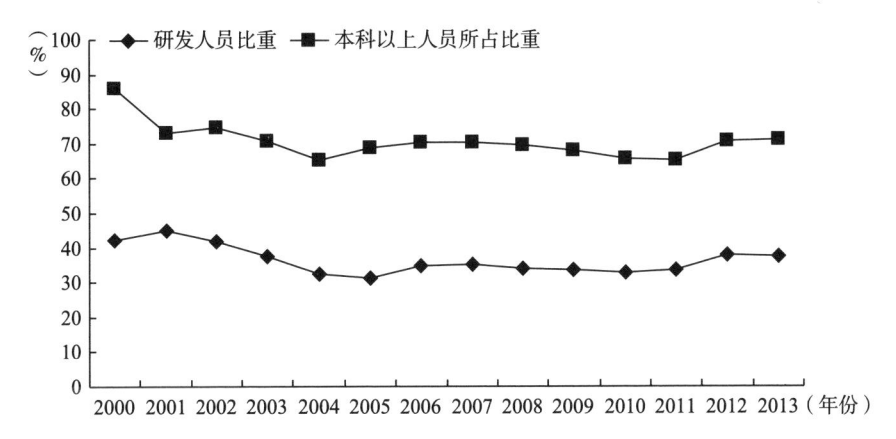

图 9-3　中兴通讯 2000~2013 年研发人员比重、本科以上人员所占比重

数据来源：中兴通讯年报。

一　合作研发与产业联盟

中兴通讯在整个发展过程中都与电信运营商保持着长期的紧密关系，并坚持根据顾客的需求创新（见表 9-5）。2012 年 1 月 4 日，中兴通讯启动全球供应商协同创新战略，为公司打造快速、绿色、低风险的供应商运营体制。

表9-5　中兴通讯与相关企业之间的合作研发

时间	合作对象	合作内容/目的
1998年	美国德州仪器（TI）公司	合作在深圳建立TI-ZTE DSP实验室
1999年	与摩托罗拉签署战略合作协议	成立"ZTE-MOTOROLA联合通信实验室"
2002年12月	与全光交换模块全球领先企业美国OMM公司合作	融合UNI TRANS地铁通信系统的光交叉连接（OXC）功能中并成功开发出新产品
2002年	与英特尔（中国）有限公司签署合作备忘录	在未来3G无线通信、无线局域网等几个关键领域展开深层次合作
2002年5月	美国通信半导体供应商杰尔系统（前身为朗讯科技的微电子部）	成立联合实验室，加强在光电子、微电子及数据传输等技术领域的合作
2003年	与IBM签署了合作谅解备忘录	帮助中国及海外运营商启动已经在市场中呈现快速增长趋势的语音和数据业务
2003年9月19日	与埃森哲签署合资协议，宣布成立中外合资企业——南京中兴软创科技有限责任公司	重点开发中国电信领域的各种运营支撑软件，为运营商提供全面的运营支撑系统（BOSS）解决方案和系统服务。还分别与IBM、HP、SUN、CISCO等国际著名厂商签署了战略伙伴合作协议
2003年9月25日	与微软（中国）有限公司在北京签署了在电信领域的战略合作备忘录	加强在电信行业信息化和数字化应用领域的拓展，并合作建立"中兴通讯-微软软件技术实验室"。中兴通讯将与英特尔共同开发面向中兴通讯的3G通信平台（如CDMA 2000、WCDMA等模块化网络设备）的网络和控制处理技术
2005年11月23日	与思科签署战略合作协议	围绕下一代网络（NGN）、3G以及数据领域的综合解决方案开展合作，共同寻求新的业务机会
2006年	与FT达成长期战略合作协议	在固网接入、业务、终端等领域进行深度合作
2007年2月	与韩国三星电子签署研发合作协议	共同研发基于WCDMA标准的室内覆盖基站产品Home Node B
2007年	与美国Sprint Nextel公司达成合作协议	在Wimax方面进行合作
2007年	与美国Aircell公司合作	打造全球首个ATG EV-DO空中无线网络
2007年9月	与高通公司合作	首次完成了基于3GPP R6标准的MBMS组播业务测试
2009年	与高通公司合作	WCDMA系统容量与性能
2011年4月	与马来西亚WiMax运营商Packet One Networks（P1）进行技术合作	首个WiMAX向TD-LTE融合演进方案
2011年	与高通进行战略合作	首个CDMA 2000 1x Advanced IOT测试

第九章 中兴通讯：开放式自主创新成就技术核心能力的跃升

续表

时间	合作对象	合作内容/目的
2011年10月23日	与通用电气（GE）达成合作协议	在电力自动化领域展开广泛和深入的合作
2012年5月	与瑞典Hi3G签署战略合作协议	继续为瑞典Hi3G提供数千个UMTS/TD LTE/FDD LTE基站以及配套的微波和数据通信设备
2013年3月	与英特尔签署战略合作协议	智能手机开发
2013年4月	与中国移动签署2013年战略合作协议	双方计划通过深度合作，提升终端产品规模销售
2013年10月	与中国航天科工集团第二研究院（航天科工二院）达成战略合作伙伴关系	双方将就智慧城市建设展开深度合作

数据来源：根据相关资料整理。

在3G时代，中兴通讯积极与运营商进行技术合作，已分别与中国移动研发中心、北京移动、广东移动、中国电信上海研发中心、中国电信北京研究院、中国电信广州研究院、中国网通等合作完成了3G测试、3G业务平台软课题合作、网络规划软课题合作、互联互通及一致性测试、3G网络组织验证试验等项目。中兴通讯重视与业界其他厂商的技术合作，推动各种互联互通的测试。2002年7月，中兴通讯与北电网络公司合作，成功实现了中国首个跨厂商的WCDMA系统呼叫测试，实现无线侧与核心网的IOT互通。2002年10月，中兴通讯与诺基亚合作，成功完成了基于3GPPR99 2002年3月版本的WCDMA系统互联互通测试（IOT）。双方通过中兴通讯UMTS核心网络设备、诺基亚无线基站和网络控制器设备、终端完成了UMTS话音和包数据呼叫。[①] 建立研发战略联盟是中兴通讯推进产业链共同成长的主要方式，如API、CDG、WiMAX、TD-SCDMA联盟、GoTa联盟等，对技术创新成果的迅速产业化起了巨大的推动作用。[②] 表9-6归纳了中兴通讯参与的部分产业联盟。

表9-6 中兴通讯参与的产业联盟（部分）

时间	主要事件
2000年12月15日	与大唐电信、南方高科等8家通信企业共同成立TD-SCDMA产业联盟

[①] 中兴WCDMA技术方案完善积极推进合作. 人民邮电报，2004-06-22.
[②] 早在1986年，中兴和陕西邮电器材厂合作，研制出了公司第一款产品ZX-60。

续表

时间	主要事件
2003 年	正式加入 WiFi 联盟，成为国内首批加入该国际技术组织的通信设备制造商
2004 年 4 月	以中兴通讯为主导的 GoTa 产业联盟成立
2007 年 7 月 3 日	中兴通讯等 13 家单位组建广东 3G 产业发展联盟
2009 年 1 月 20 日	加入 WAPI 产业联盟
2010 年 3 月	加入 Anyservice 合作伙伴产业联盟，通过价值链联合运作，促进产业链发展
2010 年 3 月	成立了合作伙伴联盟，主要包括内容、业务、运营领域的合作伙伴，也纳入了一些区域市场和渠道的合作伙伴
2011 年 10 月 13 日	成立了自己的合作伙伴联盟，希望以开放的策略完善产业链，建议营造一个联系紧密、共赢的价值链生态环境
2011 年 2 月 25 日	与产业链成员共建物联网联盟
2012 年 3 月 1 日	宣布正式加入 WiGig 联盟，进一步明确行业发展势头，支持最重要的短距离无线标准
2013 年 10 月 11 日	加入由中国电子商会联合有关行业协会、研究机构、高校和企业共同发起成立的"中国智慧城市产业联盟"

数据来源：根据相关资料整理。

二 产学研合作

在中兴通讯的发展早期，企业缺乏相关的知识基础和技术人才，从科研机构和高校获取知识是最佳的办法。比如在程控交换机开发初期，中兴通讯就先后与北京邮电学院、南京邮电学院进行技术合作，部分毕业生后来就留在中兴通讯工作并成为技术骨干，中兴通讯还从具有程控交换机开发经验的邮电部第一研究所挖了一些技术人员，这些技术人员在中兴通讯对国外产品的解剖反求和大型交换机最初的研发方案设计中发挥了重要作用（杨志刚，2008）。中兴通讯先后与中国 50 多所重点高校和科研院所建立了技术合作关系，公司的博士后工作分站与清华大学、北京理工大学、华中理工大学、上海交通大学等联合培养多名博士后（见表 9-7）。2009 年 4 月 25 日，中兴通讯发起成立了"中兴通讯产学研合作论坛"，包括中国移动、中国电信、中国联通三大运营商旗下研究院，以及清华大学、北京大学、北京邮电大学等国内通信领域顶尖高校和研究机构参加，目前已经有 27 家论坛成员单位，共同承担国家重大专项、"863"计划、"973"

计划、发改委产业化专项等课题，协同推动科研成果加速市场转化，提升国内通信产业链全球竞争力。

表9-7 近年来中兴通讯的产学研合作项目

时间	合作项目	合作目的
1998年11月	中兴与科技部高新司、信息产业部科技司、国家计委高技术司、中国移动通信集团和中国联通共同建立了C3G项目	针对新型移动通信系统技术攻关的战略联盟，在整个研发工作中，C3G技术联盟合作系统运作十分成功，创造了强大的技术创新效应
1999年11月	中兴与北京邮电大学联合建立"北邮－中兴通讯光通信联合实验室"	加强双方在光通信领域的交流与合作
2000年3月14日	电子科技大学与中兴通讯共同组建"电子科大－中兴通讯无线通信研究中心"	对无线通信领域联合进行深入研究；由双方共同承担的国家高技术重大项目－"中国第三代移动通信实验系统"部分课题研究
2000年3月	上海铁道大学－中兴通讯通信信息技术教育中心	逐步建成开放型实验室，实现科研、实验、开发一体化功能，从而为推出更适合铁路及其他专用通信网建设的新产品提供理论及实践依据
2002年	"中兴通讯－高校战略合作发展委员会"在深圳成立	促进企业和高校共同发展，是对"名校与名企合作模式"和"技术优势与资本优势相结合模式"的积极探索，促进科研成果迅速转化
2009年4月25日	中兴通讯联合中国移动、中国电信、中国联通、清华大学、北京大学等19所高校和机构共同发起成立了国内通信界最大的产学研合作组织"中兴通讯产学研合作论坛"	这些科研机构将在技术和标准等领域与中兴通讯开展合作，借助其遍布全球的业务网络和强大国际市场的开拓能力，实现科研成果向市场的极速转化
2011年7月8日	中兴与全球著名理工院校德国德累斯顿工业大学签署设立研发中心协议	重点是LTE（4G）关键技术的研发，增强在欧洲的产品研发及测试能力
2013年10月	中兴通讯学院与法国普瓦捷大学签署人才培养项目协议	双方合作将法国专业化人才培养机制和中兴通讯的企业实战在海外首次深度融合，在技术、管理两个领域为企业行业储备国际化精英人才

数据来源：根据相关资料整理。

此外，中兴通讯注重与政府部门加强合作。2011年8月16日，中兴通讯与陕西省政府在西安签署战略合作协议，在促进信息技术的创新发展与转型拓展方面进一步加强合作；2011年12月28日，中兴通讯与上海市政府签署战略合作框架协议，共同促进我国主导的国际主流4G标准之一——TD-LTE产业在上海的发展和全球化推广。中兴通讯还在第三代移动通信、光通信、数据通信等领域承担了国家"863"计划和火炬计划的多个重大科研课题。

三 创新国际化

1995年，中兴通讯启动国际化战略。中兴通讯高层认为，面对国外电信设备制造商的激烈竞争，中兴通讯要解决长期生存的问题必须达到国际标准。企业如果走不出去，市场资源就越来越少，"走出去"不仅是发展之路，其实也是生存之路。[①] 侯为贵也指出："全球化已经是经济发展的必然趋势，企业不论规模大小都应该有走出去开拓国际市场的胆识。进军国际，就是要在与对手的竞争中变被动为主动。"（孟飞和陆月，2005）2000年开始，中兴通讯提出了人才、市场和资本三重国际化战略，加强创新资源的全球获取。近年来，创新国际化成为中兴创新战略的核心内容（见表9-8）。

表9-8 中兴通讯国际化战略阶段过程

时间阶段	战略描述	具体内容
1995~1997年	海外探索期	确立进军国际市场战略，并有少量产品在海外市场实现零突破。这一时期，中兴在个别国家设立"据点"，初步了解国际市场的一些运行规则
1998~2001年	规模突破期	开始进行大规模海外电信工程承包并将多元化的通信产品输出到国际市场。这一时期，陆续进入南亚、非洲的多个国家，海外市场实现了由"点"到"面"的突破。中兴通讯于1998年先后中标孟加拉国、巴基斯坦交换总承包项目。其中巴基斯坦交换总承包项目金额为9700万美元，是当时中国通信制造业在海外获得的最大一个通信"交钥匙"工程项目
2002~2004年	全面推进期	开始在市场、人才、资本三个方面全方位推进国际化战略。先后进入印度、俄罗斯、巴西等市场潜力巨大、人口众多的战略国家市场，海外市场逐步进入稳定发展阶段，并开始在发达国家设立代表处，为进军欧美高端市场奠定了基础

---

① 中兴是如何走出去的. 人民日报，2003-06-07.

续表

时间阶段	战略描述	具体内容
2005年至今	高端突破期	这一时期争取通过"本地化"战略的有效实施，通过与跨国运营商全面深入的合作，既巩固在多个发展中国家的市场基础，又扩大在发达国家的市场份额和品牌影响力，实现对西欧、北美等发达市场的全面突破

资料来源："中国企业成功之道"中兴通讯案例研究组. 中兴通讯成功之道. 北京：机械工业出版社，2012。

自20世纪90年代末开始，中兴通讯在研发业务上实施全球化运营战略。根据"市场优势、技术优势、人才优势"原则，中兴通讯在全球设立了18个研究开发机构，依托分布于全球的107个分支机构和3万多名国内外研发人员，形成了强大的技术创新体系。研发业务的全球化运作，使得中兴通讯在行业中始终处于全球技术领先位置（见图9-4）。

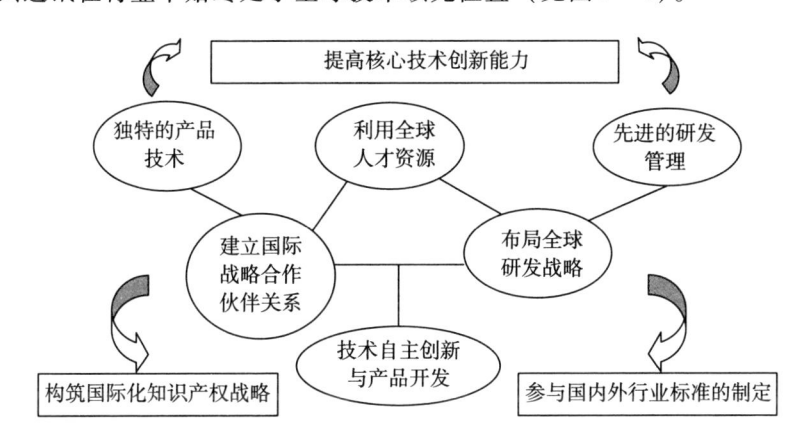

图9-4 中兴通讯创新国际化战略的框架

资料来源：根据相关文献资料整理。

目前，中兴的外部创新源形成了"蜂窝形"的创新网络，以各个研发机构为中心，各个知识领域相互联系，各个网络节点间实现共享，并协同开发相关的产品（见表9-9）。

表9-9 中兴通讯在全球范围的研究机构分布

研究机构	成立时间	主要研究领域
深圳研究所	1986年	SDH同步光传输系统、会议电视、通信电源、监控、MPE-GII编解码器等

续表

时间阶段	战略描述	具体内容
南京研究所	1993 年 9 月	数据网络、有线网络、智能网络、网络计费、SoftSwitch 等
上海第一研究所	1994 年 8 月	ISDN 的路由器、IP 接入服务器、基于 ISDN 网络的 POTS 机（普通话机）、ADSL 用户 MODEM 等新产品的研究开发和 ISDN 产品实用化的研发，以及 ATM（宽带接入系统）、HFC（光纤铜轴混合接入）、CATV 等产品的研发
上海第二研究所	1997 年 7 月	移动通信系统
美国开发机构（新泽西）	1998 年 6 月	软件交换机研发
美国开发机构（圣地亚哥）	1998 年 6 月	CDMA 前沿技术的研究
美国开发机构（硅谷）	1998 年 6 月	光通信研发
北京研究所	1998 年 10 月	密集波分复用系统、新型光传输系统
博士后工作分站	1998 年 11 月	提出博士后研究项目 10 个，与各重点高校、科研院所达成合作意向 20 多个
深圳 TI-ZTE DSP 联合实验室	1998 年 9 月	负责 DSP 技术跟踪、引进、开发，对公司开发人员进行 DSP 培训、推广
国家级企业技术中心	1999 年 4 月	从事新技术的研究跟踪、开发立项，在研项目的开发管理，对外广泛的产、学、研交流合作。1998 年 1 月，经国家经贸委、财政部、国家税务总局及海关总署共同审定，确认为享受国家优惠政策的技术中心
移动通信工程技术研究开发中心	1999 年 5 月 19 日	经深圳市计划局批准组建，在资金、政策上予以支持
西安研究所	2000 年 4 月	无线通信技术
重庆研究所	2000 年 9 月	智能业务、网络管理等产品的研制开发
韩国研究所	2000 年	在首尔建立研究所，致力于 CDMA 产品研发
成都研究所	2001 年 9 月	负责公司公用软件平台建设，从事基础软件、协议软件及跨平台操作系统的开发等工作
欧洲研究所	2003 年 8 月 12 日	第三代移动通信产品研发
巴基斯坦研究所	2005 年 4 月	固网、移动通信产品生产、软件开发和 IT 支持
法国研发中心	2006 年	促进高端市场突破
三亚研究所	2008 年 6 月 30 日	云计算开发、物联网网关、移动业务交付平台、多媒体视频会议

资料来源：根据中兴通讯官网并结合相关文献及资料整理而成。

第九章 中兴通讯：开放式自主创新成就技术核心能力的跃升

在中兴通讯分布广泛的各研究中心中，产品开发是相互协调的：国内研发中心是中兴通讯的核心研发机构，重点是技术产品化工作；欧洲、美国研发中心跟踪前沿、核心关键技术研发；法国研发中心致力于促进高端市场突破；印度、巴基斯坦研发中心主要负责客户推进、客户定制化。① 同时，中兴通讯还建立了全球化合作的大平台，全面建立了和全球主流运营商以及电信设备商的业务沟通和联系，与法国电信、和记电讯、爱立信、思科、阿尔卡特等全球著名企业建立了战略合作伙伴关系（江积海，2006）。中兴通讯已经在欧洲建立了 15 个工作室，为欧洲市场提供业务咨询、技术支持和服务保障。通过与供应商的合作，大大加速了中兴通讯在欧洲已启动的本地化战略，对于中兴通讯寻求多方合作、覆盖全球市场特别是高端市场也有重要意义。② 2002 年至今，随着内部能力的不断提高，中兴通讯与国外的运营商的合作也越来越紧密（见表 9 – 10）。

表 9 – 10　中兴通讯与国内外运营商之间的合作（部分）

时间	合作主体	合作事宜
2005 年 8 月	拉美地区最大的固网运营商 Telefonica	与 Telefonica 正式签订项目合同，向 Telefonica 在巴西的子公司批量提供 DSL CPE 设备，中兴通讯在本次招标中获得了近 50% 份额
2005 年 12 月 7 日	法国电信	与法国电信签署一份战略研发合作协议，首推 Linux 操作系统在 3G 智能手机上的应用
2006 年 6 月	印度知名企业集团 TATA 旗下 TATA 电信（Tata – Indicom）	与 TATA 电信签署战略合作合同，在未来三年之内为 TATA 电信提供基于 CDMA 2000 1X 的 All – IP 通信解决方案
2006 年	加拿大 Telus	与 Telus 签署 3G 终端合作协议，3G 终端首次突破北美主流运营商垄断
2007 年	美国 Sprint Nextel	与 Sprint Nextel 达成合作协议，在 Wimax 方面进行合作
2008 年	Vodatone	与 Vodatone 签署系统设备全球合作框架协议，覆盖公司包括 GSM/UMTS/光传输等在内的全线系统设备产品

---

① 资料来源：中兴通讯官网。
② 资料来源：中兴通讯官网。

续表

时间	合作主体	合作事宜
2009 年	荷兰电信（KPN）集团	与 KPN 签署三年管理服务合同，建设德国、比利时两国 HSPA 网络
2009 年	香港 CSL NWM 公司	全球首个基于 SDR 技术的 HSPA+网络正式商用，下载速率达 21Mbps，发布全球首台对称 10G EPON 设备样机
2011 年	马来西亚 WiMax 运营商 Packet One Networks（P1）	与其联合展示首个 WiMAX 向 TD-LTE 融合演进方案
2011 年 8 月 4 日	英国运营商 Qicomm	联合建设创新中心，提升中兴通讯在英国市场进行固网及无线设备升级、测试和演示的运营能力
2011 年 7 月	欧美等国主流运营商、中国三大运营商	携手主流电信运营商设立国际联合创新中心，实施云计算战略，推广智能终端，研发标识网。联合创新中心将采取建立联合实验室、联合运营、联合测试等多种方式，主要针对全球电信市场有重大价值的技术、产品解决方案、业务运营模式等进行联合创新
2011 年 6 月 1 日	英国电信（British Telecom）	英国电信与中兴通讯正式宣布展开"开放式创新"合作，共同致力于开发促进全球通信系统互联融合的国际电信标准，研发合作项目涉及下一代固网、无线及移动通信业务等领域
2011 年	立陶宛电信运营商 TEO	旨在共同建设高速和绿色的宽带接入网络
2011 年	中国移动	中兴通讯与中国移动联合启动新一代无线接入网络解决方案的研发；面向未来十年的无线通信发展，预计最高可节省网络站点 40% 的能耗

数据来源：根据相关资料整理。

第三节　中兴通讯开放式自主创新对提升国际竞争力的影响

目前，中兴通讯已累计申请国内外专利超过 3.5 万项，90% 以上是覆盖国际通信技术标准的基本专利。其中申请国际专利已近 7000 项，全面覆盖 3G、4G 核心技术，在以 LTE、云计算等为主的新技术领域竞争中，取

第九章 中兴通讯：开放式自主创新成就技术核心能力的跃升

得技术领先。① 在国内申请的大部分是发明专利（见表9-11）。2010年，中兴通讯的 PCT 专利申请量跃居全球第二，在2011年第一季度 PCT 专利申请量则排名全球企业首位。

表9-11 2001～2013年中兴通讯在国内申请专利的情况

年份	专利总量	发明专利	实用新型	外观设计
2001	274	239	16	19
2002	381	333	30	18
2003	597	559	19	19
2004	776	723	19	34
2005	1331	1158	137	36
2006	2726	2487	198	41
2007	5058	4474	283	31
2008	4734	4410	273	53
2009	6374	5833	243	298
2010	3311	2950	247	114
2011	3373	3007	233	133
2012	3655	3398	176	82
2013	371	202	98	71

数据来源：国家知识产权局。

在技术标准方面，2004年3月，中兴通讯向全球发布第一个由中国自主研发的全球性数字集群标准——GoTa，开创了中国通信企业向国际知名厂商进行专利授权的先例。② 2005年6月23日，中兴通讯全球首创的基于 CDMA 2000 技术的 GoTa 数字集群系统通过国家技术鉴定，认为该系统拥有 GoTa 数字集群技术核心知识产权，达到国际领先的技术水平。③ 中兴通讯还加入了 ITU、ETSI、3GPP、3GPP2、IEEE、CDG 等50多个国际标准化组织，并获得移动通信（WCDMA、CDMA 2000、TD-SCDMA）、NGN、光网络、数据、交换、多媒体通信、网络安全、云计算及终端等多个领域

---

① 引领全球通信设备制造业. 经济日报, 2012-09-03.
② 资料来源：中兴通讯2004年年报。
③ 中兴 GoTa 系统通过国家技术鉴定. 人民网, 2005-07-04.

的22个国际标准起草权和相应的编辑者席位，累计提交国际标准文稿2000余篇（见表9-12）。

表9-12 中兴通讯牵头的部分标准

领域	标准名称
CDMA方面	800MHz CDMA 数字蜂窝移动通信网短消息中心设备规范 第一部分 点对点短消息业务部分
	800MHz CDMA 数字蜂窝移动通信网移动定位中心与定位业务客户机接口 L1 技术要求
	800MHz CDMA 数字蜂窝移动通信网定位业务相关设备技术要求
	800MHz CDMA 网 NMC－OMC 网络管理接口技术规范
	CDMA 短信设备网管接口技术规范
	CDMA 智能网网管技术规范
软交换	软交换设备总体技术要求（修订版）
	基于软交换的应用服务器总体设备要求
	基于软交换的媒体服务器（Media Server）技术要求
	基于软交换综合接入（IAD）技术要求
WCDMA	WCDMA/TD－SCDMA 移动软交换设备测试规范：移动媒体网关间接口
	WCDMA/TD－SCDMA 移动软交换设备测试规范：移动交换服务器
	WCDMA/TD－SCDMA 移动软交换接口规范：移动交换服务器与移动媒体网关间接口（Mc）
	WCDMA All IP 标准预研：VHE/OSA 的研究
	IMT－DS FDD（WCDMA）系统的安全威胁和要求（预研报告）
	IMT－DS FDD（WCDMA）安全结构（预研报告）
	IMT－DS FDD（WCDMA）密码算法要求（预研报告）
光传输方面	基于SDH多业务传送平台测试方法
	SDH 环网保护倒换测试方法

资料来源："新形势下提升我国ICT行业自主创新能力研究"课题组. 新形势下提升我国ICT行业自主创新能力研究——以中兴通讯为案例. 国务院发展研究中心, 2007。

中兴通讯构建了丰富的产品线，尤其在无线产品、手机终端、交换接入、光网络产品与数据传输领域，具备较强的竞争优势（见表9-13）。

第九章　中兴通讯：开放式自主创新成就技术核心能力的跃升

表9-13　中兴通讯的主要产品及所获得的成就

产品领域	主要产品	主要成就
无线领域	GSM	2005年至今，持续保持85%的复合增长率，2010年全球出货达115万载频，同比增长53%，市场份额位居全球前三
	CDMA	CDMA服务于全球70多个国家和地区的120多家运营商，2006~2010连续四年CDMA基站出货量和新增合同数量均居全球第一。据Frost和Sullivan报告显示，中兴通讯在亚太、中国、印度三大CDMA市场份额排名均列第一。中兴通讯是中国电信、印度Reliance、印度Tata Teleservices等全球TOP10 CDMA运营商的首席供应商
	TD-SCDMA	综合市场份额33%，位居业界首位
	CDMA 2000	中兴通讯CDMA产品已经在全球70多个国家120多家运营商大规模商用，其中在美国、印度、印尼、捷克等多个国家和地区建立了CDMA 2000 1xEV-DO网络
	WCDMA	在2010年也实现跨越式发展，不仅在国内市场份额进入前三，更是在西欧本土市场获得规模突破，高端MTO市场进一步发展，全球应用总规模达到30万载扇，在40多个国家和地区获得应用
	LTE	LTE已在西欧、北美、亚太、中东等地区的包括Telenor、CSL、SingTel、Etisalat、中国移动在内的40多家全球运营商开展合作和测试，部署LTE实验局，积极推动LTE商用进程
	WIMAX	截至2010年第一季度，中兴通讯已经在全球38个国家成功部署了54个WiMAX网络，位居WiMAX业界网络发展速度最快前三甲。先后进入美国、日本、欧洲等高端市场和多个全球领先WiMAX运营商
手机终端		2011年在智能终端领域的增速强劲，已跃居全球第四大手机厂商
固网接入设备	光接入设备PON	在EPON方面独具优势，产品大量应用于国内固网运营商。xPON设备在国内市场份额超过45%
	综合接入设备MSAN	中兴通讯优势明显，国内6750万线，国内市场份额达47%
	宽带接入设备DSLAM	DSLAM设备，中兴通讯市场份额国内第二，国际市场占有率居全球三甲，份额正在不断提升中。同时，中兴通讯面向所有客户，提供全系列的ZXDSL Modem和ZXA10 ONU产品，满足电信运营商开展全业务运营的多样化需求
光网络产品		10多年来，中兴通讯的光传输产品始终站在技术发展的前沿。2010年4月发布ZX-ONE 8000，按照国际、国内最新标准研发，拥有百余项技术创新和专利。2011年中兴通讯一举斩获"2011最佳光传输厂商"以及"2011最佳IPTV厂商"两项大奖

资料来源：根据中兴通讯官网及相关资料整理。

通过开放式自主创新，中兴的国际竞争力逐步提升（见图9-5和图9-6）。

277

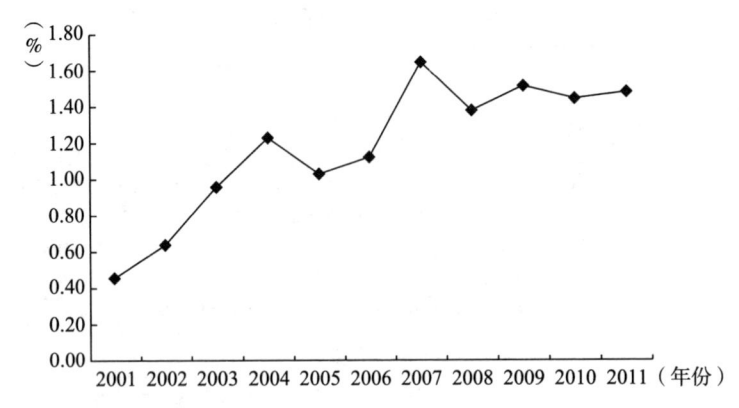

图 9-5　2001~2011 年中兴电信设备销售收入占全球比重的变化
资料来源：国金证券。

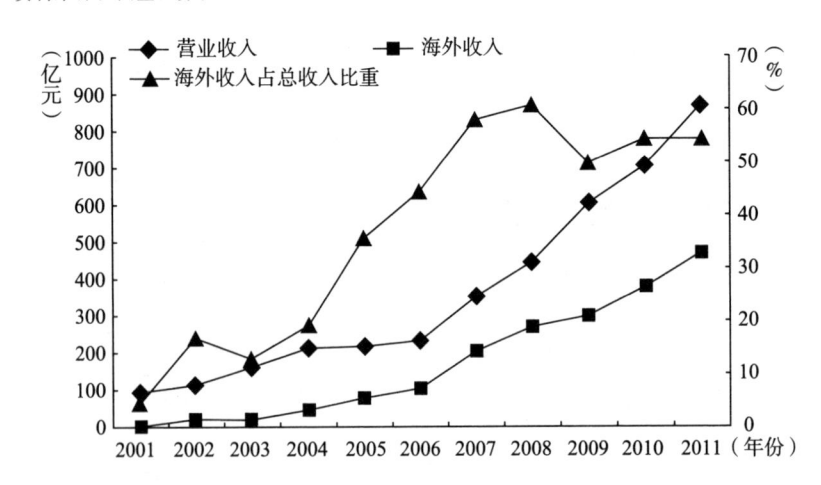

图 9-6　2001~2011 年中兴海外销售收入及所占比重
数据来源：历年的中兴通讯年报。

第四节　结论与讨论

中兴通讯从一个较低的起点进入通信设备行业，通过平衡自主创新和开放式创新，获得了飞速的发展。中兴通讯之所以能在竞争最激烈的电信通信设备行业脱颖而出，从开放式自主创新的角度来看，其经验主要体现在两方面。

第九章 中兴通讯：开放式自主创新成就技术核心能力的跃升

一方面，自主是开放战略成功的保证，也是企业在开放的外部环境中更好获取和吸收创新知识的基础。在改革开放的初期，当中国的很多企业还沉浸在"以市场换技术"政策所引发的技术引进大潮中时，时任中兴通讯总经理的侯为贵就提出了"要想在这个行业长久立足就必须走自主研发之路"的理念。但在当时，这遭到了公司大多数决策者的反对，因为当时国内企业中还没有自主研制开发数字程控用户交换机的成功先例，自主开发风险太大，中兴通讯的主要股东单位691厂对此坚决支持，从而为后来的大发展打下了基础。中兴通讯通过在1989年自主研制成功的被称为具有自主知识产权的第一台国产化数字程控用户交换机——ZX-500型数字程控用户交换机，迅速打开了市场。中兴通讯在开发成功ZXJ10大型交换机之后，在交换机领域仍然保持了一支300多人的研发队伍，每年投入3000多万元进行交换机技术研发，每半年多就要进行一次较大程度的版本更新（杨志刚，2008）。正是由于坚持以市场为驱动的研发模式进行自主创新，构建了层次分明、科学规范的创新体系，加之长期持续的研发高投入，中兴通讯才能在技术和产品创新领域取得一系列的重大成果。[1]

另一方面，通过开放的方式整合外部资源，是提高企业自主创新能力的重要途径。中兴通讯早在1995年就启动了国际化战略，经过初期的市场国际化，再到后来的产品国际化直至近10年来的研发和创新国际化，中兴通讯具备了强大的外部网络能力，逐渐嵌入全球创新网络并占据重要位置。在加快自身研发队伍建设的同时，中兴通讯技术学习网络的边界也在迅速扩展，除了与全国50多所高校和科研机构合作以外，还先后与TI、Motorola等跨国公司成立了联合实验室开展通信技术领域的合作（杨志刚，2008）。在美国新泽西、达拉斯、圣地亚哥和韩国、瑞典设立的研究所，为公司开发CDMA 2000、WCDMA、B3G、WIMAX、NGN等最新技术立下了汗马功劳。[2] 中兴通讯采取积极开放的态度，还与竞争对手开展战略合作，如与爱立信签署战略合作协议，共同推动TD-SCDMA的全球化应用，

---

[1] 资料来源于中兴通讯官网。
[2] 手握利剑闯世界——中兴通讯股份有限公司自主创新之启示. 人民之声，2006-03.

与阿尔卡特就 CDMA 450M 开展合作，在数字领域向摩托罗拉进行技术许可等。公司自主创新数字集群系统 GoTa，建立了北电、爱立信、阿尔卡特等数十家公司组成的全球战略产业联盟。[①]

[①] "新形势下提升我国 ICT 行业自主创新能力研究"课题组．新形势下提升我国 ICT 行业自主创新能力研究——以中兴通讯为案例．国务院发展研究中心，2007．

第十章

吉利集团：跨国兼并与国际竞争力的提升

作为资本密集和技术密集的行业，汽车产业的发展需要很大的研发投入和生产规模。改革开放以后，在中国轿车行业，一直是合资企业的天下，但一些后发的内资企业通过不断增强自主开发能力，成为汽车市场的生力军并获得了用户的认可。浙江吉利控股集团（以下简称吉利）作为中国轿车行业十强中唯一的民营企业，被誉为"中国轿车工业 50 年来发展速度最快、成长最好"的企业。[①] 吉利作为很晚（1997 年）才进入汽车领域的自主品牌企业，要在合资品牌占绝对主导的国内市场站稳脚跟，难度之大可想而知。因此，获取外部资源对吉利而言异常重要。2010 年 8 月 2 日，吉利正式收购世界顶级汽车品牌沃尔沃旗下的全部股权，这次跨国兼并无疑对吉利的创新与国际竞争力提升带来了巨大影响。那么，吉利开展这次并购的背景、动因和过程如何？对吉利的影响体现在哪里？除此之外，吉利在整合内外创新资源方面还有哪些成功的做法？吉利如何平衡自主创新与开放式创新？本章侧重分析吉利基于并购的开放式创新战略，并归纳出有助于中国企业开放式创新的若干经验。

第一节 跨国兼并与企业发展

改革开放以后尤其是加入 WTO 后，中国与国外创新资源的互动形式

---

① 吉利控股集团：全面创新管理. 浙商网，2006 – 08 – 30.

产生了很多新的变化，中国企业不再是单纯的技术引进和被动吸收者，许多企业根据自己发展的需求，开始通过战略联盟、产学研合作、技术并购、跨国研发投资等方式获取互补资源。20世纪70年代以来，随着全球化的兴起，跨国兼并（M&A）成为公司并购的主要部分，并逐渐被中国企业所熟悉和运用。获得关键互补性资产是跨国兼并的目标，这种简便低成本的技术获取方式，有利于技术水平较低的企业采用。在快速增长的市场需求和激烈的市场竞争面前，中国企业常面临着内部能力的劣势，并购成为快速获得技术的首选模式。对于中国自主品牌汽车企业来说，用较低的成本，获取国际性的汽车品牌、核心技术和国际营销渠道，是实现技术跨越的一个捷径。[1]

公司并购是市场经济发展到一定阶段的必然产物，[2] 从动因上可分为技术型并购和市场型并购。研究表明，并购对企业并购后的创新表现的影响，与被并购方知识积累程度的绝对值呈正相关，与并购双方原有知识积累相关程度呈负相关，基于并购的开放式创新具有外部创意转化为创新的程度较高和外部创意转化为持续创新能力的可能性较高的"双高"特点（于开乐和王铁民，2008）。柳卸林（2008）从技术和市场角度出发，将兼并划分为四大类（见图10-1）。四类跨国兼并给企业都带来了一定程度的风险，涉及政治、文化等多种不确定因素，对企业融资、管理、运营等也提出了巨大挑战。而且，仅仅通过这种市场化的手段进行资源获取，常常难以获得核心技术。并购只是第一步，成功的关键在并购后的整合。在常见的企业兼并中，常见的失误是低估了消化吸收的难度，侧重于硬件的获取，而忽视了技术的学习（柳卸林和简明珏，2008）。由于不同国家的文化差异很大，国外的贸易壁垒、政策保护等都充斥着不确定性。例如，上汽收购双龙后的曲折、中兴通讯与华为在美国遭到"封杀"，等等。

吉利对沃尔沃的并购，与TCL并购汤姆逊、联想并购IBM PC一样，都属于"蛇吞象"型兼并，主要的目的在于获取被并购方的品牌、技术和市场渠道，进而扩大市场占有率，提升后发企业在国际竞争中的影响力。吉利的特点在于，在并购沃尔沃后，沃尔沃仍然是原团队运作，吉利不贸

---

[1] 吉利成功收购沃尔沃意义重大．新华社，2010-03-28．
[2] 刘戈．吉利模式：海外并购的第四条路．中外管理，2012（4）：62-63．

然快速进行整合,既获得了其先进的技术,也进一步把沃尔沃的技术和产品引入中国市场。所以吉利对沃尔沃的并购不仅是"走出去",而且也是"引进来"。①

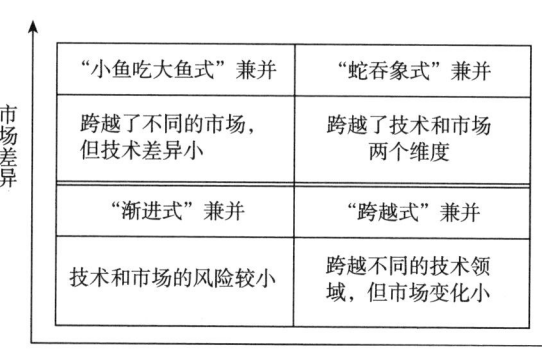

市场差异	"小鱼吃大鱼式"兼并 跨越了不同的市场,但技术差异小	"蛇吞象式"兼并 跨越了技术和市场两个维度
	"渐进式"兼并 技术和市场的风险较小	"跨越式"兼并 跨越不同的技术领域,但市场变化小

技术差异 →

图 10 – 1　四类跨国兼并的风险和回报

资料来源:柳卸林(2008)。

第二节　吉利的发展历程及创新与竞争能力

目前,吉利在浙江临海、宁波、路桥、慈溪、上海、兰州、湘潭、济南、成都等地建有汽车整车和动力总成制造基地,在澳大利亚拥有 DSI 自动变速器研发中心和生产厂。现有帝豪、全球鹰、英伦等三大品牌 30 多款整车产品,拥有 1.0~2.4L 全系列发动机及相匹配的手动/自动变速器。吉利作为一家年轻的民营企业,开放式创新是其提升技术能力和战略升级的必经途径。结合梅永红和封凯栋(2005)、路风(2006)、王方瑞(2009)、冉龙和陈晓玲(2012)等的研究,从开放式自主创新的角度,可以将吉利的发展分为三个阶段。②

---

① 走出去引进来. 李书福:收购沃尔沃,吉利得到什么. 人民日报,2010 – 07 – 08.
② 吉利公司成立于 1986 年,结合本研究需要,我们从吉利进入轿车工业开始叙述其发展阶段。在对吉利的调研汇总中我们发现,吉利自己总结的三个阶段是:①低价取胜的阶段:迅速形成经济型轿车的批量生产能力;②质量取胜的阶段:不断提高工艺、技术和管理水平,使用大批国际先进设备;③全面创新的阶段:提出了全面创新、与国际先进水平接轨的目标,规范了产品开发模式,明确了企业发展方向(可参见:经济危机中崛起的吉利汽车. 东方今报,2009 – 03 – 11)。本研究从开放式自主创新的角度进行划分,略有不同。

一 1997~2001年：基于反求工程的开放式创新

1986年创立的吉利，在成立后的10年内主要是生产冰箱配件。尽管早在1994年，李书福就萌生了进入汽车工业的意图，但在当时，吉利几乎没有轿车制造方面的技术人员，能用的工程师只有4名（包括李书福本人，而且都只有卡车和摩托车制造的经验），也没有充足的资金和外部技术源，轿车的设计和制造能力几乎为零（王方瑞，2009）。1997年，李书福通过收购四川德阳的国有汽车工厂，获得了汽车生产权，并从摩托车制造业务中抽调部分技术人员学习汽车构造、编制整车明细表和清单、构建零部件体系，开始进军汽车产业，成为国内第一家民营轿车企业。[①] 1998年，吉利在浙江临海市建成第一个轿车生产基地。当年8月8日，第一辆吉利"豪情"汽车在临海基地下线，开启了民营企业造轿车的先河。尽管当年生产的100多辆汽车几乎都没卖出去，但"豪情"车型开发的最大贡献是奠定了吉利的零部件技术基础，因为模仿"夏利"，吉利的工程师们能够更多地借用夏利的整车理念，把注意力放在零部件的开发上（梅永红和封凯栋，2005）。[②] 通过对汽车生产线进行工艺改造，吉利相继又开发了"美日"（2000年5月）、"优利欧"（2001年3月）等经济型轿车。

"造车就一定要造发动机"是李书福造车的核心观念，因此吉利在进入汽车领域之后很快就开展了自己的发动机研发项目。吉利最初曾经与一家私营企业合作生产过一款三缸发动机，而后转为采购天津丰田的8A四缸发动机。但在2002年吉利就推出了第一款自主研发的479Q发动机（梅永红和封凯栋，2005）。2002年开始，吉利汽车研究院开始设计美人豹跑车，这是吉利的工程师们第一次成功的正向设计。[③]

2001年，在吉利获得汽车生产的"准生证"时，中国的汽车市场出现"井喷"现象。随着经济的不断发展，国内市场需求不断激增。在这一阶段，吉利的开放式自主创新主要体现在通过反求工程开展技术学习。刚进入汽车行业的吉利几乎没有研发能力，不仅没有轿车的设计经验，而且也

[①] 陈劲，王方瑞."吉利模式"解析．北大商业评论，2007（9）：88-91.
[②] 到了1999年，吉利生产了1600多辆"豪情"汽车，几乎全部售完。
[③] 正向设计是指面向特定市场的法规和消费人群需求，从产品的造型概念、创意开始，对产品的结构和整个系统进行定义，对设计的工程可行性进行分析并开展设计。

没有在汽车底盘方面的设计经验（梅永红和封凯栋，2005）。因此，吉利没有采取直接的正向开发，而是采取"从雇用中学+逆向工程"的短平快方式（江诗松等，2011），掌握了整车零件体系的研发，发展出自己的配套体系，并培养起了第一支设计与生产上的人才队伍，奠定了研发基础。

二 2002~2006 年：基于价值链协同的开放式创新

尽管吉利通过解构成熟车型快速进入了汽车行业并在低端市场上崭露头角，但李书福清醒地意识到，如果缺乏系统的自主开发能力，吉利无法在市场上更进一步。因此，在自主研发的第一款发动机（JL 479Q）产业化成功之后的 2002 年 7 月，吉利引进国内著名变速箱专家徐炳宽，启动了自动变速箱自主开发项目。[①] 吉利在自主设计检测装置的基础上，进行了大量的实验，收集了自动变速箱油路系统的参数数据。而外方为限制中国掌握自动变速箱的生产技术，通过控制供应链限制吉利对自动变速箱的研制。因此，吉利在自动变速箱的系统以及核心专业设备方面通过选择技术储备能力强的国内供应商进行交流，促进了自动变速箱配套能力的国产化（梅永红和封凯栋，2005）。[②] 2003 年，吉利引进原一汽红旗的发动机专家杨建中，开展了 VVT（可变进气配气相位）发动机[③]的研发。[④] 但吉利研发 VVT 发动机却遭到国外严厉的技术控制，如发动机内腔高精度加工所需要的设备需要从日本进口。[⑤]

2005 年 5 月 30 日，吉利与马来西亚 IGC 公司签约，采用 CKD 及 CBU 方式到马来西亚组装 CK-1、FC-1 等 3 款吉利品牌轿车。当众多的国外厂商纷纷向中国输出 CKD 方式的时候，吉利成为中国第一家真正向海外输出这种生产方式的企业，这对于中国轿车工业而言是具有历史意义的（梅

[①] 一切以我为主，自主成就吉利实现跨越发展．腾讯汽车网，2009-11-19.
[②] 2005 年 5 月，吉利自动变速箱获得地方科技局的认可，正式产业化，在当时，这是国内唯一享有自主知识产权的自动挡变速箱，实现了国内自动变速箱技术的突破和产业链的发动。
[③] VVT 发动机的研发过程实际上包括基础技术引进（可变气门系统）、发动机设计（包括缸体、进出气管及进气歧管）、生产设备和零部件的本土化研制三个过程（梅永红和封凯栋，2005）。
[④] 吉利第 1 车（1997 年）：拆装奔驰/红旗．腾讯汽车网，2009-12-01.
[⑤] 关于吉利汽车自主创新造车现象．搜狐汽车网，2008-02-04.

永红和封凯栋，2005）。2005年6月17日，吉利投资3.5亿元成立吉利汽车研究院，建设了造型室、试验试制车间、快速成型中心、环境试验舱、材料试验室等。

在这一阶段，吉利通过与供应商合作创新、研发外包的组织方式，逐渐实现了关键零部件的突破，建立了国内轿车零部件配套网络，极大地控制了汽车成本。在产品平台技术方面，吉利通过与中介机构合作创新、产学研合作、合资、并购等多种方式实现产品的升级以及自主创新能力的提升。在市场方面，逐渐向中端市场开拓。在核心的通用技术方面，吉利并没有苛求自主创新，而是寻求互利基础上的先进技术引进。[1] 毕竟国际汽车制造业经过了100多年的发展，吉利在通用技术的发展上很难在短短几年的时间内取得超越，而面临迅速崛起的市场需求，吉利要考虑到技术获得的时效性。[2]

三 2007年至今：面向国际化的开放式创新

在刚刚进入汽车行业的初期，从低端产品起步的吉利主要实行低价策略。尽管这种方式帮助吉利迅速找到了细分市场的缝隙，迅速抢占了市场份额，但吉利汽车也被贴上了"低质廉价"的标签，基于技术创新的战略转型迫在眉睫。

2007年5月18日，在全新车型"远景"上市之际，李书福在吉利的发动机车间公开了《宁波宣言》宣布吉利正式进行战略转型，将"造老百姓买得起的好车"转型为"造最安全、最环保、最节能的好车"，进行产品的更新换代，把企业的核心竞争力从成本优势转向为技术优势，明确要求企业放弃价格战而开始注重产品品质，提出宁可损失销量和利润也要改变企业发展模式。李书福甚至断了吉利的"退路"：将原有的设备、模具全部换掉，连厂房都推平了。[3] 在成功收购英国锰铜、澳大利亚DSI自动变速器公司（2009年6月15日）以及沃尔沃（2010年8月2日）之后，吉利汽车从生产低价小型车的民营企业，成长为具备国际知名度的跨国汽

---

[1] 陈劲，柳卸林. 自主创新与国家强盛. 北京：科学出版社，2008.
[2] 一切以我为主，自主成就吉利实现跨越发展. 腾讯汽车网，2009-11-19.
[3] 吉利汽车：角色升级. 汽车与观察，2011-12-19.

车集团，也成为中国第一家汽车跨国公司。① 如果说2003年吉利启动的国际化战略在开始更多地考虑了海外市场的拓展及售后服务，那么从2007年开始，创新国际化成为吉利的关注点，吉利已经不满足在中东、北非、中南美洲等地的发展中国家，以及东欧、俄罗斯、东南亚等国进行产品销售和CKD组装，而将目光瞄准了汽车的发源地欧洲和美国，这两个市场既是全球最大的汽车市场，也是汽车工业发展水平最高、竞争最激烈的地区（王方瑞，2009）。表10-1描述了吉利国际化战略的基本特点。

表10-1　吉利的国际化战略

国际化步骤	时间	战略举措	营销与管理
第一步：重点放在中东、北非、南美洲等发展中国家	2003~2004年	*积累经验，培养人才，打好基础 *贸易输出	在上海设立国际贸易公司开始拓展国际市场，实行国际化
第二步：迈向东欧、俄罗斯、东南亚等经济较为发达国家的市场	2005~2006年	*以CKD、SKD的技术输出 *出口中高端车型："帝豪EC7"、"自由舰"、"金刚"、"远景"、"TX4"	*2005年开始实行经营营销，导入完善的服务 *2007年开始，在主要市场建立自己的配件库，并以配件库为管理中心，进行海外市场的营销管理
第三步：向欧洲、北美发达国家进军	2007年至今	*2006年10月，吉利、上海华普，与英国锰铜控股公司（MBH）正式合资生产名牌出租车TX4 *参加国际车展	*2012年1月4日，拟进军意大利市场，并将开辟纯粹的网络销售模式 *2009年6月拥有在叙利亚首家专营4S店 扩大知名度

资料来源：在王方瑞（2009）基础上整理而成。

表10-2对吉利发展历程中的一些重要事件进行了整理。

表10-2　吉利轿车发展中的重要事件（部分）

时间	重要事件
1997年	进入汽车产业
1998年8月8日	第一辆吉利汽车在浙江省临海市下线

---

① 吉利汇报，2013（1）.

续表

时间	重要事件
2001年4月26日	成立浙江吉利汽车工业股份有限公司,下设宁波美日汽车厂和浙江豪情汽车厂
2002年12月	分别与韩国大宇国际、意大利著名汽车项目集团签约联合开发CK-1与CI-1轿车项目
2003年3月24日	浙江吉利控股集团有限公司成立
2003年3月6日	吉利自主研发的MR 479Q系列发动机通过国家计划单列市级新产品鉴定
2002年3月30日	吉利三厢车——优利欧下线
2003年8月	首批吉利轿车出口海外,实现吉利轿车出口"零的突破"
2005年5月30日	吉利与马来西亚IGC公司签约,采用CKD及CBU方式,到马来西亚组装CK-1、FC-1等3款吉利品牌的轿车
2004年12月27日	上海华普发动机有限公司产品下线
2005年4月5日	吉利在马来西亚开展整车销售代理协议及CKD项目
2005年5月	吉利在香港成功上市,在国际化道路上迈出了重要的一步
2005年9月12日	吉利"中国龙"等5个车型参加第61届德国法兰克福车展,实现了百年车展上首次有中国汽车自主品牌参加的历史性突破,也是首批参加世界五大车展的中国厂商之一
2005年10月	成立兰州吉利汽车生产基地
2005年11月	成立湘潭吉利汽车生产基地
2005年11月1日	"吉利"商标荣获中国驰名商标的称号
2006年9月23日	吉利自主开发的Z系列自动变速器及产业化项目被评为2006年度中国汽车行业技术进步成果一等奖,填补了中国汽车行业自动变速器产业化空白
2006年10月16日	吉利汽车英文商标GEELY及图案入选国家工商总局认定的第七批全国驰名商标
2007年5月16日	吉利CK-1 CKD组装项目落户印尼
2009年12月23日	吉利与福特同时宣布就收购沃尔沃轿车公司的所有重要商业条款达成一致
2010年3月28日	吉利与福特在哥德堡签署吉利收购沃尔沃轿车公司的最终股权收购协议
2011年12月13日	浙江吉利动力总成有限公司与长城汽车股份有限公司正式签署DSIH 6AT变速器项目开发合同,标志着吉利控股集团收购国外企业的吸收消化推广工作取得了重大突破
2011年12月6日	吉利自主研发的6MT-2在集团慈溪基地变速器厂下线
2011年11月1日	成立"吉利-清华汽车智能安全技术联合实验室"
2012年10月16日	吉利帝豪EC7进入埃及市场
2012年12月10日	与沃尔沃汽车已签订三份技术合作协议

续表

时间	重要事件
2012年2月1日	收购英国锰铜控股100%股权
2013年9月13日	吉利欧洲研发中心在瑞典哥德堡开始试运营
2013年9月26日	沃尔沃在华首家合资企业——大庆沃尔沃汽车制造有限公司成立，吉利持70%股份

资料来源：根据吉利公司网站并结合其他公开资料整理而成。

四 吉利的创新能力及竞争绩效

吉利自1997年进入轿车领域以来，凭借灵活的经营机制和技术创新，取得了快速的发展（见图10-2和图10-3），目前的资产总值超过1000亿元（含沃尔沃），连续9年进入中国企业500强，连续7年进入中国汽车行业十强，是首批国家"创新型企业"和"国家汽车整车出口基地企业"。

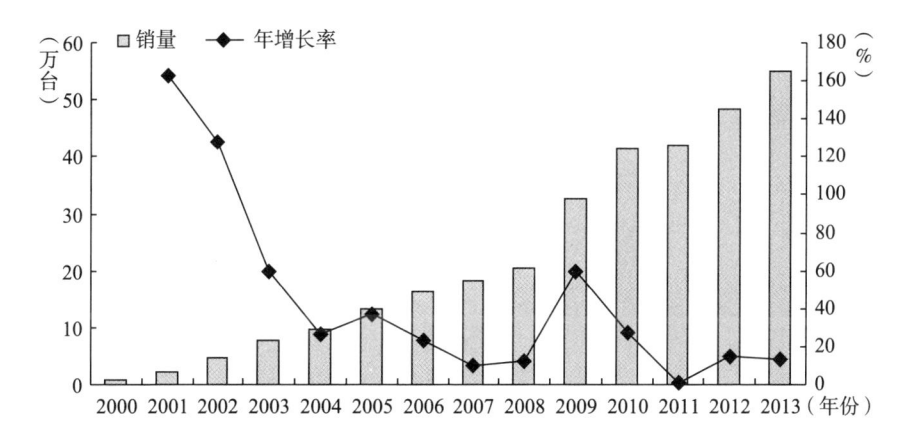

图10-2 吉利历年汽车整车销售数量及年增长率

数据来源：吉利公司年报。

2012年，吉利汽车销量位列国内轿车第七、自主品牌轿车第一；全年销量突破48.6万台，同比增长15%；出口销量首次超过10万辆大关，同比增长164%，成为中国自主品牌海外销售增长最快的企业。2012年，吉利汽车的海外销售量达10.03万台。在自主品牌轿车海外市场份额方面，吉利汽车也从2011年的10%增长到2012年的19%左右，在奇瑞之后稳居自主品牌的第二把交椅。2012年，吉利成功入围世界500强，全球化形象凸显。①

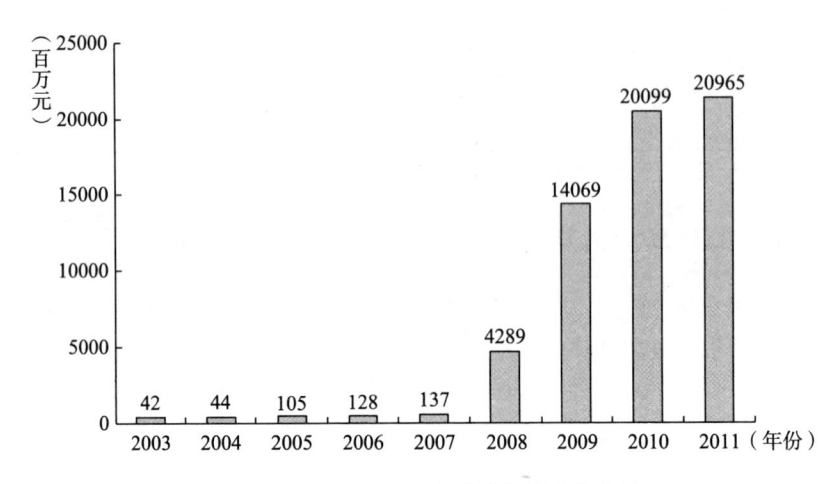

图10-3 2003~2011年吉利销售收入变化（百万元）：2003年42，2004年44，2005年105，2006年128，2007年137，2008年4289，2009年14069，2010年20099，2011年20965。

资料来源：根据吉利公司年报综合收益表营业额计算而得。

吉利在国内外市场的份额也保持着稳定发展的趋势（见图10-4、图10-5和表10-3）

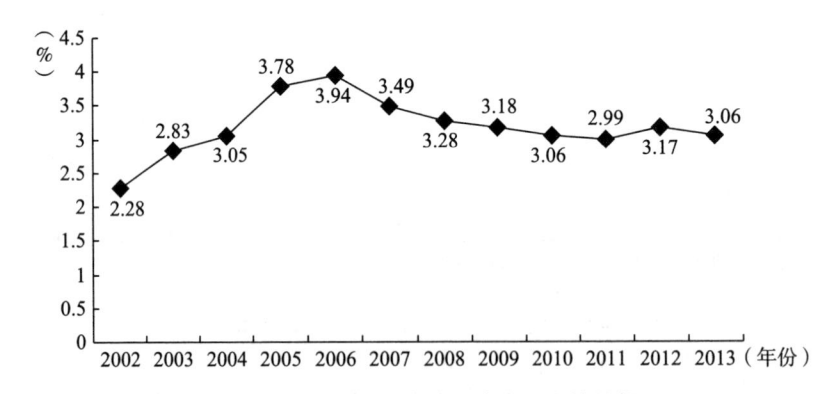

图10-4 吉利乘用车在国内市场上的份额（%）：2002年2.28，2003年2.83，2004年3.05，2005年3.78，2006年3.94，2007年3.49，2008年3.28，2009年3.18，2010年3.06，2011年2.99，2012年3.17，2013年3.06。

数据来源：中国汽车工业协会。

---

① 吉利汇报，2013（1）.

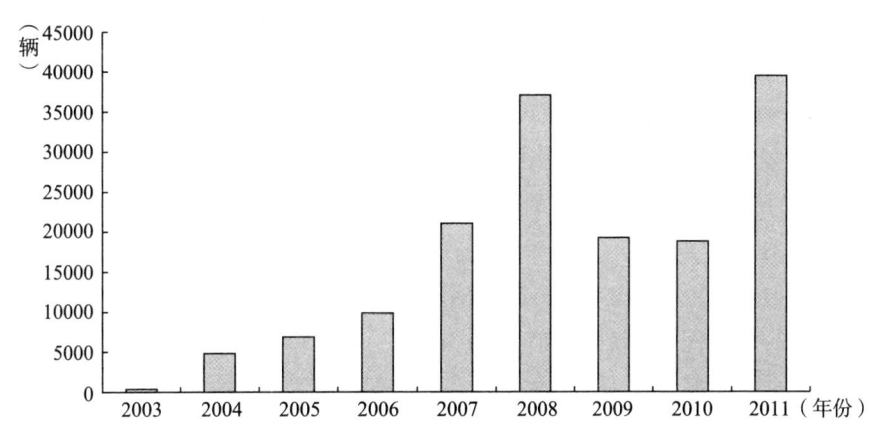

图 10-5 2003~2011 年吉利的汽车出口数量

数据来源：吉利官方网站。

表 10-3 2009~2011 年中国自主品牌汽车出口所占比重

单位：%

2011 年排名	企业	2011	2010	2009
1	奇瑞	16.02	9.20	4.77
2	长城	8.31	5.54	3.51
3	长安	8.09	6.22	4.07
4	江淮	6.75	2.16	—
5	东风	6.41	4.80	2.24
6	上汽	6.05	—	—
7	力帆	4.30	—	—
8	北汽	4.30	3.73	2.75
9	**吉利**	**3.80**	**2.05**	**5.91**
10	华晨	3.36	—	—

数据来源：中国汽车工业协会。

目前，吉利拥有各种专利 6832 项，其中发明专利 1101 多项，国际专利 30 多项，在整车造型设计、安全碰撞技术、核心零部件技术、发动机变速箱以及新能源的开发能力上都取得了历史性突破。吉利自主开发的 4G18VVT 发动机，升功率达到 57.2kW，处于国内领先、国际先进水平；自主研发的 Z 系列自动变速器，填补了国内汽车领域的空白，并获得 2006 年度中国汽车行业科技进步唯一的一等奖；自主研发的 EPS，开创了国产品牌的汽车电子助力转向系统的先河。① 而安全技术体系的建立，使吉利汽车的安全性成为自主品牌汽车的标杆。② 目前吉利汽车已有4个车型获五星安全等级，其中刚上市的首款SUV还获超五星安全等级，这些车型逐一成为吉利汽车在国内外市场的主销车型。③ 商业咨询公司 Alix Partners 在2011年的调研报告中，将吉利和上汽视为未来最有可能取得成功的中国本土汽车制造商。

吉利创新能力的提升，得益于其对研发投入的长期重视。近年来，吉利研发投入巨大，达到销售收入的10%，仅在2009年，吉利就投入了约12亿元的研发资金（见图10-6）。吉利的研发人员数量也从2008年的360名增加到2011年的1400名。

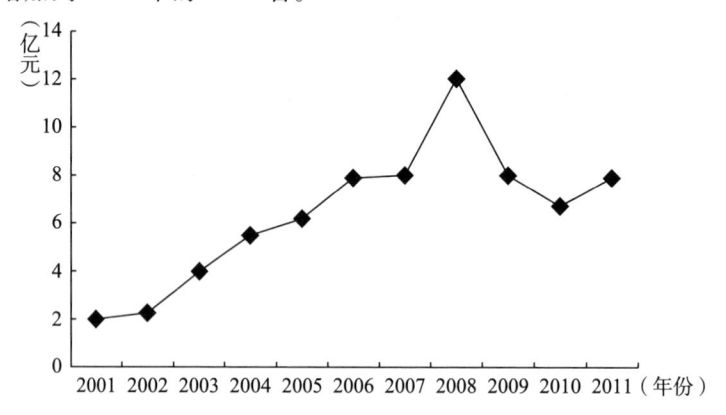

图 10-6 吉利研发投入强度增长情况

数据来源：根据吉利提供数据绘制。

吉利投资数亿元在杭州、临海建设了吉利汽车技术中心和吉利汽车研究院，在上海建立了新能源、清洁燃料、混合动力、电动汽车及经典车型研发中心，在宁波建立了发动机研究所、变速器研究所，在路桥建立了电子电气研究所（王方瑞，2009），已经具备整车、发动机、变速器和汽车电子电器的开发能力。在2006年以前，吉利尚未建立统一的研发体系，技术中心、研究院、工程院等机构分散在各个生产基地，研发资源是"分

---

① 造最安全最环保最节能好车，吉利汽车走遍全世界．北方网：http://auto.enorth.com.cn/system/2009/03/13/003926477.shtml．
② 胡玮炜．吉利的革命之路．新世纪，2012-09-07．
③ 汽车板块年中报出炉，吉利为何表现抢眼．人民网财经频道，2012-08-29．

散"的。在建立了汽车研究院后，吉利整合了以前分散的研发局面，并按汽车的几大总成分别设立了不同中心，实行矩阵管理，并在此基础上确定了五大技术平台、5个产品平台以及42款新车的研发规划。[1] 2011年底后，吉利的研发体系又有了新的调整，实现品牌线管理模式，按帝豪、全球鹰、英伦三大品牌，外形、内饰的研发都划归至各个子品牌，研发机构都设在各个基地，底盘、发动机的研发则归属吉利汽车研究院。[2]

第三节 吉利的开放式自主创新

除了自主开发外，坚持开放式资源获取是吉利作为民营企业在缺乏技术、资金和人才的情况下在汽车市场脱颖而出的重要策略。李书福曾指出："创新不能在自我封闭的环境中进行，创新必须是一个在开放的世界大胆地展开'新组合'。"[3] 尽管也是从模仿起家（如豪情两厢车就大量采用了国内成熟的经济型轿车配件，动力总成采用了丰田8A发动机），但吉利并没有停留在模仿阶段，而是在自主开发的同时，通过与发达国家的汽车设计公司进行技术合作，广泛利用国内外创新资源，提升了创新和竞争能力。[4]

一 组织间合作创新

在2002～2006年的扩张阶段，吉利通过引导供应商建立研发中心进行合作研发、研发外包实现核心零部件的突破。在产品升级和设计上，吉利通过与技术中介机构合作创新，形成技术组合优势和协同效应。吉利在最开始技术水平低时，主要采取市场化合作的方式包括购买或许可等。吉利与意大利项目集团合作设计一系列家用轿车，并与德国吕克公司合作设计家庭经济型轿车，都采用交钥匙工程的方式（吴波，2011）。

吉利在合作创新中十分重视自身技术人员参与项目全过程，积极学习对方的研发经验和知识。吉利汽车与国内外技术中介协作，一方面可以借

---

[1] 吉利蜕变：10年造车如何成功走向世界. 华夏时报, 2012-04-14.
[2] 吉利汇报, 2012（5）.
[3] 吉利汇报, 2005（2）.
[4] 磨制打拼市场的"利器"——自主创新. 经济日报, 2006-06-19.

助外力，整合技术中介的资源，提高自己的产品的品质，另一方面也可以享受这种技术溢出，从中学习其研发技能，实现了自身研发能力的快速提升（冉龙和陈晓玲，2012）。例如，吉利在与德国吕克的合作中注重学习对方的造型创意和工程可行性分析；与韩国大宇国际的合作则是在设计之后聘请韩方来对设计评价其合理性和工艺性；与意大利汽车项目集团的合作主要是学习整车的开发流程，尤其是造型过程；与上海同济同捷和北京华冠等专业设计公司的合作既注重借用专业公司的设计力量，也学习其开发流程（梅永红和封凯栋，2005）。

表10-4是吉利与各企业合作开发车型或战略合作的情况。

表 10-4 吉利车型开发上的合作创新（部分）

车型/部件	时间	合作方	合作对象负责内容
1.3L自由舰	2002年	韩国大宇国际	车型的外形冲压模具和有关检具零部件开发与设计，焊接线和有关零部件设计
JL 479Q 发动机	2003年	上海联合电子汽车有限公司	电喷系统
CI-1	2003年	意大利汽车项目集团	车身的外形设计
LG-1（金刚）	2003年	北京华冠公司、台湾福臻公司	造型设计
—	2003年6月	德国吕克	技术协作协议
"CVVT"发动机项目	2006年	德国FEV	研发外包。吉利主动学习，对项目的参与度越来越大，直到80%~90%
FC-1（远景）	2006年6月	天津福臻公司	造型与模具开发
—	2005年6月	香港生产力促进局	联合开发排量在3.0左右的高档车，提供部分零部件，负责汽车电子的部分设计工作
自动变速器	2006年	英国安东诺夫公司	技术购买
发动机	2009年12月	广西玉柴、浙江银轮	合资开发浙江玉柴三立发动机项目
—	2009年12月	美国江森自控	战略协作，江森自控将在全球范围内为吉利提供更多、更优质的汽车零部件
润滑油	2009年4月	壳牌润滑油	提供润滑油、刹车油等，并提供技术培训支持
冷却器总成	2010年4月	浙江银轮、上海加冷松芝汽车空调股份有限公司	合资企业浙江三鑫汽车热系统有限公司

续表

车型/部件	时间	合作方	合作对象负责内容
底盘	2011年1月	韩国万都	底盘模块合资项目。2011年4月成立吉利-万都制动器模块合资公司
内饰系统	2011年1月	佛吉亚-利民	内饰系统合资项目
天窗、车门	2011年1月	信昌-顶立	天窗、门模块合资项目
座椅	2011年1月	俱进-泰极	座椅合资项目
涡轮增压器	2012年6月	博世马勒涡轮增压器系统	合作开发

资料来源：根据相关资料及文献整理。

吉利还重视与科研机构和高校形成产学研战略联盟（见表10-5）。2007年12月，吉利参与组建了"汽车轻量化技术创新战略联盟"，这是中国汽车行业的第一个技术创新战略联盟，联盟成员包括一汽、东风、奇瑞、长安等，吉林大学、哈尔滨工业大学、华东理工大学、中国汽车工程学会、中国汽车工程研究院等重点高校和科研机构，以及宝钢、西南铝业等相关企业，这有利于吉利与国内顶尖汽车企业及科研单位联合解决共性关键技术。

表10-5 吉利与国内高校的研发合作及项目

合作单位	合作开始时间	合作项目
上海交通大学	2005年	海域MB自主车型整车的开发
浙江大学	2006年	重大科技课题汽车专项、企业博士后工作站建站工作
同济大学	2007年5月19日	吉利-同济汽车工程研究院成立
同济大学	2005年7月	华普与同济大学汽车学院签署《联合开发混合动力轿车项目合作协议》，联合研发高科技环保节能型经济排量混合动力轿车
吉林大学	2007年10月4日	轿车直喷汽油机（GDI）技术开发；混合动力乘用车整车产品研制与开发；轿车双离合器自动变速器（DCT）开发；自主创新新型混合动力轿车产业化研发
西南交通大学	2008年10月7日	华普SPS系统开发
北京大学	2010年	吉利与北大成为战略合作伙伴
武汉理工大学	不详	汽车总线体系（CANBAS）、底盘结构的优化等方面的合作
江苏理工大学	不详	主动防侧滑和侧偏以及电动转向等方面的合作
清华大学	2011年11月	共建"吉利-清华汽车智能安全技术联合实验室"

资料来源：在方茂东（2005）的基础上结合相关资料整理而成。

在新能源汽车开发上，吉利在微混产品、插电式混合动力、纯电动车等方面也开展了一系列开放式创新（见表10-6）。

表10-6　吉利在新能源汽车上的开放式创新

组织模式	主要措施
产学研合作	2006年10月承担了国家"863"计划的"混合动力乘用车整车产品研制与开发"、"自主创新新型混合动力轿车产业化研发"、"轿车直喷汽油机（GDI）技术开发"和"轿车双离合器自动变速器（DCT）开发"等5个课题项目
与竞争者、政府之间合作	2006年与湖南汽车时代电动汽车公司等企业合作承担"湖南省电动汽车及关键零部件研发及产业化"等重大科技项目
价值链协同	2011年联手富士康，开展电动车的电池技术研发
	2007年7月13日，与广西桂林星辰电力电子有限公司合作，开展混合动力车项目
	2012年6月16日，与山东衡远新能源科技有限公司签署战略合作协议，开展磷酸铁锂动力电池技术研发
并购	2010年并购沃尔沃后，在2012年3月9日双方协定，共同开发小型发动机、小型车平台，替代能源汽车，如电动车、常规混合动力车和插电式混合动力车

资料来源：根据相关资料及文献整理。

二　吉利基于并购的开放式自主创新

作为轿车行业中的新进入者和为数不多的民营企业，与国内的合资品牌汽车相比，吉利汽车的主要劣势是技术、资金和品牌影响力，也享受不到国家政策的支持和财政的支援。进入轿车市场后，吉利凭借自主开发、更低的成本和对细分市场的把握，获得了发展的空间。但吉利如果不能快速地提高技术能力和品牌知名度，将被锁定在低端市场，也难以角逐国际市场。因此，如何通过整合外部资源，形成新的竞争优势，是李书福时常思考的问题，并购成为吉利寻求战略升级和市场突破的选择。

成功的海外收购，给吉利汽车的发展带来了极大益处，从此前以引进高端国际化人才来实现技术与管理的突破，过渡到系统地学习国际成熟汽车企业的体系化运作，帮助吉利汽车在技术研发、质量管理、供应商控制、品牌建设与售后服务等一整套体系上实现提高，使吉利汽车的产品结构、产品品质和盈利能力得到了快速改善。[1]

(一) 并购英国锰铜公司

2006年10月24日,吉利与拥有70多年历史的英国锰铜控股公司(MBH)正式合资成立上海英伦帝华汽车部件有限公司,合资生产TX4型出租车(即著名的"黑色出租车"),吉利占股52%(华普占股1%),成为合资企业的控股方。

吉利与MBH的合资合作打破了以往中外合资的惯常做法,创造了中国自主品牌企业进行合资、海外并购的新模式,其控股换车型、控股换技术的模式一直是今天中国汽车企业走向世界学习的典范,有助于吉利进入中端汽车市场,同时快速提高自身的研发能力。[2]

(二) 并购DSI公司

2009年3月27日,吉利汽车全资收购了全球第二大自动变速器公司——具有80多年历史的澳大利亚DSI公司(Drivetrain Systems International),填补了国内自动变速器空白,一跃成为世界自动变速箱领域技术最先进的汽车企业。

尽管吉利对零部件的长期重视(如它自主研发的高功率发动机、从零开始开发出自动变速箱)说明它有能力吸收DSI的技术,但在并购后吉利还需要形成后续产品的研发能力。李书福也指出,收购本身不是目的,关键是通过海外并购帮助国内企业尽快掌握汽车核心技术,提高中国汽车产业的研发水平和技术水平。因此在收购DSI后,吉利就思考如何消化吸收所收购的技术。除了迅速恢复对国外客户的供货外,吉利立即着手把DSI的产品和技术引入吉利汽车和中国汽车行业,向中国汽车企业提供世界先进的自动变速器产品。

经过三年多潜心的本土化研发和匹配工作,目前吉利已在湘潭、济宁、重庆等地筹建工厂,开始大规模生产DSI自动变速器,并实现了旗下全球鹰GX7/GC7、帝豪EC8和英伦SC7多款车型成功匹配DSI 6AT变速器,不仅丰富了吉利汽车产品线,强化了吉利自动变速器的研发与生产能

---

[1] 吉利汇报,2012(12).
[2] 打造精益供应链 吉利采购体系转型成效渐显. 腾讯汽车网,2010-12-18.

力,同时也打破了外资品牌长期在高端自动变速器领域的垄断地位。①2011年,吉利投资5亿元人民币建立了湖南吉盛国际动力传动系统有限公司,投产的首部6速手自一体自动变速器,填补了自主品牌汽车在高档自动变速器领域的空白。②

(三) 并购沃尔沃公司

经过一年多的艰苦谈判,2010年3月28日,吉利与福特就收购沃尔沃签署了正式收购协议,吉利出资18亿美元获得沃尔沃100%的股权(见表10-7)。并购后,吉利作为全资股东将拥有沃尔沃的关键技术及知识产权的所有权,同时拥有大量知识产权的使用权,包括所谓的安全和环保技术的知识产权。2010年11月又成立了"沃尔沃-吉利对话及合作委员会",旨在促进双方的沟通与合作,更好地利用沃尔沃在安全和环保方面的优势,以及吉利对中国市场和客户的熟悉的优势,合作开发汽车产品、技术及市场。

2012年3月9日,吉利与沃尔沃合作事宜进入实质性阶段,双方就沃尔沃向吉利控股集团旗下公司转让技术达成协议,开启双方深入合作的大门,吉利将使用沃尔沃授权的先进技术,这是中国汽车企业打破外资核心技术垄断的一大突破,也是跨国汽车公司首次向中国本土企业转让先进技术。

表10-7 吉利并购沃尔沃的主要事件

时间	主要事件
2008年12月4日	福特宣布出售沃尔沃,吉利立刻组建谈判团队赴欧谈判
2008年12月2日	瑞典政府拒绝收购沃尔沃
2009年3月	国家发改委相继批准奇瑞、吉利参与收购沃尔沃,吉利聘请英国洛希尔公司竞购沃尔沃
2009年6月	瑞典承诺为沃尔沃提供贷款担保
2009年8月31日	吉利正式竞购沃尔沃,成为当时唯一竞标者
2009年10月28日	福特汽车宣布吉利成为沃尔沃首选竞标人
2009年12月14日	商务部表示支持吉利收购沃尔沃

---

① 吉利汇报,2013 (1).
② 吉利汇报,2012 (4).

续表

时间	主要事件
2009年12月23日	福特与吉利达成出售沃尔沃框架协议
2010年3月28日	吉利与福特在瑞典正式签署最终股份收购协议，吉利出资18亿美元，成功收购沃尔沃100%的股权
2010年8月2日	李书福和福特首席财务官刘易斯·布思在伦敦共同出席交割仪式
2011年1月25日	沃尔沃中国总部及技术中心正式在上海挂牌
2012年3月9日	双方签署"沃尔沃－吉利技术转让协议"

资料来源：本研究根据相关资料整理而得。

三 跨国兼并对吉利自主创新能力的积极影响

对于吉利而言，收购英国锰铜在于学习更多的造车经验和技术以及国际化管理经验。吉利通过在中国设立合资公司英伦帝华，实现了伦敦出租车在国内生产的目标，在一定程度上掌握了拥有数十年造车历史的英国锰铜的技术工艺，进而推动了吉利汽车整体的技术实力。英国锰铜公司曾经多年代工劳斯莱斯的车身及其他零部件，这些积淀无疑能够对于吉利未来提升产品品质起到一定的推动作用。[1] 而除了在技术上有助于吉利自主创新外，锰铜的营销网络对吉利也十分重要。吉利汽车的海外业务尚未进入欧洲发达国家，而锰铜在英国的成熟销售网络给吉利提供了"借船出海"的机会。[2] 与锰铜的合作也积累了吉利的国际化经验，为吉利在后续收购中按照国际惯例与投行、会计师事务所等机构打交道积累了经验。[3] 实际上，正是通过收购英国锰铜等公司，进行海外"练兵"，吉利才进而在2010年从福特汽车手中成功地兼并沃尔沃汽车。[4]

并购DSI不仅拓宽了吉利的自动变速箱产品线，改变了中国轿车行业

---

[1] "抄底"英国锰铜，李书福继续海外"征战"．中国经营报，2012－12－15.
[2] 吉利控股英国锰铜背后．新京报，2006－10－30.
[3] 据报道，此次并购，由于各种原因并未给吉利带来预期的利润回报。吉利入主英国锰铜三年的投资损失达3.24亿港元。根据中国乘联会发布的上牌量数据，TX4在2009年国内上牌统计中仅上牌14辆。由于缺乏在欧洲以外市场十分重要的汽油自动变速箱型号，以及英国市场持续低迷，所以对TX4的需求一直未达到预期目标，上海英伦帝华销售处于低收支平衡水平，2011年净亏损人民币2100万元。
[4] 吉利海外第一步艰难，英国锰铜控股暂时停产．证券日报，2012－10－30.

自动变速器产业空白的局面，而且 DSI 大部分的零部件在中国逐步实现本土化采购，带动了中国汽车行业自动变速器产业的发展和相关产业的发展。[①] 同时，吉利也可以把澳大利亚技术运用到中国市场上。自动变速器是整车关键零部件，独立的制造企业很少。作为全球仅有的两家独立于汽车整车企业之外的自动变速器公司之一，DSI 公司具备强有力的技术保障，长期以来都是福特、克莱斯勒的重要变速箱供应商，其 6AT 变速箱拥有成熟的技术品质，在技术、制造工艺、配套体系上具有显著优势。[②] 这些技术优势恰恰是中国整车企业最缺乏的。通过收购 DSI，吉利在原有小扭矩自动变速器的自主知识产权的基础上，进一步丰富了产品线，强化了吉利自动变速器的研发与生产能力。

并购沃尔沃，使吉利成为中国第一家名副其实的跨国汽车集团，是吉利提升国际影响力和市场竞争力的重要一步。这一方面是由于中国的中高端汽车需求正在增长，吉利拥有了沃尔沃，就能够在中高级市场取得主动权。另一方面，吉利也可以用较低的成本获得国际顶级的汽车品牌、核心技术和国际营销渠道。这是实现技术跨越的一个捷径，能够缩短吉利的学习过程（郭璇，2010）。作为主打安全技术的世界知名高档汽车品牌，沃尔沃对吉利在安全技术上的研发也提供了示范和知识支持。收购后的两年时间里，吉利陆续有 4 款新车获得 C - NCAP 碰撞五星评价。[③] 吉利收购沃尔沃所带来的国际声誉正在日益反哺其国际市场，使其在海外获得更多经销商及消费者的认可，而双方在技术领域合作的深入开展更将进一步提升吉利汽车的品质和竞争力，这些都为吉利海外市场发展创造了良好条件。[④] 在中国，沃尔沃销量从 2010 年的 30522 辆增加到 2011 年的 47140 辆，同比增长 54.4%。虽然国产化项目进展比预期缓慢，但吉利收购沃尔沃之后的管理措施还是比较有成效的。

四 吉利通过并购提升自主创新能力的条件与基础

基于并购的开放式创新对企业提升自主创新能力产生积极影响，需要

---

① 张静. 吉利自我革命. 汽车观察，2011 - 01 - 11.
② 吉利汽车全系车型跨入 6 速自动时代. 网易汽车网，2012 - 12 - 07.
③ 吉利汇报，2012（12）.
④ 吉利汇报，2013（1）.

第十章 吉利集团：跨国兼并与国际竞争力的提升

两个条件，一是被并购方的知识积累大于并购方或与并购方原知识积累形成互补，二是并购方有能力整合来自被并购方的知识（于开乐和王铁民，2008）。

用沃尔沃反哺吉利，是李书福收购沃尔沃时的初衷之一。他指出："中国汽车产业要追赶先进国家非常困难。吉利之所以要买一个世界上有影响的汽车公司沃尔沃，出发点有两个：一是中国汽车工业发展迅猛，潜力很大，但技术和知识产权仍面临强大挑战；二是中国汽车品牌附加值较低，无法在世界上立于强者之林。"①"吉利从沃尔沃收获的不仅仅是技术和知识产权，更重要的是强大的研发能力、现代的管理制度和高素质的员工队伍。吉利有很多方面需要向沃尔沃学习，打好基础、练好内功，扎实推进体系能力建设，才能有朝一日打造出全球竞争力。"李书福表示，经营沃尔沃的战略重点就是"放虎归山"。他认为，吉利并购沃尔沃不是简单的财务投资，双方更应该"是兄弟关系而非父子关系，两兄弟之间可以取长补短，强强合作"。为了让沃尔沃更好地反哺吉利，双方在并购8个月后就成立了"沃尔沃-吉利对话与合作委员会"，通过多次反复对话寻找可以合作的项目。②

除了推动沃尔沃快速增长以及尽快实现本地化生产之外，吉利很重视更好地推动沃尔沃和吉利之间的人才和技术合作（见表10-8）。在人才方面，2010年11月，沃尔沃原造型设计总监彼得·霍布里加盟吉利集团，任吉利设计副总裁，而产品研发、制造等领域的一线工程师间的技术交流更是一直没有间断。③ 2012年3月，吉利与沃尔沃签订了双方的框架性合作协议，约定沃尔沃的通用技术均可以提供给吉利使用，双方在车内空气质量安全、小型车平台（包括节能环保的小型绿色发动机）和汽车的电气化等方面展开全面合作，这对于提升吉利汽车的品质是非常重要的。④

---

① 产销稳居全球"第一"，中国汽车驶向何方. 新华网, 2011-03-12.
② 吉利汇报, 2012（4）.
③ 刘金良详解吉利发展战略受益于沃尔沃技术反哺. 中国经济新闻网, 2012-12-04.
④ 国产车也要卖出好价钱. 工人日报, 2012-12-06.

表10-8 吉利并购沃尔沃后的整合

	主要策略	具体措施
获得沃尔沃工会的支持	独立运营	吉利保留沃尔沃单独的运营体系及原有的高管团队，承诺不干涉沃尔沃的运营管理，不转移工厂和不裁员
跨文化经营	2012年2月17日，建立"全球型文化研究中心"	推动全球型企业文化的形成与发展和吉利"中国企业全球化战略"的有效实施
管理国际化	2010年11月，成立"沃尔沃-吉利对话与合作委员会"	2010年9月，沃尔沃在瑞典召开收购后第一次董事会，11名全新的董事中除了李书福、沈晖外，其余9名董事会成员均从全球海选，背景多元且具有丰富的跨国公司从业经验
发展规划	通过采购沃尔沃设置在中国工厂生产的零部件，降低采购成本	* 在成都、大庆两地以合资或者代工的方式实现国产化，推出合资自主品牌和新能源汽车 * 共同购买零部件，并共享生产线，降低成本
技术合作	2012年3月9日，沃尔沃向吉利转让技术协议达成	* 双方将共同开发小型发动机、小型车平台，替代能源汽车，如电动车、常规混合动力车和插电式混合动力车
外部资金支持	2012年5月2日，国家开发银行在瑞典与沃尔沃签订战略合作备忘录	为沃尔沃在全球和中国的发展提供大额长期贷款
品牌战略	品牌独立运营	为了不影响沃尔沃的品牌形象，两个品牌在市场营销和销售方面保持独立
	差异化的多品牌战略	沃尔沃处于品牌最顶端；其后是吉利创立的全新自主品牌，定位高端；再之后是吉利品牌，定位大众化；齐头并进的发展定位，独立推广三个品牌

资料来源：本研究根据相关资料和文献整理而得。

第四节 结论与讨论

作为民营企业，吉利很少得到来自政府的支持，更无法享受合资企业在金融和财税方面的各种优惠政策（梅永红和封凯栋，2005），因此，自主开发从一开始就是吉利的主要战略方向。在目前的中国本土轿车厂商中，吉利是第一家实现了变速箱和发动机自主产权产品自给自足的企业。[①]

[①] 李书福. 让吉利汽车走遍世界. 学习导报，2006-06-01.

第十章　吉利集团：跨国兼并与国际竞争力的提升

但也正因为内部创新资源的缺乏，吉利一开始就很重视利用外部资源来提高内部创新能力。比如，吉利"自主造车"的精神吸引了大批行业优秀人才，包括徐滨宽（天津齿轮厂总工程师、国家自动变速器电子电器课题组组长，2001年进入吉利，负责自主研发生产变速器）、赵福全（著名汽车技术专家，曾在克莱斯勒、戴尔、华晨任要职，2006年加盟吉利，任吉利汽车研究院院长兼副总裁）、沈奉燮（韩国汽车工程学会原会长、韩国大宇国际副总裁，2004年进入吉利，任研发副总裁），以及汽车技术专家郭孔辉院士与来自一汽的杨建中和华福林，等等。

吉利并没有走"以市场换技术"的道路。李书福称："只有把核心技术攥在手中，才能形成真正的核心竞争力。我们应全身心做好自主研发，同时整合全球资源，提升自主品牌的核心竞争力。"① 为此，吉利创造性地通过海外并购、海外合作来实现自主知识产权的核心技术突破。三次重要的并购，给吉利带来了新的资源和能力，提升了企业的国际影响和竞争力。

坚持自主开发并非"从头开始"，更不是"闭门造车"。吉利高度重视通过整合外部创新资源，长期与国内众多汽车零部件厂商建起合作伙伴关系，在核心零部件供应上构建了强大的竞争力。在整车设计和开发上，吉利采取同全球几十家汽车企业及相关专业公司进行合作研发的策略。② 正是依托开放式自主创新，吉利仅用了10多年的时间就掌握了汽车产业主要核心零部件技术，从生产先进的发动机，到拥有中国完全自主知识产权的自动变速箱，再到世界首创的爆胎监测与控制系统。近年来，吉利先后自主推出汽车安全技术、爆胎监测与安全控制系统、高效绿色节能系列发动机、TSI 6速手自一体自动变速器等，摆脱低端、低价和模仿，迈入了创新型企业的行列。③

---

① 吉利汽车："弯道超车"的启示．光明日报，2011-12-31．
② 吉利：中国汽车工业的希望．腾讯汽车网，2009-04-25．
③ 吉利汇报，2013（1）．

第十一章

中集集团：整合全球资源实现从模仿跟随者到行业领袖的跨越[*]

第一节 前言及问题的提出

没有集装箱，就没有全球化。[①] 现代运输体系是经济全球化的基础，而一个高度自动化、低成本和低复杂性的货物运输系统的核心就是集装箱（Levinson，2008）。到目前为止，集装箱仍然是世界物流装备中效率最高的运输工具，世界主要发达国家的适箱货物集装箱化率已接近70%。目前，中国大陆是全球集装箱生产中心，世界上最大的集装箱制造企业（中集集团、新华昌、胜狮货柜）的主要生产基地都在中国大陆，这三家企业的产量占世界总产量的80%以上，而中国国际海运集装箱（集团）股份有限公司（以下简称中集或中集集团）就占世界市场份额的一半以上（见表11-1）。

表11-1 2004年与2010年中国集装箱主要生产集团情况比较

集团名称	2004年				2010年			
	数量（只）	同比增长（%）	市场占有率（%）	金额（万美元）	数量（只）	同比增长（%）	市场占有率（%）	金额（万美元）
中集	1251567	23.33	63.39	296103	1014792	60.18	57.23	173248

---

[*] 本章的部分内容参考了笔者在参与浙江大学创新管理与持续竞争力研究基地承担的中集集团技术创新体系建设课题中所撰写的研究报告，以及郑刚等（2008）、陈劲和柳卸林（2008）、许庆瑞等（2010）等。

[①] 没有集装箱就没有全球化．中国青年报，2011-09-07．

第十一章　中集集团：整合全球资源实现从模仿跟随者到行业领袖的跨越

续表

集团名称	2004 年 数量（只）	同比增长（%）	市场占有率（%）	金额（万美元）	2010 年 数量（只）	同比增长（%）	市场占有率（%）	金额（万美元）
胜狮	387278	28.08	19.62	101774	302374	66.43	17.05	65511
江苏新华昌	110850	35.07	5.61	26890	82067	182.36	4.63	14942
进道	85536	6.35	4.33	23505	80432	55.88	4.54	19548
扬州通运	36394	-52.83	1.84	13438	78818	93.82	4.45	21653
青岛马士基	19343	1.03	0.98	29829	19415	53.52	1.08	29278

资料来源：根据相关资料及文献整理。

中集集团，诞生于中国改革开放的前沿——深圳蛇口工业区，由招商局和丹麦宝隆洋行于 1980 年共同投资 300 万美元成立，是当时深圳特区最早的中外合资企业之一。[①] 中集作为改革开放的代表企业，它的背后有着中国经济近 30 年来外贸依存度提高与投资拉动快速增长的浓厚背景（郑贤玲，2012）。经过 30 多年的发展，中集由当时总投资不过 300 万美元、仅有 59 名员工的从事单一业务的集装箱小厂，发展到目前总资产 643.62 亿元、净资产 186.28 亿元、拥有九大业务板块、员工超过 6.4 万人（其中海外员工超过 2000 人）的大型跨国企业，在中国以及北美、欧洲、亚洲、大洋洲等拥有 150 余家全资及控股子公司。[②] 中集从 1994 年上市开始就表现突出，至今已经连续保持近 20 年的快速增长（见图 11-1）。尤其在集装箱领域，中集已成为全球唯一的全系列集装箱产品供应商，产品的规模最大，拥有六大领域和 24 个系列的 1000 多个产品品种，并拥有完全自主知识产权，连续 17 年稳坐世界集装箱行业的头把交椅。2013 年，中集的销售收入达 578.74 亿元，归属于母公司股东的净利润达 21.80 亿元，是 10 年前的 7 倍，初步形成跨国公司运营格局，业务范围也从集装箱延伸至道路运输车辆、能源、化工、食品装备、海洋工程、机场设备等领域。

[①] 1979~1982 年，招商局在深圳先后成立了中宏制氧有限公司、中国国际海运集装箱（集团）股份有限公司、华美钢厂、海虹船舶油漆厂 4 家中外合资公司。中集是招商局在这里投资的第一家中欧合资企业。

[②] 2007 年，中集成为全球集装箱行业首家年产量突破 200 万 TEU 的企业。在道路运输车辆领域，中集目前的年产能力超过 20 万台，位居世界首位。

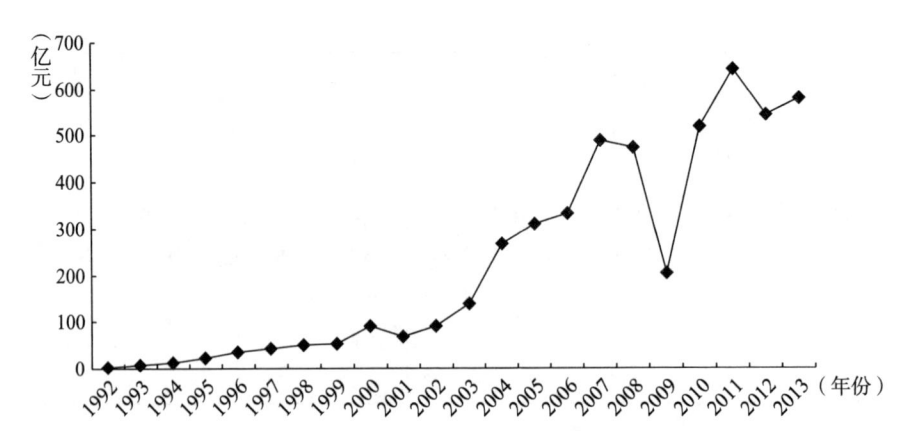

图 11-1　1992~2013 年中集营业收入历史变化

资料来源：根据中集集团官方网站及公司年报数据整理而成。

哈佛商学院在 2007 年出版的 Dragons At Your Door 一书[①]中认为，目前中国公司正在以成本创新（Cost Innovation）为工具，逐步打破已经建立起来的全球竞争游戏规则。中集正是利用成本创新及市场优势，加上对外部资源的利用和整合，取代了原有的市场竞争者，逐渐成为集装箱运输领域全球新标准的主要制定者。在 20 多年前被认定是"夕阳产业"的集装箱行业里，中集通过国际化、研发创新和高质量的管理，抓住了世界经济全球化和中国改革开放带来的巨大机遇，把简单的集装箱行业做到不简单，在技术、管理和国际化营运方面体现出强劲的竞争优势，实现了从后发者成为领先者的跨越，其发展堪称中国传统装备制造业快速增长的典范。本章试图从整合全球创新资源的角度，探讨中集这艘"集装箱航母"多年来持续保持高速成长和提升国际竞争力的主要原因，总结值得中国企业借鉴的经验。

第二节　中集的发展历程及战略演进

30 多年来，中集经历了三次大的发展阶段，通过不断创新逐步确立了自己的行业领先地位（见图 11-2）。中集的创新模式可以概括为：以打造

[①] Zeng M. & Williamson P. J. *Dragons At Your Door*: *How Chinese Cost Innovation Is Disruptive Global Competition*. Harvard Business School Press, 2007.

第十一章 中集集团：整合全球资源实现从模仿跟随者到行业领袖的跨越

以中国优势为依托的全球化营运体系、成为世界级"全能冠军"为战略目标，以创新型文化为基础，以全面成本领先和"高起点引进、高速度学习、高水平超越"为特色，以制度创新和管理创新为支撑，实施开放条件下的自主创新，整合全球创新资源，提升系统竞争力（许庆瑞等，2010）。

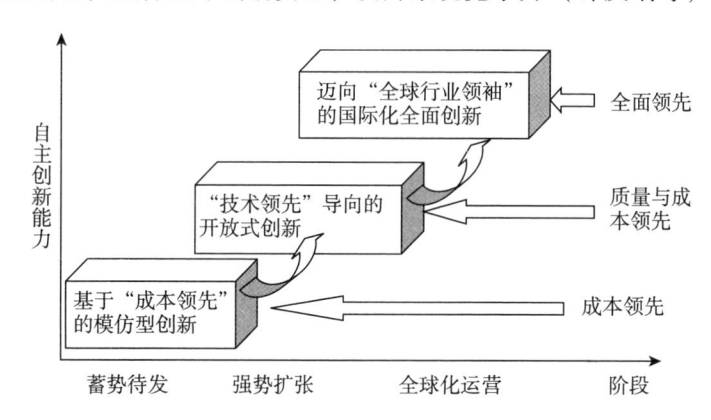

图 11-2　中集创新与发展的三个基本阶段

资料来源：陈劲和柳卸林（2008）。

一　蓄势待发阶段（1980~1995 年）：基于低成本优势的模仿型创新，打造干货箱"单打冠军"

1982 年 4 月，中集首期厂房建成，5 月生产出第一台集装箱，9 月 22 日正式投产，但此后很快就陷入困境。由于当时的集装箱市场并不景气，加上中外文化冲突，"合资"的中集连年亏损。到 1985 年底，累计亏损高达 220 万美元，占公司合资资本的 74%，当年甚至没有接到一个订单，公司濒临破产。1986 年，中集两度裁员约 300 人，只留下 59 人，董事会决定暂停集装箱生产，转产钢结构件和法兰盘的加工。1987 年 7 月，中远集团（COSCO）入股中集，中集改组为三方合资企业，中远和招商局各占股 45%，宝隆占 10%。中远作为集装箱的客户，为中集带来了停产转业以来的第一批集装箱订单，使中集站稳脚跟。在随后举行的新一届董事会上，"以生产集装箱为主，兼搞多种经营"被确立为中集的经营方针，并任命 1982 年进入公司的麦伯良[①]为副总经理。1987 年 11 月，中集终于恢复集

[①] 麦伯良于 1990 年 5 月任中集代总经理，1992 年 2 月起任中集总裁至今。

装箱生产，当年共生产了 243 个标准集装箱。

出生于 1959 年的麦伯良毕业于华南理工大学机械系，是中集最早的集装箱设计工程师，技术出身的他很早就意识到了研发创新对企业提高竞争力的极端重要性。1990 年，麦伯良明确提出了中集进入行业三甲的目标（该目标在 1993 年顺利实现）。在当时，麦伯良对这一重大趋势的预判比韩国的现代（Hyundai）和进道（JINDO）都要早，中集因而比这两个当时世界上最强大的集装箱企业更快一步地在中国沿海布局。[1] 在日本住友集团的帮助下，中集迅速拿到了日本的第一宗订单，引起了业界瞩目。而住友最终也放弃了关系紧密的韩国进道，1993～1996 年与中集在中国通过合资收购、新建等方式相继成立了大连、南通、上海三大集装箱生产基地，建立了一个覆盖我国沿海主要港口的生产布局体系，形成了贴近市场的生产基地和规模优势。[2] 在 1994 年公司上市后，中集更以出色的资本运作和兼并、收购等方式，实现了企业低成本的规模扩张和技术跨越。

20 世纪 90 年代初，全球集装箱市场竞争日益激烈，产品价格连年下挫，日韩集装箱企业把低成本低技术含量的标准集装箱视为没有利润的"瘦狗"业务，这为中集带来了发展机遇（郑刚等，2008）。凭借劳动力和生产成本领先，中集迅速扩大了企业生产规模。由于自有资金并不充足，开展并购存在较大难度，中集创造性地选择了先承包经营、后并购整合的道路。[3] 从 1993 年起，中集顺利地在沿海的青岛、大连、天津、上海、南通、新会等地兼并了 10 多家集装箱企业（高峰时中国有 40 余家集装箱厂家），从 1996 年开始赢得全世界干货集装箱市场 20% 以上的份额，颠覆了韩国企业在这一领域的统治地位。在这一时期，中集的主要战略是通过成本领先迅速扩大企业生产规模，企业开展的技术创新活动与此紧密相连，体现出的是"成本领先"导向的模仿型创新。

在获得干货箱世界第一之后，中集开始考虑如何延伸产品线。经过市场观察，麦伯良选择了冷藏箱。在当时，存在两个不同的技术标准，一是铝质冷藏箱，日本是领导者，拥有全球 95% 的市场份额，而且铝质箱在当

---

[1] 尤茂庭，张海鹏. 志在颠覆——中集集团麦伯良专访. 麦肯锡季刊，2008（05）. 转引自中集集团官网之"媒体报道"栏目.
[2] 中集在颠覆中成长. 新浪财经频道，2005－11－10.
[3] 中集多元化战略能否继续推进成疑问. 中国经营报，2009－01－12.

第十一章　中集集团：整合全球资源实现从模仿跟随者到行业领袖的跨越

时的冷藏箱领域也处于支配地位；二是不锈钢冷藏箱，德国是领导者。到底选择铝质还是不锈钢的冷藏箱？一开始中集自然倾向于主流的铝质箱，但与日本人的谈判并不顺利，最后也没有结果。1995年中集转而与德国Graaff公司合资，引进并改进了德国技术，并在8年后使钢质冷藏箱取代了铝质箱成为全球冷藏箱的新标准，颠覆了日本的领导地位。与国际巨头合作创新，在技术引进的同时快速学习和创新，这种模式在中集进入冷藏箱领域后获得了成功，它也把这种经验带入了后来进入的罐箱以及其他特种箱领域，结果照样成功。[1]

二　强势扩张阶段（1996~2004年）：依托"大鱼吃小鱼、快鱼吃慢鱼"的并购和集成创新，快速实现产品多元化和技术跨越，打造强势"组合冠军"

可能由于麦伯良不服输的干劲，或是作为中国第一批中外合资企业对竞争国际化的深切认知，中集正确地判断出：企业的规模优势如果缺乏技术支撑，仅凭劳动力和生产环节的低成本，企业将被锁定在产业链低端，难以获得持续的国际竞争优势。1996年，中集的战略开始由追求规模最大向追求系统竞争力最强转变（陈劲和柳卸林，2008），提出要加强提高产品技术档次和改善性能的研究。2001年底，麦伯良首次提出中集的世界级企业目标，对"世界第一"提出了新的诠释："我们要看世界标准的修订中集参与了多少，国际行业协会的会议上，中集有多少发言权，未来有多少标准是中集主导的。"[2]

建立在技术基础上的成本优势使中集的底气更足。比如，在收购韩国现代位于青岛的冷冻集装箱公司时，由于中集具有冷箱的核心技术优势和干货集装箱全球第一的规模优势，现代的工厂被中集从1.8亿美元的报价一直压低到1920.66万美元后成交，成交价格还不到工厂实际价值的一半。[3] 技术和标准的拥有，则使中集对行业发展具有话语权，成为唯一能

---

[1] 尤茂庭，张海鹏．志在颠覆——中集集团麦伯良专访．麦肯锡季刊，2008（05）．转引自中集集团官网之"媒体报道"栏目．
[2] 许扬帆．中集神话：从相对走向绝对．IT经理世界，2005（14）：58-64．
[3] 中集创新造就集装箱"大王"．深圳特区报，2005-08-02．

够提供十大系列 300 多个品种的集装箱专业生产厂家。只要是中集进入的领域，其他对手都被逼无奈退出竞争，凡有新、特产品开发需求的客户，大多要求中集参与推动。一个生动的例子是，2000 年底，美国一家企业经过几十年努力发明了"聪明箱"，全力邀请中集入股。被婉拒后，这家企业又改而要求中集派出董事（陈劲和柳卸林，2008）。

通过资源并购快速进入相关产品领域，是这一时期中集的主要策略。由于全球集装箱市场规模有限，因此在取得世界集装箱 50% 以上份额之后，要想成为世界级企业，必须寻找新的业务增长点。从 2001 年起，中集开始实施以集装箱制造产业为核心的相关多元化战略，把产品系列逐步延伸到了专用运输车辆、空港设备、物流装备和海洋工程等 8 个附加值更高的领域。[①] 2001 年，中集进入专用车领域。通过并购和重建国内外的资源配置体系，迅速建立起覆盖北美及中国华中、华东、华南、华北、西北、东北的 10 个生产基地，形成中美互动、分布合理、互为支持的产业格局和年产 10 万辆各类专用汽车的生产规模。短短五年间，中集不仅一跃成为世界专用车领域的冠军，而且使得这个在国内散乱、在发达国家微利的行业开始走向规范化运作，盈利能力上升。发达国家的半挂车毛利率不到 5%，而中集车辆的毛利率已超过 15%，并成为我国专用汽车标准起草成员单位。[②]

三 全球化运营阶段（2005 年至今）：依托"全球行业领袖"导向的开放式全面创新，打造世界级"全能冠军"

在沿着价值链拓展获得成功后，中集遇到了行业增长自然极限的挑战，这使麦伯良开始认真思索公司的新目标和新定位。[③] 2005 年，麦伯良首次提出建设"以中国优势为依托的全球化营运体系"，明确了"立足中国、全球化营运"的战略构想。在 2006 年的中集创新大会上，麦伯良进一步明确地提出中集在"新的历史条件下的创新导向"的思想，认为中集

[①] 中集集团亮相中央电视台新闻调查栏目．中集月刊，2010（187）：7-11．
[②] 中集集团创新"中国制造"价值体系．中国证券报，2007-05-25．
[③] 尤茂庭，张海鹏．志在颠覆——中集集团麦伯良专访．麦肯锡季刊，2008（05）．转引自中集集团官网之"媒体报道"栏目。

第十一章 中集集团：整合全球资源实现从模仿跟随者到行业领袖的跨越

在未来 15 年的战略目标是成为所进入行业的世界级企业。麦伯良很清楚，中集真正的挑战是如何占领欧美主流市场，如何在设计、技术、工艺等多个层面引领全球产业的标准和变革，这不仅事关集装箱业务的进一步发展，也是新进入的车辆业务的核心问题。

新的定位大大扩展了公司的业务领域。中集凭借在集装箱制造方面的卓越能力，以及整合外部资源的能力，快速进入了道路运输车辆以及能源、化工、食品等罐式装备领域，并开始进入火车、造船等领域，致力于在交通运输装备领域往纵深延伸（见图 11-3）。① 表 11-2 概括了中集在各个发展阶段中的创新战略及管理特点。

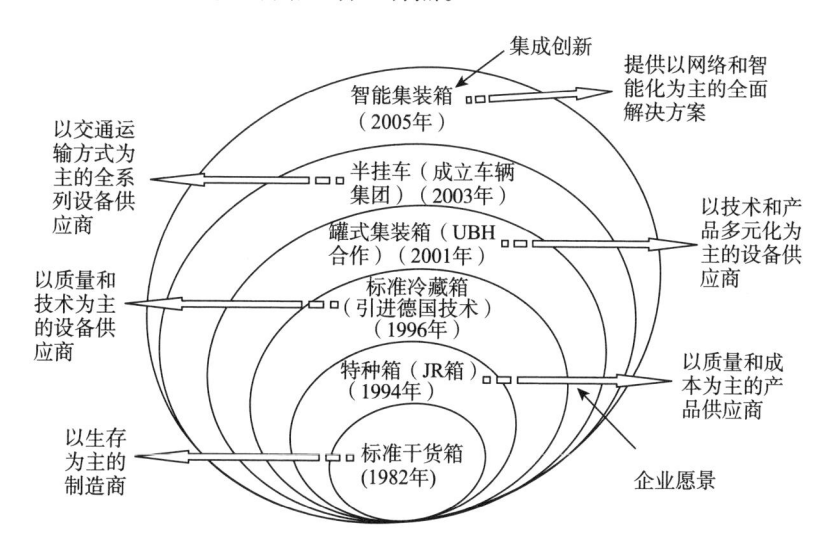

图 11-3 中集集团产品系列的演变

资料来源：根据浙江大学《中集集团自主创新调研报告》（2007）及相关资料整理。

表 11-2 中集集团在各发展阶段中的开放式自主创新特点及管理

阶段	蓄势待发阶段	强势扩张阶段	全球化运营阶段
时间	1980~1995 年	1996~2004 年	2005 年至今
关注焦点	把标准集装箱做大做强，解决生存问题	依托并购快速实现规模扩张、产品多元化和技术跨越	在全球范围依靠开放式创新和全面成本领先提升系统竞争力

---

① 尤茂庭，张海鹏. 志在颠覆——中集集团麦伯良专访. 麦肯锡季刊，2008（05）. 转引自中集集团官网之"媒体报道"栏目。

续表

阶段	蓄势待发阶段	强势扩张阶段	全球化运营阶段
时间	1980~1995年	1996~2004年	2005年至今
战略定位	干货箱"单打冠军"	强势"组合冠军";所进入行业的主要供应商	世界级"全能冠军";全方位行业领先
技术创新战略	成本领先导向的模仿型创新	技术领先导向的消化吸收再创新	迈向"全球行业领袖"的开放式全面创新
创新焦点	规模、成本	质量、成本、技术领先	面向系统竞争力的全面创新
战略创新	依托劳动力低成本站稳脚跟	低成本并购;基于核心业务的相关多元化	研发、制造、管理、市场营销等全面成本领先;"低成本+技术领先+差异化"
技术创新领域	标准干货箱	标准干货箱;特种箱(罐、冷、折叠箱等);木业	集装箱;登机桥;车辆
观念与文化创新	效率、成本型文化:先做强,再做大(1990);团结、进取、高效、创新(1991);争做世界第一(1991)	质量型文化:尽心尽力、尽善尽美(1997);技术兴企(1997);自强不息、挑战极限(2002)	创新型文化:创新推动价值增长;做一个负责任的行业领导者
管理创新	成本管理:基于成本的目标考核(1992)	全面成本管理:绩效广告牌;全面信息管理平台	全面创新管理:设计、制造、维护等"一站式"服务
组织创新	直线职能制	集中管理、分布式研发	开放式网络化创新体系
市场创新	以生产规模和低成本占领市场	出色的资本运作技术型并购	拓展依托中国优势的国际市场;开拓"蓝海"
技术创新	高起点引进、模仿国外先进技术;生产工艺的渐进创新	消化吸收基础上二次创新;从产品的竞争到自主知识产权与核心技术的竞争	开放式自主创新;更加重视标准和知识产权,掌握核心技术
技术创新组织	技术部(尚未建立创新组织体系)	集中管理、分布式研发	迈向开放式网络化的技术创新体系
自主创新特征	高起点引进、模仿国外先进技术;生产工艺的渐进创新	消化吸收基础上二次创新和超越;整合外部资源的开放式创新;工艺创新与产品创新相结合;从产品的竞争到自主知识产权与核心技术的竞争	向原始创新和突破性创新转变;开放式自主创新;迈向全面创新管理;更加重视标准和知识产权,掌握核心技术
自主创新绩效	不太显著	较显著	显著

资料来源:根据郑刚等(2008)、陈劲和柳卸林(2008)以及中集内部资料等整理而成。

第三节　中集的开放式自主创新路径及创新绩效

中集开放式自主创新的路径表现为"三高"——高起点引进、高速度学习、高水平超越，表现为"模仿（技术引进；样品）—学习（消化吸收；订单式设计）—创新（设备国产化；标准）—自主开发"的转换过程。中集的创新能力提升，很大程度上建立在对外部创新资源的充分利用的基础之上，最大的特色是资源并购和合资，从而逐步掌握了行业领先的核心关键技术，建立了强大的国际竞争力。中集在30多年的发展过程中，逐步从低程度和封闭式的创新，演变到内向开放式创新（外部技术获取、战略并购、海外研发投资、获取政府科技资源）和外向开放式创新（专利的外部许可、建立行业技术标准）的结合，并日益重视双向开放式创新（合作研发、战略联盟、产学研合作等）。

一　创新路径：高起点模仿、高速度学习、高水平超越[①]

作为集装箱行业的后来者，中集也是从当"学生"开始起步的。但是与众多国内企业从当"学生"再到"学生"的循环路径相反，中集十分注重培养技术学习能力，依托高水平的消化吸收再创新活动，迅速成为集装箱行业的"老师"。

（一）高起点模仿

中集在建立初期，几乎没有自己的研发力量，与世界大型集装箱公司的技术差距很大，全盘引进国外先进技术和关键设备，成为中集在起步阶段的必经环节。但是，与别的企业不同，中集善于瞄准世界顶尖技术进行大范围的资源整合，不论是在冷藏箱领域对德国技术的引进，还是在罐箱领域对英国和荷兰技术的引进，都遵循"不从零开始，立足高起点"的理念，始终紧盯世界顶尖技术，在技术引进的同时就开始了高强度的消化吸收活动，从而迅速构筑了强大的技术能力。

中集在冷藏箱上的技术获取堪称高起点模仿的典范。被用来存储运输容易腐烂货物的冷藏集装箱由于要经受起吊、海运、堆压以及从两极到赤

---

① 部分内容参考了郑刚等（2008）。

道的环境变化,技术含量远高于干货箱。① 中集当时并没有制造冷藏箱的核心技术能力,首先面对的就是选择问题(向谁引进、引进何种技术)。在 20 世纪 90 年代中期,世界冷藏集装箱分不锈钢质和铝质两个技术原理完全不同的流派,所采用的"三明治发泡"和"整箱发泡"技术分别被德国和日本企业所掌控。在当时的冷藏箱技术方面,日本技术是国际主流,德国由于其相对弱势的制造能力而处于下风(郑贤玲,2012)。中集起初的想法是和日本合作,但经过多次协商,双方仍无法达成一致。迫切进入冷藏箱产业的中集转而与当时急需通过推广技术专利而获取规模经济效益的德国钢制冷藏箱制造商进行谈判。由于中集具有强大的生产制造能力,选择与相对弱势的德国企业进行合作,不仅可以实现从技术引进到技术拥有,而且可以利用自己在全球份额上的优势,对已经相对定型的世界集装箱市场重新洗牌,通过行业标准的改变迅速占据国际市场的绝对优势。② 1995 年 3 月,中集投资 5000 万美元成立上海中集冷藏箱有限公司,德国 Graaff 公司参股 2%,并向中集出售关键设备,授权上海中集使用其 12 项关键专利。2005 年 5 月 2 日,中集购买德国 Waggonbau 公司一系列冷藏集装箱制造与设计专利,获得了除自主开发的 11 项专利之外的 77 项冷藏箱专利,从而掌控了冷藏集装箱的全部技术体系。

除冷藏箱之外,中集几乎以相同的方式在更高端的罐式集装箱、折叠式集装箱以及其他特种集装箱领域中获取了许多关键技术和前沿技术。在罐式集装箱领域,2000 年 11 月,中集与英国 UBHI 公司签订"技术转让协议",获得 UBHI 的"Light Weight Beam Tank"罐箱生产技术。③ 在折叠箱领域,2004 年 3 月,中集收购英国 Clive - Smith Cowley 公司 60% 的股权,获得该公司折叠式集装箱有关"铰链"的关键专利技术。在车辆方面,中集通过兼并迅速在半挂车领域崭露头角。到 2005 年上半年,公司车辆销售 20.73 亿元,同比增长 198.27%,美国工厂已经实现盈利。中集目前已经成为国内拥有技术最多和产能第一的专用车辆制造企业,车辆产业的国内外互动平台的建设也已初显成效。

---

① 许扬帆. 中集神话:从相对走向绝对. IT 经理世界,2005(14):58-64.
② 中集破解国际化方程. 新财经,2007-01-10.
③ 2005 年,中集生产 1 万台罐箱,超越南非的公司成为世界第一。

第十一章　中集集团：整合全球资源实现从模仿跟随者到行业领袖的跨越

（二）高速度学习

单纯的技术引进并不能自动带来企业技术能力的提升，破除"引进—落后—再引进"的关键在于企业对引进技术的消化吸收，并在此基础上开展二次创新。比如在冷藏箱方面，中集在成立上海中集冷藏箱有限公司引进德国的"三明治发泡"生产技术后，就迅速开始了一系列技术学习，通过 Graaff 公司聘请了德国专家斯迪芬（Stapher Teepe）出任上海中集冷箱技术中心总工程师，协助中方实现冷藏箱的量产。斯迪芬对中集工程师们的强大创造力和快速学习能力赞不绝口，他说"在刚引进生产线时，3 万多平方米的生产车间一年的产能为 1 万箱，但是车间的工作流程 5 年内被中集的工程师改造了 4 次，仅用了新建生产线所需资金的 20% 就将产量扩大了 1.5 倍，这使得同样的生产线产能被提升到每年 2.5 万箱以上"。[1] 到 2002 年，上海中集的生产节奏已经提高到 10 分钟内切换一个冷箱工序（表示为分钟/箱），2004 年效率提高到接近 5 分钟/箱，而德国生产线研究了 20 年时间，在转让给中国时也无法突破 20 多分钟/箱的节奏（郑贤玲，2012）。时任上海中集技术中心主任的刘春峰也指出："我们引进德国技术后的消化速度的确非常快，很快就进入了创新阶段。"而不久之后，中集技术人员又从流程改造延伸到技术上，把德国人的"三明治发泡"整体提升到"改进型三明治发泡"，即借鉴汽车工艺运用于冷箱上。刘春峰说，这种运用不仅加强了集装箱的强度，而且提高了箱子的绝热性，比德国的技术前进了一大步。[2]

仅仅过了 5 年，中集不仅消化吸收了德国的专利技术，还拥有多项新自主专利，大大提高了冷藏箱品质，通过授权给其他生产商的方式每年收取专利许可费 300 多万元，形成了自主创新能力，[3] 用不到 8 年的时间就颠覆了日本企业主导的"铝制冷箱"市场，成为新的国际冷藏箱主导者。2003 年，日本冷箱厂随铝箱一起在市场上消失了。[4] 目前，全球已经有超

---

[1] 许扬帆．中集神话：从相对走向绝对．IT 经理世界，2005（14）：58-64．
[2] 许扬帆．中集神话：从相对走向绝对．IT 经理世界，2005（14）：58-64．
[3] 浙江大学-中集集团创新管理与持续竞争力联合研究中心．2006 年中集集团自主创新案例报告（内部资料）．2006．
[4] 许扬帆．中集神话：从相对走向绝对．IT 经理世界．2005（14）：58-64．

过70%的冷箱是基于中集的钢质和"三明治发泡"技术生产的。①

（三）高水平超越

从学习（Learing）到引领（Leading），是中集在所进入的每一个行业和产品领域中的技术创新导向。近20年来，中集始终致力于开放与自主的协同，既强调技术引进和吸收，也重视内部研发的支撑。中集在1994年刚进入折叠式集装箱领域时，还是一个需要向英国Clive－Smith Cowley（CSC）购买技术的后发者。CSC当时掌握了折叠箱一个核心零件的技术，掌握着全球70%的折叠箱生产商的零部件供应。在获得CSC公司的专利许可协议后，中集通过对折叠箱的研发和不断创新，开发出了具有自主知识产权的铰链用于折叠箱产品，不仅极大地降低了产品成本，也掌握了最新的技术，后来还顺利收购CSC公司的股权，获得了折叠式集装箱最为关键的铰链专利技术。②

在历经引进消化再创新、集成创新到原始创新的自主创新路线后，中集在集装箱行业拥有了更多的制定"游戏规则"的权力，逐渐成为行业技术研发的领先者。2006年5月，中集取得了2011年国际集装箱标准化技术委员会年会的主办权，使这个负责国际集装箱制造和操作标准管理的机构的"标准"大会首次移师中国。目前，中集拥有国际标准化组织（ISO）委员1名；参与起草4项ISO国际标准；研究并提出了近20项有针对性的提案和意见，并被ISO编号后作为正式文件公布。③ 中集还是中国国家标准化委员会委员单位，主持制定了多项干货集装箱的行业标准，由中集制定的旅客登机桥设计标准被国家民用航空局确定为部颁标准。目前中集在六大产品领域共参与国际、国家和行业标准制定36项，其中9项已正式纳入国家和行业标准，并且还是中国唯一参与集装箱行业国际标准制定的企业代表。目前，中集已掌握了零部件的核心设计与产品的关键技术，安全智能集装箱、环保木地板和水性涂料、节能焊机、冷箱绿色发泡剂、车辆自主创新车型等成果不断涌现。相继开发出全球首创的侵入探测（"可视"）安全集装箱（TESC）和智能集装箱，研制出全球第一台环保型冷藏

---

① 郑磊.中集破解国际化方程.新财经，2007－01－12.
② 深圳崛起的"中国力量".深圳特区报，2010－09－06.
③ 自主创新·三大亮点（2005创新引领中国）.人民日报，2005－12－30.

第十一章　中集集团：整合全球资源实现从模仿跟随者到行业领袖的跨越

集装箱，建造了第一个环保型集装箱生产基地；成功自主开发出以人工树种替代热带雨林天然树种的集装箱木地板项目，实现了大规模商业生产。

二　创新管理与绩效

麦伯良指出，"创新对中集的每一个进步至关重要。中集有个口号，叫'学习、改进、颠覆'。在我们所涉及的每一个领域，中集都是后来者，但后来要居上，就必须颠覆前人的做法，这都全靠创新。"[①] 在向产业链顶端攀升的过程中，麦伯良始终觉得，不能排斥引进技术、共享人类成果，但更不能放弃自主研发，"人不自强没有人跟你合作"。[②] 中集在1997年成立了集团技术发展部和信息管理部（早在1993年中集就设立了新产品技术开发中心）。2002年以来，中集研发投入一直保持在销售额的3%以上，有400多人的研发团队和多达3000多人的技术人员直接参与产品研发，在制造技术研究、装备保障和工艺研究、新材料与新技术等基础研究方面进行了很大的投入，材料实验室获得中国实验室国家认可委员会（CNAL）颁发的认可证书，成为第一家也是全球唯一一家集装箱木地板行业通过CNAL认证的单位。2010年7月23日，国家能源海洋石油钻井平台研发中心落户中集烟台海洋工程研究院。目前，中集已经建立车辆研究院、集装化研究院、上海海工研究院、烟台海工研究院，收购了南京扬子石化研究院，正筹备青岛冷链研究院、新会模块化研究院（郑贤玲，2012）。2012年，中集研发投入19.01亿元（占销售收入3.5%），开发新产品近700项。

基于整合协同的研发和创新管理是中集创新的一大特色。2001年，在获得国家级企业技术中心认定后，中集以"基础研发集中管理、产品开发贴近制造基地"为指导思想，开创性地构建了"集中市场、分布研发、分布制造"的分布式创新体系（Distributed Innovation System），并通过制造技术、产品技术成果的共享和联合研发将各分技术中心纳入了集团技术创新体系，从而有效进行资源配置。[③] 整个集团的技术创新工作由技术管理部

[①] 尤茂庭，张海鹏. 志在颠覆——中集集团麦伯良专访. 麦肯锡季刊，2008（05）. 转引自中集集团官网之"媒体报道"栏目。
[②] 中集集团总裁麦伯良和他的"中国制造". 南风窗，2012（16）：81-83.
[③] 集中市场、分布研发、分布制造——中集特色的技术研发体系介绍. 中国经贸导刊，2002（19）：60.

和位于总部的国家级技术中心来统一管理和协调,并根据与生产基地接近的原则,在遍布全国沿海的有条件的优势企业分别建立起了技术研发分中心。为了支持集团的技术创新和研发工作,与集团 ERP 同步建设的 PDM 产品数据管理系统已经在各企业和分中心之间建立起一个研发协同平台,实现了 CAD、CAE、CAPP 的集成,保障了分布式研发生产模式的高效运行。

高强度的研发投入和独具特色的创新管理,给中集带来了丰厚的回报。近年来,中集的新产品销售收入占产品销售总收入的 40%,新产品销售利润占产品利润总额的 48%,以"平均每 2 个工作日开发 1 个新产品、每 1 个工作日申报 1 项专利"的速度取得创新成果,至 2013 年已累计申请专利 2386 项,发明专利接近三成(654 项)(见表 11-3 和图 11-4)。

表 11-3 中集历年各类专利申请情况(国内部分)

单位:件

年份	发明专利	实用新型	外观设计	合计
1998 年前	1	3	0	4
1999	3	6	0	9
2000	8	17	0	25
2001	4	12	0	16
2002	4	39	0	43
2003	14	77	0	91
2004	45	126	1	173
2005	48	139	2	189
2006	96	159	2	257
2007	151	168	3	322
2008	76	101	0	177
2009	68	89	0	157
2010	33	85	1	119
2011	25	140	0	165
2012	74	290	2	366
2013	4	267	3	274
合计	654	1718	14	2386

资料来源:国家知识产权局官方网站。

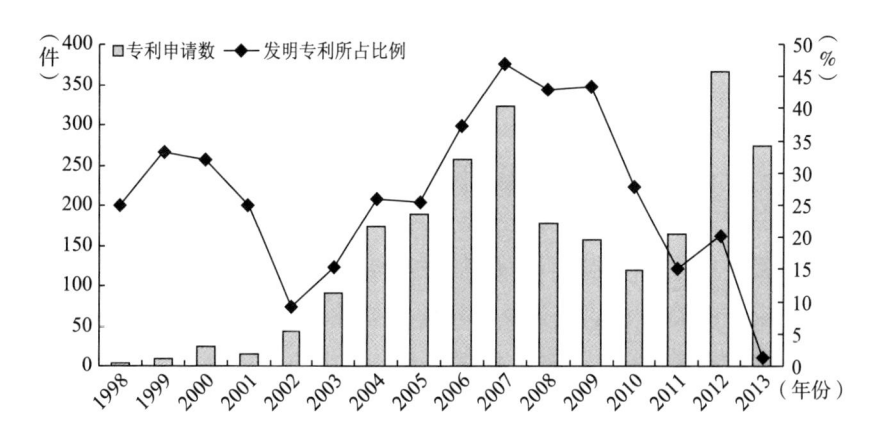

第十一章 中集集团：整合全球资源实现从模仿跟随者到行业领袖的跨越

图 11－4 中集历年专利申请数及发明专利的比重
资料来源：国家知识产权局。

中集通过研发、生产制造等方面的全面创新，以比竞争对手更低的价格提供更多差异化、个性化的高质量产品，体现出强大的国际竞争力，成长为根植于中国本土、在全球多个行业居于领先地位的企业（见图 11－5）。① 2006 年，中集的主营利润率达 13%，高于行业平均水平（约 8%），甚至远高于号称高科技产业的信息通信产业（我国电子信息产业百强 2006 年平均销售利润率为 2.09%），② 这对于集装箱这种被很多跨国公司视为"瘦狗"的传统劳动密集型行业来说是难能可贵的（郑刚等，2008）。2009 年，中集位列福布斯"全球 2000 领先企业"第 1397 位。2012 年，中集

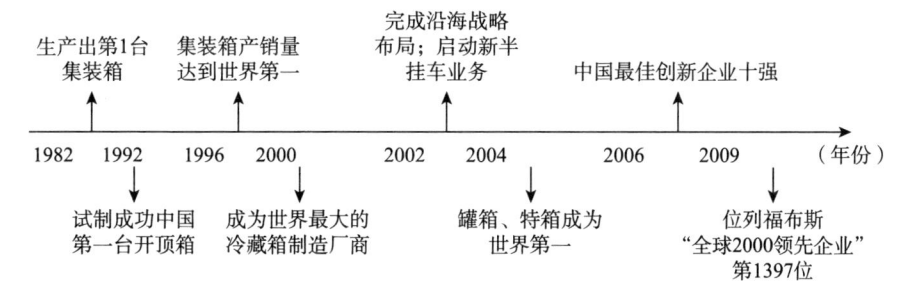

图 11－5 中集的业务领域拓展和自主创新能力的不断提升
资料来源：根据相关资料整理。

---

① 参见中集集团官网。
② 电子信息百强大而不强：7 家亏损大户上榜. 网易科技，2007－06－09.

在《财富》（中文）发布的 2012 年度中国 500 强企业中名列第 73 位。2013 年，中集名列"2013 年最具全球竞争力的中国公司"第 19 位。

第四节　中集的并购及国际化战略

集装箱客户的国际化特性、股东的外资背景以及初期的外方负责经营管理，决定了中集一开始就具备良好的开放性和国际视野。[①] 国际化是中集成立伊始就需要面对的问题，即使是现在，中集仍然有 90% 以上的集装箱面向海外客户。中集作为最早承接国际制造业向中国转移的企业，没有经历我国大部分机械制造企业从企业改制到进口替代再到产品出口的漫长过程，而是直接切入国际市场，快速在世界集装箱行业成为领先者。[②] 中集紧紧抓住了全球产业大转移的机遇，坚持通过全球化营运战略在市场竞争中充分调动全球资源以获取优势。麦伯良在 2005 年的集团工作会议上首次提出了"依托中国优势的全球化营运体系"的战略观，他曾说："我一直主张参与全球化，学会利用全球资源"，"中集幸亏主动跳入全球市场的大海游泳才没被淹死。"[③]

目前，中集已经初步实现了六个全球化。①全球化制造：以中国优势为依托，遍布北美、欧洲和中国沿海的生产制造基地；②全球化采购：技术、钢材、设备等的跨国采购；③全球化研发：以深圳总部为核心，分布在全国和美国、欧洲各地的全球化研发体系；④全球化营销：面对的主要客户都是世界 500 强跨国公司；⑤全球化创新源：整合国内外高校、科研机构等的创新源泉；⑥全球化资本运作：通过出色的国际国内资本运作，进行低成本全球化扩张，并迅速获得技术能力、品牌、知识产权、市场渠道和其他创新资源。全球化战略使中集在与其上下游的世界级企业（如供应商中的新日铁、宝钢等，客户中的 MAERSK、TRITON 等，合作伙伴中的 GE、住友等）的合作创新中游刃有余，显著地提高了企业的竞争力（郑刚等，2008）。

[①] 中集：国企改革成功样本. 国际船舶网，2014 - 06 - 30.
[②] 中集集团 25 年打造国际装备制造业航母. 中国商业电讯网，2007 - 09 - 24.
[③] 中集：立志打造世界级企业. 经济日报，2007 - 01 - 31.

第十一章 中集集团：整合全球资源实现从模仿跟随者到行业领袖的跨越

并购作为一类重要的开放式创新模式，对中集的快速成长起到了决定性作用。麦伯良指出，中集的创新是"三管齐下"：第一管是并购，就是"我没有的技术我可以购并"，第二管是合作，第三管是自主研发。为了弥补自身技术的不足，中集一直重视整合全球资源为我所用。[①] 2007年后，一贯坚持专业化的中集为分散盈利过于依赖集装箱的风险，走向了多元化，通过一系列收购进入道路运输车辆、海洋工程、能源、化工装备制造领域。[②] 为了快速获取所急需的核心技术和知识产权，中集在低成本和规模优势基础上，利用在行业内逐渐确立的行业领先地位，采取了基于并购的二次创新模式。这是中集自主创新中常用的一种创新模式，在成为冷箱、罐箱和折叠箱"世界冠军"的过程中，中集就是通过这种并购式创新快速获得了这些箱型的核心技术与知识产权，并依托自身已经具备的研发力量进行二次创新。这种创新模式的最大优势就是见效快，在短时间内就完全拥有了别人开发多年才拥有的核心技术和知识产权，而且由于中集已拥有强大的研发队伍和技术能力，后续的消化吸收二次创新就更为容易，在一定程度上降低了完全独立研发的风险和成本。

一 集装箱领域的并购与国际化

中集在第一阶段的收购主要遵循两个思路：一是符合中集的区域布局需要；二是被并购企业经营不善，收购成本低。中集在收购后迅速派人进入被并购企业，改造生产线，将管理及文化进行复制，提高了资源整合绩效（郑贤玲，2012）。1993年2月，中集联合日本住友株式会社，完成了对大连货柜工业有限公司的收购，在华北地区建立生产基地，拉开了中集横向兼并的序幕。当时，由于中集没有足够的资金，采取的是先承包经营，通过生产经营就地获取资金再全面收购的思路，这是中集"输出管理、负成本收购"的一个经典案例（郑贤玲，2012）。1994年，中集以3400万元的价格收购了南通顺达集装箱股份有限公司72%的股权。南通中集现已成为中集在华东地区的重要生产基地。1996年1月，中集以104万美元的价格附加对500万美元负债的担保，正式收购广东新会大利集装箱

[①] 中国企业经历金融危机后面临转型.中国中央电视台《新闻调查》，2010-03-08.
[②] 中集集团积极寻求全球并购机会.财经网，2009-04-20.

有限公司80%的股份。

在冷藏箱方面,中集于1998年12月与韩国现代精工合资成立青岛中集冷藏箱制造有限公司和青岛中集集装箱制造有限公司,中集全权负责经营及管理。在1999年3月分别出资1920.66万美元和825.96万美元,获得了这两个公司的全部资产。当年,中集还完成了对上海远东集装箱有限公司、天津北洋集装箱有限公司的收购,从而在上海和天津这两个重要港口完成业务布局。2005年5月,中集收购德国Waggonbau公司一系列冷藏箱制造与设计专利(包括77项冷藏箱专利技术)。

在折叠式集装箱领域,中集也采用了这种创新模式并获得了巨大成功。2004年3月,中集收购英国Clive-Smith Cowley公司60%的股权,获得该公司折叠式集装箱的关键专利技术。折叠箱的核心部件是能让箱子折叠起来的"铰链",集中了折叠箱的大部分技术。英国Clive-Smith Cowley公司采用的"DOMINO"技术的铰链,垄断着全球70%以上的市场份额,几乎所有生产折叠箱的工厂都要向该公司购买此部件(郑贤玲,2012)。就在商议购买Clive-Smith Cowley公司的铰链产品时,中集的特种箱技术研发中心经过长时间的研究已经开发出一套有自主专利权的铰链生产方案,这成了中集与Clive-Smith Cowley公司谈判的重要砝码。面对中集这样一个行业巨头及其过去几年横扫冷箱、罐箱市场的威慑力,Clive-Smith Cowley公司最终成了中集的子公司,甚至铰链的生产也在2005年被移到了广东新会。[①]

在智能集装箱的业务领域,中集与国际著名企业GE的子公司通用电气安全集团(GE Security)合作研发。中集的研发组主要研究集装箱结构的改造以及新的电子模块设计,通用方面则负责集装箱安全市场的电子系统部分,双方资源共享,优势互补,通过先进通信网络保持密切的沟通与协作,大大加快了开发速度。[②] 2005年1月,中集与通用电气安全集团合作开展了智能集装箱的第一次跨海运输(从中国内地港口经过香港运往美国加利福尼亚的GE工厂)的商业测试,结果取得了圆满成功。这一创新的成功,使中集在智能集装箱市场上取得领先优势。

---

① 许扬帆. 中集神话:从相对走向绝对. IT经理世界,2005(14):58-64.
② 2006年度中国十大最佳创新企业. IT经理世界,2006(22):69-70.

第十一章　中集集团：整合全球资源实现从模仿跟随者到行业领袖的跨越

二　道路运输车辆领域的并购与国际化

中集从 2002 年开始涉足全新的半挂车生产领域，通过在国内并购形成了较大的产能。2002 年，中集收购扬州通华公司 38% 的股份，次年 3 月再次收购通华 13.5% 的股份，实现对这一中国最好的专用车企业的控股。2010 年，中集通华销售额历史性突破 20 亿元（24.3 亿元）。2004 年 4 月 12 日，河南驻马店华骏车辆制造有限公司与中集签署合资合同，中国规模最大的专用车厂加盟中集，中集完成了对国内专用车关键厂商的收购。2007 年 2 月、3 月和 9 月，中集相继与洛阳宇通汽车有限公司、安徽芜湖瑞江汽车销售服务公司、梁山东岳挂车制造有限公司正式签署合资协议，将这三家国内半挂车市场的佼佼者收入囊中。

中国还积极探索海外并购扩大专用车市场。2002 年，中集生产的第一辆骨架车出口美国，并在该年成立了中集美国公司；2003 年，中集通过全资子公司 Vanguard National Trailer 与美国第五大半挂车厂 HPA MONON 公司签订资产购买协议，出资 450 万美元购买其半挂车生产相关的资产和零部件配售中心的相关资产，成立 Vanguard 公司，实现了中美技术与市场的对接。2007 年，中集兼并收购 Direct Chassis LLC（美国）公司，合资成立了中集车辆泰国有限公司，兼并收购成立了中集澳洲有限公司。2009 年，成立中集美国冷藏车公司，合资成立沙特中集有限公司。

一系列成功的并购和跨国兼并，使中集到 2006 年时已成为全球产量最大的专业汽车制造企业，并形成中美互动、中欧互动、网络分布、互为支持的产业格局，产品畅销美国和日本等主流市场（郑贤玲，2012）。2011 年，中集车辆形成涵盖 11 个系列、1000 多个品种的产品线，年产能力超过 20 万台。

三　其他装备制造类领域的并购与国际化

在能源、化工及食品装备、海洋工程等领域，中集也通过战略性并购快速进入市场。

中集从2000年开始进入罐箱行业。① 2000年11月，中集与英国UBHI公司签订技术转让协议，获得后者的"Light Weight Beam Tank"罐箱制造技术。15个月后，产能6000台/年的南通中集不锈钢罐式集装箱制造厂开业。虽然当年只生产出了300台罐式集装箱，但不到两年中集罐式集装箱的年销量便突破了5000台，市场份额达30%，成为新的市场主导者。② 2004年10月20日，中集以4200万元收购国内低温罐箱龙头企业——新疆广汇持有的张家港圣达因化工机械有限公司60%的股权，从而获得了低温液体储罐及罐车、汽化设备、LPG和LNG储罐及罐车等相关技术。2006年2月，中集拟与荷兰博格合资成立一家合资公司，中集拥有新公司75%的股份，但之后由于欧盟的反垄断调查而未果，最终在2007年8月6日，中集剥离了罐箱收购业务并通过杠杆收购以4800万欧元获得了荷兰博格80%的股份。2007年8月6日，中集通过其在香港的全资子公司，成功收购了安瑞科能源装备控股有限公司42.18%的股份，拥有了在天然气运输设备上的能力。此外，中集还于2008年3月收购来福士船业有限公司（2010年1月实现控股），进入海洋工程领域，并在当年实现了世界上最大的桥式起重机"泰山号"2万吨的首次吊装成功。

总体上看，中集在集装箱领域的并购扩张始终围绕两大主线展开：一是收购国内知名的制造企业切入市场，扩大产能，形成规模优势；二是不断吸收新技术，进行产品升级，优化结构。中集还通过收购国外企业获取海外渠道，并将生产逐步转移到国内，形成全球资源的合理配置（韩卫兵等，2012）。当然，这些也都对中集的资源整合能力提出了挑战。表11-4归纳了中集历次重要并购的基本情况。

表11-4 中集历年的并购（合资）情况

时间	被并购（合资）方	国别/地点	收购细节	收购目的
1993年2月	大连货柜工业公司	中国大连	与日本住友联合收购	集装箱业务的东北、华北布局

---

① 当时，由欧洲迁徙到南非的Consani、Trencor和Welfit Oddy三家企业长期以来是市场主导者，三家企业均隶属于荷兰博格工业公司，技术优势明显，总市场份额一度超过50%［许扬帆.中集神话：从相对走向绝对.IT经理世界，2005（14）：58-64］。
② 郑磊.中集破解国际化方程.新财经，2007-01-12.

第十一章　中集集团：整合全球资源实现从模仿跟随者到行业领袖的跨越

续表

时间	被并购（合资）方	国别/地点	收购细节	收购目的
1994 年	南通顺达集装箱有限公司	中国南通	中集出资 3400 万元获得 72% 的股权	集装箱业务的华东布局
1996 年 1 月	广东新会大利集装箱有限公司	中国广东新会	中集出资 104 万美元获得 80% 的股份	集装箱业务的华南布局
1999 年 3 月	青岛现代集装箱制造有限公司；青岛现代冷藏箱制造有限公司	中国青岛	中集共出资 2746.62 万美元	集装箱业务的华北拓展
1999 年	上海远东集装箱有限公司	中国上海		集装箱业务的华东拓展
1999 年	天津北洋集装箱有限公司	中国天津		集装箱业务的华北拓展
2002 年	上海宝伟工业有限公司	中国上海		集装箱业务的华东拓展
2002 年	青岛宇宙集装箱有限公司	中国青岛		集装箱业务的华北拓展
2002～2003 年	扬州通化股份有限公司	中国扬州	两次出资共获得 51.5% 的股份	占据中国专用车制高点，专用车市场的华北布局
2003 年 5 月	济南考格尔车辆有限公司	中国济南		发展高端的冷藏车
2004 年 3 月	英国 Clive-Smith Cowley 公司	英国	中集获得 60% 的股权	获得折叠箱的"DOMINO"专利技术
2004 年 4 月 12 日	华骏车辆制造有限公司	中国驻马店	中集获得 51% 的股份	发展半挂车业务
2004 年 10 月	圣达因化工机械有限公司	中国张家港	中集出资 4200 万元获得 61% 的股权	进入罐式集装箱和罐车领域
2007 年 2 月	宇通汽车有限公司	中国洛阳	组建合营公司洛阳中集，中集占股 75%	生产水泥搅拌车等罐式专用车
2007 年 3 月	富士重工业株式会社、住友商事株式会社	中国青岛	合资成立青岛中集环境保护设备有限公司	
2007 年 3 月	瑞新汽车销售服务有限公司	中国芜湖	组建合营公司芜湖中集瑞江汽车有限公司，占股 75%	生产各类化工运输车、粉罐车、混凝土搅拌车等
2007 年 6 月	博格工业公司	荷兰	间接获取博格公司 80% 的股份	获得道路运输车辆和专用静态储罐的设计与制造能力

续表

时间	被并购（合资）方	国别/地点	收购细节	收购目的
2007年8月6日	安瑞科能源装备控股有限公司	中国石家庄	获取安瑞科42.18%的股份	获取CNG及LNG物流设备制造能力
2008年3月	来福士船业有限公司	中国烟台	中集出资6.92亿美元获得29.9%权益，成为第一股东	
2008年6月24日	德国TGE Gas公司	德国波恩	中集出资2000万欧元，获得60%股权	从制造业务向工程服务领域延伸
2008年8月28日	荆门宏图特种飞行器制造有限公司	中国荆门	中集获得80%股份	
2010年1月18日	烟台来福士	中国烟台	通过要约收购实际控股烟台来福士50.01%的股权	
2010年4月19日	龙口三联	山东龙口	中集完成龙口三联100%股权收购	进入海工装备业务
2012年8月	德国Ziemann集团	德国	中集安瑞科以2650.2万欧元收购其部分资产	增强食品装备业务
2013年3月6日	振华集团	中国天津	获得振华36.78%的股权，从而使中集拥有75%的股权	进一步加强物流装备制造与服务的优势

资料来源：根据相关资料整理。

四 并购后的整合及管理

中集重视并购后的资源整合，旨在推进合资公司在认可"同一个中集、同一个愿景"的前提下，对中外创新资源的优势互补达成共识。① 2008年，中集构建了"内控工作模板"和"三步走项目方法论"，并将这些理念贯彻到在北美、澳洲、大洋洲、南美洲等地并购和新建的10多家公司和工厂中，规定不论是国内还是海外，只要是中集的企业和中集的员工，就必须遵守中集的内控体系。② 中集十分重视技术型并购，如对

---

① 尤茂庭，张海鹏. 志在颠覆——中集集团麦伯良专访. 麦肯锡季刊，2008（05）. 转引自中集集团官网之"媒体报道"栏目.
② 中集集团：内控创造新价值. 中国会计报，2012-09-14.

第十一章　中集集团：整合全球资源实现从模仿跟随者到行业领袖的跨越

SMITH COWLEY、TGE、安瑞科能源和来福士的收购，就属于典型的技术引入性兼并。这也反映了中集的一个理念：每进入一个新的细分市场，中集都通过收购该行业最先进的企业实现快速切入，并充分借力被收购企业的客户和市场资源。[①]

中集格外看重海外扩张中的人才问题。麦伯良认为："中集的员工是全球化的员工，不能说只有中国员工才是中集员工。有这样一种偏见，收购了一家外国企业，就得派中国人去管。我不认为派几个中国人去，就能管理好在欧美的企业。有很多中国企业海外整合失败，原因多在于此。其实，全球资源优化配置也包括了人才资源的这种优化配置。"并购博格后，麦伯良就地取"才"，没有派一个人去，充分利用原公司的1600个员工，这些员工比国内的管理者更了解当地经济、市场和人文环境。[②]

成立于2002年的中集车辆集团，在开拓国际市场的过程中也最大限度地整合全球的各种资源，融入当地社会。比如中集车辆在美国、欧洲等国外的基地，都以当地居民为主要雇员。[③] 2007年，为了发展专用车辆业务，中集收购了荷兰的博格公司。麦伯良的本意是把中国和欧洲各自的优势融合起来进行中欧互动，并以此带动中集在这一领域的技术能力和盈利能力。但在一开始，荷兰人并不认同中欧互动的理念。为此，麦伯良反复与他们进行沟通。最后，荷兰员工觉得这一理念很好，也开始主动参与合作了。[④] 2010年，中集车辆接收了原考格尔挂车公司的整个技术团队，并充分利用这个团队的技术力量做欧洲市场针对性的产品研发，为近两年中集产品进入欧洲市场发挥了重要作用。[⑤] 2011年，中集车辆全球销售额达到173亿元。这种海外并购后的人才本土化，在中集收购美国Vanguard后也是如此。

[①] 孟鹰，余来文，胡滢，等．制造业从中国制造向中国创造转型的新路径．中国市场，2012 (42)：66-71.
[②] 尤茂庭，张海鹏．志在颠覆——中集集团麦伯良专访．麦肯锡季刊，2008 (05)．转引自中集集团官网之"媒体报道"栏目．
[③] 中集车辆：全球视野下的内涵式增长．中集月刊，2011 (196)：7-8.
[④] 中国企业经历金融危机后面临转型．中国中央电视台《新闻调查》，2010-03-08.
[⑤] 中集车辆十年：成长为全球化专用车企业．专用汽车，2012 (7)：62-63.

第五节 结论与讨论

中集作为外向型企业,参与国际竞争是唯一选择。中集起步时并没有选择成为跨国公司加工厂的发展路径,而是在十分弱小的时候就主动融入全球市场,把国际对手当作比拼和学习的对象,从中寻求发展的机会,逐步成长为全球的行业领袖(郑贤玲,2012)。

在中国,企业领导人对创新的认知和决策,以及对开放式创新的认同及推动,对企业自主创新能力的培育有非常关键的作用。总体来说,大多数中国企业尚未像发达国家创新型企业那样构建了围绕创新的一系列组织,而且在过去30多年的改革开放中,许多中国企业在全球的崛起更多的也不是靠技术创新。因此,在中国企业追赶发达国家企业的进程中,领导人是否强调创新,是否为创新提供管理和组织上的资源,直接决定了企业是否创新和能否创新。麦伯良不仅对产业发展趋势有高度的敏锐感和准确的判断,而且很早就意识到(自主)创新在企业从劳动力成本优势转向全方位优势中的关键作用,始终激励各项自主创新活动。他指出:"没有世界级的技术研发能力,不吸收全球的先进技术,就不可能生产出世界先进水平的产品,就不可能打造出世界级企业","创新是我们的生存之道,是集团持续发展的重要动力源泉。"[1]

中集开放式自主创新模式给我们的重要启示是,自主创新并不意味着单纯依靠封闭式的独立研发,整合内外部资源(如技术并购、产学研合作等)的开放式创新是快速提升自主技术开发能力的重要途径。而随着产品生命周期加速缩短,即便高起点的引进也是远远不够的,是否具有快速的消化吸收能力,并能进而实现高水平超越,是保持持续竞争力的关键(许庆瑞等,2010)。在开放式创新的环境下,国外很多著名企业通过购买、兼并或合作,将外部的创新成果转化为自己的"内源知识"。这些产权的转移和自行开发一样,都是企业进行技术创新的有效手段。[2] 中集善于借

---

[1] 麦伯良:构建全球化营运体系打造和谐发展企业. 新浪财经,2007-11-09.
[2] 中关村百家企业自主创新调研课题组. 中关村自主创新之一:中关村自主创新路线图. 中国高新技术产业导报,2006-03-16.

第十一章　中集集团：整合全球资源实现从模仿跟随者到行业领袖的跨越

外力进行创新。比如目前具有优势的冷藏箱制造技术，就经历了技术引进—设备国产化—自行建厂（青岛）—自主设计的过程；再比如，曾获得集团技术创新金奖的（桉树）木地板开发，也是新会中集通过对国际集装箱行业产品技术的模仿、吸收，经过长期自主研发而成功的，取代了过去传统的木地板，是具有重大商业和社会价值的产品创新。而这些仅仅是众多的中集自主创新实践中的两个典型。

中集在平衡技术引进与自主开发两者上的丰富经验和高超艺术，帮助其逐渐确立和巩固了在世界集装箱行业的领先地位，这对我国装备制造企业具有重要的借鉴意义和参考价值，其通过开放式创新战略和全面创新管理构筑行业领先优势的成功经验，也是中国企业在全球化环境下提升国际竞争力的可行思路。当然，中集在自主创新方面仍然存在一些问题，如仍然缺乏对行业有根本性影响的重大突破性创新成果，前瞻性的基础研究偏弱等。在开放式创新方面，也过于依赖并购式的资源整合和业务拓展，创新全球化在企业运营体系中的地位还不高，在参与产学协同创新、促进产品多样性与技术多样性的互动等方面也还需加强。中集高层已经意识到这些问题，并正在积极采取措施加以解决。

第十二章

格力电器：专业化、自主研发与开放式创新

珠海格力电器股份有限公司（以下简称格力[①]或格力电器）成立于1991年，其历史最早可追溯到1985年由珠海经济特区工业发展总公司在拱北的一片荒地上用10万元开办费办起的一个塑胶厂（1987年又办了一个空调器厂）。1991年8月，两厂合并，统一建立起"格力空调器厂"（GREE），当年11月18日，格力电器一期工程奠基。[②] 当时，格力只是一家只有200名员工、规模很小的工厂，一年只生产2万台空调。20多年来，格力以"以创新为魂，以核心技术为脊"为精神，逐渐成长为中国空调科技创新的领先企业，格力空调是中国空调业唯一的"世界名牌"产品。目前，格力年产2700万台空调，拥有中国珠海、重庆、合肥、郑州、武汉以及巴西、巴基斯坦、越南八大生产基地，员工达8万余名，已成为全球最大的集研发、生产、销售、服务于一体的专业化空调制造企业。2013年营业总收入超过1200.3亿元（同比增长19.90%），净利润108.13亿元（同比增长46.53%）。

格力技术创新的特色表现在：始终坚持在空调和制冷领域的专业化创新、坚持把自主研发放在企业市场竞争战略的核心位置、坚持在开放条件下提升技术能力和创新绩效。正是这些独到的发展思路，使格力空调构建了产业领导力（从1995年开始，格力空调连续18年在产销量、市场占有率上位居中国空调行业第一，自2005年起格力空调产销量连续8年全球领先），连续9年上榜美国《财富》杂志"中国上市公司100强"。可以说，

[①] 如无特别说明，本研究中的"格力"仅指格力电器股份有限公司，而非格力集团。
[②] "格力式生存"的经济学意义. 第一财经日报, 2011 – 11 – 18.

第十二章　格力电器：专业化、自主研发与开放式创新

格力的成功是坚持基于专业化的开放式自主创新的结果。

第一节　空调产业在中国

空调是我国电器领域的支柱行业之一。中国空调行业从无到有、从小到大，走过了一条不断摸索和发展壮大的成长之路。[①] 20 世纪 80 年代，空调器在我国开始正式生产，当时的年产量不足 2 万台。90 年代，空调器开始进入中国家庭，但由于价格昂贵，市场发展缓慢。[②] 2000 年后，随着人民生活水平的提高，空调开始在国内大规模普及，行业开始大发展。2009 年，中国的空调产量为 8153 万台，居世界空调生产国首位。[③] 2013 年，中国生产空调 11300 万台，约占全球总产量的 70%，其中格力、美的空调产销量均超过 2000 万台，占全球总量的 20%；从市场份额上看，国内的品牌占据了中国空调市场的绝对主力优势。即便是在 2011 年（2010 年 8 月至 2011 年 8 月），国内空调市场依然保持高速增长，据中怡康零售监测数据，市场零售量份额已达 46.2%，变频空调器的比重提升至 50%。[④] 2013 年，内资品牌在家用空调市场的占比接近 90%，外资品牌仅占 10% 左右。

近年来，中国空调行业的一个明显特征是品牌集中度进一步提高。从 2004 年国内空调市场各内资品牌所占的份额来看，格力、美的、科龙位列前三。从 2007 年开始，依然是格力和美的双双领先，海尔则取代科龙位列第三（见表 12-1）。2012 年，国内空调品牌的集中度继续加强，排名前三的格力、美的、海尔的市场份额总和接近 70%。

表 12-1　2003~2012 年国内空调市场占有率排行变化

单位:%

序号	2003 年		2004 年		2007 年		2010 年		2012 年	
	企业	份额	企业	份额	企业	份额	企业	份额	企业	份额
1	格力	13.76	格力	13.80	格力	33	格力	22	格力	31.9

---

① 从大到强中国空调技术发展路在何方. 中国家电网, 2011-05-19.
② 国家信息中心. 2012 中国空调产业白皮书.
③ 中国家用电器工业"十二五"发展规划的建议. 中国家电协会, 2011-11-15.
④ 2012 年空调行业将步入低增长阶段. 深圳商报, 2011-11-18.

续表

序号	2003年		2004年		2007年		2010年		2012年	
	企业	份额	企业	份额	企业	份额	企业	份额	企业	份额
2	美的	12.91	美的	12.90	美的	21	美的	21.8	美的	23.0
3	科龙	11.02	科龙	11	海尔	9	海尔	12.2	海尔	13.2
4	海尔	8.71	海尔	9.0	志高	6	奥克斯	6.4	格兰仕	6.5
5	奥克斯	8.23	LG	6.7	奥克斯	6	志高	6.1	三菱	4.2
6	新科	6.57	奥克斯	5.2	松下	3	海信	3.7	奥克斯	3.7
7	LG	6.14	志高	3	格兰仕	3	科龙	3.6	海信	3.2
8	春兰	5.52	万宝	2.1	海信	3	三菱	2.8	志高	2.4
9	长虹	4.38	海信	2.2	科龙	3	惠而浦	2.2	松下	2.3
10	海信	4.15	—	—	春兰	2	大金	1.4	大金	2.2

数据来源：慧聪空调制冷网、中怡康。

随着技术的不断发展，在单纯的制冷制热之外，空调还出现了空气净化、除湿、去异味等功能，而变频制冷技术成为新的主流。2010年，中国变频空调销售量占空调总销量的29.8%，销售额占比达35.27%。截至2012年8月，变频空调的市场占有率已达46.72%，较2011年同期上升4.91%。但是，变频空调的核心技术专利仍大部分被国外企业掌控。如目前被广泛应用在变频空调上的扭矩控制技术，20世纪80年代就已经被日本企业掌握。此外，IPM功率模块等核心零部件仍然要依靠从外资品牌供应商进口，这也是阻碍中国变频空调快速发展的几大因素之一。[1] 另外，随着全球环境保护的压力与日俱增，全球空调企业都在积极寻找环境友好的新冷媒（如R290）。格力、美的等国内领先空调企业都在积极进行空调新冷媒的研究和替代工作，但如何攻克诸如制冷剂易燃易爆、工作压力过大等问题仍是研究重点。[2] 此外，自2010年开始，太阳能空调的研发成为新的热点，但仍然面临着降低生产成本、提高节能水平、规模化生产等难题。[3]

除了已获得的巨大市场成就外，中国空调企业还在前瞻性技术研发方

---

[1] 从大到强中国空调技术发展路在何方. 中国家电网, 2011-05-19.
[2] 从大到强中国空调技术发展路在何方. 中国家电网, 2011-05-19.
[3] 太阳能空调：市场虽好瓶颈也多. 经济参考报, 2010-12-28.

面积累了大量成果。例如，在空调环保、气体净化加湿、变频、压缩机、蓄冷、控制、互联网等领域，我国空调企业拥有一定技术优势，还出现了一些影响全球市场的技术联盟；在太阳能制冷、磁制冷、热声制冷、脉管制冷、半导体制冷、气体制冷、固体吸附/吸收制冷等领域，我国不少科研机构也取得了一定突破。[①] 在未来一段时期，中国空调产业将与日本、美国、欧洲等国家和地区同步进行技术革新和产品升级换代，变频空调将成为竞争的热点。同时，变频空调的技术也将朝兼顾制冷制热、使用小排量压缩机、宽频运转、新型调速方式等方向进行，以进一步提升变频空调的舒适度与节能环保水平。[②]

第二节　格力电器的发展历程和技术能力演化

可将格力20年来的发展划分为四个阶段。[③]

一　1991~1994年："出新品、上规模"阶段

这是格力最艰苦的岁月，尽管格力电器成立之初就看到了空调行业广阔的市场前景，但初生的企业在规模和技术上的劣势明显。格力在此阶段的主要任务就是全力以赴上规模，并加大力度推出新产品。公司依靠新产品打天下的战略思想和通过"上规模，建立企业竞争优势"的战略举措，为后来的长足发展奠定了坚实的思想和物质基础。但此时的格力，还非常缺乏核心技术能力。许多技术人员都是从最基本的空调原理学起，逐渐熟悉空调的设计、制造工艺和流程。当时，国内的空调市场供不应求，格力抓住了这个难得的历史机遇，很快就打开了市场（陈宗麟和周锡冰，2007）。在前三年，朱江洪采取"农村包围城市"的市场策略，进入春兰、华宝尚不重视的二、三线城市和地区，在产品开发上则采取跟随策略（主要模仿春兰）。1994年起，格力开始向京沪穗等一线城市拓展，并着手实施海外战略。

---

① 全球空调产业专利技术竞争态势．知识产权报，2009-10-13.
② 资料来源于国家信息中心《2012中国空调产业白皮书》。
③ 资料来源：根据格力电器公司内部资料和相关研究资料及文献整理而成。

二 1995~1997年:"出精品、创第一"阶段

这是格力飞速发展过程中最关键的转折点。格力电器在经营过程中,逐步意识到产品的质量对品牌建设的重要性。公司开始以抓质量为中心,提出了"出精品、创名牌、上规模、创世界一流水平"的质量方针,实施了"精品战略",[1] 按照国际标准建立一系列质量管理体系来锤炼企业的整体运营,出台了"总经理12条禁令",建立了自己的产品质量和研发质量检测机制,推行"零缺陷工程",狠抓质量工作,使企业的产品质量领先于同行,提升了企业形象。加上格力在行业首创的淡季贴息返利、年底返利、区域性销售公司等营销模式创新,格力空调在国内市场逐渐占据领先地位。1995年,格力空调的产销量跃居国内第一。

三 1998~2005年:"全面强化企业竞争力"阶段

1998年,在全国主要城市各种品牌空调器中,格力的市场占有率(35%)遥遥领先其后的春兰(11.2%)、三菱(5%),产品出口量也位居全国第一,实现了从"跟跑"到"领跑"的转型。[2] 2001~2005年,公司提出了"争创世界第一"的品牌战略目标,在管理上不断创新,引入六西格玛管理方法,推行卓越绩效管理模式,加强全球供应链整合,加大拓展国际市场力度,向国际化企业推进。此时的格力,确立了走"技术型企业"的路线,通过科技创新、提高全员效益意识等,降低了运营成本,延伸了产品线,巩固了连年国内第一的销售业绩。2005年,格力的家用空调销量突破1000万台(套),成为全球家用空调的"单打冠军"。

四 2006年至今:"掌握核心科技,成为世界名牌"阶段

经过多年的技术积累,格力厚积薄发,自主研发的多项创新科技步入"国际领先"水平行列。同时,格力注重整合全球资源,八大生产基地布局全球,通过整合上下游产业链,与国际知名品牌建立深度合作,改写了

---

[1] 张雪奎. 从亏损到扩张——看格力的控制管理艺术. 卓越管理,2010(8):34-39.
[2] 崔晓林,邹锡兰. 格力的对手——一家新闻不断的企业与其所在的江湖. 中国经济周刊,2011(44):22-27.

全球空调行业格局。

图 12-1 显示了格力的核心技术发展历程。

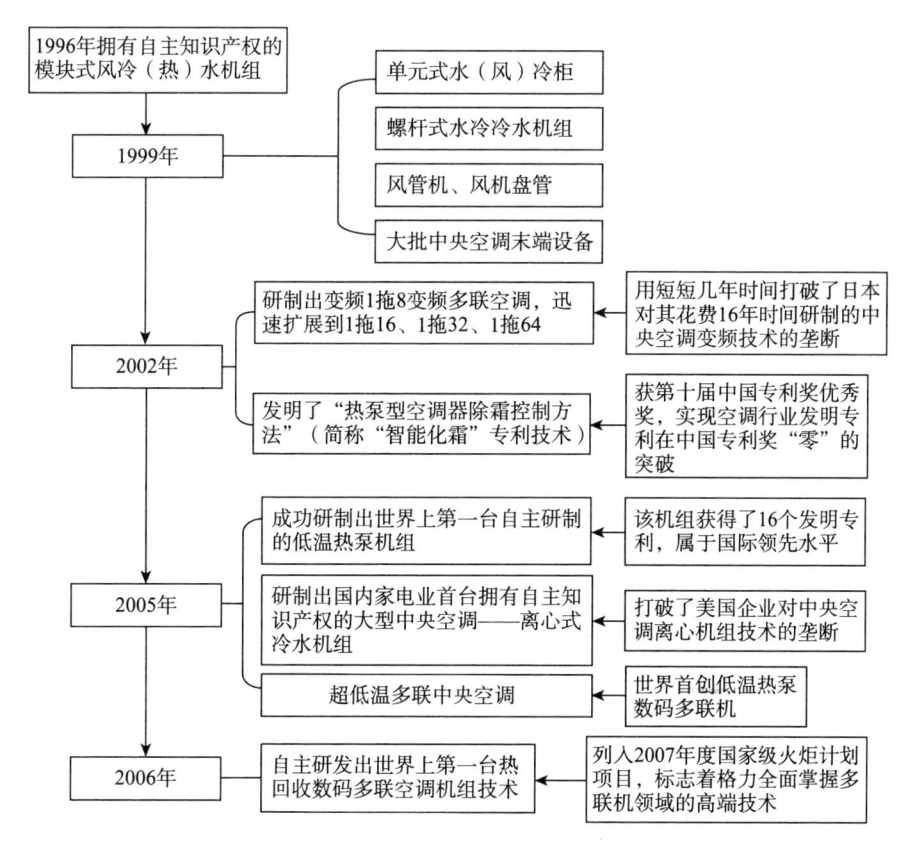

```
1996年拥有自主知识产权的模块式风冷（热）水机组
    ↓
1999年 ──→ 单元式水（风）冷柜
        ──→ 螺杆式水冷冷水机组
        ──→ 风管机、风机盘管
        ──→ 大批中央空调末端设备
    ↓
2002年 ──→ 研制出变频1拖8变频多联空调，迅速扩展到1拖16、1拖32、1拖64 ──→ 用短短几年时间打破了日本对其花费16年时间研制的中央空调变频技术的垄断
        ──→ 发明了"热泵型空调器除霜控制方法"（简称"智能化霜"专利技术） ──→ 获第十届中国专利奖优秀奖，实现空调行业发明专利在中国专利奖"零"的突破
    ↓
2005年 ──→ 成功研制出世界上第一台自主研制的低温热泵机组 ──→ 该机组获得了16个发明专利，属于国际领先水平
        ──→ 研制出国内家电业首台拥有自主知识产权的大型中央空调——离心式冷水机组 ──→ 打破了美国企业对中央空调离心机组技术的垄断
        ──→ 超低温多联中央空调 ──→ 世界首创低温热泵数码多联机
    ↓
2006年 ──→ 自主研发出世界上第一台热回收数码多联空调机组技术 ──→ 列入2007年度国家级火炬计划项目，标志着格力全面掌握多联机领域的高端技术
```

图 12-1 格力的核心技术发展历程（部分）

资料来源：根据格力官网及国联证券研究报告整理。

表 12-2 简要地列出了格力发展中的一些重要事件。

表 12-2 格力电器的发展中重要事件（部分）

年份	事件
1991	格力电器成立
1995	格力电器在空调产品方面超越竞争对手春兰，在国内市场占有率上排名第一
1996	格力电器在深圳证券交易所上市
2001	格力电器海外扩张，巴西基地竣工投产

续表

年份	事件
2002	格力电器西进，重庆基地竣工投产
2003	格力电器四期竣工，格力电器成为世界最大的空调生产基地
2005	格力空调销量突破1000万套，产销量位居全球第一
2005	中国第一台大型离心机组在格力下线，填补了国内空白
2005	世界第一台超低温数码多联机组在格力电器顺利下线，实现了零下25摄氏度正常制热，使我国的中央空调在冬季超低温制热和节能技术上一举达到世界领先水平
2006	格力的中央空调生产基地扩建；巴基斯坦基地投产
2006	9月，格力空调被国家质检总局授予空调行业唯一的"世界名牌"称号
2010	格力在中央空调、定频空调、变频空调领域的核心科技全面突破，开启节能环保新时代
2010	格力在郑州、武汉的生产基地先后动工，形成辐射全球的八大生产基地
2011	格力美国分公司在美国加利福尼亚工业市正式成立，标志着格力自主品牌产品进军国际市场能力的跃迁
2011	7月14日，全球首条丙烷即碳氢制冷剂R290分体式空调示范生产线在格力电器正式竣工，并顺利通过中德两国联合专家组的现场验收，标志着备受制冷业界关注的R290冷媒空调将正式量产
2012	2月，格力1赫兹变频技术"变频空调关键技术的研究与应用"项目荣获国家科技进步奖，格力成为该奖项设立以来唯一获奖的专业化空调企业
2013	12月，"格力光伏直驱变频离心机系统"被专家组鉴定为"全球首创、国际领先"，开启中央空调"零能耗"时代

资料来源：根据格力内部资料并结合公开新闻报道整理而成。

第三节 专业化战略、自主研发与开放式创新

一 专业化战略促进创新能力的提升

产业界和学术界中一个时常讨论的话题是：格力是要向多元化发展进入其他家电业务，还是类似于大多数家电集团那样继续坚持专业空调路线？与其他有空调产品的家电企业（如美的、海尔）很早就开展多元化经营不同的是，格力是家电行业名副其实的"单打冠军"。实际上，格力奉行的是技术专业化的相关多元化战略。以强大的技术能力作支撑，格力从只生产空调的企业跨越到专业化的制冷企业，在坚持以家用空调为核心业

务的同时，还进入大型中央空调等相关的商用制冷设备行业，产品类型多达数千种，在空调外沿领域拥有了全线的自主研发产品，如食品运输、冷冻冷藏、医疗机构温控、影剧院温控等领域。

格力是中国家电行业中唯一坚持到现在只做空调的专业化企业，专业化倒逼着格力不断自主创新，由此获得更多的高附加值产品，占据市场主动权。① 格力坚持专业化战略的主要原因是空调市场具有广阔的发展前景和大好的成功机会（陈宗麟和周锡冰，2007）。董明珠认为，做专业化最大的好处就是技术领先于别人，只有技术领先才有竞争力，并指出如果格力电器要做多元化，也是在自己专业化已经是全球第一且具有长期的领导能力，或资源充裕的情况下才会考虑。② 她断言：" 无论市场环境怎么变，专业化没有'天花板'效应，因为技术总会不断往前走，总会有不断的创新出来。"③

二 立足于自主研发——自主导向下的开放式创新

作为后发企业，格力早期也寄望能从国外引进技术以快速提高市场份额。2001年初，重庆一家大型外资企业向全国公开招标购买50套1拖4多联式中央空调。在当时，多联式中央空调技术几乎被日本企业垄断，国内没有企业具备生产这种多联式中央空调的技术和能力。④ 为了中标项目，时任总经理的朱江洪在2001年底带领公司技术团队到日本考察，希望从某日本企业购买、引进变频多联空调技术。然而，一向与格力合作良好的该企业却一口回绝，并表示连散件也不会卖给中国。这次不愉快的经历，激起了朱江洪不服输的个性。回国后，朱江洪迅速组织了近20名具有丰富经验的研发工程师成立了攻关小组，决定依靠自身的研发力量自主开发这一技术，格力仅仅凭借一本多联式中央空调的说明书，用了不到两年的时间就成功研发出GMV数码多联中央空调系列以及超级变频多联式空调系列。而日本企业开发这一技术，整整用了16年的时间。⑤ 随后，格力在变频多

---

① 从格力电器看传统制造业转型升级．比特网，2011-06-13．
② 董明珠：创新是企业的骨髓．南京都市报，2011-02-04．
③ 专业化没有"天花板"．财经国家周刊，2012-03-19．
④ 核心科技战略："中国创造"的根本支点．中国财经报，2010-07-28．
⑤ 透视广东：打造中国未来．商业周刊，2009-08-05．

联空调的研发上势如破竹，相继推出了变频1拖16、1拖32。①

格力把自主研发作为面向国际化创新与竞争的基石，多年来坚持"研发投入没有上限"的原则，将科技研发与产品创新置于最高战略位置，始终保持中国空调行业"研发投入最大"和"研发人员最多"。2008年下半年，格力设立了家电和机电两个研究所，和之前成立的制冷研究所一样，主要做有关白电领域的检点技术的中长期基础研究。与其他企业大多热衷于试验发展或部分应用性研究不同，格力看重的是基础研究给企业带来的长远价值。目前，格力拥有全球规模最大的专业空调研发中心，包括制冷行业唯一的国家级工程技术研究中心（国家节能环保制冷设备工程技术研究中心）、1个国家级企业技术中心、1个省级企业重点实验室，形成以3个基础研究院（制冷技术研究院、机电技术研究院和家电技术研究院）为核心，包括噪声、模拟环境、长期运转等领域的26个研究所和300多个国际或国家认可的实验室在内的自主创新体系。2011年，格力用于空调相关技术研发的费用投入超过30亿元，研发人员达4500多名。凭借着强大的科研实力，格力已成为中国制冷技术的前沿阵地。②

格力自主研发在很大程度上是高层支持的结果。朱江洪本人就是一个"技术迷"，他宣称："一个没有创新的企业，是一个没有灵魂的企业；一个没有核心技术的企业是没有脊梁的企业，一个没有脊梁的人永远站不起来"，③"掌握真正的核心科技，才能在激烈的市场竞争中立于不败之地"。④ 多年来，朱江洪把企业的人事权、财权统统交给其他高管，自己紧紧抓住技术创新这个核心任务不放，在格力空调的新产品和专利中，朱江洪的个人成就占到1/3（陈宗麟和周锡冰，2007）。董明珠本来擅长营销，但也认为"空调市场会一直存在，只是会不断有新技术出现，替代旧的技术"，"只要格力一直掌握核心科技，就永远立于不败之地"，"很多企业往往只考虑短期利益不愿在技术研发上过多投入，但未来取决于企业自身自

---

① 格力中央空调在自主创新方面取得的三大突破. 中国空调制冷网，2005-11-09.
② 全球首条R290冷媒空调产线项目通过验收. 中国家电网，2011-07-15.
③ 格力大金合资内幕：董明珠一句话引起. http://news.abi.com.cn/htmfiles/82840.shtml.
④ 格力"夺冠"世界杯背后——本土制造业自主创新路径启示. 瞭望新闻周刊，2010-07-12.

主研发的能力,在技术研发上的大量投入成功的决定因素。"①

三 合资及跨国合作——利用国外创新资源

2009年2月18日,格力宣布与"世界变频之父"日本大金工业株式会社启动全球合作战略,计划合资9.1亿元兴建变频压缩机厂和精密模具厂,共同研发第四代变频空调,涉及原材料采购、核心零部件研发、整机技术提升等多个领域。双方在5个项目上达成共同意向:大金委托格力生产面向日本市场的50万台变频家用空调、在珠海合资设立两大工厂、联合采购空调的原材料和零部件、联合开发面向全球市场的节能环保新型变频家用空调。与以往中国企业单纯引进国外技术的合作方式与合资方式不同,在被称为"全球制冷行业最大的合作案例"的这次合作中,格力对合资企业具有控股权(占合资公司股份的51%),而非代加工,这是世界顶级空调厂家第一次在产品设计和零部件开发阶段选择与中国企业开展强强联合、平等对话,②在中国空调史上具有里程碑意义。从当年格力为大金代工生产,到现在的战略性合作,表明格力已具备与世界顶级企业对话的实力。③ 5月8日,总投资达5.1亿元的生产变频压缩机与精密模具的工厂在珠海开工,双方的全球战略合作迈出了实质性一步。与大金合作,格力既可增强自身在节能变频技术上的竞争力,也能从大金向中国的产能转移中受益,这是一种典型的整合全球科技资源的互利互惠的合作模式。④

除了与大金合作之外,格力也曾与德国成功"联姻"。2009年,德国政府通过其下属德国国际合作机构(GIZ)与中国环保部、中国家用电器协会达成合作意向,德国环保部出资105万欧元与格力联合启动了中德双边合作项目——格力碳氢制冷剂房间空调器生产线示范项目,⑤共同研发建造一条年设计产能为10万台的采用碳氢气体(丙烷——R290)作为制冷剂的分体式房间空调器生产线。德国政府的出资所看中的正是格力独有

---

① 全球首条R290冷媒空调产线项目通过验收. 中国家电网,2011-07-15.
② 格力大金珠海合作建厂,共拓变频节能空调市场. 搜狐财经,2009-02-18.
③ 格力与大金合作 世界空调格局面临新变局. 搜狐IT频道:http://it.sohu.com/20090220/n262354739.shtml.
④ 领衔中国创造格力加速全球化布局. 新浪财经:http://finance.sina.com.cn/roll/20100423/09487814421.shtml.
⑤ 格力空调获欧洲准入证:将推环保型新产品. 新京报,2011-07-21.

的技术。① 这一德方出"资"、中方出"智"的R290分体式空调示范生产线项目，被德方称为中德合作的标杆性项目。② 2011年7月14日，该项目在珠海顺利通过中德两国联合专家组的现场验收，这也是我国首个含氢氯氟烃（HCFC）替代项目进入验收。

四 产学研合作

除了与外企"联姻"外，格力还与多所大学和科研院所建立了合作关系（见表12-3）。比如，格力在2009年7月与华中科技大学就科技创新、人才培养等签署全面战略合作协议，双方计划联合开展国家和地方政府科技项目，在制冷领域尖端前沿科技开展合作研究，③ 共同培养生产、技术、管理和营销等专门人才，格力作为华中科技大学学生的社会实践和实习场所。2011年6月30日，格力与合肥工业大学签署了产学研合作协议，共建实践教学基地，双方在人才培养、科学研究领域开展深入合作。这种校企合作模式，大大提升了双方在攻克全球制冷领域重大技术难题上的能力。④

格力还与东南大学、西安交通大学、北京交通大学、华南理工大学等开展了项目的联合开发。如与清华大学联合申报国家"十一五"科技攻关项目、与华南理工大学合作研发"智能化人体图像识别系统研究技术"、与北京交通大学合作开发"250V 20A特殊用途互联耦合器"、与西安交通大学共建技术中心。2011年8月，格力与东南大学共同研发的"冷暖辐射生活热水多功能一体地暖户式中央空调"项目通过中国轻工业联合会组织的科技成果鉴定，被专家组一致鉴定为"国际领先"水平。

表12-3 格力的产学研合作项目（部分）

年份	合作院校	合作项目/内容
2009	华中科技大学	合作进行"格力VRV型冰蓄冷空调机组的研制开发"，联合申报国家和省部级科技奖励及国家和地方政府科技项目，重点在制冷与低温设备设计及制造、新材料开发及材料成型、环境保护、能源动力、电气自动化及控制，以及科技前沿技术的研究开发等领域开展合作研究

---

① 全球首条R290冷媒空调生产线正式量产．信息时报，2011-07-15．
② 全球首条R290冷媒空调生产线项目通过验收．中国家电网，2011-07-15．
③ 格力电器联姻高校．珠海特区报，2009-07-03．
④ 格力电器联姻华中科技大学，共拓尖端科技．筑能网：http://www.topenergy.org/news_37590.html．

续表

年份	合作院校	合作项目/内容
2010	东南大学	共同研发"冷暖辐射生活热水多功能一体地暖户式中央空调"
2011	合肥工业大学	建立合作伙伴关系和实践教学基地
2012	重庆理工大学	人才培养、基地建设、科学研究
2012	天津商业大学	共同研究空调技术类、产品外观设计类、系统建模类、可视化媒体类和市场营销类等五大课题

资料来源：根据相关资料整理。

五 研发创新与经营的国际化

格力很早就参与了国际化，早在1993年就利用产品品质和制造成本方面的优势获得了松下、大金等众多国际知名品牌的代工订单，产品开始迅速出口到空调强国日本。但是，格力在这一时期的国际化仅仅局限于贴牌加工。1998年，技术能力渐强的格力开始考虑凭借自主品牌产品进军欧洲市场，开启主动国际化战略。2001年，格力电器第一个海外生产基地在巴西竣工投产，生产自主研发的格力空调，以巴西及南美市场为主。随后，格力巴基斯坦、越南生产基地相继投产。与众多企业争相到海外投资设厂不同，格力的国际化思路是"先有市场，后建工厂"，无论是在巴西，还是在巴基斯坦、越南，格力的发展战略都是先拥有当地市场和消费群体，再建立生产基地，海外生产基地以输出技术和管理为主。[1]

董明珠认为自主品牌和自主创新是基础，提出，"国际化企业首先要在技术、产品和服务方面具有领先水平，而非简单的收购或圈地建厂"，[2] "国际化不是看赚了多少钱，或者销售额有多少……更有价值的是自己品牌的走出去"，"让全世界的人都信赖格力空调，就像人们信赖'奔驰'、'宝马'一样"，[3] "格力要用先进的技术去建厂，而非简单的资本投入。"[4] 2011年6月，格力的美国分公司在美国加利福尼亚州工业市正式成立，这有力推动了格力树立强大的品牌形象，意味着格力国际化战略的全面提

---

[1] 格力电器总裁：正在考虑在美国建立工厂．中国证券报，2012-03-07.
[2] 企业国际化不是出国卖东西．中国企业家网，2010-12-09.
[3] 格力国际化战略再迈步 以"中国创造"亮相世界．南方日报，2012-03-23.
[4] 董明珠：创新是企业的骨髓．南京都市报，2011-02-04.

速。① 如今，格力在全球已经拥有 2 亿用户，其自主品牌空调产品已远销全球 100 多个国家和地区，在海外开设了多家销售公司以及 500 多家专卖店。

第四节 开放式自主创新对格力国际竞争力的影响

回顾空调产业的百年历史，一直都是由美国和日本两国相继超越和垄断大部分核心技术（陈宗麟和周锡冰，2007）。格力坚持在开放条件下开展自主创新，以专业化带动国际化，在短短 20 年间就"跨越了 100 年的历史"。② 目前，格力在自主知识产权的拥有上已领先于国内的空调生产企业，拥有国内外专利 6000 多项（发明专利 1300 多项），平均每天有 4 项专利问世。当然，从图 12-2 和图 12-3 来看，在格力的专利结构中，发明专利的比例尚需提高。

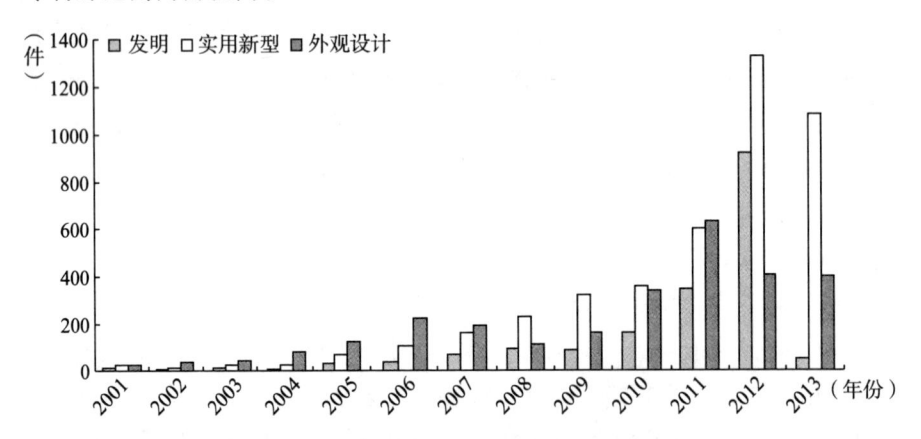

图 12-2　2001~2013 年格力各类专利数量变化

数据来源：根据中国知识产权局的专利数据统计整理而成。

---

① 格力国际化加速　逆势发力国际市场．东方网财经频道：http://finance.eastday.com/Business/m2/20120401/u1a6462156.html.
② 格力电器用 20 年的时间跨越了 100 年的历史．新华网，2011-03-03.

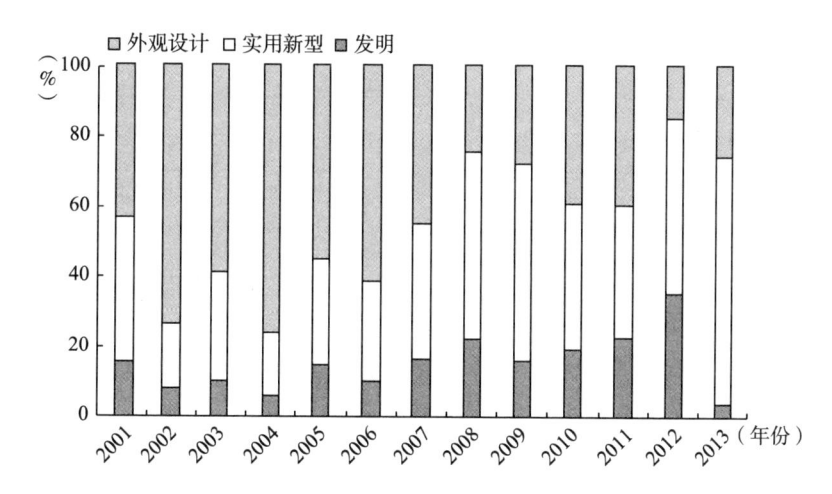

第十二章　格力电器：专业化、自主研发与开放式创新

图 12-3　2001~2013 年格力各类专利结构变化

数据来源：根据中国知识产权局的专利数据统计整理而成。

长期重视研发创新使格力的自主核心技术硕果累累（见表12-4）。2005年8月24日，由格力电器自主开发、具有自主知识产权的离心式冷水机组正式下线，打破了美国企业长期以来对离心机技术的垄断，填补了中国在这一技术上的空白。格力的"热回收数码多利安空调机组"、"新一代 G-Matrik（G10）变频空调的研制"和"热回收直流变频模块化多联机组"等成果入选国家火炬计划，"应用 EVI 和智能化霜技术的全新滑动门柜式空调"与"直流变频多联热水机组"等入选国家重点新产品计划。2012年2月14日，源于格力1赫兹技术的"变频空调关键技术的研究与应用"项目获得了国家科技进步奖。2011年7月14日，全球首条碳氢制冷剂 R290（丙烷）分体式空调示范生产线在格力正式竣工，标志着 R290冷媒空调正式量产，这是中国企业在新冷媒技术的研究和应用上首次走在国际前列。

表 12-4　格力被国家权威部门鉴定为"国际领先"的部分技术

技术成果	创新性	年份	鉴定部门
超低温数码多联中央空调	有效解决北方寒冷地区中央空调制热和采暖效果差的难题	2005	建设部、中国制冷学会、中国制冷工业学会

343

续表

技术成果	创新性	年份	鉴定部门
超高能效压缩机技术	突破定频空调能效提升极限,能效比在业界最高	—	中国轻工业联合会
高效离心式冷水机组	世界第一台新型高效离心式冷水机组,能效比(COP)高达9.18,较国家一级能效水平节能40%以上	2009	清华大学、中国制冷学会、中国制冷空调工业学会
智能霜化技术	大幅提高了空调的舒适性,制热效果比传统空调提高了30%	—	第10届中国专利优秀奖,是行业内唯一获得中国专利优秀奖的技术
太阳能空调	我国首台太阳能变频空调,具有太阳能逆变并网功能	2010	—
新一代G-Matrik低频转矩控制技术	低频可达1赫兹,在舒适性与节能方面创造了新的行业技术标杆	2010	广东省轻工业协会
格力i系列太空舱柜式空调	在同等功率下,比一般柜机体积缩小50%	2010	中国"家用电器工业设计创新"大奖
格力U系列超薄变频空调	机身仅长15.3cm,设计上的革命	2010	中国"家用电器技术创新"大奖
R290(丙烷)新型环保制冷剂	自主研发的纯天然的绿色环保制冷剂	2011	中德两国联合专家组
双级变频压缩机的研发及应用	将以往压缩机只有一次的压缩过程升级为两次,使压缩机本身负担减轻,并提升压缩效率	2012	—

资料来源:根据格力内部资料并结合公开新闻报道整理而成。

从表12-5和图12-4来看,格力的发展步伐非常稳健,作为专一从事空调生产的制造商,能连续位列全国百强,实属不易。

表12-5 格力电器在中国500强企业中的排名和其他指标

单位:百万元

年份	排名	营业收入	净利润	出口销售收入
2002	62	7029.7	296.8	660
2003	63	10042.4	337.3	1611
2004	56	13832.6	420.8	2245.1
2005	60	18248.1	509.6	5258

续表

年份	排名	营业收入	净利润	出口销售收入
2006	63	23802.9	628.2	7828
2007	50	38009	1270	8081
2008	51	42032	2103	5835
2009	54	42637.3	2913.5	9751
2010	44	60807	4276	14546
2011	51	83517	5237	NA
2012	41	100110	7380	NA

数据来源：《财富》中文网、格力公司年报。NA 表示无法获取数据。

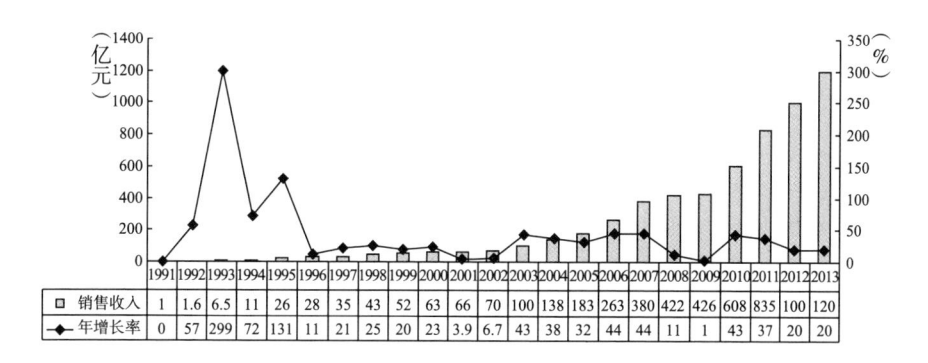

	1991	1992	1993	1994	1995	1996	1997	1998	1999	2000	2001	2002	2003	2004	2005	2006	2007	2008	2009	2010	2011	2012	2013
销售收入	1	1.6	6.5	11	26	28	35	43	52	63	66	70	100	138	183	263	380	422	426	608	835	100	120
年增长率	0	57	299	72	131	11	21	25	20	23	3.9	6.7	43	38	32	44	44	11	1	43	37	20	20

图 12-4 格力的产品销售收入及增长变化

数据来源：格力公司年报。

在中央空调领域，格力自 1996 年进入该行业，目前已拥有 9 个系列 1000 多个品种规格，平均每 4 天推出一款新品，市场竞争力不断提升（见表 12-6）。2005 年，格力的多联中央空调击败日本大金等国际企业，中标中国联通揭阳分公司综合大楼的中央空调项目。多年来，多联中央空调还是日本品牌的天下，但格力从 2002 年开始就超过了日本企业（陈宗麟和周锡冰，2007）。2012 年 10 月，《暖通空调资讯》发布的《2012 上半年度中国中央空调行业发展报告》显示，上半年格力凭借超过 14% 的市场占有率，首次击败大金，成为国内中央空调市场的冠军。① 2013 年，格力蝉联中央空调国内市场占有率第一名。

---

① 格力大片上映纽约时代广场逾半年．慧聪电子网．2012-10-09．

表 12-6　2007~2013 年国内中央空调市场占有率排行

排名	2007 年	2008 年	2009 年	2010 年	2011 年	2012 年	2013 年
1	大金	大金	大金	大金	大金	格力	格力
2	约克	约克	美的	美的	美的	大金	美的
3	美的	美的	约克	格力	格力	美的	大金
4	开利	开利	格力	约克	约克	约克	约克
5	麦克维尔	格力	开利	开利	开利	麦克维尔	麦克维尔
6	格力	麦克维尔	特灵	海信日立	特灵	海信日立	开利
7	特灵	海尔	麦克维尔	麦克维尔	海信日立	开利	海信日立
8	海尔	特灵	海信日立	特灵	麦克维尔	特灵	海尔

资料来源：慧聪空调制冷网。

第五节　结论与讨论

格力电器的创新实践表明，在空调领域，中国企业没有必要盲目崇拜跨国企业，只要坚持自主研发并善于利用全球创新资源，中国本土企业同样有能力赢得国际市场竞争。美国《商业周刊》在 2012 年初调查了中国企业的发展前景后得出了一个结论：格力代表了中国企业的发展方向。格力专注于空调产业，专注于自主研发，很好地诠释了中国企业通过"自主－开放"协同的创新途径提升国际竞争力的思路。可以说，在"自我发展"、"自主创新"与"自有品牌"方面，格力做到了极致，对自主创新的重视和巨大投入使其不断打破国际制冷巨头的技术垄断，从而赢得了广泛的知名度和影响力。[1]

格力案例的启示还表现在以下方面。①对中国而言，白色家电是一个很有竞争力的领域，本土企业获得发展机会的核心前提之一仍然是技术能力建设。在世界范围内空调巨头的技术相当成熟的情况下，中国的后发企业只有通过自主创新，致力于自主技术研发，才能使核心技术不受制于人，挣脱外国技术的束缚，成为后起之秀。②技术引进可以引致创新，但不能盲目崇拜跨国公司的技术。在创业初期，中国企业缺乏技术尤其是新

---

[1] 格力："创造"引领品牌走向国际．和讯网，2014-08-04．

第十二章 格力电器：专业化、自主研发与开放式创新

兴的核心技术是不可避免的，但不能因此盲目崇拜国外的先进技术，也要认识到核心技术是不可能轻易转让或转移的，后发企业只有通过开放的自主创新模式，才能真正跃迁到技术前沿。格力的可贵之处就在于此，它敢于坚持自主创新，冲破一切技术垄断。当然，在中国，除了企业领导者有自主创新的勇气与魄力之外，还需要有一个清晰且开放的技术创新组织和管理系统，并培育面向全球化创新的企业文化。③抢占市场先机是中国本土企业能够存续并发展的关键，也是开放式创新能够成功的条件。中国企业能够赢得与跨国公司竞争胜利的法宝之一是对本土市场需求的理解上的优势，中国市场的巨大变化使许多在发达国家萎缩的产品在国内成为新的热点。许多时候，这种局面使大部分的本土企业沉迷于市场而忽视了研发，导致其技术停滞不前。格力瞄准经济市场需求和经济发展趋势，恪守本分专心研发，是其成功的秘诀所在。

格力的创新并非"闭门造车"。实际上，格力的不少技术创新来自其长期代工中的领悟与比较。如在帮助 GE 做空调代工时，朱江洪发现 GE 的产品评价体系很完备，就向其学习完善自己的评价指标。[①] 当然，尽管格力的国际化战略颇有成效，也重视利用外部资源，但总的来看，格力的创新过程仍不够开放。

---

① 岳淼. 格力的世界. 环球企业家, 2008 (19): 122-126.

企业案例研究的结果与讨论

本篇四个案例企业的开放式自主创新战略各有特色，有的侧重资源获取型的开放式创新，有的侧重自主研发带动开放式创新，有的重视平衡两者的关系，各有千秋，但共同特点都是结合各自企业的资源基础和知识优势，通过开放促进自主，以自主带动开放，提高企业基于创新的国际竞争力。下表描述了四家企业在开放式自主创新与国际竞争方面的表现。

企业开放式自主创新与国际竞争力的情况

企业	创新的自主度	创新的开放度	开放式创新模式	自主和开放的协同程度	主要优势	国际竞争力
中兴	高	高	研发国际化；产学研合作；战略联盟	高	技术能力	强
吉利	较高	较高	通过并购；部分的产学研合作；国际化	中	低成本优势	中
中集	中	较高	通过并购；供应链整合；国际化	较高	制造能力	强
格力	高	中	产业链系统；国际化	中	技术能力	强

这些企业的经验表明：

（1）自主研发的确是企业提高国际竞争力的依靠。中兴通讯正是较早地将技术研发作为企业发展的根本战略，成功地实现了自主创新能力的提升，在国际市场上具有比较强的竞争力，而且具有持续的竞争优势。格力的专业化战略也是围绕自主研发而展开的，专业化增大了格力在空调领域的研发投入，这反过来又进一步增强了在企业专业化领域的创新领先优势。

（2）在国际竞争中，坚持开放式创新的思想很重要。全球化不仅是经济的全球化，也是科技的全球化，如何从外部获取资源并进行有效整合是中外企业都面临的重大课题。这些企业的创新成功几乎都注重了开放带来的价值，其中供应链整合、海外并购是中集的主要经验，吉利也从国际兼并中获得了技术和品牌的提升。中兴的国际化战略被证明是有效的，这种主动"走出去"获取资源的做法，正成为未来中国企业的一个重要方向。相对来说，格力在开放式创新上的投入并不多。

（3）在提升国际竞争力的道路上，自主创新、开放式创新都是不可或缺的。企业应坚持开放条件下的自主创新，注重二者的协同发展，并不存在开放（比如合资）就会扼杀自主创新的说法，但企业应根据自身特点、发展阶段与战略、产业技术特征与环境、政府和市场等，在创新的开放与自主上实现动态匹配，不能单靠兼并、购买来提高创新能力。而且，开放式自主创新的落脚点在于"自主"，自主创新是一个自始至终都要坚持的战略，"开放"只是更有效地推进自主创新的手段和方法。

第五篇

研究结论及展望

第十三章
研究结论与政策建议

20多年来,自主研发对中国产业国际竞争力的影响成为国内创新经济学和科技创新政策研究的重点,而开放作为发展中国家缩小国际竞争差距、实现追赶战略的最有效途径之一也备受关注,尤其是外商直接投资(FDI)、技术引进(包括针对国外的技术并购)和对外贸易等带来的影响。鉴于近年来中国政府加强产业自主创新的迫切愿望和政策推动,以及中国企业在海外研发投资、研发外包、产学研合作、技术许可等方面的表现,有关中国产业如何协同自主创新和开放式创新以提升国际竞争力的问题,值得深入研究。

基于对相关文献的大量掌握,本研究主要开展了三个方面的工作:首先,在理论上探讨了中国企业开放式自主创新的机理与典型模式,分析了开放式自主创新促进企业国际竞争力提升的途径;其次,通过大规模问卷调查,对中国企业开放式自主创新的发展现状、特点和影响因素进行实证研究;最后,对四个产业和四个企业开展了多案例研究,对理论分析中提出的一些观点及问题开展了进一步讨论。上述研究的结论支持了企业坚持自主创新与开放式创新协同发展的重要性,有助于更准确地揭示中国产业通过开放式自主创新构建国际竞争优势的内在机制,对有关中国制造业创新与国际竞争战略的理论进行了有益的补充。

第一节 主要研究结论

通过理论探讨、调查统计、案例分析,本研究形成了三个主要结论。

一 自主创新是中国产业参与全球竞争的重要基础

产业之间的国际竞争归根到底是自主创新能力的较量。在中国企业走向全球的过程中，核心技术的创新已经成为瓶颈。中国在改革开放后，迅速融入了制造业的国际分工体系，作为一个快速崛起在全球市场上的竞争者，对全球的经济发展做出了巨大贡献。但是，创新乏力仍是中国企业的通病，大多数中国的出口企业只是产品的制造商或组装商，尚未掌握核心技术，国家日益强大的科学能力与产业薄弱的创新能力极不相称。长期以来，我国制造业一直困扰于低技术定位与过度竞争问题，企业间的竞争往往集中于产品的成本而非产品技术的创新性上。许多企业对研发投入不够重视，技术能力单一，以致产品创新能力不足，缺乏创新型产品，最终造成竞争优势的削弱或消失。

自主创新能力的薄弱，使中国企业在国际竞争中屡遭困境。中国作为后发国家，几乎所有的产业在起步时都是沿着国外已建立的技术轨道进行产品开发，因此以合资为代表的技术引进，成为政府提高本土企业吸收外资技术溢出的重要手段。但是，通过对四个产业的案例分析，我们发现，在有些产业（如电信设备产业），更为明确的自主导向是获得外资进入所带来好处的基本前提。如果一味依靠外部技术的输入，不重视对新的技术轨道的探索和战略布局，一些产业（如彩电产业）尽管在技术引进后凭借低劳动力成本的制造优势、本国巨大的市场需求和政府政策的支持，实现了快速的追赶乃至领先，但随着新的技术突破的发生，这些产业又开始了新的技术引进，在新的领域中重新成为追赶者。而在一些产业（如汽车产业），本土企业在享受着合资带来的市场利润的同时，丧失了自主研发的动力，陷入合资依赖综合征，内资企业的竞争力更多地体现在生产加工而非创新能力上，缺乏有竞争力的自主品牌。在全球化的竞争环境下，中国产业通过廉价的土地和低成本优势谋取市场地位的传统模式已陷入困境，这不仅因为中国原材料、土地、劳动力成本的快速上涨，还因为诸如柬埔寨、越南等低成本优势更明显的地区已经更具制造业吸引力。因此，如果没有强大的自主创新做后盾，中国制造业要在激烈的全球市场竞争中构建领导力是难以实现的。

随着创新活动日益全球化，跨国公司加紧在中国布局研发资源并导致更多的技术转移和知识溢出,这为中国企业提高创新能力带来了机会。但是,如果中国企业过于依赖技术转移,则会极大地削弱企业推进自主创新的主动权。对八个案例的研究表明,创新的自主度是国际竞争力的基石,一个企业是否能构建持续的国际竞争优势,在很大程度上取决于其是否重视自主创新、是否有强大的内部研发能力做保障。

二 坚持以开放式创新推进中国产业的自主创新

坚持在开放条件下开展自主创新,不仅是中国特色新型工业化和推进经济结构战略性调整的重要选择,也是中国本土企业在全球化条件下参与国际竞争的必然选择。新中国成立以来,在60多年间相继走过了"封闭条件下的自主创新"(1978年前)、"开放条件下的技术引进"(1979年至20世纪90年代)和"开放条件下的自主创新"(21世纪初开始)三个战略阶段。中国作为后发国家,一个重要策略是通过引进国外产品和技术,通过学习、消化和吸收,形成与本国技术体系相应的自主研发能力(吴晓波,1995)。因此,提高创新的开放程度,有利于中国企业开展追赶创新。更多证据显示,开放式创新的策略不仅适用于高新技术产业,而且在传统和成熟行业中也正变得日益流行。因此,对于传统行业占据主要部分的中国制造业来说,开放式创新是值得借鉴和实践的。

着力自主创新,提升中国产业的国际竞争力,离不开当今经济和科技全球化的大背景。全球化意味着国家和地区之间在经济和科技上日益互相依赖,世界范围内的开放式创新是主流趋势(柳卸林,2008),任何一个企业,无论规模大小,都不可能也不必要完全自主地开发与新产品相关的所有技术。在技术创新过程中,企业应在保证控制权的前提下积极利用外部技术和资源,以实现更高的投资效率。日本企业在电子、汽车等领域对美国企业的成功追赶(如在晶体管收音机和录像机产业上的杰出表现),仍然是得益于其购买了美国企业的技术(谢伟,2008)。韩国能用40年的时间成为科技创新强国,一个主要因素就是在政府的引导下加强产业对国外技术的引进、消化和吸收再创新。因此,中国企业在重视自主研发的同时,也要重视利用开放式创新带来的巨大价值。

当然,市场的开放在给那些重视技术创新的中国企业带来发展机遇的同时,也会使那些技术能力薄弱的企业进入更底层。我们的案例研究表明,越是重视自主研发的产业,在开放的条件下提升国际竞争力的概率也更高,如电信设备产业,中兴通讯、华为等企业就是很好的例子。但在彩电行业,缺乏自主能力的企业在经历过短暂的辉煌后再次陷入了落后的境地,从 CRT 技术向平板显示技术的转化就是如此。汽车领域的实践也表明,自主品牌建设的基础是内部能力,单纯依靠合资无法实现产业的突破性发展,吉利尽管目前还不算是一个领先企业,但通过并购后的创新与学习,企业的竞争力有了很大的提升。

我们的研究还表明,中国企业不应害怕在开放之后被逐出市场,因为只有在开放的环境中才能找到更多的新机会,才能利用到更多的互补性资源。政府对一些高技术产业(如生物制药、电信设备)可以实施必要的扶持政策,但这种扶持的前提是企业重视和推进自主研发。过于对外封闭的产业结构,不利于中国企业在国际竞争中的锻炼与成长。在过去,许多中国企业常常将开放式创新限于技术引进,但技术的许可授权只是一种短期的交易行为,而创新网络依靠的是长期关系。[①] 随着创新资源的广泛流动,企业要善于综合运用各种开放式创新工具(并购、与国际企业合作、用户和供应商参与创新、产学研协同创新、战略联盟、海外研发、技术许可等)从外部获取所需的知识和智力资源,尽快嵌入全球研发与创新网络,同时将自己无法商业化的现有知识提供给他人,由此获得进入更广泛知识库的机会和权利。

三 中国产业在国际竞争中应坚持开放式创新与自主创新的协同发展

开放式自主创新给中国企业带来了更好的发展机遇。在过去,中国企业或是一味强调技术引进,或是遵循封闭式"自己创新",割裂了自主与开放的关系,影响了国际竞争力的提升。从创新模式的角度看,一种认识是,企业应该将全部精力放在如何提高内部研发能力上,因为只有这样才能建立持续的竞争优势。然而,随着全球科技和创新资源的广泛流动,尤其是 2001 年中国加入 WTO 后,开放和国际化成为主流,完全的"自己创

---

① Brown, J. S. & Hagel, J. Creation nets: getting the most from open innovation. [J] *Mckinsey Quarterly*, 2006 (2): 40.

新"模式劣势凸显,充分利用外部资源的企业具有更大的发展潜力。但是,另一种观点认为,既然科技研发、人力和信息资源都能从世界范围内获取,中国企业就没有必要进行内部研发,应将重点放在如何获取和利用外部知识及资源上。这两种观点反映了当前许多中国企业的创新现实:一些企业奉行严格的内部开发策略,缺乏对外部信息的观察、获取和吸收;而一些企业则将精力放在如何从外部快速"拿来"现成的创新成果,忽视了内部研发和创新能力的建设。

我们的研究表明,对于中国产业而言,既不能忽视开放式创新带来的好处,更不能忽视自主创新的基础性作用,自主创新并不排斥开放,开放式创新也不等于放弃自主研发,成功的企业往往在内部研发与外部技术获取的结合上做得更好。因此,在走向自主创新的道路上,中国企业要重视运用开放式创新策略,同时重视创新的开放性与自主性,实现"基于自主的开放"和"开放条件下的自主"的协同,提高创新的效率与效益。

一方面,自主创新是开放式创新的前提和基础。自主创新可以提高企业对外部知识的吸收能力,能有效监测、识别、获取和利用外部知识并将之与内部知识进行整合创新,提高创新的绩效。如果没有强大的自主创新能力,开放式创新不可能为企业带来预期的效益和发展机会,更难以使企业在国际竞争中占据更高端的位置,中国的轿车产业就是一个典型。

另一方面,开放式创新是企业提高自主创新效率与效益的手段与方式。开放式创新增加了企业的知识存量,提升了企业的技术学习能力,从而推进了自主创新,从外部获得有价值的技术资产和技能可以弥补中国企业内部开发能力的不足或滞后。当前,传统的关注内部技术能力建设的创新模式正逐渐被更外向的方式所取代,企业大量地依赖来自大学、创业公司、供应商和竞争者网络的技术,从而加速自身的能力开发并减少技术的不确定性。

如何推进产业通过自主创新在国际竞争中构建持续优势,是一个在科技创新政策上备受中国政府关注的话题。中国产业作为后发追赶者,当然离不开技术引进,但单纯地利用外资建设工厂无助于提升本土企业的技术创新能力。在全球化背景下,近年来很多跨国公司都将其研发部门向中国集聚,但这并不代表高附加值成果也转移给了中国。在创新价值链增值过程中,我国始终很难获益。我们过去认为外资的进入自然会带来研发和技术的外溢，但 FDI 的溢出主要是看进入中国后的外国企业能否与中国企业形成有机联系，而且合资只是其中的一种方式，技术合作、当地采购供应，都是促进外国企业知识溢出的重要方式（柳卸林，2008）。即使进入中国的跨国公司都按照合同认真转让了技术，但由于中国本土企业普遍缺乏引进后的消化和再创新，也难以把这些技术转化为自己的技术创新能力，依然处于依赖跨国公司提供技术和不断引进技术的被动地位（陈志宏，2007）。

大量的实践表明，自主创新与开放式创新并不矛盾。自主是产业创新的根本，而开放是实现产业创新的有效途径。在科技全球化的大背景下，自主创新必须是开放的，中国企业应该融入全球创新系统和全球制造网络，因为只有在开放条件下的自主创新才是最有效率的自主创新，才能获得持续优势。只有加强内部能力建设并同时利用开放的条件和全球资源，中国企业才有可能以更快的速度构建产业领导力。中国近年来涌现的一些领先企业，如中兴通讯、中集集团等，通过实施开放式创新的战略，实现了高增长。通信设备产业的快速赶超也表明，只有参与了全球化创新的企业才能真正提高国际竞争力。当然，真正的创新需要提高自主性，自主研发是中国企业从开放式创新中获益的前提和条件。对于中国企业而言，全球化开启了难得的向全球领先企业进行网络学习的机遇，但开放式创新应该是自主研发的辅助手段。脱离了内部研发的开放式创新，不仅不能吸收到最新的科技创新知识，反而容易成为跨国公司进行全球创新和生产布局的资源提供者。中国企业应避免忽视内部技术储备的过度开放的创新模式，因为获取和学习知识的条件在于企业内部的知识基础。

在自主创新已被纳入中国宏观科技经济政策和制度层面的同时，开放式创新应该得到中国企业更多的重视。开放条件下的自主创新，就是要充分借助多种手段寻求技术支持和资源，通过内部研发和搜寻，与吸收并利用外部创新资源相结合，逐步提高自主技术创新能力。尽管开放式创新的理念已得到学术界和产业界的普遍关注和认可，但在中国，汽车、电子等产业过于依赖 FDI 和合资对产业的创新能力带来了一定的负面影响，一些研究认为中国产业应该通过积累和掌握内部创新资源以摆脱对跨国公司和外来资本的依赖。这种观念缺乏从系统论的观点分析企业创新过程，不能合理地解释英特尔、IBM、宝洁等企业积极地利用外部创新资源从而战胜了内部研发力量更雄厚的竞争对手的事实，也无法合理地解释中兴通讯和中集集团等领先企业通过开放式创新获得超过预期的回报。我们认为，搜索全球的技术，包括兼并国外有技术的企业，是中国企业提高自主创新能力的重要方式。中国特殊的市场和制度环境，以及绝大多数产业处于技术追赶阶段的现实，使得利用全球创新资源而不是"闭门创新"成为中国产业提升国际竞争力的核心逻辑。当然，对全球创新资源的利用是建立在企业的吸收能力基础之上的，这归根到底又基于企业对研发创新投入的持续重视。

第二节 政策建议

随着全球化的加速发展以及中国企业实力的不断壮大，吸收与利用外部创新资源的程度，在很大程度决定了企业是否能快速提高创新能力和竞争绩效。如何实现开放条件下的自主创新，在开放中提高自主性，在自主的基础上提高开放度，通过开放和自主的动态协同演进，构建强大的国际竞争力，实现从追赶创新到引领创新的跨越，是所有中国企业面临的重大问题。根据理论分析及实证研究的结论，本研究提出以下对策及建议。

一 中国企业应加强面向开放式创新的战略及管理

不断增加的开发新产品的时间压力，以及产品技术的日益复杂性和知识交叉性，都要求组织之间密切合作，任何企业无论其内部研发实力如何雄厚，都不可能拥有技术创新所需的全部知识和资源，有效整合和利用外部资源的能力已成为企业自主创新的关键。随着创新的系统性和链合性越来越明显，"独立"创新的难度日增，成功的创新取决于企业与外部各种组织之间的有效合作，共同取得核心技术上的突破。

为此，中国企业的管理者不仅需要理解如何从技术的内部来源中推动创意流，而且也要重视评估、获取和管理来自外部的技术，这些可以从其他企业获取，也可以从研究机构或市场经验中获得。企业所要考虑的问题是，如何合理分布创新资源，在各个创新环节上安排适合的人员与资金，以达到创新绩效与创新风险之比的最大化。在全球化环境下，开放式创新的方式多种多样，中国企业应重视通过合作研发、外包、合资、并购、联盟、建立海外研发机构等，在引进国内外先进技术的基础上积极开展消化吸收再创新，逐步提高突破性创新能力。开放式创新还要求企业建立更加完善的激励制度、人才培养制度与人才选拔制度。此外，中国企业目前在总体上仍处于获取外部资源弥补内部研发不足的阶段，侧重开放式创新的内向型模式（即创新资源从外到内的过程），但未来应更多地思考内外互动型的开放式创新模式，以最低成本嵌入全球创新网络和"创新生态系统"，获得更大的收益。

二 中国企业应选择恰当的开放式自主创新战略

中国企业的开放式自主创新战略主要包括：基于技术购买的自主创新、基于内外资源整合的自主创新、基于创新国际化的自主创新。每一种创新战略都有其合理性和适用的范围。

在技术购买的基础上推进自主创新，尤其引进国外技术，是中国企业过去的主要方式，其特点是能迅速建立起技术体系和培育生产能力，对后发国家来说，这几乎是一个必经的阶段。在彩电行业、汽车领域，中国企业通过这种方式培育了强大的规模生产能力。当然，引进后的学习是创新的关键。并购作为资源获取的重要方式，在制造行业比较普遍，技术型并购也被认为是企业获取外部技术的重要手段。中集集团的发展、吉利的成长，都很好地依托了这一策略。这种创新战略的特点是进入市场的速度快，风险相对也较低。当然，竞争力的提高同时也取决于技术学习的投入及其程度。

通过整合内外资源推进自主创新，如产学研合作、建立产业技术联盟，是很有效的方式。这种战略需要企业加强跨组织的界面管理（Interorganizational Interface Management），组织之间能否建立起长期合作关系是关键。中兴通讯的发展，就是充分利用了这一方式的典型案例。格力的发展也得益于利用了供应商和用户参与创新的价值。中国过去的产学研合作，大多是政府主导下的项目"嫁接"，合作双方在战略、知识和组织协同上都缺乏足够的重视和信任。另外，（中外）合资作为一类重要的资源整合方式，对中国的影响还存在争论。尽管在汽车领域，合资并没有使本土企业真正提高创新能力，反倒是合资外的吉利、奇瑞成为自主发展的典范，但这不能否定合资本身。我们认为，合资仍然是中国需要坚持的一个创新策略,但这种合作应该是基于双方企业愿意的结果,而不是一种政府规定的行为(柳卸林,2008)。

基于创新国际化的自主创新,获得的潜在收益最高,但风险也高。在全球化环境下,无论是中国企业"走出去"获取全球资源,还是跨国公司"走进来"对本土企业的知识溢出,都涉及如何利用跨国资源的问题。在中国电信设备产业,一些领先企业,如中兴通讯,很早就开始采取这一方式。在汽车领域,许多中国企业已经开始在国外设立研发中心,彩电产业也是如此。中集集团在国内布局完成的基础上,通过这种方式巩固了优势。近年来,格力也通过这种方式提高了自主品牌在国际上的影响力。

三 加强政府引导,完善促进企业开放式创新的外部环境

企业能否有效地获取外部技术,不仅受到自身战略、组织和文化等因素的影响,也受到许多外部因素的影响。在新的市场导向的创新与政府通过国家研发项目直接支持研发之间做出适当的平衡,是中国政府面临的一个重要挑战(薛澜等,2011)。中国企业提升创新能力的动态过程,不能仅靠企业独自完成,在某些阶段,也无法由企业主导的产学研合作来实现(许庆瑞等,2010)。因此,在某些阶段,必须依靠政府进行制度安排和政策设计,建立面向创新的竞争机制,引导公共科研机构和高校嵌入由企业主导的产业技术创新战略联盟。这不仅要求观念意识的改变,也包括制度框架的改变,包括从建立一个健全的、有明确奖励和惩罚机制、能够全面落实的知识产权制度,到一个与鼓励企业加大研发投入相平衡和互补的公共科技投入体系(薛澜等,2011)。

近年来,外资在华研发本地化趋势不断明显,FDI中的外资研发开始往高端移动,越来越多的跨国公司在中国设立了研发中心,在过去的基于当地市场需求的产品改进中,纳入了更多的产品设计、技术研发活动。为此,中国政府需要引导外资企业在华研发机构尽可能地扩大其溢出效应,研究如何鼓励中外企业之间的知识流动和知识共享。中国在这方面的政策还需要加强。中国当前的知识产权保护在执行力度上还需要很大的改进,否则不仅会妨碍外国企业在中国的创新溢出,也会侵害到中国本土企业通过创新开展竞争,尤其表现为对基于技术的企业强烈的负面影响。加强知识保护,在中国可以成为一个激励条件,在提升产业的创新能力上发挥重

大作用。

四 构建面向企业自主创新的产学研协同创新体系

中国需要加强科学与产业的联系来推动产业的创新与发展。在过去，中国国家创新系统中的科技型组织（大学/科研院所）和经济型组织（企业）长期缺乏创新资源的互动，各类技术转移大多是在政府指导下开展，大学和研究机构缺乏深入理解产业技术需求的能动性；而偏好市场细分策略和低成本导向的企业，在短期利润的驱使下也没有利用公共科技成果的动力。加强产学研协同创新，促成知识的创造、使用和商业化在两个系统间的互动与良性循环，既可以促进公共科技成果的快速转化，也能推动科学研究面向产业创新需求，形成科技发展与产业发展共同进步的局面，这对中国产业提升自主创新能力是很重要的。

为了促进企业与公共研究机构或大学间的长期合作创新，有必要建立基于风险共担和利益共享的产学研战略联盟。它是一类全新的产学研知识合作关系，是一种以"知识－技术－信息"交流为主要方式的知识生产与创造网络和新型的产学研结合组织形式，是企业与大学、研究机构为了各自的战略目标，通过各种契约方式或股权而结成的、共同创造新知识和进行知识转移的网络组织，旨在共享知识、促进知识流动和创造新知识，是以知识为纽带的互补性、风险共担的知识联合体。

为促进产学研协同创新的健康发展，除了必要的宏观调控、资金投入外，政府还应牵头设立适当的组织管理协调机构，同时赋予机构很强的协调功能，加强对产学研协同创新的协调与监督，处理好协同创新中的各种纠纷，组织和推动产学研合作项目的实际落实（柳卸林，2008）。我国目前的产业政策中，尚没有一部专门针对产学研联合创新的法规，相关的政策散见于《国家产业技术政策》、《关于促进科技成果转化的若干规定》、《关于科技型中小企业技术创新基金的暂行规定》及《国家科学技术奖励条例》中，缺乏系统规范性的法规条文，合作中的知识产权归属和利益冲突等均无法按章办事。另外，尽管我国规定了产学研合作中的税收、贴息和按揭贷款等优惠政策，并对科技成果转让给予一定的补助，但缺乏相关的专项基金和风险基金,科技计划的介入程度也较低。[①] 这些问题都应更快地解决和完善,进一步引导建立以企业为主导,协同在相关专业学科有优势的高校或科研院所建立产业技术创新联盟,开发产业共性技术和关键技术,真正建立"以市场为导向、企业为主体、产学研结合的国家技术创新体系"。

五 完善相关政策,鼓励中国企业通过各种方式"走出去",整合全球创新资源

技术创新国际化是国外优秀企业的普遍选择,也是中国企业提升自主创新能力的重要途径。在全球化时代,企业制胜的法宝已不局限于拥有多少资源,而在于能够整合多少资源。在过去,中国各级政府青睐 FDI,重视"引进来",本土企业也习惯于从发达国家引进技术,在本国市场上开展渐进性产品开发。近年来,越来越多的中国企业开始嵌入全球化创新网络中,但这种嵌入尚处于初级阶段,主要集中在对外贸易和投资方面,对外部创新资源的投资与利用并不多。中国企业要更好地参与国际竞争,就需要考虑如何在全球范围配置创新资源。即使像美国这样的创新领先国家,也在创新全球化中得到巨大的利益。美国的许多跨国公司不断加快在国外(不仅在日本、德国,而且在中国和印度等)的研发布局和资源嵌入,不仅仅是为了帮助创新成果在国外市场上竞争,在更大的程度上已经将重心转移到获取和吸收国外日趋先进的科学技术和丰富的人力资源。

为此,中国的自主创新政策应引导企业更多地向设计、品牌等高附加值的产业转移,鼓励企业在推进产品出口的同时,把目光更加集中在利用海外科技研发资源上,加快创办海外研发中心,致力于打造国际知名的高技术企业,力争形成一批能够引领科技发展的中国企业。当然,近年来中国企业的海外投资并不顺利,受到许多因素的影响。如中集集团在欧洲的并购项目就遭遇了欧盟的反垄断调查,华为和中兴通讯在2012年10月也受到美国政府的指控,两家中国最优秀的企业被美国以

---

① 科技部办公厅调研司,中国科技促进发展研究中心. 国家促进自主创新的政策分析与研究. 2006.

威胁国家通信安全为由阻碍其产品进入美国。[①] 实际上，随着中国经济的发展和开放，国内有实力的企业参与国际竞争，但许多企业在利用国际资源推动自主创新的时候会遇到许多市场之外的风险（包括政治风险和政策风险），发达国家常常以"国家安全"为名限制中国企业在当地的经营活动，甚至认为中国企业海外并购是中国政府的政治图谋。政治风险不是一个单独的企业所能解决的问题，需要国家在外交等政策方面予以支持（柳卸林，2008）。

当前，中国政府已经在放开外汇管制政策、加快涉外投资审批程序等方面出台了一系列政策，为企业"走出去"提供了不断完善的政策环境。未来，政府应构建一系列政策促进体系，积极研究出台鼓励和支持中国企业实施跨国并购战略的财税政策、审批制度、法律法规等，进一步发挥国家政策性金融机构的作用，加大信贷支持，完善《反垄断法》等相关的法律法规，在中国企业"走出去"与跨国公司"走进来"之间寻求对等和制衡，使中国企业在国际竞争中有机会获得话语权。

第三节　未来研究展望

开放式自主创新与产业国际竞争力之间的关系是一个新兴的研究领域，作为对该领域的一次探索性研究，本研究不可避免地存在诸多不足，主要体现在三个方面。一是在理论分析中，本研究在开放式自主创新的模式划分及选择、内外部创新资源整合途径、开放式自主创新促进国际竞争力提升的动态过程等方面所提出的观点都尚不成熟，还需要结合更多的理论视角加以完善。二是在问卷调查中，尽管参考了许多成熟的研究，但有关开放式创新类型及动因的测量题项仍有待完善，样本的范围应该更广，多样性还应更丰富，需要加入诸如宏观政策、区域地理等方面的因素，当然这也受限于所能获得的统计数据。未来可以考虑开展中国产业或企业的时间序列数据和面板数据的经济计量分析，以更好地解释"开放－自主"

[①] 华为先于2008年与贝恩资本联手洽购3Com，后于2011年竞购3Leaf Systems的专利资产，但都因美国政府反对而放弃。美国商务部在2011年还以安全问题为由禁止华为参与该国的紧急网络竞标。

协同对国际竞争力的影响机理。三是在案例研究中，样本企业和产业的选择还需更具差异性，对各案例的横向比较还需要加强，尤其可以开展中外企业之间的对比研究。

开放式自主创新是走中国特色自主创新道路的方向。研究中国企业如何通过开放式创新模式整合组织内外部各种资源来提高自主创新能力，进而提升国际竞争力，是我国实施创新驱动发展战略的一个重要话题。在创新全球化的大背景下，坚持封闭式创新的企业需要支付更高的创新成本，受到更大的创新制约，但是忽视内部研发能力的积累，企业也无法享受到开放带来的利益。这要求中国企业在追赶创新的过程中，以提高自主研发能力为核心，充分从外部获取和利用所需的技术和资源，通过学习、消化、吸收形成内生的技术体系和相应的自主创新能力。当然，开放式创新并非包治百病的灵丹妙药，其有效性有一定的适用条件，受到内外部特定因素的影响。在提高创新速度、降低创新成本等方面，开放式创新比封闭式创新更有优势，但这并不代表企业可以忽视内部研发的作用。是否存在一些行业，封闭式创新比开放式创新更有效，或者需要二者的均衡发展？这需要结合开放的层次（项目、企业、产业）、范围（产业链、创新链、资金链）、内容（人员、资金、知识或信息）和方式（由内到外、由外到内）等，从更深的理论层次明确开放式创新的获利机制。

在过去的30多年里，中国产业通过技术引进使社会经济的发展迸发出惊人的活力，但是如何理解开放与自主的关系也是困扰我国政府、产业界和学术界的一个重大问题。关于中国产业的开放式自主创新规律，未来的研究应从关注"是什么"和"为什么"的问题，转向分析"做什么"和"如何做"的问题。比如，企业如何处理好与外部创新源（利益相关者，如产业链上下游企业、大学和科研院所，以及支持机构，如政府、科技中介组织等）的关系？企业如何权衡内部资源和外部资源之间的平衡和互补关系？另外，开放式创新在实践中有多种模式，如技术联盟、合作协议、并购、技术许可、研发外包等。尽管合作协议、并购等模式在企业实践中早已应用多年，但需要将开放式创新模式与企业内外因素的变化相匹配。随着创新全球化和全球制造网络的兴起，企业应考虑如何通过结构嵌入和关系嵌入参与组织间网络，构建有效的内外部资源整合机制，持续和广泛地从外部组织中获取互补性技术和新创意。因此，综合考虑产业环境、内部能力、发展阶段等因素，研究开放式创新的不同模式对自主创新能力是否有不同影响，也是一个有价值的命题。对上述这些问题的探索，将有助于人们更好地揭示中国制造业创新与发展的有关规律，也是本研究在未来进一步深入的方向。

参考文献

Almirall, E. & Casadesus-Masanell, R. Open versus closed innovation: A model of discovery and divergence [J]. *Academy of Management Review*, 2010, 35 (1): 27-47.

Arora, A. & Ceccagnoli, M. Patent protection, complementary assets, and firms' incentives for technology licensing [J]. *Management Science*, 2006, 52 (2): 293-318.

Asakawa, K., Nakamura, H. & Sawada, N. Firms' open innovation policies, laboratories' external collaborations, and laboratories' R&D performance [J]. *R&D Management*, 2010, 40 (2): 109-123.

Aylen, J. Open versus closed innovation: Development of the wide strip mill for steel in the United States during the 1920s [J]. *R & D Management*, 2010, 40 (1): 67-80.

Batterink, M. *Profiting from external knowledge: How firms use different knowledge acquisition strategies to improve their innovation performance* [M]. Wageningen Academic Press, 2009.

Bayona, C., Garcia, M. T. & Huerta, E. Firms' motivations for cooperative R&D: An empirical analysis of Spanish firms [J]. *Research Policy*, 2001, 30 (8): 1289-1307.

Becker, B. & Gassmann, O. Gaining leverage effects from knowledge modes within corporate incubators [J]. *R&D Management*, 2006, 36 (1): 1-16.

Belderbos, R., Carree, M. & Lokshin B. Complementarity in R&D cooperation strategies [J]. *Review of Industrial Organization*, 2006, 28 (4): 401-426.

Bellantuono, N., Pontrandolfo, P. & Scozzi, B. Different practices for open innovation: A context – based approach [J]. *Journal of Knowledge Management*, 2013, 17 (4): 558 – 568.

Bianchi, M, Cavaliere, A., Chiaroni D, et al. Organisational modes for open innovation in the bio – pharmaceutical industry: An exploratory analysis [J]. *Technovation*, 2011, 31 (1): 22 – 33.

Bröring, S. & Herzog, P. Organising new business development: Open innovation at Degussa [J]. *European Journal of Innovation Management*, 2008, 11 (3): 330 – 348.

Brusoni, S., Prencipe, A. & Pavitt, K. Knowledge specialization, organizational coupling, and the boundaries of the firm: Why do firms know more than they make? [J]. *Administrative Science Quarterly*, 2001, 46 (4): 597 – 621.

Buckley, P. J., Pass, C. L. & Prescott, K. Measures of international competitiveness: A critical survey [J]. *Journal of Marketing Management*, 1988, 4 (2): 175 – 201.

Cassiman, B. & Veugelers, R. In search of complementarity in innovation strategy: Internal R&D and external knowledge acquisition [J]. *Management Science*, 2006, 52 (1): 68 – 82.

Cheng, C. & Huizingh, K. R. E. Open innovation to increase innovation performance: Evidence from a large survey [C]. Proceedings of the XXI ISPIM International Conference, 2010, 6 (9).

Chesbrough, H. W. & Crowther, A. K. Beyond high – tech: Early adopters of open innovation in other industries [J]. *R&D Management*, 2006, 36 (3): 229 – 236.

Chesbrough, H. W. & Prencipe, A. Networks of innovation and modularity: A dynamic perspective [J]. *International Journal of Technology Management*, 2008, 42 (4): 414 – 425.

Chesbrough, H. & Schwartz, K. Innovating business models with co – development partnerships [J]. *Research – Technology Management*, 2007, 50 (1): 55 – 59.

Chesbrough, H., Vanhaverbreke, W. & West, J. 开放创新的新范式 [M].

陈劲等译,北京:科学出版社,2010.

Chesbrough, H. *Open innovation: The new imperative for creating and profiting from technology* [M]. Harvard Business School Press, 2003.

Chesbrough, H. W. The era of open innovation [A]. in *Managing Innovation and Change*, 2006, 44 (3): 34-41.

Chesbrough, H. W. Why Companies should have open business models [J]. *MIT Sloan Management Review*, 2007, 48 (2): 22-28.

Chiaroni, D., Chiesa, V. & Frattini, F. Unravelling the process from closed to open innovation: Evidence from mature, asset-intensive industries [J]. *R&D Management*, 2010, 40 (3): 222-245.

Chiaroni, D., Chiesa, V. & Frattini, F. The open innovation journey: How firms dynamically implement the emerging innovation management paradigm [J]. *Technovation*, 2011, 31 (1): 34-43.

Chiaroni, D., Chiesa, V. & Frattini, F. Investgating the adoption of open innovation in the bio-pharmaceutical industry: A framework and an empirical analysis [J]. *European Journal of Innovation Management*, 2009, 12 (3): 285-305.

Christensen, J. F., Olesen M H & Kjaer J. S. The industrial dynamics of open innovation-Evidence from the transformation of consumer electronics [J]. *Research Policy*, 2005, 34 (10): 1533-1549.

Cohen, W. M. & Levinthal, D. A. Absorptive capability: A new perspective on learning and innovation. [J]. *Administrative Science Quarterly*, 1990, 35 (1): 128-152.

Colombo, M. G., Piva, E. & Rossi-Lamastra, C. Open innovation and within-industry diversification in small and medium enterprises: The case of open source software firms [J]. *Research Policy*, 2014, 43 (5): 891-902.

Dahlander, L. & Gann, D. How open is innovation? [J]. *Research Policy*, 2010, 39 (6): 699-709.

Dahlander, L. & Wallin, M. W. A man on the inside: Unlocking communities as complementary assets [J]. *Research Policy*, 2006, 35 (8): 1243-1259.

Das, T. K. & Teng, B. S. Instabilities of strategic alliances: An internal tensions perspective [J]. *Organization Science.* 2000, 11 (1): 77 – 101.

Dodgson, M., Gann, D. & Salter, A. The role of technology in the shift towards open innovation: The case of Procter & Gamble [J]. *R&D Management*, 2006, 36: 333 – 346.

Dyer, J. H. & Chu, W. The role of trustworthiness in reducing transaction costs and improving performance: Empirical evidence from the United States, Japan, and Korea [J]. *Organization Science*, 2003, 14 (1): 57 – 68.

Eisenhardt, K. M. Building theories from case study research [J]. *Academy of Management Review*, 1989, 14 (4): 532 – 550.

Elmquist, M. Fredberg, T. & Ollia, S. Exploring the field of open innovation [J]. *European Journal of Innovation Management*, 2009, 12 (3): 326 – 345.

Enkel, E. & Gassmann, O. Driving open innovation in the front end [C]. Working Paper, University of St. Gallen, 2008.

Enkel, E., Perez, F. J. & Gassmann, O. Minimizing market risks through customer integration in new product development: Learning from bad practice [J]. *Creativity and Innovation Management*, 2005, 14 (4): 425 – 437.

Enkel, E., Gassmann, O. & Chesbrough, H. W. *Open R&D and open innovation: Exploring the phenomenon* [J]. R&D Management, 2009, 39 (4): 311 – 316.

Estrin, J. *Closing the innovation gap: Reigniting the speak of creativity in a global economy* [M]. The McGraw – Hill Companies, 2009.

Faems, D., De Visser, M. & Andries, P. et al. Technology alliance portfolios and financial performance: Value – enhancing and cost – increasing effects of open innovation [J]. *Journal of Product Innovation Management*, 2010, 27 (6): 785 – 796.

Ferrod, A. F. P. & Bonacelli, M. B. M. Developing capabilities in open innovation: The case of a cosmetic firm [C]. DRUID working paper, 2010 (32): 1 – 29.

Fetterhoff, T. J. & Voelkel, D. Managing open innovation in biotechnology [J]. *Research Technology Management*, 2006, 49 (3): 14 – 18.

Fey, C. F. & Birkinshaw, J. External sources of knowledge, governance mode, and R&D performance [J]. *Journal of Management*, 2005, 31 (4): 597 – 621.

Forbes, N. & Wield, D. Managing R&D in technology – followers [J]. *Research Policy*, 2000, 29 (9): 1095 – 1109.

Fredberg, T. & Piller, F. T. The paradox of tie strength in customer relationships for innovation: A longitudinal case study in the sports industry [J]. *R&D Management*, 2011, 41 (5): 470 – 484.

Gambardella, A. & Panico, C. On the management of open innovation [J]. Research Policy, 2014, 43 (5): 903 – 913.

Gans, J. S. & Stern, S. The product market and the market for "ideas": Commercialization strategies for technology entrepreneurs [J]. *Research policy*, 2003, 32 (2): 333 – 350.

Garriga, H., von Krogh, G. & Spaeth, S. How constraints and knowledge impact open innovation [J]. *Strategic Management Journal*, 2013, 34 (9): 1134 – 1144.

Gassmann, O. & Enkel, E. Towards a theory of open innovation: Three core process archetypes [C]. R&D Management Conference, 2004.

Gassmann, O., Reepmeyer, G. Organizing pharmaceutical innovation: From science – based knowledge creators to drug – oriented knowledge brokers [J]. *Creativity and Innovation Management*, 2005, 14 (3): 233 – 245.

Gassmann, O., Enkel, E. & Chesbrough, H. W. The future of open innovation [J]. *R&D Management*, 2010, 40 (3): 213 – 221.

Gassmann, O. Opening up the innovation process: towards an agenda [J]. *R&D Management*, 2006, 36 (3): 223 – 228.

Hagedoorn, J. & Wang, N. Is there complementarity or substitutability between internal and external R&D strategies [J]. *Research Policy*, 2012, 41 (10): 1072 – 1083.

Helfat, C. Open innovation: The new imperative for creating and profiting from technology. [J]. *Academy of Management Perspectives*, 2006, 20 (2): 86 – 88.

Henkel, J. Selective revealing in open innovation processes: The case of embedded Linux [J]. *Research Policy*, 2006, 35 (7): 953 – 969.

Hess, A. M. & Rothaermel, F T. When are assets complementary? Star scientists, strategic alliances, and innovation in the pharmaceutical industry [J]. *Strategic Management Journal*, 2011, 32 (8): 895 – 909.

Hienerth, C. The commercialization of user innovations: The development of the rodeo kayak industry [J]. *R&D Management*, 2006, 36 (3): 273 – 294.

Hu, A. G. Z., Jefferson G. H & Jinchang Q. R&D and technology transfer: Firm – level evidence from Chinese industry [J]. *Review of Economics and Statistics*, 2005, 87 (4): 780 – 786.

Huizingh, E. Open innovation: State of the art and future perspectives [J]. *Technovation*, 2011, 31 (2): 2 – 9.

Hung, K. P. & Chou, C. The impact of open innovation on firm performance: the moderating effects of internal R&D and environmental turbulence [J]. *Technovation*, 2013, 33 (10): 368 – 380.

Hurmelinna, L. P. & Puumalainen, K. Formation of the appropriability regime: Strategic and practical considerations [J]. *Innovation: Management, Policy and Practice*, 2007, 9 (1): 2 – 13.

Huston, L. & Sakkab, N. Connect and develop [J]. *Harvard Business Review*, 2006, 84 (3): 58 – 66.

Ili, S., Albers, A. & Miller, S. Open innovation in the automotive industry [J]. *R&D Management*, 2010, 40 (3): 246 – 255.

Katila, R. & Ahuja, G. Something old, something new: A longitudinal study of search behavior and new product introduction [J]. *Academy of Management Journal*, 2002, 45 (8): 1183 – 1194.

Kelley, D. J. & Rice, M. P. Leveraging the value of proprietary technologies [J]. *Journal of Small Business Management*, 2002, 40 (1): 1 – 16.

Keupp, M. M. & Gassmann, O. Determinants and archetype users of open innovation [J]. *R&D Management*, 2009, 39 (4): 331 – 341.

Kim, D. & Marion, B. W. Domestic market structure and performance in global markets: Theory and empirical evidence from US food manufacturing industries [J]. *Review of Industrial Organization*, 1997, 12 (3): 335 – 354.

Kirschbaum, R. Open innovation in practice [J]. *Research Technology Management*, 2005, 48 (4): 24 – 28.

Kranenburg, H. L. & Hagedoorn, J. Strategic focus of incumbents in the European telecommunications industry [J]. *Telecommunications Policy*, 2008, 32 (2): 116 – 130.

Laursen, K. & Salter, A. Open for innovation: The role of openness in explaining innovation performance among UK manufacturing firms [J]. *Strategic Management Journal*, 2006, 27 (2): 131 – 150.

Lazzarotti, V. & Manzini, R. Different modes of open innovation: A theoretical framework and an empirical study [J]. *International Journal of Innovation Management*, 2009, 13 (4): 615 – 636.

Lecocq, X. & Demil, B. Strategizing industry structure: The case of open systems in a low – tech industry [J]. *Strategic Management Journal*, 2006, 27 (9): 891 – 898.

Lee, K. & Lim, C. Technological regimes, catching – up and leapfrogging findings from Korean industries [J]. *Research Policy*, 2001 (30): 459 – 483.

Lee S, Park G. & Yoon B. et al. Open innovation in SMEs: An intermediated network model [J]. *Research Policy*, 2010 (39): 290 – 300.

Leiponen, A. & Helfat, C. E. Innovation objectives, knowledge sources, and the benefits of breadth [J]. *Strategic Management Soumal*, 2010, 31 (2): 224 – 236.

Levinson, M. 集装箱改变世界 [M]. 姜文坡译, 北京: 机械工业出版社, 2008.

Levinthal, D. A. & March, J. G. The myopia of learning [J]. *Strategic Management Journal*, 1993, 14 (S2): 95 – 112.

Lichtenthaler, U. & Ernst, H. External technology commercialization in large firms: Results of a quantitative benchmarking study [J]. *R&D Management*, 2007, 37 (5): 383 – 397.

Lichtenthaler, U. & Ernst, H. Opening up the innovation process: The role of technology aggressiveness [J]. *R&D Management*, 2009, 39 (1): 38 – 54.

Lichtenthaler, U. Open innovation in practice: An analysis of strategic approaches to technology transactions [J]. *IEEE Transactions on Engineering Management*, 2008, 55 (1): 148 – 157.

Lichtenthaler, U. Outbound open innovation and its effect on firm performance: Examining environmental influences [J]. *R&D Management*, 2009, 39 (4): 317 – 330.

Lichtenthaler, U. Open innovation: past research, current debates, and future directions [J]. *Academy of Management Perspectives*, 2011, 25 (1): 75 – 93.

Lichtenthaler, U. Technology exploitation in the context of open innovation: Finding the right "job" for your technology [J]. *Technovation*, 2010 (30): 429 – 435.

Linsu Kim. *Imitation to innovation: The dynamics of Korea's technological learning* [M]. Harvard Business Press, 1997.

Liu, X. L. & White, S. Comparing innovation systems: A framework and application to China's transition context [J]. *Research Policy*, 2001, 30 (7): 1091 – 1114.

Lundvall, B. A. & Johnson, B. The learning economy [J]. *Journal of Industry Studies*, 1994 (1): 23 – 42.

Manzini, R., Pareschi, A. & Persona, A. Logistics outsourcing: An examination of third – party providers [J]. *International Journal of Logistics Systems and Management*, 2007, 3 (2): 135 – 157.

March. J. G. Exploration and exploitation in organizational learning [J]. *Organization Science* [J]. 1991, 2 (1): 71 – 87.

Minin, D. A., Frattini, F. & Piccaluga, A. Fiat: Open innovation in a downturn (1993 – 2003) [J]. *California Management Review*, 2010, 52 (3): 132 – 159.

Miotti, L. & Sachwald, F. Co – operative R&D: Why and with whom? An integrated framework of analysis [J]. *Research Policy*, 2003, 32 (8): 1481 – 1499.

Moreno, R., López – Bazo, E. & Artís, M. Public infrastructure and the performance of manufacturing industries: Short – and long – run effects [J]. *Regional Science and Urban Economics*, 2002, 32 (1): 97 – 121.

Mowery, D. C. Plus a change: Industrial R&D in the "third industrial revolution" [J]. *Industrial and Corporate Change*, 2009, 18 (1): 1 – 50.

Narula, R. R&D collaboration by SMEs: New opportunities and limitations in the face of globalization [J]. *Technovation*, 2004, 24 (2): 153 – 161.

Niosi, J. & Reid, S. E. Biotechnology and nanotechnology: Science – based enabling technologies as windows of opportunity for LDCs? [J]. *World Development*, 2007, 35 (3): 426 – 438.

Niosi, J. Alliances are not enough explaining rapid growth in biotechnology firms [J]. *Research Policy*, 2003, 32 (5): 737 – 750.

O'Connor, G. C. & DeMartino, R. Organizing for radical innovation: An exploratory study of the structural aspects of RI management systems in large established firms [J]. *Journal of Product Innovation Management*, 2006, 23 (6): 475 – 497.

Parida, V., Westerberg, M. & Frishammar, J. Inbound open innovation activities in high – tech smes: The impact on innovation performance [J]. *Journal of Small Business Management*, 2012, 50 (2): 283 – 309.

Piller, F. T., Schaller, C. & Walcher, D. Customers as co – designers: A framework for open innovation [C]. IFSAM conference, 2004: 5 – 7.

Powell, W. W., Koput, K. W. & Smith – Doerr, L. Interorganizational collaboration and the locus of innovation: Networks of learning in biotechnology [J]. *Administrative Science Quarterly*, 1996, 41 (1): 116 – 145.

Quadros, R., Consoni, F. & Quintão, R. R&D outsourcing to research institutions: A new look into R&D in the Brazilian automobile industry [C]. The Thirteenth Gerpisa International Colloquium, 2005: 16 – 17.

Rass. M., Dumbach, M. & Danzinger, F. et al. Open innovation and firm performance: The mediating role of social capital [J]. *Creativity and Innovation Management*, 2013, 22 (2): 177 – 194.

Rigby, D. & Zook, C. Open – market innovation [J]. *Harvard Business Review*, 2002, 80 (10): 80 – 89.

Riggs, W. & E. von Hippel. A lead user study of electronic home banking services: Lessons from the learning curve [C]. Working Paper of MIT Sloan School of Management, 1996, No. 3911 – 96.

Rohrbeck, R., Hölzle, K. & Gemünden, H. G. Opening up for competitive advantage – How Deutsche Telekom creates an open innovation ecosystem [J]. *R&D Management*, 2009, 39 (4): 420 – 430.

Rohrbeck, R., Hölzle, K. & Gemünden, H. G. Opening up for competitive advantage – How Deutsche Telekom creates an open innovation ecosystem [J]. *R&D Management*, 2009, 39 (4): 420 – 430.

Roper, S., Vahter, P. & Love, J. H. Externalities of openness in innovation [J]. *Research Policy*, 2013, 42 (9): 1544 – 1554.

Rosenberg, N. Why do firms do basic research with their own money? [J]. *Research Policy*, 1990 (19): 165 – 174.

Rosenkopf, L. & Nerkar, A. Beyond local search: Boundary – spanning, exploration, and impact in the optical disk industry [J]. *Strategic Management Journal*, 2001, 22 (4): 287 – 306.

Sapienza, H. J., Parhankangas, A. & Autio, E. Knowledge relatedness and post spinoff growth [J]. *Journal of Business Venturing*, 2004, 19 (6): 809 – 829.

Sarkar, S. & Costa, A. I. A. Dynamics of open innovation in the food industry [J]. *Trends in Food Science and Technology*, 2008, 19 (11): 574 – 580.

Schroll, A. & Mild, A. Open innovation modes and the role of internal R&D: An empirical study on open innovation adoption in Europe [J]. *European Journal of Innovation Management*, 2011, 14 (4): 475 – 495.

Shen Xiaobai. *The Chinese road to high technology – A study of telecommunication switching technology in the economic transitition* [M]. Macmillan Press Ltd., 1999.

Sisodiya, S. R., Johnson, J. L. & Grégoire, Y. Inbound open innovation for enhanced performance: Enablers and opportunities [J]. *Industrial Marketing Management*, 2013, 42 (5): 836 – 849.

Slowinski, G. & Sagal, M. W. Good practices in open innovation [J]. *Research and Technology Management*, 2010, 53 (5): 38 – 45.

Spithoven, A., Clarysse, B. & Knockaert, M. Building absorptive capacity to organise inbound open innovation in traditional industries [J]. *Technova-*

tion, 2011, 31 (1): 130 – 141.

Spithoven, A., Vanhaverbeke, W. & Roijakkers, N. Open innovation practices in SMEs and large enterprises [J]. *Small Business Economics*, 2013, 41 (3): 537 – 562.

Suttmeier, R. P. & Yao Xiangkui. *China's Post – WTO technology policy: Standards, software, and the changing nature of techno – nationalism* [M]. Washington, DC: National Bureau of Asian Research, 2004.

Teece, D. J. Profiting from technological innovation: Implications for integration, collaboration, licensing and public policy [J]. *Research Policy*, 1986, 15 (6): 285 – 305.

Teece, D. J. Explicating dynamic capabilities: The nature and microfoundations of (sustainable) enterprise performance [J]. *Strategic Management Journal*, 2007, 28 (13): 1319 – 1350.

Theyel, N. Extending open innovation throughout the value chain by small and medium – sized manufacturers [J]. *International Small Business Journal*, 2013, 31 (3): 256 – 274.

van de Meer H. Open innovation – The Dutch treat: Challenges in thinking in business models [J]. *Creativity and Innovation Management*, 2007, 6 (2): 192 – 202.

van de Vrande, V., De Jong, J. & Vanhanverbeke, W. et al. Open innovation in SMEs: Trends, motives and management challenges [J]. *Technovation*, 2009 (29): 423 – 437.

Vanhaverbeke, W., van de Vareska, V. & Chesbrough, H. Understanding the advantages of open innovation practices in corporate venturing in terms of real options [J]. *Creativity and Innovation Management*, 2008, 17 (4): 251 – 258.

von Hippel, E. Comment on 'Is open innovation a field of study or a communication barrier to theory development?' [J]. *Technovation*, 2010, 30 (11): 555.

von Hippel, E. & von Krogh, G. Free revealing and the private – collective model for innovation incentives [J]. *R&D Management*, 2006, 36 (3): 295 – 306.

von Hippel, E. *Democratizing innovation* [M]. MIT Press, 2005.

von Zedtwitz, M. & Gassmann, O. Market versus technology drive in R&D internationalization: Four different patterns of managing research and development [J]. *Research Policy*, 2002, 31 (4): 569 – 588.

Wallin, M. W. & von Krogh, G.. Organizing for open innovation: Focus on the integration of knowledge [J]. *Organizational Dynamics*, 2010, 39 (2): 145 – 154.

Walsh, K. *Foreign high – tech R&D in China* [M]. Washington DC: Henry L. Stimson Center, 2003.

West, J. & Bogers, M. Contrasting innovation creation and commercialization within open, user and cumulative innovation [A]. San José State University Working Paper. 2010.

West, J. & Scott, G. S. Challenges of open innovation: The paradox of firm investment in open – source software [J]. *R&D Management*, 2006, 36 (3): 309 – 321.

West, J., Salter, A & Vanhaverbeke, W. et al. Open innovation: The next decade [J]. *Research Policy*, 2014, 43 (5): 805 – 811.

Yin, R. K. Case Study Research: Design and Methods [J]. *Sage Publications*, Inc, 2003.

Zellner, C., and Fornahl, D. Scientific knowledge and implications for its diffusion [J]. *Journal of Knowledge Management*, (2002) (6): 190 – 198.

Zhou, K. Z. & Wu, F. Technological capability, strategic flexibility, and product innovation [J]. *Strategic Management Journal*, 2010, 31 (5): 547 – 561.

Zucker, L., Darby, M. & Brewer, M. Intellectual capital and the birth of the U. S. biotechnology enterprises [J]. *American Economic Review*, 1998, 88 (1): 290 – 306.

白沈琼. 我国生物医药行业 R&D 投入与企业绩效实证研究 [D]. 硕士学位论文: 南京师范大学, 2010.

陈芳, 赵彦云. 中国汽车制造企业群的国际竞争力评价与分析 [J]. 统计研究, 2007, 24 (5): 83 – 89.

陈劲. 从技术引进到自主创新的学习模式 [J]. 科研管理, 1994, 15 (2): 32 – 34.

陈劲. 集成创新的理论模式 [J]. 中国软科学, 2002 (12): 23 - 29.

陈劲. 创新全球化——企业技术创新国际化范式 [M]. 北京: 科学出版社, 2003.

陈劲. 协同创新 [M]. 杭州: 浙江大学出版社, 2012.

陈劲, 陈钰芬. 开放创新条件下的资源投入测度及政策含义 [J]. 科学学研究, 2007, 25 (2): 352 - 359.

陈劲, 柳卸林. 自主创新与国家强盛: 建设中国特色的创新型国家中的若干问题与对策研究 [M]. 北京: 科学出版社, 2008.

陈劲, 王鹏飞. 选择性开放式创新——以中控集团为例 [J]. 软科学, 2011, 25 (2): 112 - 115.

陈劲, 谢靓红. 原始性创新研究综述 [J]. 科学学与科学技术管理, 2004, 25 (2): 23 - 26.

陈立敏. 国际竞争力就等于出口竞争力吗? [J]. 世界经济研究, 2010 (12): 11 - 19.

陈立敏, 谭力文. 评价中国制造业国际竞争力的实证方法研究——兼与波特指标及产业分类法比 [J]. 中国工业经济, 2004 (5): 30 - 37.

陈秋英. 国外企业开放式创新研究述评 [J]. 科技进步与对策, 2009, 26 (23): 196 - 200.

陈少兵, 蔡希贤, 陈欣荣. 对我国技术创新成败因素的分析 [J]. 科技管理研究, 1995 (4): 33 - 35.

陈卫平, 朱述斌. 国内关于产业国际竞争力研究综述 [J]. 教学与研究, 2002 (4): 57 - 61.

陈衍泰, 何流, 司春林. 开放式创新文化与企业创新绩效关系的研究——来自江浙沪闽四地的数据实证 [J]. 科学学研究, 2007, 25 (3): 567 - 572.

陈钰芬, 陈劲. 开放式创新: 机理与模式 [M]. 北京: 科学出版社, 2008.

陈志宏. 跨国公司与中国企业的自主创新 [J]. 世界经济研究, 2007 (7): 75 - 81.

陈宗麟, 周锡冰. 格力非常道 [M]. 广州: 广东经济出版社, 2007.

杜德斌. 跨国公司在华研发: 发展、影响及对策研究 [M]. 北京: 科学出版社, 2009.

杜群阳. 跨国公司R&D资源转移与中国对接研究［D］. 博士学位论文：浙江大学，2006.

傅家骥. 技术创新学［M］. 北京：清华大学出版社，1998.

高丹. 生物医药的研发外包［D］. 硕士学位论文：四川省社会科学院研究生学院，2010.

高旭东. 企业自主创新战略与方法［M］. 北京：知识产权出版社，2007.

顾兴燕，银路，李天柱等. 我国生物制药行业专利合作研发的可视化研究——基于2000～2009年的专利数据分析［J］. 管理学家（学术版），2010（10）：3－12.

郭京福. 产业竞争力研究［J］. 经济论坛，2004（14）：32－33.

郭璇. 吉利汽车收购沃尔沃的成功案例及其启示［J］. 对外经贸实务. 2010（12）：70－72.

韩霞，白雪. 基于开放式创新战略的企业研发模式分析［J］. 中国科技论坛，2009（1）：64－67.

后锐，张毕西. 企业开放式创新：概念、模型及其风险规避. 科技进步与对策. 2006（3）：140－142.

胡承浩，金明浩. 论开放式创新模式下的企业知识产权战略. 科技与法律，2008（2）：30－34.

黄速建，王欣，叶树光. 开放式系统创新模式研究：以天士力集团为例［J］. 中国工业经济，2010（2）：130－139.

黄庭宝. 海外并购对我国制造业企业技术创新能力的影响研究［D］. 硕士学位论文：东北财经大学，2010.

贾新光. 大洗牌：中国汽车谁主沉浮［M］. 北京：机械工业出版社，2010.

江积海. 基于价值网络的开放式创新——京东方的案例研究［J］. 研究与发展管理，2009（8）：60－67.

江积海. 知识传导、动态能力与后发企业成长研究：中兴通讯的案例研究［J］. 科研管理，2006，27（1）：100－106.

江诗松，龚丽敏，魏江. 转型经济背景下后发企业的能力追赶：一个共演模型：以吉利集团为例［J］. 管理世界，2011（4）：122－137.

江小娟. 中国的外资经济对增长、结构升级和竞争力的贡献［J］. 中国社会科学，2002（6）：4－14.

参考文献

江小涓. 理解科技全球化——资源重组、优势集成和自主创新能力的提升[J]. 管理世界, 2004 (6): 4-15.

蒋殿春, 夏良科. 外商直接投资对中国高技术产业技术创新作用的经验分析[J]. 世界经济, 2005, 28 (8): 3-10.

蒋键. 供应商参与创新与制造商创新绩效相关关系实证研究[D]. 硕士学位论文: 浙江大学, 2004.

金碚. 产业国际竞争力研究[J]. 经济研究, 1996 (11): 39-44.

金碚. 中国工业国际竞争力: 理论, 方法与实证研究[M]. 北京: 经济管理出版社, 1997.

金碚, 李钢, 陈志. 加入WTO以来中国制造业国际竞争力的实证分析[J]. 中国工业经济, 2006, 6 (10): 5-14.

金碚, 李钢, 陈志. 中国制造业国际竞争力现状分析及提升对策[J]. 财贸经济, 2007 (3): 3-10.

雷震洲. 蜂窝移动通信技术演进历程回顾及未来发展趋势[J]. 移动通信, 2009, 32 (24): 24-28.

李新男. 创新"产学研结合"组织模式构建产业技术创新战略联盟[J]. 中国软科学, 2007, 5: 9-12.

李贞, 张体勤. 企业知识网络能力与开放式创新网络建构[J]. 自然辩证法研究, 2014, 30 (1): 43-48.

梁玺, 蔺雷. 产业创新系统视角下我国汽车产业技术创新演进路径[C]. 吴贵生, 创新与创业管理 (第3辑). 北京: 清华大学出版社, 2007.

林菡密. 论企业的研发外包[J]. 科技创业月刊, 2004 (10): 44-45.

刘国新, 李兴文. 国内外关于自主创新的研究综述[J]. 科技进步与对策, 2007, 24 (2): 196-199.

刘建新, 王毅. 中国通信设备制造业技术学习和追赶的技术因素分析[C]. 吴贵生, 创新与创业管理 (第3辑), 北京: 清华大学出版社, 2007.

刘开勇. 企业技术并购战略与管理[M]. 北京: 中国金融出版社, 2004.

刘名. 开放式创新下的自主知识产权创造研究[D]. 硕士学位论文: 华中科技大学, 2008.

刘云, 夏民, 武晓明. 中国最大500家外商投资企业在华专利及影响的计量研究[J]. 预测, 2003, 22 (6): 19-23.

柳卸林. 技术轨道和自主创新 [J]. 中国科技论坛, 1997 (2): 30-35.

柳卸林. 打破跨国公司垄断就是自主创新吗 [J]. 科学学与科学技术管理, 2006 (11): 82-86.

柳卸林. 全球化, 追赶与创新 [M]. 北京: 科学出版社, 2008.

柳卸林, 何郁冰. 基础研究是中国产业核心技术创新的源泉 [J]. 中国软科学, 2011 (4): 104-117.

楼高翔, 范体军. 基于交易成本和产权理论的 R&D 外包模式选择 [J]. 科技进步与对策, 2007, 24 (5): 113-116.

路风. 走向自主创新: 寻求中国力量的源泉 [M]. 桂林: 广西师范大学出版社. 2006.

路风, 蔡莹莹. 战略与能力: 把握中国液晶面板工业的机会 [R]. 国家信息化专家咨询委员会调研报告, 2010.

路风, 封凯栋. 发展我国自主知识产权汽车工业的政策选择 [M]. 北京: 北京大学出版社, 2005.

吕鸣伦. 提高我国企业的自主技术创新能力 [J]. 宏观经济管理, 1999 (8): 43-44.

罗清启, 孙广春. 中国彩电的战略密码 [M]. 广州: 广东经济出版社, 2009.

罗炜, 唐元虎. 企业合作创新的组织模式及其选择 [J]. 科学学研究, 2001, 19 (4): 103-108.

骆品亮. 虚拟研发组织的治理结构 [M]. 上海: 上海财经大学出版社, 2006.

马文甲. 开放式创新中的动态能力演化路径研究——以沈阳机床为例 [J]. 科学学与科学技术管理, 2014, 35 (7): 69-78.

马文甲, 高良谋. 基于不同动机的开放式创新模式研究: 以沈阳机床为例 [J]. 管理学报, 2014, 11 (2): 163-170.

马勇, 杜德斌, 周天瑜, 等. 全球生物制药业的研发特点与我国制药研发的应对思考 [J]. 中国科技论坛, 2008 (11): 47-51.

毛蕴诗, 汪建成. 基于产品升级的自主创新路径研究 [J]. 管理世界, 2006 (5): 114-120.

梅永红. 自主创新与国家利益 [J]. 求是, 2006 (10): 15-17.

梅永红, 封凯栋. 吉利造车现象——关于吉利自主创新的调研报告 [J]. 中国软科学, 2005 (11): 1-10.

孟飞, 陆月. 中兴通讯: 内外兼修创品牌——访中兴通讯董事长侯为贵 [J]. WTO 经济导刊, 2005 (4): 44-45.

米周, 尹生. 中兴通讯: 全面分散企业风险的中庸之道 [M]. 北京: 当代中国出版社, 2005.

牟清. 中国电信业产业组织研究 [M]. 上海: 上海财经大学出版社, 2007.

穆荣平. 高技术产业国际竞争力评价方法初步研究 [J]. 科研管理, 2000, 21 (1): 50-57.

裴长洪, 王镭. 试论国际竞争力的理论概念与分析方法 [J]. 中国工业经济, 2002 (4): 41-45.

彭纪生, 刘春林. 自主创新与模仿创新的博弈分析 [J]. 科学管理研究, 2003 (6): 18-22.

蒲欣, 李纪珍. 中国彩电产业的技术演进路径研究 [C]. 吴贵生, 创新与创业管理 (第3辑), 北京: 清华大学出版社, 2007.

齐艳. 企业开放式创新绩效影响因素研究 [D]. 硕士学位论文: 浙江大学, 2007.

冉龙, 陈晓玲. 协同创新与后发企业动态能力的演化——吉利汽车 1997~2011 年纵向案例研究 [J]. 科学学研究, 2012, 30 (2): 201-206.

任若恩. 关于中国制造业国际竞争力的进一步研究 [J]. 经济研究, 1998 (2): 3-13.

芮明杰, 富立友, 陈晓静. 产业国际竞争力评价理论与方法 [M]. 上海: 复旦大学出版社, 2010.

单春红, 于谨凯. 中国制造业国际分工地位的产业价值链分析 [J]. 江汉大学学报, 2007, 24 (2): 77-81.

石芝玲. 基于技术能力和网络能力协同的企业开放式创新研究——以高新技术企业为例 [D]. 博士学位论文: 天津大学, 2010.

宋河发, 穆荣平, 任中保. 自主创新及创新自主性测度研究 [J]. 中国软科学, 2006 (6): 60-66.

宋河发, 穆荣平. 自主创新能力及其测度方法与实证研究: 以我国高技术产业为例［J］．科学学与科学技术管理，2009，15（2）：60-67.

唐杰，杨沿平，周文杰．中国汽车产业自主创新战略［M］．北京：科学出版社，2009.

田民波，叶锋．平板显示器技术发展［M］．北京：科学出版社，2010.

汪涛，牟宇鹏，周玲，等．企业如何实现开放式创新——基于光华伟业的案例研究［J］．科学学与科学技术管理，2013，34（10）：112-121.

王方瑞．我国企业自主创新路径研究［D］．博士学位论文：浙江大学，2009.

王海花，彭正龙，蒋旭灿．开放式创新模式下创新资源共享的影响因素［J］．科研管理，2012，33（3）：49-55.

王红领，李稻葵，冯俊新．FDI 与自主研发：基于行业数据的经验研究［J］．经济研究，2006（2）：11-20.

王辉，张俊玲．企业技术创新能力与国际化成长——来自中国彩电行业的成长经验［J］．中南大学学报（社会科学版），2008（3）：312-318.

王继飞．开放式创新模式下我国制造业外部知识源搜索策略的研究［D］．硕士学位论文：哈尔滨工业大学，2010.

王琳．通信设备制造业自主创新模式选择的影响因素研究．［D］．硕士学位论文：浙江大学，2009.

王鹏飞．外向开放创新对创新绩效的影响研究：基于网络嵌入性的视角［D］．硕士学位论文：浙江大学，2010.

王仁曾．产业国际竞争力决定因素的实证研究［J］．统计研究，2002（4）：20-24.

王一鸣，王君．关于提高企业自主创新能力的几个问题［J］．中国软科学，2005（7）：10-14.

王迎军，王永贵．动态环境下营造竞争优势的关键维度：基于资源的"战略柔性"透视（上）［J］．外国经济与管理，2000；22（7）：2-5.

王允贵．跨国公司的垄断优势及其对东道国的产业控制——跨国公司对我国电子及通信设备制造业的投资与控制［J］．管理世界，1998（2）：114-120.

王玉，余静．产业国际竞争力研究的理论基础和指标体系［J］．上海管理科学，2003（2）：28-30.

吴波. 开放式创新范式下企业技术创新资源投入研究［D］. 博士学位论文：浙江大学, 2011.

吴贵生. 自主创新战略和国际竞争力研究［M］. 北京：经济科学出版社, 2011.

吴静芳. FDI 所有权结构与技术水平和技术外溢效应关系的实证分析［J］. 国际贸易问题, 2010（6）：81 – 86.

吴晓波. 二次创新的进化过程［J］. 科研管理, 1995, 16（2）：27 – 35.

吴晓波, 许冠南, 刘慧. 全球化下的二次创新战略——以海尔电冰箱技术演进为例［J］. 研究与发展管理, 2003, 15（6）：7 – 11.

吴晓波, 毛茜敏. 从国产化到国际化：中兴通讯的自主创新之路［J］. 商场现代化, 2009（28）：23 – 25.

吴晓波. 激荡三十年——中国企业 1978 – 2008［M］. 北京：中信出版社, 2007.

伍蓓, 陈劲. 研发外包模式、机理及动态演化［M］. 北京：科学出版社, 2011.

谢伟, 吴贵生, 张晶. 彩电产业的发展及其启示［J］. 管理世界, 1999（3）：134 – 142.

谢伟. 产业技术学习过程［D］. 博士学位论文：清华大学, 1999.

谢伟. 追赶和价格战［M］. 北京：经济管理出版社, 2001.

谢伟. 创新成功的环境条件：产业层次分析［A］. 陈劲, 柳卸林（主编）. 自主创新与国家强盛［M］. 北京：科学出版社, 2008.

谢祖墀. 开放式创新的七项原则［J］. 销售与市场（管理版）, 2010（12）：14 – 15.

徐姝. 企业业务外包战略运作体系与方法研究［M］. 长沙：中南大学出版社, 2006.

徐涛. 中国制造业的国际竞争力——基于网络型产业组织的分析［J］. 中国工业经济, 2009（11）：77 – 86.

许庆瑞等. 二次创新—组合创新—全面创新：中国特色自主创新道路研究［R］. 国家社会科学重大招标项目研究报告, 2010.

许庆瑞, 蒋键, 郑刚. 供应商参与技术创新研究——基于宝钢集团的案例分析［J］. 中国地质大学学报：社会科学版, 2005, 4（6）：6 – 9.

许小东. 技术创新的成败归因及其对创新行为的影响研究 [J]. 科学学与科学技术管理, 2002, 23 (2): 38-40.

薛澜, 柳卸林, 穆荣平, 等. 中国创新政策研究报告 [M]. 北京: 科学出版社, 2011.

闫春, 蔡宁. 创新开放度对开放式创新绩效的作用机理 [J]. 科研管理, 2014, 35 (3): 18-24.

严伟良. 国际竞争力及其要素分析 [J]. 上海综合经济, 2002 (5): 22-24.

杨万东. 提高自主创新能力问题讨论综述 [J]. 经济理论与经济管理, 2006 (5): 75-79.

杨武. 基于开放式创新的知识产权管理理论研究 [J]. 科学学研究, 2006, 24 (2): 311-314.

杨志刚. 复杂技术学习和追赶——以中国通信设备制造业为例 [M]. 北京: 知识产权出版社, 2008.

杨志刚, 吴贵生. 复杂产品技术能力成长的路径依赖——以我国通信设备制造业为例 [J]. 科研管理, 2003, 24 (6): 13-20.

于开乐, 王铁民. 基于并购的开放式创新对企业自主创新的影响 [J]. 管理世界, 2008 (4): 150-166.

余翔, 詹爱岚. 基于专利开放的IBM专利战略研究 [J]. 科学学与科学技术管理, 2006 (10): 81-84.

张洪石. 突破性创新动因与组织模式研究 [D]: 博士学位论文: 浙江大学, 2005.

张华胜, 薛澜. 技术创新管理新范式: 集成创新 [J]. 中国软科学, 2002 (12): 6-22.

张继林. 价值网络下企业开放式技术创新过程模式及运营条件研究 [D]. 博士学位论文: 天津财经大学, 2009.

张金昌. 国际竞争力评价的理论和方法 [M]. 北京: 经济科学出版社, 2002.

张丽霞. 开放经济下中国电视机产业"雁行"发展模式研究 [D]. 硕士学位论文. 浙江大学, 2011.

张其仔. 开放条件下我国制造业的国际竞争力 [J]. 管理世界, 2003 (8): 74-80.

张炜，杨选良. 自主创新概念的讨论与界定［J］. 科学学研究，2006（6）：956-961.

赵晓庆. 我国企业技术能力提高的外部知识源研究［J］. 科学学研究，2004，22（4）：399-404.

赵晓庆. 中国汽车产业的自主创新——探析"以市场换技术"战略失败的体制根源［J］. 浙江大学学报（人文社会科学版），2013（3）：164-176.

赵晓庆，许庆瑞. 我国企业的技术战略［J］. 研究与发展管理，2001，13（2）：6-11.

郑刚. 浅谈自主创新的若干认识误区［J］. 自然辩证法通讯，2012（3）：83-87.

郑刚，何郁冰，陈劲，等. "中国制造"如何通过开放式自主创新提升国际竞争力——中集集团自主创新模式的案例研究［J］. 科研管理，2008，29（4）：95-102.

郑海涛，任若恩. 多边比较下的中国制造业国际竞争力研究：1980-2004［J］. 经济研究，2005（12）：77-89.

郑贤玲. 中集：可以复制的世界冠军［M］. 北京：机械工业出版社，2012.

周星，付英. 产业国际竞争力评价指标体系探究［J］. 科研管理，2000，21（3）：29-34.

朱朝晖. 基于开放式创新的技术学习动态模式研究［D］. 博士学位论文：浙江大学，2007.

附录 I 实地访谈提纲

1. 贵公司的内部研发部门是否能根据公司战略的需要及时提供技术支持？
2. 贵公司是否注重从外部获得专利许可或技术许可？这种实践是一种临时性的行为，还是对此已有了一套正式的、系统的方法？
3. 贵公司是否有专人或明确的部门负责对外部技术的监测、判断和获取？负责这项工作的人或部门有什么特征？
4. 贵公司从外部获取技术的目的或目标是什么？这些目的或目标的驱动因素是什么？哪些技术是贵公司尤为注重从中获得的知识资源？比如：大学、科技型新创企业、竞争者、技术论坛，或产业关联的企业。
5. 贵公司从外部获取技术，更多的是为了推进渐进性的产品创新，还是意在开发突破性的产品？
6. 贵公司从外部获取技术，更注重引进已被证明有价值的成熟技术，还是全新的技术？
7. 贵公司从外部获取的技术，更多的是与核心的研发能力相关，还是与背景能力相关？
8. 当贵公司所研发的技术在内部不能或无法及时商业化时，是否愿意、如何将其转移到公司外部，以更快地商业化？
9. 如果公司将内部技术向外部组织（如合作伙伴）进行许可以实现商业化，是临时性的行为，还是已建立起一套正式和系统的程序？
10. 贵公司如何看待产学研合作创新的问题？公司在参与产学研结合的过程中，有什么成功的经验或失败的教训？
11. 贵公司如何看待创新国际化的问题？在战略和资源上都进行了哪

些支持？

12. 贵公司如何看待内部研发投入与外部获取技术之间的关系？贵公司更重视哪一方面？为什么？两者的资源配置情况如何？

13. 贵公司在行业的国际竞争力情况如何？从创新的角度看，还存在哪些问题？

附录Ⅱ 中国企业开放式自主创新的发展现状和影响因素调查表

尊敬的先生/女士：

您好！

本问卷服务于国家社会科学基金课题"中国制造业开放式自主创新与提升国际竞争力研究"中实证分析的数据搜集与处理工作，旨在了解中国企业对内部创新和外部创新关系的理解及实际情况，恳请您在百忙之中抽出时间帮我们填写这份调查问卷，您的回答对本研究极为重要。本问卷纯属用于学术研究，我们保证所有资料绝对保密并只作学术研究之用，绝不用于任何商业用途，请您放心填写。您的回答无所谓对错，只要能反映您所在企业的真实情况，就是对我们的极大帮助。如果您对分析结果感兴趣，欢迎您提供邮箱，我们会在研究结束后及时将研究结果发送给您作参考。非常感谢您的帮助和大力支持！

致 礼！

"中国制造业开放式自主创新与提升国际竞争力研究"课题组　敬

【填写说明】

1. 本问卷调查近5年内贵企业技术创新战略与管理的实际情况，请贵企业领导、技术负责人或产品开发负责人帮助填写。

2. 请选择一个您认为最符合贵企业实际情况的选项，在相应空格或者"□"上标上"√"，或直接在电脑上把该数字涂成黑色"■"。

3. 您填写的信息对本研究极其重要，请您将所有题目答完。请您尽可能客观地做出区别，不要都打一样的分。

第一部分　贵公司的基本情况及开放式自主创新绩效

1. **公司基本情况：**

（1）公司名称_____（可不填）

（2）总部所在地：_____省_____市

（3）公司成立时间：_____

（4）企业主导业务所在行业领域：

☐电子及通信设备　　☐生物制药　　☐材料行业

☐电气机械　　　　　☐钢铁　　　　☐汽车及交通设备

☐冶金与能源　　　　☐纺织服装　　☐仪器仪表及办公用品

☐石油化工　　　　　☐航空航天　　☐食品饮料

☐其他行业

（5）企业员工总人数_____

（6）企业技术研发人数_____

（7）近5年来企业的年销售收入平均为（人民币）：

☐500万元以下　　☐500万~1000万元　　☐1000万~5000万元

☐5000万~1亿元　　☐1亿~5亿元　　　　☐5亿~20亿元

☐20亿元以上

（8）近5年来企业研发投入占当年销售收入的比重平均为：

☐1%以下　　☐1%~2%　　☐3%~5%

☐6%~10%　　☐10%以上

（9）企业是否建立了或准备建立知识产权管理部门：

☐已建立　　　　　☐正在考虑中并已着手进行

☐近3年来内尚未考虑

2. **公司开放式自主创新绩效评价：**

（1）与大学或科研院所合作研究的创新项目的成功率大致为_____（%）。

（2）与获取和利用外部创新资源以前相比，新产品在本年度产品销售收入中的比重增加了_____（%）。

（3）与获取和利用外部创新资源以前相比，新产品进入市场的时间快了_____（%）。

(4) 与获取和利用外部创新资源以前相比，新产品获得的利润要提高了_____（%）。

(5) 与获取和利用外部创新资源以前相比，公司在研发方面的投资浪费额减少了_____（%）。

3. 请填写公司在以下项目的重要程度或成功程度：

形式	极其低	很低	较低	一般	较高	很高	极其高
外部创新资源的利用对公司总利润的贡献程度	1	2	3	4	5	6	7
相对于投入的各类资源而言，与用户或供应商合作进行的产品开发项目的成功程度	1	2	3	4	5	6	7
通过与外部创新源的合作，公司技术创新的收益相对于成本的盈利能力	1	2	3	4	5	6	7

第二部分 开放式创新战略因素

4. 贵公司对以下外部创新来源的重视程度及未来5年内可能的变化趋势如何？（从1到7表示程度由弱到强）

	形式	公司现状							未来5年内的可能变化趋势						
1	消费者、客户	1	2	3	4	5	6	7	1	2	3	4	5	6	7
2	原材料或零部件的供应商	1	2	3	4	5	6	7	1	2	3	4	5	6	7
3	大学、研究机构	1	2	3	4	5	6	7	1	2	3	4	5	6	7
4	竞争者	1	2	3	4	5	6	7	1	2	3	4	5	6	7
5	科学文献	1	2	3	4	5	6	7	1	2	3	4	5	6	7
6	专利文献	1	2	3	4	5	6	7	1	2	3	4	5	6	7
7	技术论坛或展览会	1	2	3	4	5	6	7	1	2	3	4	5	6	7
8	科技中介组织	1	2	3	4	5	6	7	1	2	3	4	5	6	7
9	跨国公司在华研发机构	1	2	3	4	5	6	7	1	2	3	4	5	6	7
10	风险投资企业	1	2	3	4	5	6	7	1	2	3	4	5	6	7

5. 公司目前开放式创新的途径及未来 5 年内可能的变化趋势如何？（从 1 到 7 表示程度由弱到强）

	形式	公司现状	未来 5 年内的可能变化趋势
1	通过许可证或资金从国外引进技术	1　2　3　4　5　6　7	1　2　3　4　5　6　7
2	原材料或零部件供应商在新产品开发早期阶段的参与	1　2　3　4　5　6　7	1　2　3　4　5　6　7
3	及时与用户沟通，并将用户的需求信息整合到新产品开发中	1　2　3　4　5　6　7	1　2　3　4　5　6　7
4	并购国内的企业	1　2　3　4　5　6　7	1　2　3　4　5　6　7
5	并购国外的企业（主要出于 R&D 的考虑）	1　2　3　4　5　6　7	1　2　3　4　5　6　7
6	与产业内的企业建立技术联盟	1　2　3　4　5　6　7	1　2　3　4　5　6　7
7	与产业外的企业建立技术合作关系	1　2　3　4　5　6　7	1　2　3　4　5　6　7
8	与竞争对手建立战略联盟关系	1　2　3　4　5　6　7	1　2　3　4　5　6　7
9	专利的向外许可，实现商业价值	1　2　3　4　5　6　7	1　2　3　4　5　6　7
10	免费向外释放技术，以建立技术标准	1　2　3　4　5　6　7	1　2　3　4　5　6　7
11	在国外建立分公司	1　2　3　4　5　6　7	1　2　3　4　5　6　7
12	在国外直接投资建立 R&D 分支机构	1　2　3　4　5　6　7	1　2　3　4　5　6　7
13	产学研合作，包括招募国内外的优秀 R&D 人员	1　2　3　4　5　6　7	1　2　3　4　5　6　7
14	从风险投资企业处获得资金	1　2　3　4　5　6　7	1　2　3　4　5　6　7

6. 公司对下列资源来源的重视和利用程度以及未来 5 年内可能的变化趋势如何？（从 1 到 7 表示程度由弱到强）

	形式	公司现状	未来 5 年内的可能变化趋势
1	参与政府科研计划项目	1　2　3　4　5　6　7	1　2　3　4　5　6　7
2	委托私营研究中心进行研发	1　2　3　4　5　6　7	1　2　3　4　5　6　7
3	从科技中介组织获得信息	1　2　3　4　5　6　7	1　2　3　4　5　6　7

续表

	形式	公司现状	未来5年内的可能变化趋势
4	和国内的大学、研究所建立合作研究关系	1 2 3 4 5 6 7	1 2 3 4 5 6 7
5	和国外的大学、研究所建立合作研究关系	1 2 3 4 5 6 7	1 2 3 4 5 6 7
6	从跨国公司在华研发机构获取信息	1 2 3 4 5 6 7	1 2 3 4 5 6 7
7	从展览会、互联网、杂志、学术会议和大众传媒中获得知识和信息	1 2 3 4 5 6 7	1 2 3 4 5 6 7
8	从国内外专利数据库中获取科技信息	1 2 3 4 5 6 7	1 2 3 4 5 6 7

第三部分 开放式自主创新的驱动因素和抑制性因素

7. 下列贵公司开放式创新的抑制性因素，您认为它们的重要程度如何？未来5年内它们的重要程度可能的变化趋势如何？（从1到7表示程度由弱到强）

	形式	公司现状	未来5年内的可能变化趋势
1	合作中存在知识外泄的风险	1 2 3 4 5 6 7	1 2 3 4 5 6 7
2	难以找到合适的技术伙伴	1 2 3 4 5 6 7	1 2 3 4 5 6 7
3	管理和协调的成本较高	1 2 3 4 5 6 7	1 2 3 4 5 6 7
4	寻求和购买外部知识的费用过高，且有较大的风险	1 2 3 4 5 6 7	1 2 3 4 5 6 7
5	公司内部缺乏创新能力，难以对外部知识进行理解和消化吸收	1 2 3 4 5 6 7	1 2 3 4 5 6 7
6	公司内部还没有建立开放的文化	1 2 3 4 5 6 7	1 2 3 4 5 6 7
7	公司还缺乏激励员工利用外部创新资源的管理手段与制度	1 2 3 4 5 6 7	1 2 3 4 5 6 7
8	整个行业尚缺乏开放的环境和氛围	1 2 3 4 5 6 7	1 2 3 4 5 6 7
9	受到知识产权方面的困扰	1 2 3 4 5 6 7	1 2 3 4 5 6 7

8. 下列贵公司开放式创新的驱动因素，您认为它们的重要程度如何？未来 5 年内它们的重要程度可能的变化趋势如何？（从 1 到 7 表示程度由弱到强）

	形式	公司现状	未来 5 年内的可能变化趋势
1	节约产品研发成本	1 2 3 4 5 6 7	1 2 3 4 5 6 7
2	节约产品研发时间	1 2 3 4 5 6 7	1 2 3 4 5 6 7
3	降低研发及创新的风险	1 2 3 4 5 6 7	1 2 3 4 5 6 7
4	快速进入市场	1 2 3 4 5 6 7	1 2 3 4 5 6 7
5	获得互补性技术或隐性知识，弥补公司内部研发能力的不足	1 2 3 4 5 6 7	1 2 3 4 5 6 7
6	获得互补性资产，提高公司在生产或市场开发方面的能力	1 2 3 4 5 6 7	1 2 3 4 5 6 7
7	获得外部资金，弥补公司内部研发资金的缺口	1 2 3 4 5 6 7	1 2 3 4 5 6 7
8	获得协同效应	1 2 3 4 5 6 7	1 2 3 4 5 6 7
9	为内部闲置的技术寻求外部的商业化途径	1 2 3 4 5 6 7	1 2 3 4 5 6 7
10	通过外部合作与交流，提高公司技术人员的创新能力	1 2 3 4 5 6 7	1 2 3 4 5 6 7
11	嵌入外部创新网络，增强社会资本	1 2 3 4 5 6 7	1 2 3 4 5 6 7

第四部分　贵公司开放式创新的模式选择

9. 下列开放式创新模式中，请您从中选择当前对贵公司来说最重要（或公司最重视和运用最多）的 3~5 种途径，以及未来 5 年内可能最重要（或公司最重视和运用最多）的 3~5 种途径。请在表中填写相应的序号即可。

（A）邀请用户参与新产品开发

（B）邀请供应商参与新产品开发

（C）参与产业战略联盟

（D）产学研合作创新（包括人才培训）

（E）并购或兼并

（F）与国外企业合资

（G）与国内企业合资办厂或项目合作

（H）研发外包

（I）从风险投资机构获得资金

（J）从知识产权机构、科技中介组织等获得信息

（K）海外研发投资

（L）参与政府科技项目

（M）从非正式渠道（展览、学术研讨会、行业协会、出版物、专利数据库）获得信息

（N）直接从国内外相关机构或企业购买技术

	当前最重要的3~5个途径	未来5年内可能最重要的3~5个途径
1		
2		
3		
4		
5		

后 记

《中国制造业开放式自主创新与国际竞争力提升》一书是我在主持完成的国家社会科学基金项目（10CGL021）结题报告的基础上修改完成的，是近年来我在学习国内外创新管理领域前沿知识的基础上研究中国企业技术创新问题的尝试，力图以新的角度、新的视野来分析我国企业通过有效的创新模式提升竞争优势的战略与对策，从微观层面上提出更为细腻的学术建议，希望能对丰富中国的创新管理理论体系作出一些贡献。

本书是集体智慧的结晶。在课题研究的过程中，得到了国内外学术界许多专家学者的指导，尤其是我的两位导师陈劲教授（清华大学经管学院）和柳卸林教授（中国科学院大学管理学院）对课题的开展提出了很多宝贵的建议，在此表示深深的谢意。同时，也要感谢在问卷调查和企业访谈过程中许多国内企业的大力支持。在课题研究和本书写作的过程中，我的研究生梁斐（第八章、第十二章）、曾益（第二章、第七章、第九章）、陈忆（第六章）等做了许多有益的工作，没有她们的辛勤付出，本书也无法顺利成稿。

本书得以顺利出版，要特别感谢福建省社会科学规划博士文库项目（2014GL08）的资助，感谢社会科学文献出版社单远举编辑的精心工作。同时，感谢福州大学经济与管理学院、社科处对作者开展研究工作的长期鼓励、指导和帮助。此外，在本书的写作过程中，作者参考了大量国内外的文献和相关研究资料，限于篇幅无法一一列出和标注，谨在此向相关的专家学者表示由衷的感谢。开放式自主创新是近年来技术创新研究理论的前沿领域，涉及的领域较多，由于作者水平有限，书中缺点、错误在所难免，殷切希望读者不吝指正。

本书是我作为国家留学基金委公派访问学者在美国布兰迪斯大学国际商学院（IBS）学习访问期间完成的，感谢国际商学院提供的良好的学习和工作环境，感谢我的合作导师 Gary Jefferson 教授对我的研究工作的支持与指点。徜徉在作为全球高等教育和科研重镇的波士顿，多样性的知识和文化的开放式交流既令人愉悦，也使我深受启发。我深深地感到，开放和自主的确是创新的双翼，只有在开放的条件下才能更好地实现自主创新。

何郁冰
2015 年 3 月
于美国波士顿

图书在版编目(CIP)数据

中国制造业开放式自主创新与国际竞争力提升/何郁冰著.—北京:社会科学文献出版社,2015.10
福建省社会科学规划博士文库项目
ISBN 978-7-5097-7927-9

Ⅰ.①中… Ⅱ.①何… Ⅲ.①制造工业-企业创新-研究-中国②制造工业-国际竞争力-研究-中国 Ⅳ.①F426.4

中国版本图书馆 CIP 数据核字(2015)第 192484 号

·福建省社会科学规划博士文库项目·

中国制造业开放式自主创新与国际竞争力提升

著　　者 / 何郁冰

出　版　人 / 谢寿光

项目统筹 / 王　绯

责任编辑 / 单远举

出　　版 / 社会科学文献出版社·社会政法分社(010)59367156
　　　　　 地址:北京市北三环中路甲29号院华龙大厦　邮编:100029
　　　　　 网址:www.ssap.com.cn

发　　行 / 市场营销中心(010)59367081　59367090
　　　　　 读者服务中心(010)59367028

印　　装 / 三河市东方印刷有限公司

规　　格 / 开　本:787mm×1092mm　1/16
　　　　　 印　张:26　字　数:415千字

版　　次 / 2015年10月第1版　2015年10月第1次印刷

书　　号 / ISBN 978-7-5097-7927-9

定　　价 / 98.00元

本书如有破损、缺页、装订错误,请与本社读者服务中心联系更换

版权所有 翻印必究